国家社科基金项目
“新闻媒体讲好中国故事的无意说服模式研究”（17BXW029）结项成果

国际传播研究丛书

新闻媒体如何讲好中国故事
——叙事说服及其模式

曹 茹 著

中国传媒大学出版社
·北京·

图书在版编目（CIP）数据

新闻媒体如何讲好中国故事：叙事说服及其模式 / 曹茹著 . -- 北京：中国传媒大学出版社，2024. 12.

ISBN 978-7-5657-3865-4

Ⅰ. G212.2

中国国家版本馆 CIP 数据核字第 2024TH4616 号

新闻媒体如何讲好中国故事——叙事说服及其模式
XINWEN MEITI RUHE JIANGHAO ZHONGGUOGUSHI: XUSHI SHUOFU JI QI MOSHI

著　　者　曹　茹
责任编辑　张　静
特约编辑　李　婷
责任印制　李志鹏
封面设计　风得信设计 · 阿东

出版发行　中国传媒大学出版社
社　　址　北京市朝阳区定福庄东街 1 号　　邮　　编　100024
电　　话　86-10-65450528　65450532　　传　　真　65779405
网　　址　http://cucp.cuc.edu.cn
经　　销　全国新华书店

印　　刷　唐山玺诚印务有限公司
开　　本　710mm×1000mm　1/16
印　　张　20.5
字　　数　325 千字
版　　次　2024 年 12 月第 1 版
印　　次　2024 年 12 月第 1 次印刷

书　　号　ISBN 978-7-5657-3865-4　　定　　价　98.00 元

本社法律顾问：北京嘉润律师事务所　郭建平

序 言

韩立新
（河北大学新闻传播学院原院长、教授、博士生导师）

讲好中国故事，是以习近平同志为核心的党中央面临世界百年未有之大变局，在实现中华民族伟大复兴的重要节点上提出的我国新闻舆论工作的总体战略，内涵丰富，意义重大，是对马克思主义新闻传播观的发展与创新。许多优秀的学者回应时代呼唤，从理论到实践进行了多层面、多角度的研究与探索，也取得了引人注目的成果。曹茹教授这本《新闻媒体如何讲好中国故事——叙事说服及其模式》学术专著，便是其中重要成果之一。作者站在世界文明交流互鉴的时代制高点上，既追根溯源，考察中国共产党百年新闻宣传史，求实务本；又激浊扬清，考察多种理论学派的发展演进，识微见著。其对“无意说服”本质的揭示，其归纳的讲好中国故事的四个无意说服模式，是学术上的新见，值得倾听。

其一，作者将“讲好中国故事”置于中国共产党百年新闻宣传史中，为其寻源定位，使我们在历史的纵深中，重新体悟“讲好中国故事”的历史智慧。中国共产党历经百年风雨，靠的是什么？靠的是共产党员“左手拿传单，右手拿枪弹”的铁血奋斗，靠的是“一手抓物质文明建设，一手抓精神文明建设，两手都要硬”的坚韧不拔。讲好中国故事，就是当代的“传单”和“精神文明建设”。那么，这个“传单”是如何讲好故事的呢？我们在思索新方法、新技术、新路径的时候，是不是可以观察到一个“历史定力”之所在？这个“历史定力”就是党性原则。“联系实际、联系群众”的群众路线是党性原则的集中体现。联系实际，即无论是对马克思主义理论的宣传，还是对党的路线、方针政策、目标、任务的宣传都务求从实际出发，有的放矢，用事实说话，务求实效。联系群众，要求宣传工作与广大群众形成经常的、广泛而深入的联系，也就是坚持“群众办报”的思想。“讲好中国故事”也正是对“联系实际”“联系群众”原则下我党宣传思想工作方略的继承与发展。在新的历史任务面前，重新思考这一“历史定力”对讲好中国故事有重要意义。这个“历史定力”要求讲好中国故事，要务求真实，要展现一个“真实、立体、全面的中国”；讲好中国故事，要强调“以人民为中心”的宣传思想理念，“要多宣传报道人民群众的伟大奋斗和火热生活，多宣传报道人民群众中涌现出来的先进典型和感人事迹”。[①] 同时，发动群众，使他们积极参与，成为中国故事的讲述者。要讲好中国故事，必须寻求“与时代相适应、与人民生活相适应”的宣传艺术。“讲故事”本身就是对传统宣传模式的突破与创新，但还要针对实际特别是网络时代的新情况新问题，从内容、形式、传播渠道等进行多方面的创新。本书正是在这方面做出了很多的努力与探索。

其二，作者在书中阐述了“讲故事是一种无意说服”的理论观点，探求讲故事的本质属性，尝试为讲好中国故事提供业务技能上的理论遵循。讲故事的精妙之处正在于讲故事者“以不影响的态度去影响”听故事者“在不知不觉中受到影响”。国外自20世纪80年代就对故事的说服问题展开研究，认为“叙事传输”是叙事说服的内在机制，为“讲故事是一种无意说服”的观点提供了充分的依据。叙事传输，指受叙者被运输到故事世界、沉浸于故事世界的状态，即受叙者将注意力集中于故事（甚至对真实世界失去知觉）、想象故事世界、移情于故事情节等心理状态。重要的是，被传输的受叙者往往带着与故事一致的观点走出故事，即被故事说服，且是不自觉的说服。一个好故事总能打动人，我们对好

① 习近平.论党的宣传思想工作[M].北京：中央文献出版社，2020：15-16.

故事的评价总是“很感人”，很少会说“这个故事很有道理”。而当我们被故事感动的时候，也被故事教育着。谁的童年没有故事的陪伴，谁的思想感情的胚芽未蒙故事的雨露恩泽？是的，故事从来不会直白地讲道理，也不会辩论和论证，它只是用悬念、情节、人物“迷住”我们，而它要表达的观点、要讲的道理以“潜文本”的方式隐藏在故事背后，随着故事的“叙事传输”连同故事一起被运输给受叙者。那么，如何安排“潜文本”就成为与“如何安排故事”同等重要的课题。作者的研究目标很明确，即通过讲故事使国内外受众对中国产生认同，要达成这样的目标，势必要将“中国是可信、可爱、可敬”的主题编成潜文本。作者正是抓住了故事的潜文本这一核心从理论到实践、从宏观到微观进行立体式探索，提出了一系列话语策略。这些话语策略是对叙事诸要素、叙事环境、叙事目标、叙事对象综合考量的结果，都重在强化或实现叙事的说服效果，涉及叙事的可信性、可接受性、可感性、互动性等。这些话语策略作为叙事说服的增强剂各有侧重，但对“说服”的潜在化安排恐怕是它们共同的指向与诉求，尽管作者并未对此做出专门的论述。这在对外讲好中国故事的三个话语策略中体现得尤为突出。作者通过对中西文化差异、中国对外传播面临的困境和中国对外传播实践的考察，以及对主体间性、人民外交等理论的借鉴，提出了迁移者叙事、间性叙事、民间叙事等三种话语策略。迁移者对于“他者”世界的“我者”身份，间性叙事的包容、平等相待的态度，以及民间话语的非官方、生活化的特点，都具有去宣传、淡化说服性信息的作用。微叙事、场景叙事、娱乐叙事、仪式性叙事等是作者针对网络环境提出的对内讲好中国故事的几种话语策略，主要体现了对网络媒体特点和网络文化的策略性回应，而这些话语策略以融媒体为负载、以网络技术为工具，因此，增强故事性、带动用户叙事参与、增强用户体验与沉浸便成为这些话语策略的主要指向和诉求，而这些方面的增强，按照“叙事传输”理论，都会造成受叙者对说服信息注意力的减弱。

其三，作者借鉴西方当代认同修辞理论，将讲好中国故事的目标确定为对中国的认同（可信，可爱，可敬），并围绕“认同中国”的修辞目标，不仅构建了叙事修辞的基本理念、修辞策略，还以讲好中国故事为范本，筛选了一系列叙事修辞的实践案例，可为讲好中国故事提供参考，为我国叙事修辞研究提供新视角。作者阐述的同一修辞、视觉修辞思想，是“讲故事是一种无意说服”观点在修辞上的体现。同一修辞，就是通过叙述、强调彼此共同共有之处（经历、命运、回忆等），使彼此产生共情，将彼此视为自己人，从而促进认同。也就是说，修辞者是通过认同对方而使被修辞者有所改变，而被修辞者首先感受到的不是“改变”而是“共情”，这也正是如作者所言:“以不影响的态度去影响，在不自觉中被影响。”视觉修辞在我国无论是理论建构还是实际应用都还比较薄弱，作者本着叙事修辞的观念，确立了讲好中国故事视觉修辞的两个修辞任务，即中国形象的视觉修辞和中国价值的视觉论证，从作者对这两项修辞的分析论述中，可清晰地看到视觉修辞所具有的“无意说服”的特点。作者将视觉框架作为呈现中国形象的基本修辞手段，而框架的主题主要是通过对视觉文本的选择与突出、对视觉符号的重复与征用、视觉文本的象征与隐喻表达出来的。这些修辞手段都是以呈现的面貌出现，往往不被看作说服。中国价值的视觉论证也是含蓄的，作者以政论纪录片为例进行分析，认为“政论纪录片主要通过对历史、知识和事件的叙述以及象征、隐喻、对比等修辞手段展开论证”。

其四，讲好中国故事的四种无意说服模式，即讲好中国故事的基础说服模式、讲好中国故事的扩展说服模式、讲好中国故事的内聚力说服模式、讲好中国故事的人类命运共同体说服模式，核心的理论创新在于“中国意象”的提出。作者将“中国意象”作为核心要素构建了讲好中国故事的无意说服模式，并将框定“中国意象”的叙事要素确定为“真实、因果逻辑、叙事框架、叙事修辞、情感表达”五个要素。“意象”一词揭示了故事文本的本质特征，与“叙事传输”形成了从“传播输出”到“效果形成”的合理的逻辑关系。而“中国意象”的五个框定要素既反映了达成叙事传输的一般叙事要求，也反映了在讲好中国故事上的特别叙事要求。这种特别要求集中反映在“因果逻辑”和“叙事框架”两个元素上。因果逻辑，在叙事学中，指叙事者对所叙事件的因果关系安排，也是叙事者对所叙之事给予的基本解释，包含着叙事者的立场、观点，属于叙事的说服性信息，且具有不易察觉的特性，受叙者往往会将事件中的因果关系看作事情本来如此。作者根据以习近平同志为核心的党中央对“讲好中国故事”的战略要求以及对中国历史特别是中国革命与建设历史的深刻领悟、科学把握，将讲好中国故事的因果逻辑高度概括为：中国取得的社会主义现代化建设、改革开放的辉煌成绩为果，中国共产党领导下全国人民团结一心、艰苦奋斗，以及悠久的历史、优秀的文化、优越的社会主义制度为因。这样一个因果安排，既是客观真实的，也能够讲清楚、让世界了解“中国”。中国的成功，是马克思主义基本原理同中国具体实际相结合的成功，是中国特色社会主义的成功，是传承与创新兼具的中华文化的成功。这样的因果关系安排下的中国故事，无疑会增强我们的“道路自信、理论自信、制度自信、文化自信”。叙事框架，也属于表现叙事者立场观点的潜隐的说服性信息，表现为叙事者对事件的选择与突出。作者将讲好中国故事的叙事框架确定为生活框架、正能量与负能量的博弈框架。生活叙事，是将理念或叙事者所要表达的主题下沉到具体的、生动活泼的、具有烟火气息的生活事件中，不仅能为“中国意象”提供充足的像素，使中国形象变得清晰可信，还去除了叙事的刻板、僵化与教化的味道，使中国形象变得更为可亲、可敬。正能量与负能量的博弈框架，既符合叙事学所要求的“冲突、曲折”的叙事结构，也符合一般事物的发展规律，更符合中国革命、社会主义建设与改革开放发展历程的实际。总之，这些叙事元素的提出既具有理论依据，又深深扎根于讲好中国故事的叙事实践，是本书叙事智慧的集中体现。

讲好中国故事的内聚力说服模式和人类命运共同体说服模式是对扩展说服模式的情境化运用模式。内聚力模式的情境主要为对内讲好中国故事、网络环境、国内面临的复杂多变的意识形态问题等。“历史、胜利与挑战、关系”这三种叙事，既符合群体凝聚力的理论要求，也具有很强的现实针对性，适应讲好中国故事的情境要求。历史虚无主义曾甚嚣尘上，企图抹杀、歪曲中国共产党的历史地位和历史贡献。历史叙事，重在讲好党史和国史，还原历史真相，以正视听；我们正处在实现中华民族伟大复兴的重要节点上，也面临着前所未有的艰难险阻、困难挑战。国内，转变经济发展模式、反腐倡廉、缩小贫富差距、就医、养老、教育公平等问题亟须解决；国际上，西方霸权主义打压、遏制中国崛起。在这样的情形下讲好中国故事，一方面，要把成就讲好、讲充分，增强我们的自豪感和自信心；另一方面，也要把困难、风险说明白，以激发每一个中国人的责任感、勇气和担当。这也就是从“胜利与挑战”正反两方面激发人们的凝聚力。国内外反华势力，为了达到遏制中国崛起的目的，利用国内在改革开放中出现的矛盾、问题，故意挑拨事端、制造分裂。关系叙事，就是要讲好团结友爱、互帮互助的故事，以抵制、消解各种不和谐、闹分裂的行径，促进全国各族人民像石榴籽一样地团结在一起。“讲好中国故事的人类命运共同体说服模式”的情境主要为对外讲好中国故事、中西文化差异、西方文化中心主义、经济全球化等。作者基于对中西文化差异的考察和跨文化传播理论，提出了对外讲好中国故事的三种叙事，即相似叙事、共为叙事和流动叙事。这三种叙事也是一种情境化的选择。相似叙事和共为叙事旨在尽量避开差异，围绕中西之间的相似点、共同处展开叙事，以搭建起沟通的桥梁；而流动叙事则是以“迁移者”为媒介，为西方理解中国文化建构起他们易于理解的解释话语。

内聚力说服模式和人类命运共同体说服模式还分别确定了讲好中国故事的一系列话语策略。这一系列话语策略也是本书叙事智慧的精粹所在。内聚力说服模式的话语策略是互动话语、娱乐话语、场景话语和仪式话语，这些话语深嵌于网络情境，具有突出的网络特点。人类命运共同体说服模式提出了三种话语策略，即迁移者话语、间性话语和民间话语。这三种话语策略如前所述具有“去宣传、淡化说服”的作用，从跨文化传播的角度来看，又具有钝化文化冲突、降低文化折扣的作用。这些话语策略的提出主要是基于第二、三章的内容，即第二、三章为这些话语策略提供了理论基础和实践来源，换句话说，如果读者要追寻这些话语策略的依据或想了解这些话语策略如何运用于讲好中国故事，必得回头再仔细阅读第二、三章甚至第一章。但是，作者在构建内聚力说服模式、人类命运共同体模式时，又将这些话语策略进一步系统化和深化，不仅将每一种话语策略进行细分、归类，还将每一种话语策略的本质特点高度凝练、明示，使它们更具有了方法论意义，形成了一套有关这些话语策略的纲领性话语。

曹茹教授从本科、硕士、博士到执业为师，从事新闻传播学教学与科研几十年，对新闻传播学教育和研究有深情，有深思，并颇有造诣。这本《新闻媒体如何讲好中国故事——叙事说服及其模式》新作，是她多年辛勤耕耘、智慧才华的结晶，是她勇立潮头，敢于探索的又一个里程碑，愿她由此再出发，进一步将讲好中国故事的理论研究推向新的高度。

2024 年 10 月

目 录

绪 论

2013年8月19日，习近平总书记在全国宣传思想工作会议上首次提出“讲好中国故事”的理念，此后在诸多重要场合多次阐述这一思想，并身体力行率先垂范，堪称“讲好中国故事”的模范。“讲好中国故事”是以习近平同志为核心的党中央在面临世界百年未有之大变局，站在中华民族伟大复兴的重要节点上，针对国际国内舆论新格局，提出的统揽国际国内意识形态与宣传工作的新思想，是对马克思主义新闻传播观的丰富与发展。“讲好中国故事”是对中国共产党“极其重视宣传思想工作”这一制胜法宝的创造性继承与发展，显示了我党运用马克思主义原理应对新挑战、解决新问题的创新勇气与创新智慧。

一、“讲好中国故事”的历史渊源

“讲好中国故事”并非如字面上表达的那样简单，仅仅是“讲故事”。“讲好中国故事”是我党新时期意识形态工作总方略的集中体现，是我党宣传思想工作这一党的生命线在新时代的血脉延续，是植根于中国优秀传统文化的新时代思想成果，也是吸收借鉴西方文化、传播理论成果开出的智慧之花。

（一）党性原则下的宣传策略与方法

党性原则是意识形态工作的根本原则。党性原则在党的宣传工作中不仅体现在党对宣传工作的领导、始终反映党的意志、传播党的声音等方面，还表现在宣传策略与方法上。延安整风运动以后，党提出了三大作风，即理论联系实际、密切联系群众、批评与自我批评，这三大作风贯穿于党的宣传工作的始终。20 世纪 80 年代，新闻界的同志根据党的三大作风提出了报纸工作的三大作风，即联系实际、联系群众、批评与自我批评。[①]联系实际，就是无论是对马克思主义理论的宣传，还是对党的路线、方针政策、目标、任务的宣传都务求从实际出发，有的放矢，用事实说话，务求实效。这个实际包括本地实际、工作实际，也包括宣传对象的实际。联系群众，要求宣传工作与广大群众形成经常的、广泛而深入的联系，也就是坚持“群众办报”的思想。党的宣传工作的目标是群众，目的也是群众，只有得到群众的理解、支持才会获得真正的效果。批评与自我批评，即要求宣传工作者经常检查工作中的得失，不断地总结经验教训，不断改进宣传工作。

中共四大提出的《对于宣传工作之议决案》中就强调了宣传要从客观条件特别是工人“不识字、识字不多、不善听纯粹理论的议论”的情况出发筹划宣传方案，也要根据实际需要选择宣传方式。中共六大制定的《宣传工作目前的任务》（1928 年 7 月 10 日）要求“解释与阐释党的基本口号自然应当同劳动群众目前需要紧密联系起来”[②]。《宣传工作目前的任务》还要求在宣传鼓动中提出适应不同等级人民需要的口号，并具体指出针对工人与苦力、农民佃农与半佃农、学徒店员与小手工业者、士兵、知识分子等应提出什么样的口号；提出党的报刊的“文字、内容、价格都要十分适合广大群众的能力、程度”[③]。

根据形势变化、党的工作重心和任务的变化及时调整宣传策略与方法，也是我党宣传工作中注重实际、讲求实效的重要方面。比如，红军长征胜利

① 温济泽．马克思的新闻思想及其发展［M］// 中国社会科学院新闻研究所．马克思主义新闻思想研究论文集．北京：人民日报出版社，1983：7.

② 中共中央文献研究室，中央档案馆．建党以来重要文献选编（一九二一—一九四九）：第五册［M］. 北京：中央文献出版社，2011：484.

③ 中共中央文献研究室，中央档案馆．建党以来重要文献选编（一九二一—一九四九）：第五册［M］. 北京：中央文献出版社，2011：488.

到达陕北根据地，面对日本帝国主义已占领我国东北三省、觊觎华北西北的情况，蒋介石集团奉行“攘外必先安内”的卖国政策，党的策略路线明确为“发展团结和组织全民族一切革命力量去反对当前的主要敌人日本帝国主义和卖国贼头子蒋介石及其统治”[①]。党的宣传工作“最中心最紧急”的任务也随之变为“用一切的力量去暴露日本强盗的凶暴侵略行动与蒋介石无耻的卖国政策与欺骗”[②]。《中共中央关于目前宣传工作的转变给各级党部的信》中指出，一些以往的宣传口号如“进攻富农，反对富农”不合时宜，有些口号要完全纠正，如“杀尽地主富农”“杀尽反革命，杀尽团保甲”等，因为这些口号“对于民族统一战线的运用是有妨碍的”[③]。在抗日战争胜利以后的国共谈判期间，中共中央就谈判期间的宣传问题专门下达指示，即《中共中央关于目前宣传与谈判方针给中共代表团的指示》(以下简称《指示》)。尽管我党已看清蒋介石只当谈判为缓兵之计，并无诚意，但为了争取中间派，作出《指示》要求相关宣传工作应采取“哀者”态度，“应照顾中间派，不要剑拔弩张，而要仁至义尽”[④]。根据形势变化、党的中心工作任务的变化而调整宣传策略与方法作为重要的宣传战略贯穿了我党的百年舆论宣传史。

中国共产党宣传工作的根本目的就是维护人民群众的根本利益，而实现这个目的的工作原则就是联系群众。联系群众的最切实的方法就是“通讯员制”。早在 1926 年中共中央作出的《关于宣传部工作议决案》中就专门谈到“工农通讯问题”，要求在工农群众中发展通讯员。1929 年 12 月，中共中央颁布《中央党报通信员条例》，要求各省委及各重要区域要组建起中央党报的通信员，并从人员组织、工作内容、通信流程等各方面规定了党报通信员的工作。党在以后的新闻宣传实践中不断完善通讯员制度，到 1942 年《解

① 中共中央文献研究室，中央档案馆．建党以来重要文献选编（一九二一——一九四九）：第十三册［M］．北京：中央文献出版社，2011：15.

② 中共中央文献研究室，中央档案馆．建党以来重要文献选编（一九二一——一九四九）：第十三册［M］．北京：中央文献出版社，2011：15.

③ 中共中央文献研究室，中央档案馆．建党以来重要文献选编（一九二一——一九四九）：第十三册［M］．北京：中央文献出版社，2011：16.

④ 中共中央文献研究室，中央档案馆．建党以来重要文献选编（一九二一——一九四九）：第二十二册［M］．北京：中央文献出版社，2011：788–789.

放日报》改版期间，党报的通讯员制度基本成形。1948 年 4 月 2 日，毛泽东在接见晋绥日报社的编辑人员时，强调了办报要走群众路线。1949 年以后，“通讯员制”得以完善与加强，并一直沿袭至今，成为党的新闻宣传工作坚持群众路线的重要保障。1950 年 4 月 19 日，中共中央在《关于在报纸刊物上展开批评与自我批评的决定》中规定：“工农通讯员的工作，除由报纸领导外，并应由所属生产单位的党的组织加以协助。工农通讯员的活动状况，应列为检查报纸工作和各生产单位党的工作的项目之一。任何人不得滥用权力压制工农通讯员在报纸刊物上的批评，或加以报复。”①

要真正做到联系群众，关键在于思想作风，即从事党的新闻宣传工作，要真正树立人民观、群众观，要将反映人民群众呼声、维护人民群众根本利益、为人民群众服务看作党的新闻宣传工作的根本使命。马克思将“人民报刊”看作“人民精神的英勇喉舌和它的公开表露”“人民日常思想和感情的表达者”；毛泽东要求党报要根据人民的需要办好报纸、从人民群众的需要出发来改进宣传报道的内容和形式；邓小平认为，工人阶级政党应自觉地认定自己是“人民群众在特定的历史时期为完成特定的历史任务的一种工具”②，因而，党只有为人民服务的权利；江泽民反复强调新闻媒体是“党、政府和人民的喉舌”；胡锦涛提出“以人为本”的执政理念，把“贴近实际、贴近生活、贴近群众”作为新闻工作的指导方针；习近平提出“人民至上”的执政理念，希望广大新闻工作者“以人民为中心，心系人民，讴歌人民”“做党和人民信赖的新闻工作者”③，习近平将群众路线视为“我们的生命线和根本路线”，认为坚持群众路线“就要坚持全心全意为人民服务的宗旨”“就要保持党同人民群众的血肉联系”“就要真正让人民来评判我们的工作”④。

批评与自我批评是我们党不断自我革新的工作方法，而“报纸是党用来

① 中共中央文献研究室，中央档案馆．建国以来重要文献汇编（一九二一—一九四九）：第一册［M］．北京：中央文献出版社，2011：165.

② 邓小平．邓小平文选（第三卷）［M］．北京：人民出版社，1993：381.

③ 习近平．论党的宣传思想工作［M］．北京：中央文献出版社，2020：255.

④ 习近平．论党的宣传思想工作［M］．北京：中央文献出版社，2020：44-45.

开展批评和自我批评的最尖锐的武器”。党的宣传思想工作也把“批评与自我批评”这个尖锐的武器用于自身。中共四大作出的《对于宣传工作之议决案》就对党过去的宣传工作提出了三点批评，即“党内政治教育极少”“党过去在职工运动宣传中因太偏重机关式的组织工作，竟使党的宣传与阶级教育未得输入工人群众”“在群众中的政治宣传常常不能深入”，根据这些“缺陷”，该文件提出了重整宣传工作的十二条规定，全面具体，比较有效地推动了党的宣传工作的发展与进步。例如十二条规定中的第一条为“为使宣传工作做得完美而有系统起见，中央应有一个强固的宣传部负责进行各事”。中共四大以后，中央很快就成立了宣传部。张闻天的文章《论我们的宣传鼓动工作》一文认为，“目前我们所做的宣传鼓动工作，当然完全不能令人满意”，全文对宣传工作形式单一、文字不够通俗、内容上的“党八股”、宣传工作与组织工作脱节等问题进行了深入而尖锐的批评。延安时期各解放区的反“客里空”运动可算是党的报刊勇于批评和自我批评的典范。反“客里空”运动“一方面鼓励新闻工作者检讨反思自己的采访编写思想作风，另一方面鼓励读者揭发类似于记者客里空的新闻通讯和作者”[①]。反“客里空”运动整顿了新闻宣传工作者的思想作风，“新闻工作者还轮流下乡，参加土改运动，在群众斗争中经受锻炼”[②]。在反“客里空”运动中，新闻工作者的业务也有了很大的改进，比如，采用读者来信来稿增多了，读者来信也上了头条。

“讲好中国故事”也正是在“联系实际”“联系群众”“批评与自我批评”原则下对宣传思想工作策略的继承与发展。第一，“讲好中国故事”要讲出一个全面、客观、真实的中国。习近平在2013年8月19日召开的全国宣传思想工作会议的讲话中指出：“在全国对外开放的条件下做宣传思想工作，一项重要的任务是引导人们更加全面客观地认识当代中国、看待外部世界。”党的十九大提出：“讲好中国故事，展现真实、立体、全面的中国，提高国家

① 常家玮.1947—1948年解放区反“客里空”运动研究：以《人民日报》报道为中心［J］.广东党史与文献研究，2020（1）：90-98.

② 丁淦林.一九四七年的反对“客里空”运动［J］.新闻大学，1982（4）：70-73.

文化软实力。”2016年2月19日，习近平在党的新闻舆论工作座谈会上发表的讲话中指出：“要根据事实来描写事实，不能根据愿望来描写事实，同时要坚持马克思主义立场、观点、方法，搞清楚是个别真实还是总体真实，不仅要准确报道个别事实，而且要从宏观上把握和反映事件或事物的全貌。”第二，强调“以人民为中心”的宣传思想理念。“要把实现好、维护好、发展好最广大人民根本利益作为出发点和落脚点，坚持以人民为本，以人为本。”①“要多宣传报道人民群众的伟大奋斗和火热生活，多宣传报道人民群众中涌现出来的先进典型和感人事迹。”②第三，倡导“与时代相适应、与人民生活相适应”的宣传艺术。在谈到弘扬中华民族文化时，习近平说：“要使中华民族最基本的文化基因与当代文化相适应、与现代社会相协调，以人们喜闻乐见、具有广泛参与性的方式推广开来，……”③在谈到社会主义核心价值观的培养时，习近平说：“一种价值观要真正发挥作用，必须融入社会生活，让人们在实践中感知它、领悟它，达到‘百姓日用而不知’的程度。”④“我们要注意把我们所提倡的与人们日常生活紧密联系起来，在落细、落小、落实上下功夫。”⑤第四，要求宣传思想工作具有斗争性。2016年2月19日，习近平在党的新闻舆论工作座谈会上的讲话中说：“新闻媒体要直面我们工作中存在的问题，直面社会丑恶现象和阴暗面，激浊扬清、针砭时弊。”⑥

（二）从对外宣传到“讲好中国故事”

对外宣传是中国化的概念，是相对于对内宣传而言的，也是基于中国对外宣传的历史而形成的。有关对外宣传的中国式定义是：“通过各种形式、手段、渠道等向外界传播有关中国的信息，宣传中国对国际事务的认识、观点、态度。”⑦作为一般性概念，对外宣传则是“本国信息传播给外国受众，以影响他们对本国的认知与态度的活动”。在西方，“propaganda”（宣传）在

① 习近平．论党的宣传思想工作［M］．北京：中央文献出版社，2020：15-16.
② 习近平．论党的宣传思想工作［M］．北京：中央文献出版社，2020：15-16.
③ 习近平．论党的宣传思想工作［M］．北京：中央文献出版社，2020：49-50.
④ 习近平．论党的宣传思想工作［M］．北京：中央文献出版社，2020：58.
⑤ 习近平．论党的宣传思想工作［M］．北京：中央文献出版社，2020：58.
⑥ 习近平．论党的宣传思想工作［M］．北京：中央文献出版社，2020：188.
⑦ 张桂珍，等．中国对外传播［M］．北京：中国传媒大学出版社，2006：38.

二战之前一直是一个中性词，二战后，“宣传”一词在西方成了“弄虚作假和不择手段”的代名词，并由“传播”替代了“宣传”，而“宣传”往往成为西方指责敌国或社会主义国家媒体的专有词。我国也曾有学者提议用对外传播取代对外宣传[①]，有利于融入西方话语。但从中国的实际情况来看，似乎必要性不大，因为在中国文化背景里，“宣传”一词一直是个中性词，有时甚至还带有一定的褒义。况且，“传播”与“宣传”这两个概念的含义还是有区别的，“传播”强调的是信息的交流，而“宣传”虽然也包含信息交流之意，但更偏重“对他国受众的影响”，因此，对外宣传可能更恰当。西方的对外传播实际上也不仅是“信息交流”，实质上还是“立足于国家利益的宣传”。

重视对外宣传，是中国共产党长期以来形成的重要经验之一。从建党之初到中华人民共和国成立之前，党在十分艰苦的条件下开拓各种渠道（电台、海外办报、通讯社、国外媒体和记者等）开展对外宣传，为中国革命胜利做出了特殊的贡献。中华人民共和国成立后，中国共产党作为执政党，开始领导和创办人民的新闻事业，对外宣传工作也开始了新的篇章。1949 年 10 月 1 日便成立了“国际新闻局”，隶属新闻总署，统揽外宣工作，标志着中华人民共和国外宣事业的创立。1952 年，中宣部成立“国际宣传处”，将“国际新闻局”改组为外文出版社。同时，以国际广播、对外出版、通讯社三大系统为主的对外宣传机构和队伍初步建成，改变了之前单薄、被动、时断时续的对外宣传工作状况。对外广播于 1950 年的对外播出语种达到 11 种，在外宣宗旨、对象、内容、手段等重要问题上不断探索，注意借鉴苏联、西方国家的经验，听取各方意见，积累了一定的经验。比如，1952 年 1 月创刊的英文版双月刊《中国建设》以人民团体的刊物身份出版，保持真实报道传统，用事实说话，内容丰富多彩、通俗、生动有趣、有亲切感，很好地反映了我国的变化，很受国外读者的欢迎。1958 年，毛主席在武汉看了《中国建设》说：“《中国建设》用事实说话，对外宣传就应该这样做。”[②] 再如，对外广

① 姚遥．新中国对外宣传史：构建现代中国的国际话语权［M］．北京：清华大学出版社，2014：12.

② 陈日浓．中国对外传播史略［M］．北京：外文出版社，2010：115.

播在朝鲜战争中有力地配合了我国在国际上的舆论斗争。1951 年年初至 1953 年朝鲜停战协定签订前夕，国际广播编辑部举办了专门针对侵朝美军的英语广播节目，揭露美国的欺骗宣传，阐明中国抗美援朝的严正立场和主张，产生了很大的影响，1951 年 11 月 15 日，播送了侵朝美军俘虏的讲话录音，战俘通过广播向自己的家属讲述他们在战俘营受到的人道主义待遇，有力地戳穿了美国捏造的所谓朝中方面“虐俘”的谎言。[①] 另外，在参加 1954 年 4 月召开的日内瓦会议期间，周恩来领导的中国代表团十分重视与外国记者的联络工作，以影响国际舆论。周总理提出，为了扩大对外宣传，在国际斗争中不仅不能怕外国记者，还要充分利用外国记者，使之为我们服务。周总理还提出了 5 条具体意见：一是来者不拒，区别对待；二是谨慎而不拘谨、保密而不神秘、主动而不盲动；三是不滥用“无可奉告”；四是对于挑衅，据理反驳而不疾言厉色；五是有问有答广交朋友。[②] 用事实说话、注意形式多样、利用好重大国际事件、寻求与国外媒体或记者的合作，都是留给我们值得汲取的经验。

抗美援朝战争的胜利极大地提高了我国的国际地位。在 1954 年召开的日内瓦会议上，中国第一次作为世界五强之一，同苏联、美国、英国、法国共商世界大事，1955 年的万隆会议通过了由中国和印度倡议的“和平共处五项原则”，标志着中国已冲破帝国主义的封锁，走向世界舞台。伴随着中国对外交往的日益广泛，中国的对外宣传也进入快速发展期。到 1965 年年底，新华社在国外的分社发展到了 51 个，还聘请了 18 个国家的外籍报道员，初步形成了以亚非拉地区为主的国际新闻报道网；到 1965 年，对外广播用 27 种外语对外播音，每天的播音时间达 100 小时。[③]1965 年的调查结果表明，中国对外广播已进入国际广播强国之列，综合实力仅次于苏联、美国，居于世界第三位。[④]《北京周报》《人民画报》《中国建设》等外文期刊以及外文局向国外出版发行的外文书籍，从语种到发行范围、发行量都有了极大的增

① 陈日浓．中国对外传播史略［M］．北京：外文出版社，2010：117–118.
② 陈日浓．中国对外传播史略［M］．北京：外文出版社，2010：124.
③ 陈日浓．中国对外传播史略［M］．北京：外文出版社，2010：134.
④ 甘险峰．中国对外新闻传播史［M］．福州：福建人民出版社，2004：168.

长。学界在对外宣传思想与业务方面也开始了较为深入的探讨。1961—1962年，外文出版社组织大家就有关外宣问题进行学习讨论，并最终形成了《关于对外宣传的艺术性问题》这一重要文件，提出了一些很有意义的观点：外宣的核心原则为内外有别，即对外宣传不适用国内的宣传方法；对外宣传要政治性与艺术性相结合，政治第一，艺术第二；对外宣传的主要内容为介绍中国对外政策总路线、对重大国际问题的立场和态度、社会主义经济文化建设成就等；读者对象为广大中间读者。“这是中国对外传播历史上空前规模的一次群众性学术研究活动，深入探讨了当时对外宣传业务中的主要问题，为以后80年代对外传播的理论建设奠定了思想基础。”[①] 有学者认为，“超越政治与意识形态，以平民视角反映中国的现实情况，避免用灌输式的宣传方式，是1949—1966年中国对外宣传媒介特别是对外书刊力求采取的宣传策略”[②]。

20世纪60年代中后期，受“文化大革命”和恶劣的国际环境的影响，对外宣传出现了“左”的倾向。毛泽东曾对这一时期的外宣工作多次提出意见，集中纠正“强加于人”的错误倾向，短短3个月时间，指示就有近10次之多，并严肃批评了“世界革命的中心——北京”等过火的宣传话语。[③]1967年6月，周总理传达了毛主席对现在外宣工作“吹得太厉害，人家也接受不了”“我们要谦虚，特别是对外，出去要谦虚一点”等意见。1971年5月30日至31日，周总理在全国外事工作会议上指出：现在对外宣传存在两种倾向，一种是自吹自擂，使用不当的语言、夸大的语言，强加于人；另一种是对人家不知怎么是好，缩手缩脚。这两种倾向有一个特点，都是不实事求是。[④]1971年5月，中共中央办公厅印发了《毛主席关于对外宣传工作的重要批示》，即毛主席1967年3月至1971年3月所作的33条批示，并组织外宣部门学习、检查、讨论。在当时的背景下，“左”的倾向虽得到了一定的扭转，但不可能从根本上扭转。

① 陈日浓．中国对外传播史略［M］．北京：外文出版社，2010：137.

② 习少颖．1949—1966年中国对外宣传史研究［M］．武汉：华中科技大学出版社，2010：139.

③ 裴坚章．毛泽东外交思想研究［M］．北京：世界知识出版社，1994：330.

④ 何国平．中国对外报道思想研究［M］．北京：中国传媒大学出版社，2009：69.

20世纪70年代末中国进入改革开放时代。全党工作重心从“以阶级斗争为纲”转为“以经济建设为中心”；随着社会主义市场经济体制的确立，中国迫切需要融入全球化浪潮，中国要了解世界，中国也需要世界了解中国。“让世界了解中国”成为改革开放初期对外宣传的基本原则。进入80年代后，国际形势发生了根本变化，“邓小平以战略眼光进行宏观分析后做出了科学的判断：和平与发展是当今世界的两大主题，改变了过去认为战争不可避免而且迫在眉睫的判断，这也是党的工作重心转变的重要依据”①。80年代末，邓小平根据国际形势调整了国家外交战略，这一思想集中体现在“冷静观察，稳住阵脚，沉着应付，韬光养晦，善于守拙，决不当头，有所作为”②28字方针中。对外宣传也随之采取了“融冰”“搭桥”“突围”三个递进的策略。“融冰”，就是冷静、低调行事，沉着从容中有所作为；“搭桥”，即通过外宣渠道加强与国际社会的交往和联系，为经贸合作营造良好的舆论环境；“突围”，利用长江截流成功、香港回归、中美首脑正式会晤、中共十五大召开等众多重大历史事件，主流媒体通过国际传播视野打出宣传“组合拳”，引导国际舆论。“融冰”“搭桥”阶段的对外宣传，使国际社会对中国的态度逐渐有所改变，而“突围”阶段的宣传“使社会主义中国形象突破性提升”③。进入21世纪，中国以更加主动、开放的姿态进行对外宣传。1999年年初，江泽民在全国对外宣传工作会议上提出“向世界说明中国”的对外宣传总方针，2004年4月，李长春在中央对外宣传工作会议上提出外宣“三贴近”原则，这为更好地向世界说明中国提供了方法论④。

进入21世纪以后，随着中国经济快速崛起，以及20世纪90年代对外宣传上的持续努力，中国在世界上的影响力明显提升，但是，国际舆论“西强我弱”的局面并没有发生根本转变。美国与西方不断制造攻击、污蔑中国的舆论，以打压、遏制中国崛起。习近平总书记指出：“我国综合国力和国际地位不断提升，国际社会对我们的关注前所未有，但中国在世界上的形象很

① 田丽．中国共产党对外宣传战略研究［D］．北京：中共中央党校，2016：98.
② 邓小平．邓小平文选（第三卷）［M］．北京：人民出版社，1993：321.
③ 何国平．改革开放30年来中国外宣思想的演进［J］．当代传播，2008（6）：94-97.
④ 何国平．改革开放30年来中国外宣思想的演进［J］．当代传播，2008（6）：94-97.

大程度上仍是‘他塑’而非‘自塑’，我们在国际上有时还处于有理说不出、说了传不开的境地，存在信息流进流出的‘逆差’、中国真实形象和西方主观印象的反差、软实力和硬实力的‘落差’。要下大力气加强国际传播能力建设，加快提升中国话语的国际影响力，让全世界都能听到并听清中国声音。”[①]2013 年 8 月 19 日，习近平总书记在全国宣传思想工作会议上首次提出“讲好中国故事”的理念，并经多次阐述、不断深化完善，形成了新时期指导我党包括外宣在内的意识形态工作的指导方针，继承、创新和发展了中国特色社会主义对外宣传观，立足中国实际，在全球视野下促成了新时期对外传播观念的转型。习近平总书记提出“讲故事是国际传播的最佳方式”，将“四个讲清楚”、突出中国价值观、表现中华文化魅力作为主要内容，将展现全面、立体、真实的中国，增强中国对外话语权，提升中国国际影响力作为目标，并将全党、全国人民作为讲好中国故事的主体。

二、“讲好中国故事”的时代性与理论逻辑

“讲好中国故事”是时代的命题，是以习近平同志为核心的党中央秉承中国共产党宣传思想工作传统，面对新形势下国际国内意识形态新格局，对党的宣传思想工作做出的战略选择及多方面的创新。“讲好中国故事”有其独特的内在逻辑，包括讲好中国故事的必要性、可能性、讲什么与怎么讲。

（一）“讲好中国故事”的时代性

马克思、恩格斯运用辩证唯物主义和历史唯物主义的基本原理，揭示了人类社会发展的客观规律，指明了人类社会必然走向共产主义的美好前景，使共产主义信仰建立在科学的基础之上。同时，马克思、恩格斯对人类社会发展过程进行阶段性划分所显示出的时代观，也为我们准确判断社会阶段的转变、加快社会发展进程提供了思想理论基础。中国共产党第十九次代表大会做出了“中国特色社会主义进入新时代”这一重大政治论断，习近平总书记指出：“经过长期努力，中国特色社会主义进入了新时代，这是我国发展新

① 习近平：坚持正确方向创新方法手段 提高新闻舆论传播力引导力［N］. 人民日报，2016-02-20（1）.

的历史方位。”“讲好中国故事”正是在这新的历史方位下、在中华民族走向全面复兴的新起点上面对世界与国内尖锐复杂的意识形态斗争形势作出的战略抉择。

历史方位取决于两个坐标，一个为世界历史的坐标，一个为本国历史发展的坐标，中国特色社会主义新时代的历史方位的判断“既包括对当今世界所处时空位置的科学判断，也包括对当前中国所处的发展进程、国际地位的科学把握”[①]。

习近平在党的十九大报告中首次提出“世界大变革大调整”的问题；2017 年 12 月 28 日，在接见驻外使节时，习近平首次正式提出“世界百年未有之大变局”的观念，此后在国际、国内多种不同场合谈及这个话题。在国际场合，习近平陈述“世界百年未有之大变局”中世界多极化、日趋平衡的不可逆转的发展大势，呼吁“和平与发展”仍是当今世界的主题；在国内场合，强调“世界百年未有之大变局”对于中国而言，机遇与风险挑战共存，督促、布局各方面工作抓住机遇、加快发展，同时要防范各种风险、迎接挑战。

“世界百年未有之大变局”的提出，震惊了世界，也吸引着国内外学者的目光，相关研究方兴未艾。“世界百年未有之大变局”是对“冷战”结束后形成的“一超多霸”的“西方中心主义”国际格局之变的概括。这种百年之变自然不是近几年发生的，只不过近些年来，这种变化显得尤为集中与明显。科技、经济、国际力量、国际体系、文明交流被认为是这种百年变局的五个基本维度或基本要素。科技革命引领大变局，大国崛起无不以科技革命为先导，而大国的崛起也往往是世界格局大变动的开始。前三轮科技革命都是发端于西方国家，使近代以来的世界成为西方国家统治或以西方为中心的世界。但“在第四轮科技革命和产业革命中，中国成为全方位的参与者，个别科技领域实现了从跟跑、并跑到领跑的历史性转变”[②]，“第四轮科技革命和产业革命”必将极大地改写全球经济版图和政治格局，改变全球交往方式和生活方式，影响全球治理体系和全球化进程，谁能占得先机，谁就能在世界

① 卢俞成，林春逸．习近平新时代观的文明向度［J］. 学习论坛，2021（5）：30–37.

② 陈曙光．世界大变局与人类的未来［J］. 求索，2021（6）：13–20.

大变局中占据有利位置[①]。中国大力发展高科技和高科技产业，而美国不惜采取手段打压中国的高科技产业，实则是国运之争，牵系世界大变局之走向。在国际市场方面，以金砖五国为代表的新兴市场国家群体崛起，美国“一超”主导世界的时代正在改变。更重要的是，中国作为世界第二大经济体，近年来，每年对世界经济增长的贡献率都在30%，超过第一大经济体美国。国际力量对比、国际治理体系也都在发生明显的变化，习近平指出：“全球治理体制变革正处在历史转折点上。国际力量对比发生深刻变化，新兴市场国家和一大批发展中国家快速发展，国际影响力不断增强，是近代以来国际力量对比中最具革命性的变化”[②]。中国在国际治理体系中的角色更为突出和重要，与美国不断“退群”形成鲜明对比。从文明发展角度来看，进入21世纪，文明中心和文明重心开始向亚太地区转移，“以中国为代表的新兴市场国家和发展中国家的群体性崛起，不仅改变了长期由西方掌控的全球经济秩序，而且改变着长期由西方话语笼罩的全球文明秩序”[③]。

世界正在迎来“百年未有之大变局”已是不争的事实，从整体和长远的眼光来看，中国在这场大变局中处在有利的位置，但是，我们也必须看到，在这场世界大变局中，中国是其中最有分量的变量，也可以说，“世界百年未有之大变局”的出现是以中国为代表的广大发展中国家充分发展后引起全球政治经济力量变化的结果，而这个结果所造成的不稳定性和不确定性明显增强，也会给中华民族伟大复兴战略全局带来诸多难以预测的影响。[④]所以，习近平总书记告诫全党“风险与挑战共存”，“中华民族伟大复兴，绝不是轻轻松松、敲锣打鼓就能实现的，实现伟大梦想必须进行伟大斗争”[⑤]。在意识形态领域、新闻舆论方面也是如此。以美国为首的西方国家为了遏制中国，

---

① 陈曙光 . 世界大变局与人类的未来［J］. 求索，2021（6）：13-20.

② 中共中央党史和文献研究院 . 习近平关于总体国家安全观论述摘编［M］. 北京：中央文献出版社，2018：241.

③ 卢俞成，林春逸 . 习近平新时代观的文明向度［J］. 学习论坛，2021（5）：30-37.

④ 解超，李成 . 世界百年未有之大变局与中国特色知识体系的建构［J］. 思想理论教育，2021（9）：38-42.

⑤ 习近平在中央党校（国家行政学院）中青年干部培训班开班式上发表重要讲话 .［EB/OL］.（2022-03-01）［2023-05-25］. http://www. gov. cn/xinwen/2022-03/01/content_5676282. htm.

对中国发动了一场包括经济、科技、军事、文化、意识形态在内的全方位的“战争”。意识形态是没有硝烟的战场，是“伟大斗争”的前沿阵地，关系重大，“新形势下，意识形态领域斗争复杂尖锐。历史和现实都警示我们，思想舆论阵地一旦被突破，其他防线就很难守得住。在意识形态领域斗争上，我们没有任何妥协、退让的余地，必须取得全胜”①。“讲好中国故事”正是在这样的时代背景下以习近平同志为核心的党中央出于国际国内意识形态斗争的特点和需要而提出的具有新时代特点的争夺舆论话语权、争取意识形态斗争胜利的战略决策。

1.“讲好中国故事”面对的西强我弱世界舆论态势

在国际传播领域，不平衡的信息与舆论传播态势即“西强我弱”的格局至今仍未得到根本扭转。19世纪晚期，随着有线电报的出现，世界真正进入了国际传播时代。进入20世纪末，随着全球化进程加快和全球性媒体的出现，特别是卫星电视的崛起，国际传播迈入全球传播时代。第二次世界大战前的世界传播是以英国为中心而形成的帝国传播体系，第二次世界大战后，随着雅尔塔体系取代凡尔赛—华盛顿体系，开始了美国主导国际传播体系的时代。1962年，美国发射了世界上首颗人造通信卫星，实现了美欧之间的电视实况传输，美国的影响力进一步提升，其报刊、广播和电视三大媒介在国际传播领域都占有显著优势。20世纪80年代末90年代初，美国在有线电视和卫星电视领域实现率先突破与崛起，“到20世纪末，国际电视已经成为国际传播中的主力军，美国则是其引领者”②。从20世纪末到21世纪初，在以信息高速公路和多媒体技术为代表的第三次信息技术革命中，美国又凭借其多方面的优势占尽先机。1993年，起源于美国的国际互联网正式向公众开放，进入大众传播领域，1998年5月，联合国正式确认互联网为继报纸、广播、电视之后的第四媒体。英国、美国先后主导世界传播秩序，全球信息单方面地由欧美发达国家输入亚非拉等发展中国家，并成为国际传播的总体格局。近些年来，随着中国、俄罗斯、印度、巴西等新兴国家在政治经济领

① 习近平.论党的宣传思想工作［M］.北京：中央文献出版社，2020：23.

② 龙小农.金砖国家重构全球传播秩序：历史依据与现实路径［J］.现代传播（中国传媒大学学报），2019，41（6）：73-79，85.

域的崛起，这种格局开始了缓慢的转变，但国际话语权仍然掌握在美、英、法、德等国手中。中国在2009年就颁布了《关于印发〈2009—2020年我国重点媒体国际传播能力建设总体规划〉的通知》，布局重点媒体的国际传播能力建设。有数据显示，“中国国际传播力正在提升，尤其在广大发展中国家。2016年，中央电视台国际频道海外累计用户将近4亿，中国国际台100家整频率落地电台已覆盖50多个国家的首都或主要城市”①。但距离发达国家的一流媒体还是有一定的距离。以英国规模最大的BBC为例，“BBC覆盖的国家和地区数达到223个，全球2.87亿个家庭可以收看到BBC的电视新闻节目”②。美国的CNN可在140多个国家收看，在200多个国家和地区拥有观众群。③在互联网领域，作为互联网发起国的美国依然处在中心位置。一项关于互联网社交媒体的研究表明，“美国社交媒体产品有着高度国际化程度，体现为美国的社交媒体产品有着无与伦比的全球覆盖率，在2018年，世界上绝大部分国家排名前三的社交媒体都是美国产品，且除了中国，其他各个国家和地区排名前三的社交媒体都包含美国产品”④。在2021年3月的一项世界前10社交网站流量排行榜中，美国产品占据6个，另外4个分别是中国的QQ、微博和俄罗斯的OK、VK。“我国因为人口基数的原因上榜，大多为国内用户，而俄罗斯产品使用人群也大多为苏联国家且排名靠后（分别为9、10位），但是美国人口基数小，截至2020年9月，其人口数约为3.32亿，因此大部分为海外用户”⑤，社交网站已经成为人们获取信息、了解时事的重要渠道，足见美国的国际影响力还是很强的。但令美国不安的是，2020年在苹果应用程序商店（Apple App Store）数据统计的138个国家和地区中，我国产品抖音国际版（TikTok）下载量占据了其中55个国家的前三位，挑战了美国社交媒体产品一家独大的地位，抖音国际版也因此差点惨遭美国、英

① 龙小农.金砖国家重构全球传播秩序：历史依据与现实路径［J］.现代传播（中国传媒大学学报），2019，41（6）：73–79，85.

② 冼致远.当代国际一流媒体的传播发展特点及其借鉴［J］.郑州大学学报（哲学社会科学版），2013，46（3）：163–167.

③ 顾潜.对世界新闻传播秩序的审视［J］.复旦学报（社会科学版）2004（5）：88–94.

④ 田赞.社交媒体格局变迁下的国际传播秩序研究［D］.西安：西北大学，2021：22.

⑤ 田赞.社交媒体格局变迁下的国际传播秩序研究［D］.西安：西北大学，2021：30.

国、印度等国的封禁。[①] 在世界上，中国声音的影响力不大甚至“说了传不出去”的原因之一是中国媒体的国际传播力还不够强。

2.“讲好中国故事”应对复杂多变的国内意识形态斗争

中国共产党的百年历史表明，能否抓好意识形态斗争事关党的生死存亡。改革开放后，以美国为首的一些西方国家不断加大对中国进行和平演变的力度及强度，特别是持续进行意识形态渗透，使国内残余的封建主义意识形态、资本主义意识形态借机泛滥。党在进行改革开放的同时，坚持“两手抓、两手都要硬”的方针，坚持“四项基本原则”不动摇。但随着社会主义市场经济的确立和全球化、网络化的大潮席卷世界，再加上一些地方、部门、单位打着“一切以经济建设为中心”的旗号长期对意识形态工作轻视、忽视、漠视，以及境外势力鼓吹“意识形态多元化”“去意识形态化”等错误思潮，我国意识形态斗争变得异常复杂尖锐。[②] 在中共十八大之前很长一段时间，意识形态风险比较突出，主要表现为马克思主义理论真理性受到消解的风险、党的建设受到虚化弱化的风险、社会主义核心价值观面临多元价值挑战的风险、意识形态管理工作方式面对新媒体挑战的风险、西方资本主义国家西化分化中国的风险，[③] 以及不良社会思潮的涌现、宗教迷信影响、少数人与党和政府疏远疏离等。近些年来，由互联网带来的意识形态挑战尤为突出。由于美国等西方国家拥有对互联网的绝对控制权和强大的网络技术，通过网络媒体特别是社交平台以及在他国培植意见领袖、网络黑客向世界传播自己的价值观成为网络时代的常态。中国的网络空间也曾存在不少灰色地带甚至黑色地带，一些恶毒攻击政府、党和国家领导人的言论，以及历史虚无主义、丑化党的历史、恶搞英雄人物的言论在网上出现，消费主义、拜金主义、享乐主义、个人主义思想在一些人特别是年轻人中受到推崇。中共十八大以后，以习近平同志为核心的党中央在全面从严治党、铁腕反腐的同时，对包括网络在内的意识形态领域旗帜鲜明地进行了思想引领和法治化管

① 田赞．社交媒体格局变迁下的国际传播秩序研究［D］．西安：西北大学，2021：30–32.

② 朱继东．把抵制外来意识形态渗透和抓好内部意识形态斗争统一起来：中国共产党百年意识形态建设的一个重要视角［J］．思想理论教育导刊，2021（10）：66–73.

③ 韩强．论新时代意识形态工作面临的风险与应对［J］．新视野，2020（3）：5–12.

理，对广大党员干部和人民群众进行了马克思主义理论、共产主义思想和社会主义核心价值观的宣传教育，人们的思想意识、社会风气有了一定的好转，但距离根本好转还有一定的距离，意识形态斗争会长期存在。况且，世界上就没有一劳永逸的事情，“扫帚不到，灰尘不会自己跑掉”，“灰尘”时时都在，而且被包装成很诱人的样子，意识形态工作、宣传思想工作一定要常抓不懈。讲好中国故事，就是要将马克思主义理论、共产主义思想、社会主义核心价值观以人们喜闻乐见的故事形式，形象、生动、有趣地出现在人们面前，让那些“灰尘”相形见绌、无处藏身。

（二）“讲好中国故事”的理论逻辑

前文已经勾勒出“讲好中国故事”的历史逻辑与现实逻辑，其历史逻辑就是对宣传思想工作作为中国共产党的立党之本、生命线、看家本领的传承与创新，其现实逻辑是在国际国内意识形态斗争的尖锐复杂化与网络化的形势下，让讲故事成为国际传播与国内宣传教育的最好方式；而理论逻辑要阐明的是“讲好中国故事”的必要性、可能性以及“讲好中国故事应该讲什么与怎么讲”。如前文所述，“讲好中国故事”的历史逻辑与现实逻辑其实已经在很大程度上说明了“讲好中国故事”的必然性与必要性，“中国故事怎么讲”将是本书的后面几章所要阐述的主题，因此，此处内容仅围绕“讲好中国故事”的可能性与讲什么展开。

1. 宣传教育从心入手

从本质上说，宣传思想工作是思想的植入与强化过程。1917 年 8 月 23 日，正在读书的毛泽东，给他的老师黎锦熙写了一封信，谈了自己对时局的看法，认为当时流行的改良主义、自由主义、社会达尔文主义、无政府主义、实用主义、民粹主义、工团主义等各种主义和思潮，以及开出的各种救国方子，都是“头痛医头，脚痛医脚的做法”，都没有改变中国的前途和命运。接着他在信中提出“欲动天下者，必当动天下之心”的改造中国的根本药方，即从改变人心而图改变天下、改造中国。用什么去改造人心呢？毛泽东主张从改造哲学、改造伦理学入手，“他手抄过老师杨昌济翻译的一部《西洋伦理学史》，共 7 册；他阅读过蔡元培翻译的德国哲学家泡尔生的《伦理学原理》，在约 10 万字的原文上写下了 12000 多字的批语；1918 年初，他还发起成立新民学会。这些阅读和实践活动，都旨在改造旧思想、旧伦理……”[①] 当然，直到1920年夏，毛泽东阅读到了马克思主义的一系列经典作品，才找到了用来“改变人心”的“大本大源”——马克思列宁主义，终其一生信仰之、笃行之，并将其作为中国共产党的指导思想和理论基础武装全党、教育人民。中国共产党也始终将学习马克思主义原理当作学习的第一要务，将马克思主义的理论素养当作共产党员的必备修养。1949年3月，毛泽东在《在七届二中全会的总结》中指出，党当时比较缺乏的是马克思、恩格斯、列宁、斯大林的理论，理论水平比较低，虽然翻译了不少马克思列宁主义方面的书，但实际上没有做好这方面的宣传，“所以现在应当在全中国全世界很好地宣传马、恩、列、斯关于唯物主义、关于党和国家的学说，宣传他们的政治经济学，等等”[②]。毛泽东还主张对于马克思主义的宣传教育，应该是说服，而不是压服。1957年3月12日，毛泽东《在中国共产党全国宣传工作会议的讲话》中指出：“我们作宣传工作的同志有一个宣传马克思主义的任务。这个宣传是逐步的宣传，要宣传得好，使人愿意接受。不能强迫人接受马克思主义，只能说服人接受。”[③] 毛泽东还认为，马克思列宁主义的宣传必须从党内宣传和党外宣传两方面来进行，“他要求在人民大众中宣传马克思主义，要注重用通俗的方法，即通过歌曲、电影、书本、戏剧等通俗方式宣传马克思主义理论”[④]。早在1929年的《中国共产党红军红四军第九次代表大会决议案》（毛泽东亲自起草）里有关“红军宣传工作问题”中，毛泽东就指出：“化装宣传是一种最具体最有效的宣传方法，各支队各直属队的宣传队均设化装宣传股，组织并指挥对群众的化装宣传”[⑤]，还要求红军政治部门要征集并编制各种表现群众情绪的歌谣、出版石印或油印的画报等。

故事具有娱乐性，使人身心放松、愉悦，又能作用于人的认知，使人有所感悟、启迪。每一个人都是一个“故事人”，“故事性”早已成为人性的

① 戚义明 . 从青年毛泽东的一封信认识“学有本源”. 中国共产党新闻网［EB/OL］.（2016-05-01）［2023-05-01］. http://dangshi. people. com. cn/n1/2016/0511/c85037-28340308. html?sntpara=1000.

② 毛泽东 . 毛泽东文集：第五卷［M］. 北京：人民出版社，2009：260.

③ 毛泽东 . 毛泽东文集：第七卷［M］. 北京：人民出版社，2009：270.

④ 张艺兵 . 毛泽东宣传思想研究［M］. 北京：中国社会科学出版社，2019：144.

⑤ 毛泽东 . 毛泽东文集：第一卷［M］. 北京：人民出版社，2009：101.

一部分。哪一个人的童年不是被故事浸润、滋养的？哪一个人的思维不是从“故事思维”开始的？“我们的梦，就如故事般的经历，常常伴有神秘色彩的戏剧化的遭遇。我们的幻想和白日梦通常都是无声的故事。日常生活中的仪式就是为了讲述故事而进行的组织。”① 故事，将干瘪的事例、抽象的道理、令人生厌的说教用曲折的情节、动人的情感、平等的交流装扮起来，成为深受人们欢迎的客人和朋友。安妮特·西蒙斯在《故事思维》中有这样一段寓言式的描写：“真相，直接又冰冷，曾被村庄里的每个人拒之门外，她的直白吓到了人们。”“当真相被寓言发现，她又冷又饿，蜷缩在角落里。寓言可怜她，把她带回家。在家里，寓言用故事为真相装扮，给予真相温暖，并再次送她出门。”“身着故事的外衣，当真相再次敲响村民的家门时，受到了热情的欢迎，被迎进了村民家。村民们给她烤火并邀请她在他们的桌子上吃饭。”② 习近平总书记是讲故事的大家。由人民日报评论部编辑、人民出版社出版的《习近平讲故事》精选了习近平讲过的 109 则故事，有文章分析了这些故事的三重境界。一重境界为“看山是山”，即看到“时间跨度大、空间跨度大，有的恢宏，有的细小，有历史，有传说”这些故事的特征；二重境界为“看山不是山”，即看到故事背后的“道理”；三重境界应为“看山没有山”，即看到道理的背后“是中国的哲学思想精髓，是中国看世界的立场、观点和方法”③。如果还有第四重境界，也是“看山没有山”，即这些故事就像春风化雨滋润万物，变为中国人民的精气神和世界人民的“共同体”。

2. 讲好中国故事的底气

2014 年 10 月 23 日，习近平同志在中共十八届四中全会第二次全体会议上的讲话中指出：“现在管理学有一个基本原理，就是不仅要做，而且要让人知道做了什么。我们要让全国人民知道党和政府做了什么、还要做什么，让世界人民知道中国人民为人类文明进步作出了什么贡献、还要作出什么贡

① 萨宾．叙事心理学：人类行为的故事性 [M]. 何吴明，舒跃育，李继波，译．北京：北京师范大学出版社，2020：23.

② 西蒙斯．故事思维 [M]. 俞沈彧，译．南昌：江西人民出版社，2017：36.

③ 李冰．中国故事 世界表达：《习近平讲故事》海外传播 [J]. 出版参考 .2019（12）：6-8.

献。”[①] 中国传统文化推崇“敏于行，讷于言”“听其言而观其行”“酒香不怕巷子深”，养成了中国人求实笃行、不屑夸夸其谈的民族性格。党中央虽极为重视新闻宣传、舆论工作，但往往也是做得多而说得少，或说得不如做得好。以至于中华人民共和国成立 70 多年，中国发生了翻天覆地的变化，取得了举世瞩目的成就，全体人民步入小康，但还是没有解决好“挨骂”的问题。

“我们有本事做好中国的事情，还没有本事讲好中国故事？我们应该有这个信心！”[②] 讲好中国故事的底气其实就来自习近平总书记所指出的“四个自信”，即道路自信、理论自信、制度自信和文化自信。中国共产党走过了百年的苦难辉煌的历程，很多人都在思考、都在问：中国共产党为什么行？中国为什么能？归根到底，是因为中国共产党坚持了马克思主义、社会主义制度和社会主义道路，并将三者与中华优秀传统文化、中国实际相结合，创造了马克思主义中国化的理论成果，即毛泽东思想、邓小平理论、“三个代表”重要思想、科学发展观和习近平新时代中国特色社会主义思想，开创了中国特色社会主义制度和道路。“经过长期努力，我国成功走出了一条中国特色社会主义道路，取得了举世瞩目的辉煌成就，实践证明我们的道路、理论体系、制度是成功的。世界上越来越多的人开始对当代中国价值观念感兴趣，越来越多的人开始客观看待当代中国价值观念。”[③]

自中国改革开放以来，世界各国各地区的外国人来中国旅游、经商、留学、定居等，他们中的绝大多数人在了解中国后都喜欢上了中国。笔者于 2020 年 11 月对国外留学生进行了题为“外国留学生对中国故事的认知”的问卷调查，在收到的 127 份有效问卷中，表示对中国印象很好的占 45%、比较好的占 39%，不好的占比为零；来华之前与来华之后对华印象有了较大的改变，表示改变很大的占 49%、有一定改变的占 22%。近年来，媒体中出现了很多反映外国人在中国生活、学习、旅游的节目，如中央电视台国际

① 习近平．论党的宣传思想工作［M］．北京：中央文献出版社，2020：121.

② 习近平．论党的宣传思想工作［M］．北京：中央文献出版社，2020：121.

③ 中共中央文献研究室．在十八届中央政治局第十二次集体学习时的讲话［M］// 习近平关于社会主义文化建设论述摘编．北京：中央文献出版社，2017：199.

频道播出的《外国人在中国》、中央广播电视总台纪录频道播出的《相遇在中国》、中央广播电视总台华语环球节目中心制作的大型跨文化纪实故事节目《中国缘》等，这些故事中的外国人来自不同的国家和地区，但喜欢中国、热爱中国是他们共同的心声。他们因为种种机缘来到中国并喜欢上中国美食、中国戏曲、中国功夫、中国手艺等，有的还遇到了喜欢的人，与中国人成婚生子。一位来自美国的小伙子“大熊”（周围的人都这么叫他）毕业于美国北得克萨斯州大学歌剧专业，2013 年经朋友介绍来到贵阳，担任贵州师范大学音乐学院的音乐老师。他与贵阳姑娘璐璐相识相恋，为了得到璐璐家长的认可，积极改变自己，努力成为璐璐家人眼里的好女婿。来自英国的詹姆斯 2009 年来到中国湖南工作，并与一位中国姑娘结婚，他用不太流利的中文说：“我爱中国，我爱毛泽东，我的心是中国心。”让人感动的是，他一直牵挂着一群抗日老兵，已为抗日老兵义务服务 6 年（截至拍片时的 2018 年）。

很多外国人也加入了讲好中国故事的行列，把他们在中国的所看、所听、所感讲出来，发布在网络上。《外国人短视频塑造的中国形象研究——以抖音短视频为例》一文对抖音平台中累计播放量较高的 10 位外国博主的 869 条视频样本进行分析，发现这些视频可分为生活日常、习俗文化、经济发展、国民印象、明星娱乐、社会管理六大类，所用语言绝大部分为中文和中英文混杂，短视频的态度倾向为：积极肯定的占比为 50.5%、中立的为 44.7%、消极否定的为 4.8%，将中国呈现为“创新发展、便捷开放的经济社会形象”“历史悠久、美丽多元的文化形象”“勤勉自信、善良热情的国民形象”[①]。近年来，国内越来越多的机构以各种方式与途径吸引外国人特别是年轻人到中国来，让他们了解、体验中国，鼓励他们以自己的方式讲述中国、传播中国文化。北京师范大学中国文化国际传播研究院发起组织的外国青年“看北京”“看中国”“看上海”活动，产生了较大的国际影响。该活动发起于 2011 年，到 2013 年共邀请来自美国、法国、韩国、俄罗斯、叙利亚等国 43 名青年导演来中国，出色完成三届共 43 部“看中国”短片作品，共获得

① 刘春燕．外国人短视频塑造的中国形象研究：以抖音短视频为例［D］. 兰州：兰州大学，2021：9–13.

6 项国际奖。[①] 通过拍摄视频，外国青年更容易对中国产生深刻的认识或认知的转变。一位美国青年拍摄了一部叫作《侠》的短片，讲述了盲童学太极的故事，“美国青年生发了独特的体悟，说原来太极不仅是功夫，更是一种有仁有义的侠义精神。‘侠’的繁体字就是一个大的‘人’保护着两个小的‘人’，强势的人帮助弱势的人，就是一种仁义精神，他把片子命名为《侠》，说这就是中国人的精神”[②]。这正像习近平总书记所说：“在中外文化沟通交流中，我们要保持对自身文化的自信、耐力、定力。桃李不言，下自成蹊。大音希声，大象无形。潜移默化，滴水穿石。只要我们加强交流，持之以恒，偏见和误解就会消于无形。”[③]

3.“讲好中国故事”讲什么

讲故事总是面对着具体的对象讲，也总是有所指向。讲好中国故事有两个面向，一个是面向世界，另一个是面向国内。指向，不仅是指向一定的对象，也指向一定的问题或症结。

世界与中国的问题或症结何在？周鑫宇在《中国故事怎么讲》里，用事实、事例、数据等归纳出西方人头脑中有关中国的四幅图景：灰色图景、绿色图景、黄色图景和红色图景。灰色图景，是指在一些外国人眼中，中国还是落后的代名词，“即便是今天的中国经济快速发展，但其政治也仍然是落后的，需要向西方学习如何尊重人权、实现民主”[④]。黄色图景，是指在一些西方人的眼里，中国是古老的、悠久和神秘的东方古国，“但同时，也暗示着中国人是与西方人不同的，有时甚至是难以理解的。中国这样一种异种文明的崛起，可能会导致‘文明的冲突’”[⑤]。绿色图景，是指中国的经济的高速

① 罗军．中国故事的跨文化讲述：外国人来华拍摄短视频对中国文化国际传播的价值［M］// 黄会林，罗军．话语体系与文化形象：“第三极文化”论丛（2015）．北京：北京师范大学出版社，2015：259.

② 罗军．中国故事的跨文化讲述：外国人来华拍摄短视频对中国文化国际传播的价值［M］// 黄会林，罗军．话语体系与文化形象：“第三极文化”论丛（2015）．北京：北京师范大学出版社，2015：259.

③ 习近平在同德国汉学家、孔子学院教师代表和学习汉语的学生代表座谈［N］．人民日报，2014-03-30（1）.

④ 周鑫宇．中国故事怎么讲［M］．北京：五洲传播出版社，2017：20.

⑤ 周鑫宇．中国故事怎么讲［M］．北京：五洲传播出版社，2017：20.

发展与巨大的国内市场，在外国人看来“与中国接触，意味着经济机会”①，但也夹杂着“搭便车”“脆弱性”等质疑之声。“红色图景”，是指在一些西方人眼里中国是能与美国抗衡的超级大国，是强大的中国，也是具有威胁性的中国。这四种图景正如“盲人摸象”，反映的只是局部中国或某个片段中的中国，可笑的是，就是基于这些局部或片段，西方便有了“中国威胁论”“中国责任论”“中国崩溃论”“中国模式论”“中国原因论”等荒谬的论断。绝大多数的普通民众因对中国了解太少而轻信了不良媒体的蛊惑，也有一些人出于政治、经济、文化的原因，对中国进行恶意攻击。因此，面向世界讲好中国故事有两个任务，一个是面向广大民众主动讲清楚一个全面、真实的中国，另一个面向是对恶意的攻击进行坚决的反击与进攻。

要让世界了解一个全面、真实的中国，要讲的故事很多，如果从“政治、经济、文化、科技”这样的分类角度来看，最重要也是最难讲的就是“政治”。有人提出，对外宣传应“淡化政治色彩”，如果是作为某些时候、某些场合的一种宣传策略，这个观点是可取的，但对外宣传的本质不仅不能弱化政治而且应该强化政治，关键是如何对西方讲好中国的政治。西方对中国的政治偏见很深，但也最为关注与关心中国的政治问题。“被视作‘中共治国理政思想和实践精华’的《习近平谈治国理政》第一卷已经陆续译为20多个语种，发行660万册；第二卷发行突破1300万册，热销160多个国家和地区，创造了改革开放以来党和国家领导人著作发行量的新纪录。”②中国网有一个新闻时事英文微视频栏目《中国3分钟》（英文名称为*China Mosaic*，意为“中国马赛克”）。截止到2017年9月25日（2015年开播），“《中国3分钟》已推出节目126期，在Facebook上的总阅读量已超过2.68亿，视频总播放量超过1876万，总互动量超过146万”③。有文章统计自2015年7月7日开播到2019年4月9日的《中国3分钟》播出的213期节目，发现该栏目“70%以上都是以政治和文化为主题的内容”④“中国共产党没有

① 周鑫宇.中国故事怎么讲［M］.北京：五洲传播出版社，2017：20.

② 彭修彬.对外讲好新时代中国共产党治国理政的故事［J］.对外传播，2018（7）：4–6.

③ 王晓辉.娓娓道来讲述中国故事 端庄大气传播中国观点：中国网《中国3分钟》节目的探索与实践［J］.对外传播，2017（10）：58–60.

④ 江慧.《中国3分钟》的跨文化传播经验研究［D］.南昌：南昌大学，2020：16.

辜负中国”“中国共产党是国际秩序的‘维护者’而非‘威胁者’”“中国人谈民主时，谈的是什么？”“中国追求的‘共同富裕’到底是什么”这些敏感的政治话题在《中国3分钟》中不在少数，而且往往能收到意想不到的反响。比如，“第132期的《为什么中国选择了共产党领导多党合作的制度？》发布24小时后，即被美国广播公司（ABC）、福克斯电视台网站、哥伦比亚广播公司（CBS）、道琼斯旗下的市场观察网、印度IANS Insider等230余家媒体转载”[①]。

在经济领域，中国有许多成功的经验，在一些外国人看来，“与中国接触，意味着机会”。但国际社会对中国经济发展的态度是复杂的，有羡慕、肯定，也有恐惧、质疑、误解。“中国原因论”“中国模式论”“中国崩溃论”“中国经济搭美国便车”等论调无不与对中国经济的恐惧、质疑、误解有关。“中国原因论”，简单地说，就是把世界上诸多的麻烦、危机与问题都归咎于中国。比如，美国工人失业，归咎于中国企业、中国工人抢了他们的饭碗；第三世界国家政府腐败，也归咎于中国企业行贿。“中国模式论”认为中国的发展走了一条与西方不同的道路，创造了一个“中国模式”，而这个模式就是“国家资本主义”。这种论调曾经迷惑了很多中国人，是一个陷阱。中国开创的中国特色社会主义道路，不是任何形式的“资本主义”，是完完全全的社会主义。“中国崩溃论”，是指一部分外国人不断鼓吹“中国的政治和经济制度有不可克服的脆弱性，迟早会出现动荡和崩溃，……”[②]。还有一种“中国经济搭美国便车”的说法，似乎中国的经济发展是美国所赐予的。因此，向世界讲好中国故事，不仅要讲中国的经济成就，还要讲清楚中国的经济成就是怎么取得的——不是偷来的，不是抢来的，是中国共产党领导中国人民艰苦奋斗得来的，是靠社会主义制度的优越性得来的。

中国有着五千年的文明史，拥有悠久灿烂的中华文化。对于西方国家的很多人来说，中华文化是与西方文化完全不同的文化。近代以来形成的“西方中心主义”傲慢地认为，“西方文化”是文明、进步的象征，而“西方文

① 李果．国际传播视角下如何讲好中国故事：以《中国三分钟》为例［J］．视听，2018（6）：167-169.

② 周鑫宇．中国故事怎么讲［M］．北京：五洲传播出版社，2017：23.

化”以外的文化都是落后、愚昧的。尽管中国文化悠久灿烂，但在他们眼里是不可理解的“异类”或“他者”。对于西方国家的普通民众来说有一个特别不能理解或不能接受的事情，那就是中国不是一个宗教国家，在他们看来不信仰宗教，就不会有道德感，而没有道德感的民族是不可信任的。其实，这完全是对中国的误解。事实上，中国虽然不是一个宗教国家，但在中国信教自由，有一部分中国人是信仰宗教的；并且，中国虽然不是一个宗教国家，但中国人自古以来就过着有道德、有尊严、有自律的精神生活。梁漱溟认为“道德气氛特重是中国文化之一大特征”①，并认为“中国自有孔子以来，便受其影响，走上以道德代宗教之路”②。的确是这样，“中国的儒家思想不信奉任何的神灵，但教导人们自律、行善。孔夫子要求中国人崇尚勤劳、节制，并充满奉献精神和责任感。每个人应该先战胜自己，克制过度的欲望，同时必须兢兢业业地工作，追求人生的成功，最后把力量贡献给家庭、社会和世界。儒家把这称作‘修身、齐家、治国、平天下’”③。中国共产党是中华优秀传统文化的继承者，始终将党员的道德修养建设和塑造社会良好的道德风尚视为党的一项重要工作。2001 年，党中央颁布《公民道德建设实施纲要》，对在社会主义市场经济条件下加强公民道德建设提供了重要指导，有力促进了社会主义精神文明建设。2019 年 10 月，中共中央、国务院又印发了《新时代公民道德建设实施纲要》，将“社会公德、职业道德、家庭美德、个人品德建设作为着力点”“筑牢理想信念之基”“培育和践行社会主义核心价值观”“传承中华传统美德”“弘扬民族精神和时代精神”。无论是在日常生活中，还是在大灾大难面前，中国人民都表现出了良好的道德风尚和无私无畏的献身精神。国际奥委会终身名誉主席萨马兰奇曾说：“真正认识中国和了解中国人民是需要时间的。我正是用了几十年，才真正了解和感受到这个国家的伟大，这个民族的坚韧不屈和善良。”④道德，是一个民族的根，也是文化的根。讲好中国文化的故事，不仅要讲中国美食、中国功夫、中国民

① 梁漱溟．中国文化要义［M］．上海：上海人民出版社，2011：103.

② 周鑫宇．中国故事怎么讲［M］．北京：五洲传播出版社，2017：65.

③ 周鑫宇．中国故事怎么讲［M］．北京：五洲传播出版社，2017：65.

④ 张维为．中国触动：百国视野下的观察与思考［M］．上海：上海人民出版社，2016：249.

俗、中国国宝、中国文字、中国诗词等故事，更要讲好中国道德、中国精神的故事。

面向国内讲好中国故事，问题指向有两个：一是在经济全球化、信息传播世界化的环境下，一些人不免受西方思潮、资本主义意识形态的影响，盲目崇拜美国，崇拜西方，信奉个人主义、自由主义、金钱万能等价值观念，丧失共产主义理想和信念，成为精致的“利己主义”者；二是在以美国为首的西方国家发动的旨在遏制中国崛起的舆论战中，有部分人对那些造谣抹黑党、政府和社会的言论缺乏辨别力，信以为真，从而对党、政府和社会产生不满情绪，以致做出危害社会的行为。因此，讲好中国故事，就是要讲好“共产主义理想和信念”的故事，讲好社会主义核心价值观的故事，要让每一个中国人，特别是青少年明白共产主义的理想和信念是建立在科学真理之上、是人类发展的必然趋势、是崇高而美好的，而社会主义核心价值观是共产主义理想与信念在实际生活、工作中的具体体现。讲好中国故事，就是要讲好中国共产党的故事，讲好中国特色社会主义的故事，让每一个中国人都真正认识到“没有共产党就没有新中国”“只有社会主义才能发展中国”；讲好中国故事，就是讲好中华优秀传统文化的故事，讲好中国红色文化的故事，要让每一个中国人特别是年轻人熟悉中国文化，并为自己的文化而自豪。归根结底，讲好中国故事，就是要使中国人牢固地树立四个自信：道路自信、理论自信、制度自信、文化自信。

三、得叙事者得舆论

在西方叙事学里，关于叙事与故事这两个概念有两种观点，一种认为这两个概念是一回事，叙事就是故事，故事就是叙事，没有区别；另一种认为两者是有区别的，故事是叙事的材料，叙事则是将故事叙述出来。在我国，多数情况是取前者，即叙事与故事混用。本节题目用了叙事而未用故事，一来为的是与叙事学的学科称谓相符，在涉及叙事学知识时表达更为方便；二来叙事与故事二者的词性、偏重是有所不同的，叙事是动词，侧重于行为的叙事，而故事是名词，侧重于叙事的结果或作品。叙事与舆论在两个层面上发生关系，一是叙事作为人们日常交往的内容，既是对已经发生或刚刚发生的事的记录、描述，也是通过这些内容记录与描述自己的理解与观点，因此，叙事当中隐含着民意；二是在舆论引导层面，叙事以其特有方式易得舆情的敏感，从而形成对舆论的无声干预。很多舆论事件也都应验着“得叙事者得舆论”的规律。

（一）从叙事到民意表达

舆论，作为“社会上多数人对某一有争议问题所形成的一致的观点和态度”①，虽然不能与民意画等号，但至少是在一定程度上对民意的反映。民意是一个理论概念，民意在表达之前是看不见摸不着的，它隐遁于社会个体的心里，只有当发生了社会表达，无数个体意见相互交流与碰撞，逐渐出现一种最大公约数的意见或多数人都赞同的意见，民意才以舆论的方式得到一定的表达。民意表达既是一个社会心理过程，又是各种权力博弈的过程，因此，民意很难完整而真实地形成舆论，舆论只是在一定程度上反映民意。大众媒体、网络媒体是重要的舆论机关，负有反映舆论、正确地引导舆论的功能和职责。我国媒体包括网络媒体是党和人民的耳目口舌，舆论引导的基本目标是使舆论能够反映真实的民意或人民的心声。近些年来，有关舆论引导的研究成果非常多，研究视野也很广，提出了许多从宏观、中观到微观的舆论引导策略与方法，为改善媒体舆论引导效果提供了智慧支持。这些研究更多地立足于舆论形成的过程、舆论形成与演变的机制、舆论的结构与特点等提出引导舆论的策略，似乎对“民意是什么或人民群众到底在想什么”的问题有所忽略，而这个问题恰恰是舆论引导的逻辑起点。

如何了解人民群众在想什么呢？从理论上讲，专业机构所进行的民意调查能够获得较为真实的民意，但民意调查“失灵”的情况也并不少见。造成民意调查（下文简称民调）失灵的因素包括政治因素、调查工具设计问题、调查情境与公众心理问题等。政治因素的影响有时表现为对调查的操纵。政治因素有时也表现为公众对调查的态度，如在 2016 年和 2020 年两届美国总统选举中美国民调的预测与竞选结果不符甚至相去较远，有分析认为，调查

---

① 曹茹，王秋菊．心理学视野中的网络舆论引导研究［M］. 北京：人民出版社，2013：1.

机构的政治背景影响选民对待调查的态度。比如，《纽约时报》被认为倾向于民主党，“共和党支持者接到该民调打来的电话时，不去回应的倾向非常明显，这就造成民主党人群的声音存在被过度表达的可能”[①]。2016年以后，在美国民调界还产生了一个概念，即“害羞的特朗普选民”，用来解释民调的失灵原因，“就特朗普而言，真正独特的地方在于人们不愿意公开说他们支持他，主要是因为……大众会称他们为种族主义者、仇外者”[②]。我国的民意调查自20世纪90年代以来蓬勃发展，为中国的民主建设、下情上达、科学决策做出了重要贡献，但由于调查技术、调查机构的专业素质、社会复杂情况等问题造成民调失灵的情况也不免发生。比如，“某县社会安全感民调结果滑坡很厉害。事后调研得知在民调工作期间，当地发生的‘女中学生失踪’事件在当地引起了不小的风波。疯传女学生被绑架并摘掉了器官，一时不大的县城人心惶惶，唯恐灾难降临自家。在这样恐慌氛围下，社会安全感民调结果的倒退也就可想而知了。事件的真相是这位女学生畏惧高考离家出走在外游荡了几十天后又回了家”[③]。

我们党向来要求媒体工作者密切联系群众、紧密联系实际，也是为了使媒体能够及时掌握群众的要求和想法。在日常工作中，媒体工作者除了进行以报道新闻为目的的采访之外，还要拿出一定的时间深入实际、深入生活、深入群众，去搞一些社会调查，了解民意。党的新闻工作还有一个好传统，就是通讯员制，即每家媒体必须建立广泛的通讯员网络。通讯员的任务有两个，一个任务是为所属媒体供稿，另一个任务是反映基层情况，也就是反映民意。媒体通常还设有一个联系群众、联系基层的部门或渠道，即“通联科”，这是媒体与受众之间的桥梁，负责完成一些受众调查、接待受众来访来信、与社会各界联络等，具有了解民意的职责。这些机制或做法是由党的性质和宗旨决定的，也是使媒体始终坚持党性与人民性相统一的保证，但是，这些做法也有它的局限性，就是很难做到对民意全面而及时的反映。

其实，还有一种了解民意的渠道，在今天的互联网时代更加适用，那就

① 王仲昀.再度失灵的民意调查反映了什么？［J］.新民周刊，2020（42）：62–65.

② Sora.民调何以再成美大选输家？［J］看世界，2020（24）：76–78.

③ 张新沙.要深入认识民意调查结果［J］.中国统计，2019（4）：12–14.

是通过收集、挖掘、分析来自生活、来自老百姓的叙事了解民意。中国春秋时期，就有“王官采诗”之制，俗称“采风”[①]。“春秋时期每年的春、秋季节，被指派的官员都要到乡下收集民谣。”[②] 林语堂先生考察《左传》《风俗通义》等文献发现，“遒人（现代汉语中‘邮差’的意思）的作用就是在每年开春第一个月到乡下巡视，并且向皇上汇报乡下的情况。”“公元前统治王朝的采诗官在每年的第八个月份到乡下巡视并收集有关方言、歌谣和民谣的内容，以便皇上知晓乡下的时事似乎已经成为一种风俗。”[③] 歌谣、民谣的内容很广，政治、宗教、爱情、战争、人文、风俗等无所不包，是社情民意的反映，“统治者根据民谣，考功任贤，惩贪治腐，调整治理方式，协调社会矛盾”[④]。《诗经》的 305 篇诗歌便是从西周至春秋采风所得歌谣、民谣中精选出来的，它不仅是我国第一部诗歌总集，也堪称我国历史上第一部民意调查报告。故自西周以后的历代封建王朝，几乎都设有负责“采诗”“采风”的官员或机构。

“赋、比、兴”是《诗经》的主要艺术特色。赋，即把人的思想情感及相关的事物平铺直叙地表达出来；比，实际就是打比方、比喻，即以彼物比此物，以彼事物的特征说明想要表达的此事物的特征，使要表达的事物更加形象、具体，使难言的情状变得鲜明起来；兴，兴起、引起的意思，即作者因前边的叙述而引发联想。“诗言志”，是我国有关诗歌的最早看法，也揭示了诗歌创作的本质。我们从《诗经》中可以看到的是，“志”从“叙事”出。赋，是直陈之事，比，是在对比中叙事，兴则是由事而及情、及理。事，就是生活，叙事是对生活的模仿。作为民间生活的叙事，是对过往生活的记录或纪念，是人们相互间对各自生活的交流和相互映照，在叙事与叙事交流中，自然而然地产生联想、情感、观点与诉求等，而并非因某种思想观点去反向叙事。当然，创作者在创作诉诸文字的专业化文学时，肯定会根据写作

① 林语堂．中国新闻舆论史（1968 年版）[M]．王海，译．广州：暨南大学出版社，2011：12.

② 林语堂．中国新闻舆论史（1968 年版）[M]．王海，译．广州：暨南大学出版社，2011：11–12.

③ 林语堂．中国新闻舆论史（1968 年版）[M]．王海，译．广州：暨南大学出版社，2011：12.

④ 秦静．两汉时期巴地民谣与风闻监察关系蠡测 [J]．四川文理学院学报，2021，31（4）：39–42.

思想对叙事进行剪裁或典型化处理，但创作者的写作思想一定是从对生活的深入体验中来的。《诗经》的作者多为佚名的百姓，且皆为口头创作，叙事为先的特点尤为突出。从反映民意的角度来看，“叙事为先”的歌谣、民谣对民意的反映可能更为自然真实。

新闻媒介往往被称为“舆论机关”，马克思的关于“报刊是广泛无名的社会舆论机关”和“报纸是作为社会舆论的纸币流通”的名言，是这种新闻观的最典型的代表。[①] 新闻媒介是以刊登新闻为主业的，何以担起“舆论机关”之要职？因为新闻便是舆论吗？当然不是。“新闻是对新近变动的事实的报道”，是以“客观、真实”为原则的、本质上与“历史叙事”一样的非虚构叙事。狭义上的新闻文本仅叙述事实，不能包含报道者的情感和观点，但这样的新闻也可能反映着民意。有一类新闻报道的对象就是公众的意见，如每年的“两会”是各种意见聚集展现的时候，有领导同志的意见、参会代表的意见、专家的意见，也有来自基层老百姓的意见，这些意见在媒体报道中多有呈现。这类报道可以说是对民意较为直接的反映。广义新闻文本还包括通信、报告文学、各种新闻评论，这些新闻体裁除了描述事实还包含明显的情感、议论、观点等，可看作对民意较为直接的反映。

网络时代，传统意义上的传播者与受众之间已经没有界限，在每个人面前都有一个麦克风的情况下，“传播者可以是受众，受众也可以是传播者”，他们拥有了一个共同的名字“网民”。在网络世界，网民们可以接收信息，也可发出信息。无数的自媒体、社交媒体让我们看到、听到、感受到丰富多彩、令人惊讶、超出个体想象的世界。在这个世界，有美食、风光、才艺展示、健身、生活小窍门、求助、卖货等，也有专门讲故事、作时事评论、传授知识技能的，一波又一波的舆论也是网络世界中的一大风景。在自媒体、社交媒体上的这些内容中，叙事是最基本的文本，或者说叙事是最基本的表现手法，也就是说在这些林林总总的内容中，很多都是以叙事的方式加以展现，美食、风光、健身、生活小窍门、求助、卖货、知识技能等内容，不是被孤立、干瘪地摆放出来，而是被鲜活地镶嵌在生活中，并且表现出了人们

① 刘建明，纪忠慧，王莉丽．舆论学概论［M］．北京：中国传媒大学出版社，2009：152.

的生活态度、情趣、价值取向等。比如，有一个网络上的视频，表现一个农妇天生爱唱歌，歌声嘹亮。她在地里一边干活一边唱歌，还即兴改歌词，把田边的大红花、水沟里的鸭子都唱到歌里，虽然黝黑的脸上有汗水、身上有泥水，头上戴着遮阳的草帽，脚上没有穿鞋，但这完全是一幅劳动快乐、生活满足的感人图景，这不是民意吗？至于一波波网络舆论，其生发之所往往是那些与人们的关切相契合又具冲击力的叙事，在每一波舆论中，总会有一两个令人或激情、或温暖、或激愤、或哀婉的故事处于舆论的中心，对舆论的爆发、发展发挥着不可替代的作用。

（二）叙事对舆论的引发与引导

有关舆论引导最经典的理论要算“议程设置”理论。1972 年，美国学者麦库姆斯和肖在《舆论季刊》上发表文章《大众传播的议程设置功能》，公布了他们在 1968 年美国总统大选期间就传播媒介的选举报道对选民的影响所做的一项调查研究的总结，即尽管大众传播不能决定人们怎么想，但可以决定人们想什么。议程设置之所以会发生，是因为公共领域有许多让公民感到需要被指导的情境，即公民在公共事务的许多问题上有导向需求。导向需求主要由关联性和不确定性这两个次级概念来界定。①“关联性是指人们感觉某个议题与个人或社会有关系”②，关联性是导向需求发生作用的初始条件，只要个体感到某个议题与自己有关联性，就会考虑议题的不确定性程度。高关联性和高不确定性会导致公民对某个议题产生高导向需求，而高导向需求导致公民受到媒体议题的影响。因此，媒体要达到议程设置的效果，除了突出某些议题和突出议题的某些属性，还须使要突出议题与公众有较高的关联性，以及使议题具备较高的争议性或不确定性。

在网络世界，议程设置的效果依然存在，因为导向需求依然存在，但从议程设置主体到议程设置机制、效果强度都发生了很大的变化。网民以无名个体、社群、意见领袖的身份成为网络议题的设置者，甚至出现网民为媒体

① 麦库姆斯．议程设置：大众媒介与舆论［M］．郭镇之，徐培喜，译．北京：北京大学出版社，2008：62.

② 麦库姆斯．议程设置：大众媒介与舆论［M］．郭镇之，徐培喜，译．北京：北京大学出版社，2008：63.

设置议题的所谓“反向议题设置”现象。在议程设置机制上，传统媒体的议程设置在相当程度上依赖媒体对公众认知的控制或垄断，即通过对议题、信息的选择与突出，给公众造成重要的感觉。但在网络时代，这种控制与垄断已经很难形成，“决定某个议题成为公众议题的不是议题是由谁提出的，而是议题的适应公众某种需要和其信息模糊、答案不确定的品质”①，也就是说，网络中的议程设置效果确实在很大程度上依赖于议题的导向需求。当然，网络中也存在舆论操纵问题，如大量水军的存在，但随着网络的法制化、规范化建设的深入和监管力度的强化，这些问题都会得到解决。网络舆论还有一些问题，如舆论极化、情绪化、娱乐化等，也需要通过引导、监管加以解决。但是，网络舆论所表现出的自身特点、规律也是不容忽视的，毕竟导向需求在网络舆论中发挥着重要作用。

在网络中，某个议题或话题能够进入网民视野，不是靠广泛报道的数量累积造成突出之势才引发关注的，而往往是靠一个视频、一条消息、一张图片甚至一句话引爆舆论，其中原因，除了关联性与不确定性外，这些舆论客体文本极具魅力的叙事性也是原因之一。这种“极具魅力的叙事性”可以用“聚光灯效应”来形容。“聚光灯效应就是通过各种手段使被营销的对象、宣传的对象‘鹤立鸡群’或‘万绿丛中一点红’成为人们瞩目的对象。”② 那么，这些能够一下子引爆网络舆论的叙事文本又是如何造成“聚光灯效应”的呢？“聚光灯效应是‘用眼观看’的效应，被观对象的可视性越强，聚光灯效应就越强。”③

故事文本还有一个富有冲击力的要素，就是情绪情感。情绪情感反应，是意见和态度的反映，也是激发认知与行为的驱动力。情绪情感与生活密不可分，“离开了情绪字眼，几乎就无法说明生活的状态”④。网络作为社会生活

① 曹茹．新媒介环境中议程设置的变化及其实质［J］．河北大学学报（哲学社会科学版），2008（4）：119-122.

② 曹茹，白树亮．试论现阶段我国网络舆论的特点［J］．河北大学学报（哲学社会科学版），2011，36（2）：70-75.

③ 曹茹，白树亮．试论现阶段我国网络舆论的特点［J］．河北大学学报（哲学社会科学版），2011，36（2）：70-75.

④ 张春兴．现代心理学［M］．上海：上海人民出版社，2003：532.

的虚拟空间，与真实世界的最大不同是充斥了更多的情绪情感表达。情绪与情感似乎是一个硬币的两面，同属于感情性心理活动的范畴，“情感是对感情性过程的体验和感受，情绪是这一体验和感受状态的活动过程”①。“情感”说明的是感情的状态，“情绪”说明的是感情的过程。因此，“故事”作为对生活的模仿或作为离生活最近的文本，“情绪情感”是不可缺少的。从故事讲述者的角度来看，“情绪情感”是一种自然流露。有意思的是，很多研究发现，在社会动员中，“情感”发挥着重要作用，“情感动员”也成为数字时代引人注目的现象，并吸引了众多学者的研究。研究认为，情感动员作为“个体或群体通过情感表达，在持续的互动中以唤起或者改变对方个体或群体对事物的认知态度和评价的过程”，已经成为“数字时代媒介社会动员的重要路径”②。不仅积极、肯定的情感有动员作用，消极、否定的情感如果能够得以适当引导，也能发挥动员作用。与网络舆论有关的很多案例表明，情绪往往是舆论的爆发点或触动点，网络舆论的初期也往往通过情绪的方式表现出来。当我们追踪舆论本体的文本特征时便可发现，舆论的情绪表达与舆论本体的表述框架有着直接的关系。当然，二者有时是同向关系，有时是反向关系。所谓“同向关系”，即舆论本体表现的是积极、肯定的情感，而舆论也表现出积极、肯定的情感，反之亦然；所谓“反向关系”，即舆论本体表现出的是积极、肯定的情感，而舆论表现出的是消极、否定的情感。

（三）讲好中国故事与说服：本书的研究框架

叙事不仅能够反映民意，还是引发舆论、引导舆论的有效文本，原因在于叙事具有隐含的态度以及隐性的说服力。所谓“隐性说服力”，即听故事的人在被故事的情节吸引、被故事的情感打动的同时，在不知不觉中接受了故事中隐含的态度，即被说服，故事的说服是一种无意说服。那么，这种无意说服是如何发生的呢？这便是本书研究的核心问题。

第一章的讲故事与说服，试图通过对说服理论、叙事学、叙事说服研究的综合考察，确立叙事的构成要素以及影响叙事说服效果的主要因素，为分

---

① 孟昭兰．普通心理学［M］. 北京：北京大学出版社，2003：390.

② 李娜，曹茹．突发公共卫生事件中短视频的情感动员机理研究［J］. 新闻与传播评论，2021，74（6）：81-91.

析讲好中国故事的文本实践提供理论指导和分析路径。叙事是有结构的，叙事文本的主要构成要素为叙事视角、情节、人物、场景等。叙事传输被认为是叙事说服的作用机制，而影响叙事传输的因素主要有叙事主题、叙事框架、真实性、个性化、叙事结构的情感反应、角色认同、媒介环境、受述者的个体差异等。叙事传输理论表明，叙事说服是在受述者的不自觉状态下进行的，即无意说服。

第二章的讲好中国故事与跨文化传播，以如何跨越文化差异造成的跨文化传播障碍为出发点，通过考察在讲好中国故事实践中取得良好效果的迁移者的叙事框架、主体间性的叙事机制和民间叙事，试图为讲好中国故事的跨文化传播提供从叙事理念到叙事方法的参考系。迁移者的叙事框架为正面框架、见证与体验框架、惊奇与探访框架、对比框架和反驳框架；主体间性的叙事机制为“他的文化表层+我的文化内核”的文化机制、多国合作共制的经营管理机制以及文本互文性的文本编码机制；民间叙事以个体性、生活化叙事、出奇、搞笑取胜。

第三章的网络环境下讲好中国故事，依据对网络属性的分析和对网络叙事的观察，提出网络叙事的三个主要特点，即碎片化、互动性与娱乐化。以短视频为主体的微叙事，不仅集中体现了网络叙事的特点，还以其突出的内视角化、场景化、情感化等特点占据网络叙事的主导地位，代表着新网络叙事的发展趋势。本章还提出了社交媒体讲好中国故事的仪式观念，并借鉴互动仪式链理论，结合对抖音、快手等短视频平台叙事实践的观察，提出了讲好中国故事的互动叙事策略，即行动者协同叙事策略、产生焦点与符号策略和强化在场感策略。

第四章的讲好中国故事的叙事修辞，引入小说修辞、叙事修辞、新修辞学和视觉修辞学，概括了叙事修辞的基本观念和主要修辞策略。叙事修辞的基本观念为叙事修辞的道德性、交流性和感性；叙事修辞的主要修辞策略是视点的选择、距离的控制以及叙述与展示。以习近平总书记所讲的中国故事为观察对象，深入探讨了讲好中国故事的认同修辞问题；以中国国家形象宣传片为观察对象，分析了中国国家形象的视觉修辞手段和中国价值观的视觉论证方法。

第五章的讲好中国故事的无意识说服模式，是在前四章内容的基础上，对讲好中国故事的抽象与概括，也是本书最为重要的创新成果。本章归纳并阐述了四个说服模式，即讲好中国故事的基础说服模式与扩展说服模式、讲好中国故事的内聚力说服模式与讲好中国故事的人类命运共同体说服模式。基础说服模式，即叙事说服的基本模式，以“厚象＋强意”为核心元素、以“态度认同”为说服目标，包括“叙述者、叙述、传输管道、受述者、叙事传输”等元素。“厚象＋强意”，是从“传输意象理论”借鉴而来的，考虑到本研究对象为真实叙事或非虚构叙事，为了区别虚构叙事中的“意象”概念，将“意象”调整为“带意的象”，又结合叙事说服的相关研究成果，将“带意的象”进一步调整为“厚象＋强意”。“故事”与“话语”是形成“厚象＋强意”这一叙事意象的基本要素。叙事意象这个概念包含着“无意说服”的思想。扩展说服模式，在基础说服模式的基础上，将“厚象＋强意”“故事”和“话语”明确为“中国意象”，根据有关叙事说服的研究成果，将支持“中国意象”的元素确定为“真实、因果逻辑、叙事框架、情感表达、叙事修辞”，将说服目标扩展为“认同中国：可信、可爱、可敬”。“讲好中国故事的内聚力说服模式”是针对国内讲好中国故事的说服模式，将支持“中国意象”的“故事”扩展为三种故事，即历史叙事、胜利或成就叙事与挑战或威胁叙事、关系叙事，将支持“中国意象”的“话语”扩展为四种话语，即互动话语、娱乐话语、场景话语和仪式话语。“讲好中国故事的人类命运共同体模式”是对外讲好中国故事的叙事说服模式，在扩展说服模式的基础上，将支持“中国意象”的“故事”扩展为三种叙事方式，即相似叙事、共同叙事和流动叙事，将支持“中国意象”的“话语”扩展为三种话语，即迁移者话语、间性话语和民间话语，并将叙事说服目标调整为“认同中国与人类命运共同体”。

第一章　讲故事与说服

说服，是致力于令自己或他人态度改变的活动。说服普遍存在于我们的生活中，例如，推销员或者网上的直播卖货主播向我们推销产品，公益组织向公众推行某种观念（绿色旅行）或行为（垃圾分类），社区组织“好邻居”活动，父母培养子女的“言传身教”，还有媒体中被称作“广告”与“宣传”的内容，等等。故事，是无所不在的存在，但很少有人将叙事或讲故事同说服联系起来，尽管一些研究也将“广告中的叙事”“宣传中的叙事”作为研究对象，但遗憾的是，在我国还很少见到对“故事说服”的研究。事实上，故事之所以广泛出现于生活中，出现于广告与宣传中，就是因为故事所具有的独特的说服力。讲故事不仅是一种说服，而且是一种很有效的说服。故事的说服之所以很有效，是因为故事的说服是一种无意说服，即“以不影响的态度去影响”，听者在无防备的状态下被影响。心理学家格林和布鲁克提出的叙事说服机制——叙事传输，揭示了故事说服的无意识状态。

第一节　影响说服的因素

说服，是在传播中试图植入或塑造、强化或消除人们某种信念、态度、意图、动机和行为的活动。说服是社会心理学中有关“态度改变”研究中的关键词，有关态度改变的理论、说服模式，为研究叙事的说服问题提供了指导、框架和参照。在传播学中，最能代表经验学派学术贡献的效果研究，实质上是“媒介如何影响或改变受众”的研究，一些经典的效果理论都隐含着叙事说服的元素，如理查德·E. 派蒂和约翰·卡乔鲍提出的说服的两个途径即核心途径和细枝末节途径，[①] 其中，细枝末节途径就与故事有关。在影响研究中的一些发现，如某些内容对受众情感产生影响、媒介内容的情感作用以及受众观看某些报道或电影时产生的“移情”现象等，都指向故事的说服机制问题。

本节拟在传播学、社会心理学与说服相关的研究成果中寻求影响说服的因素，以期为叙事说服寻找线索与参照。

一、说服的传播者因素

影响说服效果的原因来自多个方面，传播者因素虽然不是最重要的，但是首先要考虑的，因为早已有研究证明，即使是完全一样的内容，如果由不同身份的人来传达，效果可能会完全不同。

在传播学有关说服的早期研究中，有关传播者方面的研究涉及比较多的就是传播者或信源的可靠性（权威性）与被喜欢程度问题。例如，一个地方检察官和一个罪犯就是否应该强化执法机构权力的问题发表自己的观点，在一般人看来，地方检察官要比罪犯掌握更丰富的信息，更有名望，所以他的观点更有说服力，“在沃尔特（Walster），阿伦森（Aronson），阿夫拉姆斯（Abrahams）和罗特曼（Rottman）（1996）所做的一项研究中研究结果的确如此——只要他陈述主张削弱执法机构的权力”[②]。其实，人们除了根据社会身份、地位等社会标签来判断传播者传播内容的可靠性，“归因”判断是一个值得注意的深层因素。如果罪犯采取了与自己的利益相悖的立场，主张强

① 斯帕克斯．媒介效果研究概论［M］. 何朝阳，王希华，译．北京：北京大学出版社，2008：142.

② TAYLOR S E, PEPLAU L A, SEARS D O. 社会心理学：第十版［M］. 谢晓非，谢冬梅，张怡玲，等译．北京：北京大学出版社，2004：157.

化执法机构的权力，他也会变得很有说服力，甚至可与地方检察官的说服力匹敌。这表明，人们往往根据对陈述人所作的归因来判断其是否可靠，也就是当陈述者的陈述或观点与其个人利益相悖时，会被认为是可靠的，反之，则会被认为是不可靠的。还有，陈述者被喜欢的程度越高，其观点被接受的可能性越大，这是被许多研究证实了的，"查肯（Chaiken）（1979）的研究表明，外貌被其他同学评价更高的那些学生，更具有说服力"[①]。这一现象产生的心理机制在于"认知情感一致性"，即情感总是伴随认知而生的，并与认知相统一，当认知判断为积极时，便产生积极的情感体验，而认知判断为消极时，便会产生消极的情感体验；而当情感作为一种稳定的状态指向特定的对象时，个体也会要求认知与情感一致，这也便是情感主导认知的一面。生活中的很多现象也为此作了生动的注解，如偶像崇拜、时尚流行、明星广告等，实质上都是情感营销，利用了人们特别是年轻人对偶像、名人、明星喜爱的情感，轻而易举地达到商业的目的。

在跨文化交流与传播中，传播者的角色显得尤为重要。来自不同文化的人相互沟通和交流总会遇到一些文化障碍，特别是在中西方文化之间，无论是深层的价值观还是表层的行为举止都存在很大的差异，中西交流过程中不免产生说不通、误解、矛盾甚至冲突等问题。在对外讲好中国故事的实践中，出现了一种"他者"传播智慧。"他者"是相对于"自我"形成的概念，简单地讲，"自我"以外的都是"他者"。"自我"可以是个体、群体、民族、国家，也可以是文化。"他者"这个概念，最早出现于哲学领域，后来逐渐扩展到文学、社会学、人类学、文化学等多学科中。"他者"被赋予了"从属"（于"自我"）"陌生""差别""非主流""对抗"等含义。西方国家，特别是"西方中心主义者"将西方以外的国家、地区都视为"他者"。近年来，在讲好中国故事的实践中，"他者"发挥了独特的作用。"他者"指中国人眼里的"外国人""西方人"，当然，中国人并没有把他们当作"他者"，而是把他们当作朋友，只不过在学术表述上借用"他者"这个概念而已。那么，"他者"身份对跨文化传播的效果有何影响？有文章通过对"洋网红"短视

① TAYLOR S E, PEPLAU L A, SEARS D O. 社会心理学：第十版［M］. 谢晓非，谢冬梅，张怡玲，等译. 北京：北京大学出版社，2004：157.

频的考察发现，“洋网红”作为中外不同文化的中间群体，为跨文化传播提供了“第三人视角”，消解“文化休克”、增强“文化适应”[①]，也就是说成功的“他者”跨文化传播，其视角既非“自我的视角”，也非“他者”的视角，而是“第三者的视角”。有学者也指出，相较于“自我叙述”往往被认为带有讲述的“滤镜”以及精神的“美颜”，“他者叙事具有某种客观和真实”[②]。有学者把“他者叙述”与“自我叙述”联系起来进行考察，认为“他者讲述是从他者的角度观看自我，由于增加的他者的观照，自我就不再是孤立于世界之外的自说自话，而是带有他者评价与他者交往中的自我”[③]。这应该是中外合作讲述中国故事的作品在国外能够产生良好效果的原因之一。

还有一个因素对于叙述者来说十分重要，那就是对话能力。洛杉矶加州大学安德森管理学院的詹尼斯·福尔曼（Janis Forman），曾领导了一项管理传播项目的研究，依据这项研究，他提出一个有说服力的故事应有的五个要素，其中第三、四个要素都是关于讲故事者的。他认为，有说服力的故事的讲述者应该是会话式的讲故事者，他们的语气、节奏都是对话式的，好像时刻在期待、邀请听众做出反应；他们时刻观察听众非语言的反应，并根据听众反应即兴修改所讲的故事。[④]这种对话式、交谈式的讲故事能力可能更适合面对面的场景，但在新媒体越来越场景化的趋势下，即使在隔屏的情况下，也需要讲述者突出对话式的讲述，而不是自言自语式的讲述，并能够对听者的反应（语言与非语言的评论）在故事的讲述中做出一定的回应。

二、说服的内容因素

内容是说服的核心要素，换言之，说服主要是通过内容发生作用的。在

① 罗南希．基于“他者”视角的跨文化视频：“洋网红”的短视频内容和角色定位［J］．视听，2021（11）：132–134.

② 王鑫．从自我陈述到他者叙事：中国题材纪录片国际传播的困境与契机［J］．现代传播（中国传媒大学学报），2018，40（8）：119–123.

③ 王庆福，张红玲．纪录片国际传播中“他者叙事”的跨学科思考［J］．现代传播（中国传媒大学学报），2019，41（9）：125–129.

④ 邓梅花．讲故事作为说服的手段：叙事的修辞维度［D］．福州：福建师范大学，2018：17.

说服传播中内容包含两个成分：一是意见及相关信息，二是对意见及相关信息的编排或编码，这两者往往是难以截然分开的，是以融合的形态出现在说服中的。什么品质的内容或内容的哪些品质更利于说服、更易于达到说服的目的，是说服者在设定说服目标后接下来要考虑的。早期说服研究在实证基础上得出的一些一般结论以及后续的深化、细化研究，都值得我们进一步思考与借鉴。

"诉诸理智还是诉诸情感"是早期研究中较为突出的课题之一。围绕这个课题进行的一系列实证研究的结果多为"诉诸情感"的效果好于"诉诸理智"。尽管如此，学者们并未得出一致的结论，原因是考虑到说服的有效性"因人、因事、因时而异，有些问题只能靠'诉诸理智'的方法来解决（如科学上的争论靠感情说服不了对方），有些问题采取'诉诸感情'的方法可能更有效（如在紧急的情况下，'振臂一呼'较之慢节奏的说服有效得多）；而在日常生活中，将两者结合起来的'动之以情，晓之以理'更能收到良好的效果"[①]。

诉诸理智，通俗地说就是辩论、说理，逻辑清晰地论证观点的合理性、正确性。如何诉诸理智更有利于说服呢？首先涉及说理的强度，是不是"强有力的论证更容易让人们改变态度"呢？答案是"不一定"。当人们有意识地注意并仔细思考这些论证的时候，强有力的论证能够发挥作用，这种情况其实很少；多数情况是，人们并非专注于某个信息的思考，此时，论据的数量比论证的强弱更重要，论证的强弱本身不一定是影响其说服力的关键因素，论证效果是否强有力取决于人们是否投入地思考。[②]除了人们思考投入程度这一因素，也可能存在其他原因，有学者研究认为"不试图改变我们态度的信息比起刻意改变态度的信息往往更能改变我们的态度"[③]。对于诉诸理智的说服研究，还涉及了更为细致、具体的问题，如结论是"明示"效

① 郭庆光. 传播学教程（第二版）[M]. 北京：中国人民大学出版社，2011：187.

② TAYLOR S E, PEPLAU L A, SEARS D O. 社会心理学：第十版 [M]. 谢晓非，谢冬梅，张怡玲，等译. 北京：北京大学出版社，2004：160.

③ 巴伦，伯恩. 社会心理学：第十版 [M]. 黄敏儿，王飞雪，等译. 上海：华东师范大学出版社. 2004：172.

果好还是“暗示”效果好，是只说“一面理”效果好还是“两面理”都说好。霍夫兰和曼德尔设计了一个实验，用于验证明示结论与暗示结论的传播效果，结果表明，传播者明示结论不会占有绝对的优势。霍夫兰对于这个结果的解释，也注意到“如果受众是一群智商不是那么高的人，可能仅凭含蓄暗示他们无法得出正确结论。库伯和迪纳曼的实验观察已经指出了这样一种结果”①。在霍夫兰等进行的“一面之词与两面之词说服效果”的两组实验中，结果显示，从长期来看，两面之词比一面之词的效果更强，但如果受众的初始态度为赞成传播者的意见，并且未曾接受后面的反宣传，两面之词的效果比一面之词的效果弱。在信息传播无国界、意见多元、国际间舆论争夺白热化的今天，不接触“反宣传”的情况几乎不存在，因此，“讲好中国故事”的多元视角是必不可少的。还有一些更为细致的研究。比如，如果是以口头的方式说服，语速快与语速慢哪一个效果更好？有研究显示，说话速度快的人比说话速度慢的人更能说服别人。②

诉诸感性，主要是通过操作语言、非语言手段（音乐、画面、言辞）感染人，引发人的情感反应，从而达到说服人的目的。大量研究证明，能唤起人们强烈情感体验的信息能提高说服的效果。情绪情感的唤醒，首先对记忆产生影响，一些研究发现“触怒观众的新闻影像让人最难忘掉，其次，是恐怖电影，恶心影像观众最不容易记住”③。这一发现启示我们，将要受众记住的信息与引发愤怒、恐惧的信息联系起来，当然，如果不想让人记住什么信息，可以将其与让人恶心的信息联系起来。社会心理学的学习理论指出，“当人们把对某个对象的情感迁移到与之相联系的对象上时，会有说服的效果”④。在广告中，我们经常看到这样的场景：一些产品广告常以俊男靓女、可爱的孩子、活泼伶俐的小狗为情境，这些能够引发你“温暖感情”的情境

① 霍夫兰，贾尼斯，凯利．传播与劝服［M］.张建中，李雪晴，曾苑，等译．北京：中国人民大学出版社，2017：85.

② 巴伦，伯恩．社会心理学：第十版［M］.黄敏儿，王飞雪，等译．上海：华东师范大学出版社．2004：172.

③ 斯帕克斯．媒介效果研究概论［M］.何朝阳，王希华，译．北京：北京大学出版社，2008：172.：

④ TAYLOR S E, PEPLAU L A, SEARS D O. 社会心理学：第十版［M］.谢晓非，谢冬梅，张怡玲，等译．北京：北京大学出版社，2004：142.

如能反射到产品上，产品是不是就会变得可爱些呢？社会心理学认为，人不仅努力使自己的认知与行为一致，也会努力让认知与情感一致，也就是说，“人们倾向于改变自己的信念和对事实的评价以符合自身的评价偏好”[①]。我国有学者分析《战国策》的说服艺术，认为“在说服艺术中，得到他人的情感认同是说服的重要因素之一”[②]。《战国策·秦策二》记载了张仪代表秦国出使楚国、劝服楚怀王与齐国断交的故事。张仪一开口先对楚王表达自己和秦王对他的敬仰之情，得到对方好感，再承诺说服秦王赠予土地，最终有效地说服了楚怀王。《战国策·赵策·触龙说赵太后》中的赵国臣子触龙，本意是劝赵太后将幼子长安君送至齐国做人质，但见了赵太后，不言“人质”之事，而是说想给自己的小儿子谋个差使，还与赵太后争论“丈夫与妇女谁更爱少子”，一步步得到赵太后的情感认同，让其后面的说理规劝能够顺接而下，最终触龙说服了赵太后。取得情感认同的说服效果，实际就是“情感修改态度”的效果。

在对情感因素之于说服的研究中，“诉诸恐惧”可能是最受关注的主题。说服研究发现，能唤醒人强烈情感的信息可以提高说服的效果，而恐惧则属于高度唤醒的一种情绪状态。“用恐惧诉求引发恐惧，这是大众传播的主要特征。”[③]比如，为了说服公众养成爱护牙齿、科学刷牙的好习惯，宣传员反复强调牙病的痛苦和对身体的伤害，还将放大的齿槽溃烂的彩色图片展示出来，让人们产生“如果不好好刷牙，我也会这样”的恐惧。一些研究表明，诉诸“中度恐惧”的效果较诉诸“低度恐惧”和“高度恐惧”的效果更好。诉诸恐惧如何影响说服？为了避免可怕事情的发生而调整自己的态度、行为只是一种情况。还有一种情况，可称作“恐惧转移”。有些人喜欢看恐怖电影，尽管在观影过程中感觉到恐惧（恐惧是一种负面的情感体验），但电影结束后的感觉是很兴奋的，这是为何？多尔夫·齐尔曼的“激发转移理论”

---

① TAYLOR S E, PEPLAU L A, SEARS D O. 社会心理学：第十版［M］. 谢晓非，谢冬梅，张怡玲，等译 . 北京：北京大学出版社，2004：151.

② 罗兴发 .《战国策》的说服艺术探析［J］. 北方文学，2020（33）：104–105.

③ 霍夫兰，贾尼斯，凯利 . 传播与劝服［M］. 张建中，李雪晴，曾苑，等译 . 北京：中国人民大学出版社，2017：49.

认为，人看电影感到害怕时，他们的唤醒系统进入高度工作状态（表现为肌肉紧张、心率加快、血压升高），高度唤醒系统会增强情绪感受。在引发人们的恐惧过后，电影总是以正面行为结束，由于被恐惧刺激的唤醒系统并未随着恐惧场面的消失而消失，因此，人们在电影结束时感受到的正面情感（兴奋）也会很强烈，观众便总是带着正面情感离开影院。① 由此看来，说服可以利用“诉诸恐惧”使被说服者的情绪处在高度唤醒状态，以增强被说服者对其他内容的感受。

内容的符号形式也可能是影响说服的因素，如文字与图像相比，哪一个更有利于说服？这方面的研究似乎并未达成清晰的结论，但从现在网络媒体短视频的崛起和本项研究所做调查的情况来看，图像有利于说服应该是可以确定的。不过，在深入研究中，如果导入图像特点、说服对象差异等因素，那么，说服效果如何，需进一步检验。

幽默元素对态度改变更有利吗？幽默是很受人欢迎的品性，但有关幽默与说服的研究发现，“当态度改变或者说服是趣味的因变量时，大部分研究并未发现由于幽默造成的显著效果”②，不过有一些其他研究指出，幽默对传播的低层次效果（在反应结构上处于较低层次）比传播的高层次效果更有效，也就是说，幽默在吸引注意、产生对传播者的喜爱心情方面，比造成态度改变或行为改变方面更有效果。③ 在对这些研究结果进行解释时，学者们注意到这些研究的局限性，如实验环境多为教室或实验室时，这种环境可能不利于产生幽默期待。根据“精心的可能性模型”，说服对象在分心状态下的信息处理应该是“考虑枝节问题的路线”，即依据核心观点以外的信息，如信息长短、场景、说服者形象等做出判断或改变态度，由此看来，幽默的故事说服可能更会发挥作用。

---

① 斯帕克斯．媒介效果研究概论［M］．何朝阳，王希华，译．北京：北京大学出版社，2008：131.

② 赛佛林，坦卡德．传播理论：起源、方法与应用［M］．郭镇之，等译．北京：华夏出版社，2002：198.

③ 赛佛林，坦卡德．传播理论：起源、方法与应用［M］．郭镇之，等译．北京：华夏出版社，2002：198.

三、影响说服的说服对象因素

用来说服的内容总是通过被说服对象的某些心理因素发生这样或那样的作用，而说服对象在很多方面的差异也影响说服效果的不同。说服对象在年龄、性别、教育程度、职业、信仰、人际关系（与说服者的关系）、所属群体及其对群体的遵从度、个性等方面的差异，会直接或间接地导致说服效果产生差异。

要了解说服对象的哪些因素会影响说服效果，需要了解人的态度是如何形成的。学习理论认为，人的态度是后天习得的。态度习得的机制为联结、强化与模仿。联结，即把某些信息或事物与某种态度联系起来。比如，老鼠在中国人传统的观念里并不可爱，有“老鼠过街，人人喊打”之说，但美国动画片《米老鼠和唐老鸭》里的米老鼠机智勇敢，在中国孩子的心目中形成了“老鼠可爱”的态度。强化，是指某种行为受到奖励有助于形成相应的态度。比如，一些美国大片渲染暴力，片中人物暴戾乖张，但没有得到应有的惩罚，反而被塑造成英雄，这就容易在人们心中形成“崇尚暴力”的态度。模仿，即通过模仿他人，特别是强有力的、举足轻重的人的行为举止而形成相应的态度。媒体中的各种人物特别是被生动的故事所呈现的人物，会成为年轻人模仿的对象，这些人物会成为他们形成社会态度的重要来源。情感因素在态度形成中发挥着一定的作用，心理学研究表明，有时候人们对他人态度的形成与情感有着紧密的关系。[①] 在生活中，我们经常遇到这种现象。比如，去商场购物，当你不知如何选择的时候，你可能就会选择一个似乎在电视广告里听说过的品牌。再如，一些名人做广告总是比普通人做广告的效果好，其中也有这个原因。这就启示我们在说服传播中要借助一些让说服对象熟悉的元素，如人物、场景、道具等，以增强说服的效果。

海德的平衡理论和费斯汀格的认知失调理论，揭示了导致人们态度改变的社会心理因素。平衡理论认为，在 P–O–X 这一简单的认知系统里，P、O

① 侯玉波．社会心理学［M］. 北京：北京大学出版社，2003：103.

分别代表互有意向的两个人（如好朋友关系、竞争对手关系），X代表某一事物（如电影、文章、观点），P和O对X也都有意向，那么，P、O对X的态度受P与O关系的调节。如果P与O是相互肯定的关系（好朋友关系），两人都表示喜欢、赞同X，那么，此时P–O–X认知系统是平衡的，不会出现态度的调节，但如果P、O两人对X的态度出现不一致或相反的情况，那么，此时P–O–X认知系统就是不平衡的，接下来，P、O两人就会因努力寻求平衡而调节对X的态度，即必须有人改变态度。如果P和O之间是否定关系（竞争对手），情况正好相反，P、O两人都表示喜欢、赞同X时，则会发生态度改变，而如果P、O两人对X态度不一致或相反时，便不会发生态度改变。平衡理论的启示是，在说服中可以引入社会关系增强说服的效果，如在广告中经常出现的文案语“大家用了都说好！”“某某（名人明星、专家）都在用（此产品）”，而在一些文学作品中，主人公（无论男女）都是被追求，甚至被几个人喜欢的。认知失调理论认为，当行为与态度不一致时，人们会产生不舒服的感觉或心理紧张，即认知失调。人们为了减少认知失调，就会采用各种办法来解决，改变态度是其中之一的办法。产品营销中的体验、赠送，宣传中的角色扮演、自我教育中的“大家讲故事”，这些说服策略的深层心理机制便是“认知失调”。当然，平衡理论、认知协调理论所阐述的还是一种趋于理想的状态，在实际生活中，情况会复杂得多。比如，当P–O–X认知系统出现不平衡时，P、O两人也可能通过调节关系、不调节态度或少调节态度来追求平衡；当出现认知失调时，“人们首先会从外部找行为的原因，在没有这样的因素时，才把它归于态度上”[①]。无论如何，说服对象的社会关系、追求行为与态度一致的普遍心理是能够影响说服效果的因素。

我们沿着“社会关系影响说服效果”的思路，很自然地会想到群体对说服的影响。每一个人都从属于一定的群体，群体为成员提供支持、安全感、归属感，群体规范、群体目标、群体利益、群体情感等直接或间接地形塑着成员的态度，群体成员也表现为对群体的依赖与遵从。从说服角度来看，群体成员对群体的依赖、遵从度越高，被说服的可能性越小，反之，被说服的

① 侯玉波. 社会心理学［M］. 北京：北京大学出版社，2003：112.

可能性越大。当然，这种情形下的说服是“违背群体”的说服，如果是“顺从群体”的说服，那么，情况正好相反，即群体成员对群体的依赖、遵从度越高，被说服的可能性越高，反之，被说服的可能性越低。群体成员对其在群体中身份或地位的认识与其对群体的遵从度有直接的关系，“现有证据表明，一个人越是重视成员身份，他的观点和态度越会遵从群体内的共识”[①]。一些研究也表明，“与低身份价值的成员相比，高身份价值的成员不太容易受到违背群体规范的传播所影响，也就是说，观点的改变量与成员身份价值呈负相关”[②]。“通过相关分析可以发现具有较高声誉和受欢迎程度的个体更加遵守群体规范，并且对违背群体规范的外部影响表现出更加明显的抵抗。”[③]这些研究给我们的启示是，群体可以作为说服的工具，讲好中国故事，不仅要靠大众传媒、网络，也要发挥各种社会组织、群体的力量；而在对成员进行针对性说服时，可以从身份价值的高低进行区分，以便采取不同的说服策略。

说服对象的个性差异对说服的影响研究显示，个体在动机、受教育程度、自信度等方面的差异会影响其被说服度的差异。有关智力因素（受教育程度）与说服度关系的研究，总体结论是“智力极有可能和可说服度呈正相关”，这可能与这些研究所使用的说服材料皆为语言材料有关，因为观点改变有赖于理解和解释语言符号的能力，对于直观的非语言材料的说服，还有待进一步验证。通过对高说服度样本的归纳发现，“社会性不足、对攻击性的压抑和抑郁倾向等感觉都和高说服度有关”[④]。从人格特质角度来看，可以把高说服度的人理解为顺从、自信心低的人；而低说服度往往与显性攻击性、不合群等因素相关。有研究显示，人格中的教条主义因素对说服也有影

① 霍夫兰，贾尼斯，凯利．传播与劝服［M］．张建中，李雪晴，曾苑，等译．北京：中国人民大学出版社，2017：116.

② 霍夫兰，贾尼斯，凯利．传播与劝服［M］．张建中，李雪晴，曾苑，等译．北京：中国人民大学出版社，2017：117.

③ 霍夫兰，贾尼斯，凯利．传播与劝服［M］．张建中，李雪晴，曾苑，等译．北京：中国人民大学出版社，2017：127.

④ 霍夫兰，贾尼斯，凯利．传播与劝服［M］．张建中，李雪晴，曾苑，等译．北京：中国人民大学出版社，2017：154.

响。教条主义指思想封闭、不宽容、遵从权威的一般倾向。教条主义弱的个体容易被有力的论证说服，而教条主义倾向强的个体，可能只对专家的信息做出反应，并倾向于对有说服力和没有说服力的意见同样接受[①]。“确定性需求”在不同个体中也存在明显差异，并对说服产生影响。所谓“确定性需求”，即对秩序的需求，这一需求应该说是人性中普遍存在的，但个体差异比较大。说服对象的认知状态也会影响说服的效果，由佩蒂和卡西皮提出的“精心的可能性模式”就是依据说服对象的精心与否和用心程度而提出的说服模式。这个模型将人处理信息的方式设为两种，一种是抓主要问题的路线，即“积极地处理信息，被观点的理性所折服”[②]；另一种是考虑枝节问题的路线，即不运用智力去评价观点，而依枝节线索（信源可信度、信息风格和形式等）做出判断。这两种处理信息的方式应该与被说服者的心理状态有关，第一种处理路线以注意力集中为前提，而注意力集中与动机有关；第二种处理路线应是注意力不集中状态下的行为，也是动机缺乏的表现。在信息爆炸、注意力稀缺的时代，人们在接触媒体信息时，采用第二种处理路线可能是其选择的主要方式。

第二节 叙事学：讲一个好故事

叙事作为一种社会存在久已有之，但叙事学作为一门学科，一般是指产生于法国20世纪六七十年代并很快扩展到英美等西方国家的西方叙事学。我国的叙事传统久远，叙事作品浩如烟海，虽然还未形成完整的叙事学体系，但自古以来有关叙事的论述浩繁，散见于各种文论、文学批评、美学等著述中，从时间上至少可追溯到公元500年刘勰所著的《文心雕龙》。近些

① TAYLOR S E, PEPLAU L A, SEARS D O. 社会心理学：第十版［M］. 谢晓非，谢冬梅，张怡玲，等译 . 北京：北京大学出版社，2004：166.

② 赛佛林，坦卡德 . 传播理论：起源、方法与应用［M］. 郭镇之，等译 . 北京：华夏出版社，2002：206.

年来，出现了不少有关中国叙事学研究成果，杨义的《中国叙事学》(2019)被认为是研究中国叙事学的力作。无论是西方叙事学，还是中国叙事学，研究与理论的出发点都是"好故事是如何被建构的"，并都着眼于寻求叙事文本的结构模式及其意义的产生。"讲述者与读者的关系""叙事文本与读者的关系"被置于叙事研究的范畴，"不同的叙事会对读者产生不同的影响"也存在于叙事学的认识当中，但"叙事说服"似乎未被列入叙事学研究范畴，而是作为"好故事"的应有之意，以叙事学研究的前提身份通过不存在的形式而存在。叙事学的研究是"叙事说服"不可缺少的阶段，叙事学的知识体系是"叙事说服"研究的基座。

大约在20世纪80、90年代，"叙事说服"的研究开始出现于心理学、传播学、社会学、政治学等学科中，叙事能够影响人的态度、信念、行为的说服效果在多种情境下被证实，故事情节和人物已被证明是叙事说服力的两个支配性机制，[①]而这两个机制是如何发挥作用的？众多研究文献都指向"运输"，"运输是一种认知的、情感的和想象的状态……处于运输状态的人完全专注于故事的世界，他们可能会忘记时间或者不能注意到周围发生的事情"[②]。这便是一种沉浸状态。故事情节和人物又是如何将读者（听众、观众）运送到这种状态的，也就是运输工具是什么，这是多年来学者们努力研究的课题。对运输工具的探索总体上也是围绕叙事视点、叙事结构、叙事方式、叙事情境、读者特征、叙事媒介等展开的，涉及悬念、情感流动、情感一致性、例证形象、数字证据、感知现实主义、感知相似性、角色相似性、回溯性反思等多维度下多因素的研究和结论。显然，叙事说服研究以叙事学为基础，而叙事学理论本身也具有说服或影响意义，通过对叙事学理论的挖掘，可以得到有关"叙事说服"的启发。

---

① ALAM N, SO J. Contributions of emotional flow in narrative persuasion：an empirical test of the emotional flow framework［J］. Communication quarterly hyperlink, 2020，68（2）：161–182.

② GREEN M C. Research challenges in narrative persuasion［J］.Information design journal, 2008, 16（1）：47–52.

一、叙事与叙事学

叙事，即讲故事，是运用语言或非语言工具再现（叙）发生在特定时间、空间里的事件（事），这可能是对叙事最简单、浅显的理解。但是，世界上存在这么简单的叙事吗？从叙事的局部或表层来看，叙事是这样的，但不是叙事的全部真相。"故事由一系列主题和时间相关的事件组成，包括开始、中间和结尾"[①]，这个定义揭示了构成故事的一个关键要素，即"主题"，也就是故事所包含的意义、道理。当然，主题对于故事来说，往往是隐身而不直言的，是在故事结束后或快要结束时被听（读、看）者突然发现的。"开始、中间、结尾"则是叙事所遵循的时间线索，是可识别的，同时意味着事件的变化过程。有的叙事学者将叙事界定为"叙述因果相连的一系列事件"[②]，这符合人们寻求秩序、寻找真相的心理，很多叙事实际也是这样做的，但对此，学者并没有达成一致意见，因为所陈述的事件或事件的所有元素并非都存在因果关系，叙事中的因果关系虽然可以不作为叙事的必备条件，但对于叙事说服来说，比较重要（关于这一点，在下文将详述）。有的叙事学家把"叙事"界定为至少叙述两件真实或虚构的事件，其中任何一件都不预设另一件，[③] 这似乎与强调叙事中的因果关系有关，也可能是出自对叙事实践的考虑，一件事往往是不能完成叙事的，如"我开车上班"，这是一个完整的叙事，但涉及了两件事"开车""上班"，如果仅仅说"我开车"或"我上班"都是不完整的。

叙事，可以被看作一种行为，即叙事就是讲故事；叙事，也可以被看作一种文本，即包含着主题（意义）、存在逻辑关系与时间关联的两个以上事件，并呈现为可辨识的开始、中间、结尾结构的文本。"开始、中间、结尾"是叙事交流意义上的形式，既模仿了事件一般的发展历程，又以极简的结构

① GREEN M C. Research challenges in narrative persuasion［J］.Information design journal, 2008, 16（1）: 47–52.

② HERMAN D, JAHN M, RYAN M L. Routldge encyclopedia of narrative theory［M］.London New York: Routledge, 2005：120.

③ 申丹，王丽亚．西方叙事学：经典与后经典［M］. 北京：北京大学出版社，2010：2.

形态昭示读者（听者、看者），使读者（听者、看者）在几乎不担负任何认知压力的情况下进入文本。叙事的主题或意义以隐身的方式存在于叙事中，甚至似乎以事件自带的方式存在于叙事中，而实际上，主题或意义主要是代表着叙述者对事件的理解、阐释；逻辑关系、时间关联是叙述者在文本中安排事件顺序的主要依据，而这种安排往往也会受到主题或意义的支配。

到此，我们描述出了叙事的基本特征，即具有主题或意义、包含两个或两个以上的事件、按照时间顺序和逻辑关系安排事件顺序，“开始、中间、结尾”是事件的完整过程，也是叙事的基本结构。我们可以据此辨识什么样的文本是叙事文本，什么样的文本不是叙事文本，但是，我们据此还是不能解释叙事的魅力所在。一个好的故事为什么那样吸引人？ 20 世纪 60 年代末诞生的叙事学，也许能够对此做出解释。

1969 年，法国文艺理论家托多罗夫出版了《〈十日谈〉语法》一书，书中写道：“……这部著作属于一门尚未存在的科学，我们暂且将这门科学取名为叙述学，即关于叙述作品的科学”①，这标志着叙事学作为一门学科的诞生。叙事学的发展在西方被划分为两个阶段，即 20 世纪 60 至 80 年代，这一时期的叙事学被称为经典叙事学；90 年代以后到现在，这一时期的叙事学被称为后经典叙事学。经典叙事学根植于结构主义符号学，直接采用结构主义的方法研究叙事作品。经典叙事学也将注意力投注于叙事作品的内部，着力探讨叙事作品内部的结构规律和各种叙事要素之间的关系。20 世纪 70 年代，叙事学研究将研究视野从小说扩展至电影、戏剧、音乐、舞蹈、雕刻等，但仍然保持着将叙事作品看作独立自足的体系，隔断其与社会、历史、文化的关联的特点。80 年代以后，叙事学研究发生转向，将叙事作品视为社会、文化的产物，关注作品与社会文化语境的互动关系。后经典叙事学将封闭的经典叙事学向广阔的人文世界开放，借鉴女性主义、巴赫金对话理论、解构主义、读者 - 反应批评、精神分析学、历史主义、修辞学、心理学、电影理论、计算机科学、语篇分析、语言学等众多方法论和视角，衍化出众多的叙事分析，实际上将一门叙事学裂变为多家叙事学。② 后经典叙事学将“讲

① 托多罗夫 .《十日谈》语法［M］. 荷兰：海牙穆通出版社，1969：10.

② 赫尔曼 . 新叙事学［M］. 马海良，译 . 北京：北京大学出版社，2002：1.

故事的文化产品”都归入叙事学研究的范畴，将经典叙事学的概念也运用于非文学文本，如新闻、广告、宣传、演讲等。不过，后经典叙事学广阔的研究视野依然无法脱离经典叙事学建立起来的基本理论。因此，后经典叙事学并不能宣告经典叙事学的死亡，前者是对后者的改造与发展。我们必须看到的是，从经典叙事学到后经典叙事学的根本转变是“从文本中心模式或形式模式转移到形式与功能并重的模式，既重视故事的文本，又重视故事的语境”[①]。这种转变表现在研究活动中，就是学者越来越集中地关注故事的形式与故事语境之间复杂的互动关系。

二、叙事结构：对情节的安排

经典叙事学的根本观念是，叙事的力量不在于被叙述的事件，而在于对事件的编排，“保持戏剧吸引力的关键是事件之间的关系，而非事件本身。”[②]编排即形式，一样的事安排不一样的形式，会产生不同的叙事效果。因此，经典叙事学的任务就是研究各类叙事文本的共同点及其普遍的结构规律、构成结构的要素和要素之间的关系。叙事的形式在文本中是一种显性的存在，如叙事视角表现为叙事的人称，叙事的顺序表现为时间的先后、因果联系，叙事的整体结构由开始、中间、结尾构成，等等；后经典叙事学引入的“语境”在广义上主要是一种隐性存在，社会、历史、文化因素通过叙述者（动机、对事件的选择、对事件的解读）赋予叙事主题、意义或内涵与叙事发生关系。叙事的听众（读者、观众）在“叙事是一种交流”的观念下，虽存在于叙事文本之外，但可以作为“语境”通过对叙事者的作用在文本中得以反映。

（一）叙事视点：视野与距离

叙事视点，即叙述者对所述事件的观察点，决定了叙述者对事件的感知范围，叙述者的视点不同，感知到的事件也不同。视点也反映出叙述者与事

---

① 赫尔曼．新叙事学［M］．马海良，译．北京：北京大学出版社，2002：8.

② 萨宾．叙事心理学［M］．何吴明，舒跃育，李继波，译．北京：北京师范大学出版社，2020：44.

件的距离远近，视点远近不仅决定了叙述者视野的大小与所见事件的清晰程度，还在一定程度上反映了叙述者对事件的参与程度。视点在叙事文本中表现为人称，包括第一人称、第二人称、第三人称，第一人称和第三人称用得较多，第二人称用得比较少。第一人称叙事是指叙述者为事件发生的见证者，或故事中的人物，以“我”自称叙述自身经历的事件和事件进程中自身的认知过程。“我”与事件处于零距离状态，让听者（读者、观者）感觉比较真实；“我”与听者建构了“你—我”而无“他”的封闭的交流关系，让听者（读者、观者）感觉比较亲近，但第一人称作为有限视点常常不能对事情予以整体的、全程的叙事，叙述者表现的仅仅是这个人物感知到的和这个人物内心的活动。第三人称叙事指叙述者不参与情节，不在故事中充当任何角色，似乎是以旁观者的身份叙述故事的发生、发展和结局。叙述者与事件保持着一定的距离，听者（读者、看者）对叙述者也有距离感。第三人称叙事除了制造客观的信任感，还可制造神秘感。承担第三人称视角的叙述者与事件之间的距离限制了叙述者的视野，导致事件的深层、细节，特别是事件中人物的内心想法都是叙述者无法涉足、难以揭秘的。“探索者”可能是第三人称叙述者更恰当的称谓。

有一种叙述者并不以“我”或“他”出现在叙事中，但能够时时被读者（听者、看者）感受到他的存在，而他的视角是全方位的，一会儿是内视角，即“一切都严格通过一个或几个人物的知识、看法和感知”[①]，一会儿是外视角，能够看到事件的全貌和所有细节，这便是全知视角，也是传统叙事常用的“非限定视角”，所谓“叙述者所掌握的情况多于故事中的任何一个人物，知道他们的过去与未来”[②]。

（二）叙事的结构：错位结构、标准结构

叙事结构，与文学术语中的“情节”相对应。最早对“情节”进行阐述的是亚里士多德（又译亚理斯多德）。亚里士多德在《诗学》有关悲剧的阐述中，将“情节”看作构成悲剧艺术的最重要的部分，并把情节定义为“对

① 普林斯．叙事学：叙事的形式与功能［M］. 徐强，译．北京：中国人民大学出版社，2013：53.

② 曾庆香．新闻叙事学［M］. 北京：中国广播电视出版社，2005：129.

事件的安排”[①]。“对事件的安排”应该包含了对“人物”与“行动”两方面的安排。在叙事学产生以前，西方一些传统小说家也从经验中形成了对“情节”的认识，从中可以看到亚里士多德“情节观”的影响，也不乏有价值的思想和观点。比如，有学者提出，事件的安排必须包括开端、中段和结尾三个部分。克莱恩提出，构成小说情节的三个因素是“行动”“性格”“思想”，他还将情节进一步分为“行动情节”“性格情节”和“思想情节”。弗雷德恩又将克莱恩的情节分类进一步细化，将“行动情节”改为“命运情节”，并细分为“行动情节”“悲苦情节”“悲剧情节”“惩罚情节”“感伤情节”“引人羡慕情节”；“性格情节”细分为“成长情节”“改过情节”“考验情节”“堕落情节”；“思想情节”细分为“教育情节”“觉悟情节”“感情转变情节”。[②]

叙事学将叙事结构归纳为表层结构与深层结构。叙事学将叙事基本区分为故事与话语，故事在此指按照实际的时间顺序和因果逻辑发生的事件，也就是叙事的素材，话语指对素材进行的艺术加工（可以是虚构的，也可以是真实的）。在表层结构上，作为“故事”的事件有其开始、中间和结尾，但作为叙事的开始、中间、结尾一般不会与故事的开始、中间、结尾完全吻合。叙事往往不以故事的开始为开始，而是以故事的中间或结尾为开始，然后以插叙或倒叙的手法展开叙事。杨义在《中国叙事学》中根据对中国古典小说中的“那辗”手法的分析，归纳出与实际结构相错位的叙事结构，即错位结构。错位结构可具体描述为：如果事件的实际结构为A—B—C，那么，叙事从中间B落笔，叙事结构即为B—A—C；如果从结尾落笔，叙事结构则为C—A—B或C—B—A。这样安排的理由，正如杨义所言：“叙事结构顺序之妙，在于它按照对世界的独特理解，重新安排了现实世界的时空顺序，从而制造了叙事顺序与现实顺序的有意味的差异。”[③]华莱士·马丁则用从德国批评家古斯塔夫·弗赖塔格那里发展出来的颠倒的、并稍加变形的字母“V”刻画一个标准的情节，如图1–1。

---

① 亚理斯多德．诗学［M］．罗念生，译．北京：人民文学出版社，2002：20.

② 申丹，王丽亚．西方叙事学：经典与后经典［M］．北京：北京大学出版社，2010：41.

③ 杨义．中国叙事学［M］．北京：商务印书馆，2019：88–89.

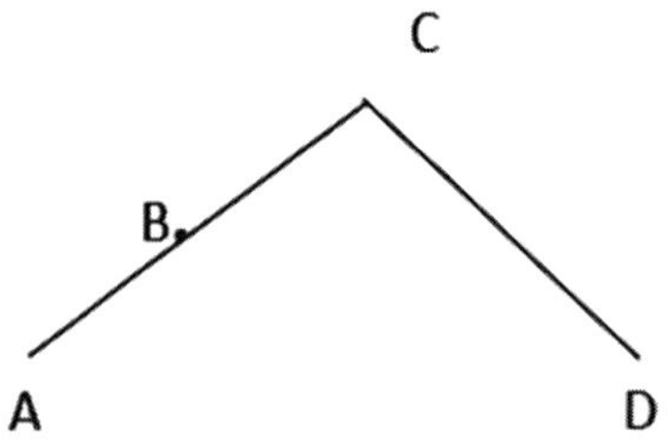

图 1–1　标准情节结构图

在图 1–1 中，AB 代表展示部分，B 代表冲突的引进，BC 代表“上升活动”、复杂化或者冲突的发展，C 代表高潮或情节的转折点，CD 代表结局或冲突的解决。[①] 实际发生的事件未必都有这样一个清晰、突出的由平稳到高潮、再由高潮归为平稳的变化过程，但即使是非虚构叙事也需要借助加快叙事或延缓叙事等叙事手法突出这样一个跌宕起伏的过程。

在叙事结构中，时间是一个很重要的要素，上文所述叙事的“错位结构”（与事件相错位）实际上是由时序安排上的错位造成的。叙事时序的错位除了“开始—中间—结尾”的错位，还有一种错位即“叙事的疏密度与事件时间速度”的错位。所谓“叙事疏密度”，即叙述量的多少。叙事疏密度表现在时间上则为叙述速度的快慢，一般来说，事件持续的时间越长，叙述速度越慢，事件持续的时间越短，叙述速度越快。叙事结构往往进行错位安排，事件发生的几年时间在叙事里可能被几句话一提而过，而事件的某一短暂时刻在叙事里可能被展开描写，占据很多的篇幅。这种时间上的错位安排，可造成叙事形式的曲折、变化，富有节奏感，“文不厌曲，也是叙事时间操作上的要点所在；曲中可见才华，曲中可见诗和生命的哲学。”[②] 人皆爱曲不喜直，人之常理。小学生学写记叙文，老师批评写得像“流水账、豆腐账”，大概就是因为时序、疏密度上没有错位。至于时间错位中的“诗和生命哲学”属于叙事的深层结构，在此不作详述。

空间，是被传统叙事学忽视、而今显得特别重要的叙事结构中的元素。传统叙事学理论认为“叙事属于时间的艺术”[③]，这也不足为怪，传统叙事作

① 马丁．当代叙事学［M］. 伍晓明，译．北京：中国人民大学出版社，2018：79.
② 杨义．中国叙事学［M］. 北京：商务印书馆，2019：203.
③ 申丹，王丽亚．西方叙事学：经典与后经典［M］. 北京：北京大学出版社，2010：128.

品主要以文字书写为主，而语言文字是抽象的，并内设线性结构逻辑，因此，语言善于表现事物的时间结构，而不善于表现事物的空间结构。移动互联网时代，随着智能手机、VR（虚拟现实）/AR（增强现实）、4G（第4代通信技术）/5G（第5代通信技术）、定位系统等技术的加持，新媒体（包括自媒体、社交媒体）叙事越来越场景化，也就是空间化，被文字弱化甚至遮蔽的场景、空间成为新媒体叙事的重要元素。1978年，查特曼在《故事与话语》中首次提出了“故事空间”和“话语空间”两个概念。[①]其实，文字叙事文本中也不乏对“故事空间”的描写，这种描写被传统小说批评家称为“背景描写”。“背景描写”的功能常常被传统小说批评家们解读为“似真性”“审美效果”，即背景描写让事件显得更逼真，或者让读者从中获得美感。今天以新媒体为载体的“场景化叙事”不仅以场景为核心，而且以叙述者身体在场的方式成为场景的中心，即“故事空间”与“话语空间”合二为一。同时，“移动视频与媒介社交相融，移动视频的场景化叙事呈现出更加包容的开放性”[②]，叙事的交往性特点更加明显。随着VR/AR技术的运用和普及，故事空间将成为全景化的“沉浸空间”。不过，目前“移动场景化叙事似乎集中于展示日常体验的呈现，整体上表现出一种表面的沉浸与场景体验的喧嚣”，这种现象值得注意。

以上所述皆为叙事的表层结构，表层结构的突出点在于它的时间性，而叙事的深层结构在某种意义上是没有时间性的，或者说是超越时间的。叙事的深层结构产生于事物运动的某种规律或准则。当世界失去和谐之时，各种力量相互交织、冲突，但总有一种力量去寻求恢复平衡的办法，在其他力量的协助下终究找到办法，将世界推至一种相对平衡的状态。法国结构主义叙事学家力求探索叙事的深层结构，将叙事中的行动者概括为三个对立项：主体/客体；发送者/接受者；帮助者/反对者，寻找目标、交流、辅助性的帮助或阻碍是与三个对立项相对应的三个基本模式。[③]这三个对立项以及三个基本模式，正是人类生存的基本图景：一个人总是要与世界发生关系（如要

① 申丹，王丽亚．西方叙事学：经典与后经典［M］．北京：北京大学出版社，2010：128.
② 王春枝．智媒时代移动视频的场景化叙事研究［J］．编辑之友，2020（8）：42–46，84.
③ 申丹，王丽亚．西方叙事学：经典与后经典［M］．北京：北京大学出版社，2010：48.

获得某样东西、某种社会地位），也总是和他人发生联系（交流互动），他人中有提供帮助的，也有施加阻力的，最终或达到目标或没有达到目标。深层结构也正是叙事的普遍结构。

三、叙事主题：情境、叙述者干预

任何叙事不仅贡献故事，还贡献某种意义。主题是对意义的另一种表述。叙事与主题或意义的关系，恰似符号的结构。符号，由代码与意义构成，代码是意义的表征，意义是代码的内涵。叙事犹如符号的代码，主题或意义则是叙事的内涵。“坡在评论霍桑的《讲两次的故事》时说，作家应该从主题或效果开始。”① 对于叙述者而言，主题、意义往往产生于叙事之前，虚构叙事如此，非虚构叙事也是如此，不同的是，在虚构叙事中，为了让事件适应思想，叙述者可以创造事件、修改事件；而在非虚构叙事中，叙述者只有当理解了事件的意义并将意义提炼为主题时，才围绕主题展开叙事。对于读者（听者、看者）而言，“我们顺向解读事件（开头将促生结尾），逆向解读意义（结尾一旦被知晓，就促使我们去确认其开头）”②。读者在阅读文本的过程中，进行着两种解读，即对事件的解读和对事件意义的解读。读者对事件的解读主要是随着叙事的方向，认知事件演变的过程；读者对意义的解读则往往需要在故事结束后反向回望才恍然大悟，这大概也是作者设计情节所追求的效果。

很多因素影响着叙述者对主题的设置，包括叙述者的思想观念、立场、动机、事件本身的特质、情境等，这些因素在文本中往往是不易察觉的，但“情境”相对来说有一定的可察性。在叙事文本中，事件的“情境”可由前一个事件和后一个事件来界定。举一个例子，在电视连续剧《刘伯承》第 10 集中有一段情节，当时刘伯承刚刚来到苏区不久，担任了红军大学的校长。他向三娃子（一位年轻的红军营长）讲了中国历史上有名的“垓下之战”的故事，讲述文本如下：

---

① 马丁．当代叙事学［M］. 伍晓明，译．北京：中国人民大学出版社，2018：133.

② 马丁．当代叙事学［M］. 伍晓明，译．北京：中国人民大学出版社，2018：133.

刘伯承：古时楚汉相争，项羽率兵守于垓下，刘邦率军前来攻城。双方势均力敌，棋逢对手，相互对垒，久攻不下。一天夜里，垓下城外，忽然楚国的歌声大作，那些连年在外征战、离家久远的楚国士兵被唱得军心涣散，全无斗志，甚至连项羽都开始怀疑是不是楚国的领地都已经被汉军占领了，结果垓下大败，最后项羽被迫自刎乌江。

三娃子：有这事？

刘伯承：这就是非常有名的成语“四面楚歌”的来历。

《现代汉语词典》里对“四面楚歌”的解释是“形容四面受敌，处于孤立危急的困境”，但如果放入剧情中，刘伯承或作者要表达的意义显然不是这样。这个事件（刘伯承讲故事）的前一个关联事件是：教红军唱歌的女教员叫三娃子去学唱歌，三娃子说什么也不去，认为“歌唱得再好也打不了胜仗”；而刘伯承讲完故事的后一个事件是，三娃子感到十分羞愧，然后高高兴兴地去学唱歌了。“歌声也有战斗力”这才是刘伯承要表达的意义。

叙述者也会通过对叙事的干预传达叙事的主题、意义。叙述者干预也被称为“超表述”，“叙述者从事‘超表述’行为，他们作深层的思考和评价，在虚构世界‘以外’总结归纳，寻求与受述者对话，点评叙述过程并且引譬设喻，论及其他作家和文本”[①]。显然，叙述者干预的方式有多种，可以是归纳总结、评论、与受述者（读者、听者、看者）的交流对话，也可以是对比喻、类比等修辞手法的运用，还可以是引用别人的话、文章。查特曼将叙述者干预概括为解释、判断与概括三个方面，解释，是对故事成分的要旨、关联或意义成分的公开阐述；判断，表示道德或其他价值看法；概括是从文本世界深入真实世界，将文本世界作为真实世界的参照。还以上述例子为例，刘伯承讲完“垓下之战”的故事后，反问三娃子：“现在你还能告诉我，歌声是没有战斗力的吗？”他说了一些开导的话后，接着说：“所以我命令你必须努力地学会唱歌，将来我希望有一天看着你带着你的队伍，高唱着嘹亮的战歌，奔赴前线，勇敢杀敌。”前一个问句是以交流的方式阐明故事的意义，即歌声是有战斗力的，后一句则将故事的意义引申至现实，要求三娃子要努

① 谭君强．叙事学导论［M］．北京：高等教育出版社，2008：74.

力学好唱歌，并将“唱歌行为”上升到“带兵杀敌”的高度，表明了对“唱歌”的道德与价值判断。再如，八集纪录片《大国工匠》的第二集《大术无疆》，讲述两位技艺高超的焊工师傅配合作业的故事。在一项国家重大工程中，需要两位师傅组成一对搭档，隔着几十毫米厚的钢板同步操作，配合得同步性越高，焊接的质量越高。叙述者并未详细描述二人如何配合默契，而是讲了一个两千多年前庄子讲过的“大匠运斤”的故事。观众听完“大匠运斤”的故事自然可以想见二人高超的技艺和高度的配合默契。在此，讲述者是用了类比手法形象地表达了对两位工匠的评价。

叙述者还有一种更为艺术化、不易让人察觉的干预方法，就是运用“意象”。“叙事是对行动的模仿”，行动总是由人来表达的，因此，叙事作品总是离不开人的形象、事件的形象。但无论是虚构叙事，还是非虚构叙事，叙事中的“形象”都不免带着叙述者的意识。或许是因为中国叙事作品自古繁盛，“意象”的特点又尤为突出的缘故，在中国文论中，早就出现了一个能准确表达叙事中“塑造形象”的概念——意象。“‘意象’一词，在中国语言发展史上，萌芽于先秦（前 21 世纪—前 221 年），成词于汉代，六朝用于文学，唐宋沿用，到明清而大行。”[①] 从叙述者意识的角度来看，“把理念植入形象中，所形成的就是意象”[②]。当然，“意象”中的意与事不是简单的叠加，而是“融合与升华”。叙事中的形象虽都不免带有叙述者的意识，但“意象”应该是叙述者意识最为集中的体现。在中国诗词、绘画、戏剧、小说等叙事作品中，“意象”居于很高的位置，往往是一部叙事作品的精髓所在。

以陈忠实的长篇小说《白鹿原》为例，小说中的白鹿就是作者用心血塑就的、贯穿小说始终、含有中华民族文化密码的意象，也是解读小说深邃思想内涵的密码。白鹿的意象始于“白鹿原”村名称来历的传说：很久以前，一只通身雪白的雄神鹿曾降临此地，蹦蹦跳跳，一眨眼就消失不见了。人们惊讶地发现，在神鹿跑过的地方，田野中的麦苗长高了，绿油油一片，树木长壮实了，遮天蔽日，干枯的河里的水变多了，奔流不息；而在一些旮旯处，看到许多动物尸体，狼、蛇、老鼠、癞蛤蟆、蝎子等，凡是对人类有害

① 杨义．中国叙事学［M］．北京：商务印书馆，2019：357.
② 杨义．中国叙事学［M］．北京：商务印书馆，2019：361.

的野兽和爬虫，无一例外都毙命了。因此，白鹿被赋予了“神秘天道”的意蕴。在接下来的篇章里，白鹿总共出现了四次，每次都有新的意蕴。第一次，白鹿出现在鹿子霖家的田地里被白嘉轩看到，是对白鹿传说在小说生活中的重演，再次强调“神鹿会带来好运”的意蕴；第二次，年轻的革命者鹿兆鹏，从反动派的监狱里脱身，绝处逢生，他遥望着太阳下的白鹿原，突然看见一只白鹿在太阳底下现身，此时的白鹿象征革命的前途和希望；第三次，白灵牺牲，当天夜里白鹿出现在白嘉轩和朱白氏的梦境里，白鹿成为白灵的化身，象征纯洁的革命者的精神；第四次，朱先生去世，其妻梦见屋檐上突现一只白鹿飞至天空，象征一种“圣人”般的圣洁。如果没有白鹿的意象,《白鹿原》不知要失色多少。意象，是叙述者形象化的思想，首先是叙述者有思想，其次才是适合思想的形象。试想，如果把白鹿换成神鹰、神鸟、神鹤行不行呢？恐怕未尝不可。因此，“意象”不仅可以出现在虚构叙事中，也可出现在非虚构叙事中。观察近年来的一些优秀纪录片，对“意象”的使用已颇为多见。随着网络技术的发展，运用数字技术制造“意象”更为便捷，只要纪录片的策划者能熟稔事件，又能跳出事件、高于事件，把握住事件的精神，就不难找到“意象”。例如，在纪录片《一带一路》中，反复出现了四个意象，第一个是伴随着铿锵雄浑的音乐反复在电子世界地图上闪现、行进的古丝绸之路的线路，第二个是变换着颜色、变换着空间以磅礴之势翻滚着越过高山、海洋、城市的云海，第三个是慢慢地行进在茫茫戈壁上的驼队，第四个是片头中那个由后期技术合成的像是旋风又像是飞行物的黄色丝带，叱咤于不同国家、不同地区之间。① 这四个意象的意蕴综合起来“烘托出人类为了追求美好生活和心中的梦想在走向互联互通的漫漫征程中所表现出的勇气和力量，也象征着人类走向‘互联互通、合作共赢’的趋势不可阻挡。”② 需要注意的是，这四个意象中的四个“象”，第一个和第四个是完全由虚拟技术模拟而成的，第二个和第三个至少也是经过技术处理过的。

① 曹茹，郭小旭．论史诗纪录片的观念与史诗性表达［J］. 现代传播（中国传媒大学学报），2019，41（2）：109–113.

② 杨义．中国叙事学［M］. 北京：商务印书馆，2019：361.

第三节　故事何以影响：叙事说服

自古以来，人类就自觉或不自觉地运用故事改变别人的态度或行为，政治家、教育家、宗教领袖、商人等都是深谙此道的行家。现实生活也提供了许多显而易见的实例，让人不得不相信叙事的力量。据说美国1987年签署的《中程核力量条约》与一部叫作《后天》的电影有关。这部电影描述了美国和苏联之间的核战争对堪萨斯州劳伦斯市公民的影响。故事虽然是虚构的，但人们在核战争中死去、蟑螂是最后唯一的幸存者的画面，深深震撼了人们的心灵。当时的美国总统罗纳德·里根（Ronald Reagan）就是其中一位观众，他在看完这部电影后写道自己非常沮丧，对“可赢得的核战争”的概念失去了信心，开始与苏联就核裁军问题进行谈判。1987年，《中程核力量条约》签署时，里根让他的幕僚给这部电影的导演尼古拉斯·迈耶（Nicholas Meyer）发了一封电报，大意是“不要因为你的电影与此无关，就认为它与此无关”[①]。我国也不乏这样的例子，2008年冯小刚导演的电影《非诚勿扰》上线，票房飘红，也让杭州西溪湿地声名鹊起，吸引了无数慕名而来的游客，成了尽人皆知的旅游胜地。只因西溪湿地在电影中短短几分钟的亮相和葛优的一句台词：“我可是带着钱来的，我要是看上你们这儿的房子，我留下的就是人生了。”[②]自20世纪80、90年代，心理学、传播学、广告学、管理学等领域开始关注并研究叙事说服或影响的问题，大量实验为叙事说服效果的存在提供了更为坚实的证据。例如，格林和布鲁克让参与者阅读了《商场谋杀案》的故事，故事讲述的是一个女孩的妹妹在商场被一名休假的精神病患者残忍杀害，参与者在阅读故事后对休假的精神病患者的权利持不

① HOEKEN H, FIKKERS K M. Issue-relevant thinking and identification as mechanisms of narrative persuasion [J]. Poetics, 2014 (44): 84-99.

② 汪萍. 叙事传输：基于体验的说服机制 [D]. 杭州：浙江大学，2013：1.

太有利的态度。[1] 现实世界的实例和实验研究都表明，叙事可以对人们的观点和行为产生深远的影响。那么，叙事是如何对人的态度、行为甚至信仰施于影响并致其发生改变的呢？这是叙事说服研究几十年来努力回答的问题。

一方使用叙事来影响另一方，就是叙事说服，或者叙事可以影响读者对真实世界的信念和态度，这种现象就被称作叙事说服。从更广的意义来看，叙事说服为“叙事信息通过与叙事理解或参与相关的过程对信仰、态度或行为产生的任何影响”。叙事说服是一种独特的说服，其独特性就在于“以不影响的姿态去影响”，而被影响者似乎也是在“没想被影响”的心理状态下被影响。那么，这种说服是如何发生的，叙事说服的机制是什么？

一、叙事传输

叙事传输被认为是叙事说服最为重要的机制。格利特（Gerrig）是第一个提出叙事传输的学者。他将阅读隐喻为旅行，认为叙事传输就是一种超然于现实世界、存在于故事当中的状态。当旅行结束之后，会将途中的感悟带回现实世界，思想和行为由此发生某些改变。[2] 读者在叙事作品中的旅行是一种精神旅行。格林和布鲁克将叙事传输进一步概念化，将其定义为注意力、意象和情感的共同激活状态。

如果从信息加工的角度进行考察，叙事说服和传统的“精细加工可能性模型”（本章第一节提到过）完全不同。“精细加工可能性模型”揭示了人处理信息的两种路径，即中心路径和边缘路径。中心路径也被称为“系统加工方式”，需要“仔细考虑信息的内容和所包含的观点”，这种加工很费神，占据人大量的信息加工能量。相对应的说服就需要提供有逻辑的、充分的、可信的论据支撑观点；“边缘路径”提供了一个接受或是拒绝信息的速成方法，对于事件的特性不进行主动思考，只需使用简单的规则和心理捷径对非中心内容（信息来源、论据数量、表达是否流畅、听起来是否舒服等）进行处

① HOEKEN H, FIKKERS K M. Issue-relevant thinking and identification as mechanisms of narrative persuasion［J］. Poetics, 2014（44）: 84–99.

② 任媛 . 叙事代入感影响同性恋群际态度的实验研究［D］. 成都：电子科技大学，2018：3.

理，这种加工是省力的、节约信息加工能量的。相应的说服不需要追求内容的深入坚实和逻辑性，而需表明观点来源权威（如专家说）、证据条数多等表层信息。这两种处理信息的方式是着眼于认知能力和意愿的逻辑推理模式，只不过两者的认知对象、认知的努力程度、认知深度和认知偏差不同。叙事传输的信息处理并非单纯的认知模式，而是基于体验的综合的心理模式。在叙事传输状态下，会出现注意力卷入的情况，在高度的叙事传输中，被传输的人会出现“迷失在故事中”或“沉浸于故事中”的状态，即“叙事存在”，将自身转移到故事的情境中，并想象自己在故事中的处境和行为，似乎周围的世界都不存在；叙事传输中认知的焦点是事件（事件的脉络、人物命运和人物关系、事情的真相等），被传播的人对事件信息形成深刻的记忆，当从故事中走出来以后甚至很长时间以后，还能清晰地回忆故事中的情节，或向他人生动地讲述记忆中的故事。进入叙事传输的人，还会发生一个重要的体验即强烈的情感唤醒（高兴、愉悦、担心、恐惧、愤怒等），这是由故事引发的。真实的故事也可以引发人的情感唤醒，只要这个故事足够感人。那么，经历叙事传输的结果是什么呢？被传输的人带着与故事一致的观点回到了现实，这就是说服的效果。对叙事的注意力、对叙事的心智模拟、对叙事的记忆、对叙事的情绪反应、与叙事的观点一致性是检测叙事传输是否存在和传输度的基本维度。

格林（Green）解读传输导致说服的三种方式：①传输的体验和对故事的更大专注可能会使读者（读者被用作观众的代理人，他们很可能是听众或观众）不太可能反驳，从而相信故事命题；②传输可能会让这个故事看起来很有趣更像是一次实际或真实的经历；③传输可能会导致对角色的更大认同，因此，角色的视角可能会对读者的信念产生更大的影响。[①] 这三种方式涉及了导致叙事传输的三个机制因素，即降低或减少读者的反驳、读者身临其境、对故事中的角色产生认同。故事本身应该是这三个因素的主要来源，但一些研究也探索并证实了故事以外的因素如情境、故事与读者、听众、观

① BANERJEE S C, Greene K. Role of transportation in the persuasion process: cognitive and affective responses to antidrug narratives [J]. Journal of health communication, 2012, 17 (5): 564-581.

众的匹配性以及读者、听众、观众的个体差异等都对传输产生影响。由此看出，叙事说服过程的无意识状态，即受传输者沉浸于故事（情节、人物）而疏忽了叙事中的说服性信息，又因被故事打动或对故事的认同而欣然接受故事的观点。

研究表明，故事的质量越高，传输度越高。格林和布鲁克认为，高质量的故事可能是那些经过时间检验被奉为经典的作品，但也可能是某个时段成千上万的人们渴望阅读的书。[①]高质量的叙事也不一定是长篇大作，一个简短的个人轶事或案例在信息的开始处便可以帮助降低观众的障碍，研究人员已经发现，即使是非常简短的叙述也有传输效应。叙事质量不在于经典与非经典，也不在于叙事的长短，写得好、结构好的故事更具说服力。“叙事质量指故事结构、语言文采、呈现方式等是否有利于人们形成传输”[②]，一些研究表明，打破原来好的文本结构，重新排序事件（同时保持内容完整）会导致较低的传输分数，“最明显的减弱传输程度的方式是选择结构较差的叙事”。按照叙事学原理，最差的结构方式可能就是没有节奏变化的情节、时间顺序错位过度而至混乱不清、逻辑不清晰或逻辑不合理，如人物行为与动机、性格不符，故事情节与常识不符，等等。这些还都是作为叙事的一般质量要求，而一些更为广泛、具体的叙事因素在研究中得到检验并证实与传输有关联。

（一）主题、意义——潜台词如何表达

心理学家认为，思想从根本上来说是叙述形式的，而从叙事的角度来看，叙事总是包含着思想，这些思想或为主题或为观点，嵌入在叙事中。这些被镶嵌于叙述中的思想、观点被称为潜台词或潜在文本。“潜文本元素是人们可以从故事的事件中收集到的信息或主题，但它们是在叙事中隐藏或暗示的，而不是明确陈述的。”[③]叙事说服研究认为，当被嵌入了有说服力的潜

① GREEN M C , BROCK T C. The role of transportation in the persuasiveness of public narratives [J]. Journal of personality and social psychology，2000，79（5）：701-721.

② 严进，杨珊珊 . 叙事传输的说服机制 [J]. 心理科学进展，2013，21（6）：1125-1132.

③ COHEN E L. Exploring subtext processing in narrative persuasion：the role of eudaimonic entertainment-use motivation and a supplemental conclusion scene [J]. Communication quarterly, 2016，64（3）：273-297.

台词的叙事元素（如人物、情节场景等）占据了人们的注意力时，便降低了人们抵抗这些潜在信息的能力，从而发生说服；也有学者解释，由于人们接触故事是出于享乐，没有准备进行讨论与辩论，或怕讨论、辩论打扰了享受故事的兴致，从而放弃讨论或辩论；还有学者的解释是，由于人们对叙事的参与（理解、想象事件的脉络、情境并做出情感反应等）占据了大部分心智资源，而显得对讨论或辩论乏力。总之，由于叙事元素的作用，人们倾向于不对潜在文本进行“精思”，当然也就无法对故事的思想、观点做出抵抗，只能将故事中的思想、观点连同故事携带到现实中，从而使自己的思想、观点受到故事的影响。这意味着，叙事说服与放弃对嵌入信息的反驳有关，也与放弃对嵌入信息的支持有关，说到底，叙事传输的人放弃了对嵌入信息的思考。

新近的研究提出了不同的观点。一些研究结果表明，传输效应可能并不总是通过减少反驳来调节的。尼迪登普（Niederdeppe）（2012）发现，在说服过程中，对有意图的说服性信息的阐述比减少反驳更有帮助。有学者注意到电视中成功的娱乐教育节目（E–E）[①]，在节目的结尾通常以总结性、说服性话语结束，旨在让观众思考。斯莱特（Slater）认为，总结对于 E–E 的成功至关重要，因为在人们的认知资源被叙事占据后，总结会将有说服力的信息带到人们注意的前台，如果没有这样的尾声，观众或听众很容易专注于人物，而忽略了信息中有说服力的潜台词。[②] 关于分心和说服的研究表明，与沟通相关的分心，或与说服性文本密切相关的分心是不利于说服的，因此叙事传输也不需要分散信息接收者对潜台词的注意力，因为这些想法仍然与故事有关。伊丽莎白・L. 科恩（2016）的一项研究表明，传输并没有限制观众参与更深层次的潜文本处理，并且传输对整个潜文本处理产生了积极影响：观看者越是传输信息到叙事中，他们倾向于参与潜文本处理的行为就越多。

① 在娱乐媒体（如电视或广播节目）中嵌入教育性、亲社会性信息来积极影响观众意识、态度或行为，通常使用叙事作为载体。

② COHEN E L. Exploring subtext processing in narrative persuasion：the role of eudaimonic entertainment–use motivation and a supplemental conclusion scene［J］. Communication quarterly, 2016，64（3）：273–297.

该研究还认为，具有在娱乐中寻求意义动机的人在叙事暴露过程中可能更愿意努力处理潜台词，而那些倾向于较少使用日常娱乐动机的人更有可能处理叙事的潜文本元素。这些研究给我们的启发是，在叙事文本中，可以适当加强潜文本的阐述，以更好地发挥潜文本对传输的作用，特别是针对那些认知需求高的叙事对象。

既然可以加强潜文本的阐述，那么“论证的强与弱”便是接下来要考虑的问题。关于叙事说服的许多现有理论都表明，论证强度在叙事说服中所起的作用小于论证强度在非叙事说服中所起的作用，但关于故事中嵌入的强论点与弱论点确切影响的实证研究并不多。康斯坦茨·施雷纳等学者进行的一项检验“论证强度和故事的说服力”关系的研究，得出了一组可靠的结果。这项研究设计了四个短篇故事，每个故事包含一个与信仰有关的主题，每个故事有四个版本，四个版本在文本的叙述性和故事中包含的论点的强度方面存在差异。每个故事由五个段落组成，其中，第四个段落为由角色提出的由三个理由支持的主张。该研究还引入了“工作记忆能力”变量作为中介变量，因为对论证信息的处理可能与个体工作记忆容量大小有关。最后检测结果表明，首先，在叙述性较弱的故事中，如果故事包含强论点，则与弱论点相比，传输得分较高；在强叙述性条件下，如果故事包含弱论点，与强论点相比，得分更高。其次，与弱论点相比，强论点导致态度得分更符合故事的信息（与故事观点一致）。因此，该研究的结论就是，论据有力的故事比论据较弱的故事更有说服力，论证强度可能是叙事说服的一个因素；即使故事中包含了微弱的论点，也能改变接受者的态度；在没有强有力的论据的情况下，故事可以说服人，但论据的力量有助于更大的态度变化。① 这项研究的结论启示我们，在故事中强论证是有利于说服的。强论证可以从两个方面去理解，一为论证的量，即增多论述的分量，二为论述的明晰，即表达观点的明确性。

（二）事件表述的框架

框架的概念及框架理论起源于人类学，后来被社会学、经济学、语言

---

① SCHREINER C，APPEL M，ISBERNER M B，et al. Argument strength and the persuasiveness of stories［J］. Discourse processes，2018, 55（4）：371–386.

学、社会运动研究、政策研究、传播学等学科吸纳。20世纪70年代末，心理学在研究人如何做出决策时，也提出了框架的概念。1979年，心理学家卡尼曼和特维斯基在心理实验中发现，对本质相同的决策方案的不同表述会影响人们对决策方案的认知，导致不同的选择偏好。也就是说，对同一事件采取不同的表述框架，会导致不同的说服效果。国内一项“公共舆论中负面情绪化表达的框架效应”的研究，通过对在线新闻跟帖评论的计算机辅助内容分析发现，认知性叙述框架及情感性叙述框架都与负面情绪化评论显著相关，认知性叙述框架与负面情绪化评论呈现弱正向相关性，正面情感叙述框架与负面情绪化评论呈现弱负向相关性，负面情绪化叙述框架与负面情绪化评论之间呈现显著的中度正相关性。① 这项研究证明了新闻表述框架显著影响了网民负面情绪的表达，遗憾的是没有区分新闻的叙事性与非叙事性。在健康传播领域，叙事框架被广泛使用，相关研究也取得了一定的成果。有学者提出，增益框架消息在促进疾病预防行为方面更有效，而丢失框架信息在促进疾病感知方面更有效。② 马泽新、南晓丽在考察了在促进戒烟的背景下，信息框架在叙事说服中的调节作用。他们的研究表明，对于增益框架的禁烟信息，暴露于非叙事的参与者比暴露于叙事的参与者更容易感知因吸烟而患上与吸烟相关的疾病，而对于丢失框架式的禁烟信息，暴露在叙述中的参与者比暴露在非叙述中的参与者更可能感知吸烟引起的健康问题的严重性；而当以证据类型（叙述性与非叙述性）和信息框架（增益与损失框架）为自变量，以对戒烟的态度（是否准备戒烟）为因变量，以易感性和感知严重性为中介变量时，检验结果是“易感性”不是一个显著的中介因素，感知严重性是一个重要的中介因素。也就是说，从影响戒烟态度的层面来看，叙事的失去框架具有显著的效果，这可能与叙事的传输效应有关。但论文给出的结论是“将非叙事性的得失框架与叙事性的得失框架相结合似乎可以获得更大的

① 党明辉．公共舆论中负面情绪化表达的框架效应：基于在线新闻跟帖评论的计算机辅助内容分析［J］．新闻与传播研究，2017，24（4）：41–63，127.

② MA Z. NAN X. Positive facts，negative stories：message framing as a moderator of narrative persuasion in antismoking communication［J］. Health communication，2019，34（12）：1454–1460.

说服力”[①]。

对于叙事框架与说服效果的研究还不多，进一步的研究可能还需引入更多的变量，如框架类型、事件类型、叙事结构、接受群差异（如年龄、知识水平、文化）等。“得”与“失”的确是两种区分度较大、具有两极性心理感受的表述类型，对这两种表述类型有必要针对不同的叙事元素积累更多的研究成果。

（三）叙事的真实感与感知现实主义

一个故事不论是虚构的还是非虚构的，必须让人感觉真实，这是叙事影响的前提，也是叙事传输的前提。感知现实主义就是用来界定读者、听众、观众“对叙事世界反映真实世界程度的判断”的一个概念。感知现实主义由感知的似然性、典型性、真实性、一致性、感知质量五个维度构成。似然性，指叙事中呈现的行为、事件在生活中发生的可能性，如果可能性大，就被认为真实，可能性小，就被认为不真实；典型性指的是叙事在一定程度上符合观众过去和现在的经历，因为经验经常是人们衡量现实的尺度；真实性是指叙事被认为在多大程度上描绘了现实世界中的特定个人或事件，对于非虚构叙事，真实性意味着对所叙述的人和事是否虚构的判断，而对于虚构叙事，真实性意味着对所叙的人和事与现实相似度的判读。前者被称为事实现实主义，后者被称为心理现实主义；感知叙事一致性是指一个故事及其要素被判断为一致、连贯且没有矛盾的程度，也就是叙事情节被认为合理；感知质量是指媒体叙事的音频、视频和其他人造元素在一定程度上构成了令人信服的描述，也就是配乐、配音、画面处理等技术是否与内容相匹配或融为一体。[②]

总之，似然性、典型性和真实性关注故事在现实中发生的可能性，叙事一致性和感知质量的维度更关注故事本身的质量[③]。但是，感知现实主义如

---

① MA Z, NAN X. Positive facts, negative stories: message framing as a moderator of narrative persuasion in antismoking communication [J]. Health communication, 2019, 34 (12): 1454–1460.

② CHO H, SHEN L, WILSON K. Perceived realism: dimensions and roles in narrative persuasion. [J]. Communication research, 2014, 41 (6): 828–851.

③ CHO H, SHEN L, WILSON K. Perceived realism: dimensions and roles in narrative persuasion. [J]. Communication research, 2014, 41 (6): 828–851.

何影响叙事说服，还需进一步研究。有一项关于测量电影欣赏（享受）与叙事体验、感知现实主义和可传输性函数关系的研究，为我们提供了有益的思路。叙事体验主要由参与感、沉浸感、角色识别和叙事的相关性（能够将叙事与自己或现实生活相联系）构成，感知现实主义分为外部现实主义（叙事与现实的比较）和叙事现实主义（叙事的合理性），可传输性指人的叙事传输能力（对叙事的参与、沉浸、感悟），主要指从叙事中体验到的快乐感。这项研究采用了分别属于犯罪惊悚片、浪漫喜剧、科幻小说的电影作为刺激材料，对叙事体验、外部现实主义、叙事现实主义、可传输性、享受都采用相关量表进行测试。感知现实主义的检测结果显示，两种类型的感知现实主义都通过叙事体验变量间接影响享受，而具体到哪部电影，外部现实主义和叙事现实主义所借助的叙事体验的具体变量会有所不同；三部电影中的两部，其叙事现实主义直接促进了欣赏。[①] 从研究结果可以看出，欣赏是叙事传输的结果，因为“参与、沉浸、身份识别、相关性”这些因素都已经被研究证明与叙事传输有关，而感知现实主义也与叙事传输相关，最大的可能是感知现实主义不仅是叙事传输的前提，而且还是叙事传输的促进因素。

（四）叙事的个性化与去个性化

个性化是许多叙事的一个中心特征，在文艺理论中多有论及，而在新闻报道、纪录片、危机传播、公益宣传、公共服务、医疗护理等领域也受到一定的关注。在中文相关文献中，可以发现有关“个性化叙事”的描述性说法。有文章认为个性化“即以个人为中心和视角，来记录和报道新闻”[②]；有的则将个性化叙事作为作品或作者的叙事特点来阐述，如当谈及毕淑敏散文的个性化叙事时，个性化叙事的内涵便是“以多种角度考虑问题”“从相对立的角度思考问题”“善用比喻写情绪和感受”“善用比喻阐明道理”[③]，而在谈及一部纪录片的个性化叙事时，个性化叙事的内涵是“整体体现纪实美

① BILANDZIC H，BUSSELLE R W. Enjoyment of films as a function of narrative experience，perceived realism and transportability［J］. Communications，2011，36（1）：29-50.

② 黎勇 . 智能化 场景化 个性化 可视化：媒介融合背景下的新闻叙事创新［J］. 中国记者，2020（2）：54-57.

③ 金英 . 论毕淑敏散文个性化的叙事视角［J］. 科教文汇（中旬刊），2007（35）：177.

感”“叙事讲究故事性”“剪辑具有抒情性”等[①]；在公共服务领域，个性化叙事则含有“一对一”或“一对多”的叙事沟通的意思，如在个性化叙事护理中，个性化叙事的内容包括入院初期与患者家属沟通患者病情、危害性及治疗护理方案，并按叙事护理步骤将需要讲解的内容以叙事方法外化、解构，引导患者以叙事方式讲解自身对疾病的看法，医护评价解构其叙事内容，挖掘其富有意义且积极的方面作出延时回应。[②]这些说法，似乎是将“叙事个性化”解读为有个性的、有特点的、独特的叙事，并将叙事个性化视为对叙事影响、叙事说服产生积极影响的因素。

在外文文献中，有关个性化叙事的研究不多，但可以看出个性化叙事的内涵和外延已超出文本范畴，个性化叙事不仅指一种文本操作，还被赋予了“以人为本”的精神意蕴，并且在个性化管理与服务中扮演个性化的关键步骤。我们要讨论的还是文本意义上的个性化叙事。在叙事说服的视角下，个性化叙事被赋予了三个维度：可识别、个体化和内部状态描述。可识别，即故事中的人物特别是主要人物，应具备清晰的个人信息，包括姓名、性别、年龄、职业、居住地、工作单位等。有关受害者报道和公众捐助行为的研究表明，“人们更倾向于将钱捐给一个可识别的孤儿、一个丢失了钱的可识别的受害者或一个需要钱建房子的可识别家庭，而不是捐给一个身份不明的受害者”[③]。个体化，即故事应突出一个个体人物，而不是群体。例证理论强调，相对于集体案例，个别案例能够让人们更多关注、更好地回忆和改变他们的信仰和行为，之所以会出现这种情况，是因为与一群人的信息相比，个案更容易被形象化和感知。内部状态描述，指对人物内心状态（如感情和思想）进行描述，尤其是直接引用人物的语录有助于揭示故事人物独特的心理状态。研究表明，引用人物的语录可以提高受众对此人的感受和理解。那么，个性化叙事是不是适合任何情况呢？周硕和杰夫·尼尔德迪普（Jeff

① 王运歌．新派纪录片《冬日》的选题和个性化叙事［J］．青年记者，2011（32）：56–57.

② 徐吉．个性化叙事护理对躁狂症患者依从性、治疗效果的影响［J］．中国高等医学教育，2020（9）：142–144.

③ ZHOU S，NIEDERDEPPE J．The promises and pitfalls of personalization in narratives to promote social change［J］．Communication monographs，2017，84（3）：319–342.

Niederdeppe）（2016）的一项有关政策叙事的研究显示，个性化叙述可能有助于影响个人态度和行为，而非个性化叙述可能更有助于促进社会层面变化和集体行动的信息，因此，个性化叙事的影响可能取决于特定的叙事语境和目标。这个结论与一项有关新闻框架的研究结论一致，这项研究发现，个性化的故事使人们不太可能考虑社会责任和支持政府行为。① 我们在研究个性化叙事与去个性化叙事时，除了考虑“公共事务”与“个体态度和行为”因素外，也需要将场景、个体差异、文本类型等因素纳入考虑范围。

（五）叙事的话语结构与情感反应

有关说服的研究证明，情感能够对说服产生影响。亚里士多德在《修辞学》中提出修辞术的三种或然式证明方式（说服）：一是依据演说者的性格而产生或然式证明；二是依据听众处于某种心情而产生或然式证明；三是演说本身提供或然式证明。②《修辞学》第二卷用了十一章的篇幅分析了情感（愤怒、温和、怜悯、嫉妒、羡慕等）的表现与发生（对什么人、什么事，在什么情况下），并认为情绪激发通常是确保有说服力目标实现的有效手段，不同的情感状态会使观众做出不同的判断。有学者还考察了历史上著名的演说，如马丁·路德·金《我有一个梦想》的演讲、亚伯拉罕·林肯的《葛底斯堡演说》以及索杰纳·特鲁斯（Sojourner Truth）《我不是女人吗？》的演讲，认为它们在很大程度上是通过运用情感来说服人的。③ 叙事传输作为叙事说服的一般机制，表现为被传输者（读者、听众、观众）对故事的专注、参与和沉浸，他们的认知、想象与情感处于被激活的状态。“传输被认为是一种整体体验状态，其特征是接受者与故事世界和情感成分的紧密联系”④，因此，强烈的情感体验是叙事传输的重要因素。那么，叙事的哪些因素能够激发读者的情绪？对这个问题还未形成系统的研究，但有些因素，如悬念、

① ZHOU S，NIEDERDEPPE J. The promises and pitfalls of personalization in narratives to promote social change［J］. Communication monographs，2017，84（3）：319-342.

② 亚理斯多德. 修辞学［M］. 罗念生，译. 上海：上海人民出版社，2006：23.

③ DOW J. The persuasive use of emotions［J］. Royal institute of philosophy supplement，2019（85）：211-236.

④ APPEL M，RICHTER T. Transportation and need for affect in narrative persuasion：a mediated moderation model［J］. Media psychology，2010，13（2）：101-135.

情节变化、情绪表达等还是可以确认能激发读者的情绪的。

结构情感理论认为，对故事的情感反应可由故事的事件结构和话语结构的特定组合引起。事件结构，传统上指事件发生的时间顺序，话语结构则指事件在叙事文本中的呈现顺序。为了产生情感反应，一个故事应该包含一个起始事件，起始事件应该是对故事中的人物有重要影响的事件（如生命安全、比赛成败、职位升迁等），这个起始事件与后果之间如果插入一些与起始事件有关或无关的语料，就可能让读者产生悬念；如果将结果置于起始事件之前，对读者造成的情绪反应可能是惊讶，也就是说，不同的话语结构会引起不同的情感反应。克诺布洛赫（Knobloch）、帕梓格（Patzig）、门迪（Mende）和豪斯特（Hastall）（2004）将结构情感理论扩展到新闻文章中，结果表明，与传统的新闻结构相比，在起始事件和结果之间加入语篇材料的版本会产生更多的悬念，但新闻语篇结构引起的情绪反应量较少。[①] 一项关于“故事结构对情感的影响”的研究，结果表明，与非悬念结构相比，悬念结构引发了更多的情绪反应，导致了更多的整体传输，并使人们持有与故事更一致的信念。因此，故事结构可以成为增加沟通和说服力的有效手段。但情绪不能成为结构影响信念的中介变量。[②]

在与故事的接触中，读者可能会体验情绪的变化或波动，这些变化可归纳为三种类型：对立价情绪之间的变化、相同价不同离散情绪之间的变化以及单一情绪强度的变化。对立价情绪变化指相反情绪之间的转换，如从积极情绪转为消极情绪（如从快乐到悲伤）或从消极情绪转为积极情绪（如从恐惧到放松）；同价情绪变化指从一种积极情绪到另一种积极情绪（如从希望到幸福）或从一种消极情绪到另一种消极情绪（如恐惧到愤怒）；情绪变化也可以通过情绪状态强度的变化来表征（如从不安到恐惧）。[③] 情绪的这些变化在说服研究中被称为“情绪流”或“情绪流动”。尼兹·阿拉姆（Nizia

① GRAAF A D, HUSTINX L. The effect of story structure on emotion, transportation, and persuasion [J]. Information design journal, 2011, 19 (2): 142–154.

② GRAAF A D, HUSTINX L. The effect of story structure on emotion, transportation, and persuasion [J]. Information design journal, 2011, 19 (2): 142–154.

③ ALAM N, SO J. Contributions of emotional flow in narrative persuasion: an empirical test of the emotional flow framework [J]. Communication quarterly. 2020, 68 (2): 161–182.

Alam）和杰耶昂·苏（Jiyeon So）（2020）所作的一项“情绪流对于叙事说服的作用”的研究，结果表明，情绪转移对传输有显著的影响，处于转移状态的参与者比处于无转移状态的参与者表现出更大的认同感，而情绪转移通过传输也导致了更大的故事一致性信念和态度、更大的行为意图。[①] 显然，读者情绪的变化是由故事情节变化引起的，如果故事中的人物从幸福、快乐的生活状态由于突然的变故（失业、失去亲人、疾病等）而陷入艰难、悲惨的境地，那么读者的情绪就会经历从愉快到悲伤的转换，反之亦然。上一节提到的叙事的“标准结构”，即倒“V”型结构，实际上也包含着情绪转化过程。

叙事所表现出的情感一致性也很重要。情感一致性，指叙述者的情绪与所述事件的一致性，不一致的情绪表达可能会导致听众的不理解和排斥。在面对面的相互讲故事、语音讲故事、视频讲故事中，情感一致性问题都比较突出，文本故事虽然也有情感一致的问题（如用幽默的风格讲一个悲惨的故事），但相对不太明显。近年来，智能机器人也进入讲故事的行列，如机器人记者、机器人主持人等。情感的表达已被证明是机器人说服人类听众的有力工具。关于“情感机器人讲故事的情感一致性”的一项研究显示，机器人显示的情感符合故事的语义内容（影响一致性条件），与不一致和中性条件相比，接收者将体验到更多的故事传输；机器人显示的情感符合故事的语义内容，与不一致和无情感情况相比，接收者会将机器人评估为更具拟人性；与情感不一致和无情感条件相比，接触情感一致性机器人的参与者对广告产品的评估、购买意图和行为反应表现得更为积极。[②] 说明情感一致性对说服效果有显著影响。

---

① ALAM N，SO J. Contributions of emotional flow in narrative persuasion：an empirical test of the emotional flow framework［J］. Communication quarterly. 2020，68（2）：161-182.

② APPEL M，LUGRIN B，KÜHLE M，et al. The emotional robotic storyteller：on the influence of affect congruency on narrative transportation，robot perception，and persuasion［J］. Computers in human behavior，2021，120.

二、角色认同

角色认同，指故事的阅读者（听众、观众）对故事中人物的认同，是阅读者（听众、观众）设身处地为角色着想的认知和情感过程。认同由移情、认知分享、目标共享和吸收四个维度构成。移情，即与角色分享情感；认知分享，即与角色分享观点；目标共享，即与角色分享动机；吸收，即感觉自己成为角色，失去自我意识。认同是与传输不可分割的因素，认同常常是传输的结果之一。研究表明，认同确实可以成为叙事说服的中介机制。实验研究表明，在一部电影中，与主人公有更强烈认同感的人，即使在电影涉及争议话题时，也会表现出与该电影一致的信念。[①] 一项有关"叙事说服认同机制"的研究，设计了"一个网页设计师职位的面试"的故事：故事的一个版本是从申请人——一个坐轮椅的年轻人的角度讲的，另一个版本是从选拔委员会的一名成员——一名年轻的程序员的角度讲的。故事情节很简单，包括面试委员提问、申请人回答，交流内容涉及申请这个职位的原因和具体喜欢网页设计的哪些方面。两个版本的叙述完全相同，只是叙事角度不同。测试时，还不知道申请人是否被录取。最后的结果表明，从申请人的角度阅读故事的参与者比从程序员的角度阅读故事的参与者更认同申请人，反之亦然，但总体上对申请人的认同高于对程序员的认同；而对于雇主在工作申请中拥有拒绝残疾人的自主权的态度也存在差异，与阅读程序员视角的读者相比，阅读了申请人视角的参与者报告了更多的消极态度。[②] 这个实验的结果证明了角色认同对态度的影响。在另一个实验研究中，故事中的角色被描写得值得同情，这个角色受到了政府新政策的威胁，这种威胁引起了悲伤的情绪。阅读者体验这些情绪的程度取决于他们对角色的认同程度。研究表明，在阅读了同情角色受到威胁的版本后，参与者对这一新政府政策的态度比阅读不

---

① HOEKEN H，FIKKERS K M. Issue-relevant thinking and identification as mechanisms of narrative persuasion［J］. Poetics，2014（44）：84-99.

② GRAAF A D，HOEKEN H，SANDERS J，et al. Identification as a mechanism of narrative persuasion［J］. Communication research，2012，39（6）：802-823.

同情角色的版本更为不利，也就是说，对角色的认同越强烈，就会产生越强烈的悲伤情绪，从而对新政策产生消极的态度。[①] 这个实验说明阅读者对角色产生的积极情感有助于说服效果的产生。

感知相似性，被认作能够影响认同的前因。感知相似性，指读者作为外部观察者从外部感知到故事中的人物与自己的相似，如年龄、性别等。一些操作相似性的研究结果，有些表明角色和读者之间的相似性确实影响了叙事的认同与说服力，但也有一些未发现相似与不相似对叙事的说服力有显著差异。有学者对此的解释是，参与者可能没有意识到对相似性的操作，即没有意识到相似性问题。进一步的解释是，当角色和接受者之间的相似性是在与故事相关的维度上，而不是在对叙事不重要的“简单”人口特征上时，相似性的影响更大。这样的解释有一定道理，如一个环保故事，角色的性别、年龄都不重要，重要的是如何行动；而一个就业故事，角色的年龄、性别特征就显得比较重要了，因为就业的难易、就业的职位要求是有年龄差别和性别差别的。还有疾病，在年龄、性别上也比较敏感。有一项“感知相似性在叙事说服中的作用”的研究，设计的便是“乳腺癌与睾丸癌患者呼吁自我检查”的故事。故事被设计为四个版本，乳腺癌和睾丸癌者呼吁自我检查的故事分别设计了两个版本。乳腺癌患者两个版本内容基本一样，讲述者皆为女性，但年龄区分为 22 岁和 50 岁；睾丸癌患者的两个版本内容也基本一样，讲述者皆为男性，年龄也区分为 22 岁和 50 岁。实验对象为两个参与者群体，即 18 岁至 30 岁的学生和 40 岁以上的成年人，参与者被随机分配到四个故事版本中的一个。测试结果表明，与不同年龄的角色相比，与读者年龄相同的角色会产生更高的相似性感知、更高的认同度和沟通能力以及更高的说服性测量分数，在性别上也是如此；与仅在年龄或性别上的相似性相比，年龄相似性和性别相似性有一个相加效应。[②]

叙事视角的第一人称被认为较第三人称更容易产生角色认同，但也有例

① HOEKEN H，FIKKERS K M. Issue-relevant thinking and identification as mechanisms of narrative persuasion［J］. Poetics，2014（44）：84-99.

② OOMS J，HOEKS J，JANSEN C. “Hey，that could be me”：The role of similarity in narrative persuasion.［J］. Plos one. 2019，14（4）.

外。有一项以实验调查的方法检测第一人称、第二人称和第三人称视角对同性恋者态度与信仰的相对影响的研究，结果显示，阅读第三人称故事的参与者对同性恋者的态度明显比阅读第一人称故事的参与者更积极。[①] 其中原因，可能与被试的复杂情况有关，包括被试所属群体、被试对自己的身份认同等。

三、叙事的媒介环境

叙事的媒介环境是指叙事所使用的符号和载体构成叙事的环境。研究表明，不同的媒介环境对叙事说服的影响是有差异的。仅从触媒经验的角度来看，我们阅读书刊的情感投入与观看影视作品的情感投入是不一样的，而在理解流利度方面，影视作品要高于书刊作品，在意象流利度方面，也是影视作品高于书刊作品。理解流利度，即个体处理信息的容易程度，涉及个体对信息的认知解释；意象流利度，指个体处理信息时形成心理意象的难易程度，涉及叙事的可视化想象；而根据扩展的传输意象模型，理解流利度、意象流利度都与叙事传输有关。不过，叙事电影虽然提供了丰富的（通常是快节奏的）视觉刺激，但印刷文本也为读者提供了以自己的节奏想象人物和场景的自由；况且，个体差异的因素也不得不考虑，“格林等人在一项实验研究中，让参与者接触一本流行的虚构书籍及其电影对应物，发现认知需求高的个体（即那些倾向于享受轻松认知活动的）在阅读该书时经历了更多的传输，而认知需求较低的个体在观看电影时会经历更多的传输”[②]。因此，有关“叙事媒介与叙事说服”的研究数量不多，有些研究结果也并未检验出显著的差异。但新近一些研究还是有所进展的，如申（Shen）等人发现，通过音频或视频（被视为单一类别）传递的叙事比通过文本形式传递的叙事更有效，具体表现为态度、意图和行为变化上的差异。

① CHRISTY K R. I, you, or he: examining the impact of point of view on narrative persuasion.［J］. Media psychology，2018，21（4）：700–718.

② RICKARD L N, YANG J Z, LIU S, et al. Fish tales: how narrative modality, emotion, and transportation influence support for sustainable aquaculture［J］. Science communication，2021，43（2）：252–275.

劳拉·N. 里卡德（Laura N. Rickard）等人进行了一项涉及“叙事情态、情绪、传输”的叙事说服研究。故事的内容为“水产养殖”，故事的用意是“支持水产养殖业的持续发展”，故事版本分为视频和文字两种，实验要测量两种叙事媒介对情绪和运输、对水产养殖的风险感知和利益感知、对水产养殖的态度等方面的影响。研究结果支持叙事作为一种沟通策略的有效性，特别是在叙事视频中，一名厨师描述了他对水产养殖原料选择的不断变化的观点，降低了风险感知，增加了利益感知，并引发了更多积极情绪。具体情况是，叙事视频产生的积极情绪高于对照组（未接触任何养殖信息）和叙事文本组，叙述性视频比叙述性文本的风险感知更低；在支持度方面，叙事视频比对照组和叙事文本组的支持度更高，而后两组之间没有显著差异。但叙事文本比叙事视频产生了更高的传递水平，也就是说叙事文本比叙事视频更能传达相同的内容，这与之前的研究一致（格林等人，2008），因为与观看相比，阅读叙事可以为想象留下更多的空间，让参与者更专注于故事。[①] 这项研究检测到叙事视频与叙事文本在引发情绪、态度和传输方面的差异，在引发情绪、态度变化方面，叙事视频好于叙事文本，而在传递方面，叙事文本好于叙事视频。

纳森·沃尔特（Nathan Walter）进行了一项专门测量“信息渠道对叙事说服力的影响”的研究，结果显示电影在认知参与、情感参与和抗扰度三个方面都高于相同内容的印刷文本。认知参与，指叙事的接触者对事件的认知解释；情感参与，指叙事的接触者对叙事的情感反应，即移情；抗扰度，指降低读者、听众、观众反抗故事中观点的程度。这与劳拉·N. 里卡德等人的研究结果有所不同。两项研究结果的不同之处主要在于“认知参与”的不同，劳拉·N. 里卡德等人的研究结果显示，叙事文本比叙事视频产生了更高的传递水平，即在认知参与水平方面，叙事文本高于叙事视频，而纳森·沃尔特等人的研究正好相反。可解释的原因是“音频”上的差异。在劳拉·N. 里卡德等人的研究中，使用的是无音乐的叙事视频，而纳森·沃尔特等人的研究使用的是带有配乐的电影。当然，也可能还有其他原因，如参与实验的

① RICKARD L N, YANG J Z, LIU S, et al. Fish tales：how narrative modality，emotion，and transportation infuence support for sustainable aquaculture［J］. Science communication，2021，43（2）：252–275.

个体差异问题。音乐的作用的确是不可忽视的因素，利普斯科姆（Lipscomb）和肯德尔（Kendall）研究发现，当视觉场景保持不变且音轨发生变化时，场景在不同维度（如美、兴趣或张力）上的评分差异很大；布鲁杰恩（Bullerjahn）和高德林（Guldenring）发现，观看同一场景的参与者根据所使用的音乐配乐将场景分别解释为感伤或激动。[①] 克瑞斯特・A.（Kristi A）进行了“电影音乐对心理传递和叙事说服的影响”的研究，在研究中设计了两个实验，实验 1 的检测目标是有配乐电影和无配乐电影的差异（都没有对话和声效，也没有考虑音乐情感与电影基调是否一致），实验 2 的检测目标为电影音乐在情感上与电影基调一致与不一致的差异。实验 1 的结果表明，观看有配乐电影的参与者在传输、对主角的认同以及对电影相关观念的支持上都高于观看无音乐电影的参与者，这说明，即使不考虑音乐与电影的匹配，在可能只起吸引注意力作用的情况下，电影音乐也发挥了影响力；实验 2 的结果表明，与观看没有音乐的电影的人和观看音乐不协调的电影的人相比，观看带有一致音乐的电影的人在传输、支持与电影有关的信念上表现得更好，但在对主角的支持上未显显著差异。有趣的是，实验 2 的结果还显示，与没有音乐的对照组相比，不协调的音乐导致电影主角的收视率下降。这个结果或许可以解释“在对主角的支持上未显显著差异”这个结果，因为故事的基调是悲伤的（主角的丈夫病入膏肓），如果配以轻松快乐的音乐，观者感知到音乐与电影基调的不一致，会倾向于将主角的行为解释为消极。[②] 无论如何，音乐突出的情感效应能够明显影响故事的传输进而介导对认同、态度的影响，这一结论得到了多项研究的证实，也启示我们在叙事中应注重对音乐的区分与运用。

四、受叙者的个体差异

受叙者，即故事的读者或听众、观众。受叙者是叙事的受动者，也是叙

① COSTABILE K A，TERMAN A W. Effects of film music on psychological transportation and narrative persuasion［J］. Basic and applied social psychology，2013，35（3）：316–324.

② COSTABILE K A，TERMAN A W. Effects of film music on psychological transportation and narrative persuasion［J］. Basic and applied social psychology，2013，35（3）：316–324.

事的主动者。受叙者根据其先前的经验、知识，带着个性、人口统计特征和重要的他人来解释故事，因此，受述者的特征必然是影响叙事效果的因素。可传输性，被认作受叙者影响叙事说服的总特征，是指个体容易沉浸或卷入叙事中的程度。有些人很容易沉浸或卷入各种故事中，那么，他们的可传输性是高的；有些人不容易沉浸或卷入各种故事中，那么，他们的传输性是低的。认知需求和情感需求可能是影响可传输性的重要维度。按照一般的说服模型，认知需求已被确定为信息处理的主要动机，认知需求高的个体更有可能对说服性信息进行精心处理，其结果是高质量的论据可以导致稳定的信念变化。但马库斯·阿佩尔和托比亚斯·里希特（2010）认为，"在叙事说服中，传递而不是阐述，是说服的关键机制。考虑到传递是情感体验的一个常规和基本组成部分，我们认为个体在情感需求而非认知需求方面的差异可能在叙事说服中起主要作用"[①]。需要注意的是，尽管情感反应在叙事说服中占有重要的份额，认知需求可能也不能排除，毕竟参与叙事的过程是一种注意力、认知、情感和想象都被激活的综合的心理过程，但从所见的研究成果看，对"认知需求影响叙事说服"的研究比较少，而对"情感需求影响叙事说服"的研究相对多一些。米奥（Maio）和伊赛丝（Esses）将情感需求定义为"人们接近或避免导致自己与他人情绪化的情境和活动的一般动机"[②]，并认为，在追求情感的过程中存在着有意义的个体差异，情感需求高的个体积极寻求情感情境，在这种情境中，他们倾向于强化他们的情感体验。当然，前提条件是叙事提供一定数量的情感内容。马库斯·爱佩奥（Markus Appel）和托拜厄斯·里克特（Tobias Richter）做了一项研究，将"一位女孩在商场遭到一位精神病患者残忍杀害"的故事作为刺激材料，测试高情感需求与低情感需求的反应，结果证实了情感需求程度的差异对叙事效果影响的差异。具体结果是，故事在高水平的情感需求下获得了说服效果（对精神病患者的危险性认知），但在低程度情感需求的参与者中没有获得说服效果（对精神

① APPEL M，RICHTER T. Transportation and need for affect in narrative persuasion：a mediated moderation model［J］. Media psychology，2010，13（2）：101-135.

② MAIO G R，ESSES V M. The need for affect：individual differences in the motivation to approach or avoid emotions［J］. Journal of personality，2001，69（4）：583-614.

病患者的危险性缺乏认知）。因此，个体对情感的需求越高，实验故事对参与者关于精神病患者危险性的信念的说服力就越大。[①] 这项研究的刺激材料诉诸恐惧情绪，而恐惧是一种唤醒度较高的情绪，研究结果是否适用于其他情绪（如惊讶、幸福、嫉妒等）仍需进一步验证。

人的动机是一个多维的复杂的系统，除了认知需求、情感需求，还有更多的动机因素对叙事说服产生影响。费斯克（Fiske）确定了在社会情境中驱动认知、情感和行为的五个基本动机：归属感、理解、控制、自我提升和信任。这五个动机都有可能投射于故事接触中。故事（虚构与非虚构）可以为故事的接触者提供准社会关系，满足他们的归属感。准社会关系是指个人感觉与公众人物或虚构人物有着紧密联系的单方面关系，当人们在一定程度上参与到故事中时，对故事中的人物熟悉并喜爱，也可以感受到人际间的满足感和安全感，加布里埃尔·德里克（Gabriel Derrick）和哈根贝格（Hugenberg）发现，观众喜爱的电视节目可以为其提供归属感和社会支持，特别是在观众感到孤独时。[②] 所谓理解，即须着条理进行详细的分析，从而了解，明白。人类需要两种理解，一是理解真实的身边的世界，二是理解符号世界的意义。故事是离真实世界最近的，也是最容易理解的符号序列，我们都会感到，与非叙事的文本相比，被编入故事的信息更能流畅地理解、记忆，更容易做出判断。当我们阅读故事的时候，我们觉得是在学习理解真实的生活和世界，当然，也包括理解、认识自我。所谓控制，是指人在管理自我和环境方面感到胜任和有效的愿望，当控制感减弱时，就会心理失衡，设法恢复控制。对叙事的接触也可能是恢复控制感的一种途径，如从故事中获得启发、获得勇气等。自我提升的动机是指从积极的角度看待自己的愿望，包括自我提升和自我同情的驱动力。故事的标准结构是颠倒的“V”结构，也就是故事主人公都是历经种种挫折、羁绊，最终在自己的坚持、努力和他人的帮助下取得成功（胜利）的“救赎”模型，在主人公被“救赎”的同

① APPEL M，RICHTER T. Transportation and need for affect in narrative persuasion：a mediated moderation model［J］. Media psychology，2010，13（2）：101-135.

② COSTABILE K A，TERMAN A W. Effects of film music on psychological transportation and narrative persuasion［J］. Basic and applied social psychology，2013，35（3）：316-324.

时，读者可能也会产生一种被救赎感。故事中的人物也可能是自我扩展的来源，为读者提供新的知识、视角和洞察力。另外，叙事有可能改善对外部群体的认知，并在群体成员之间建立信任。也就是说，有时人们接触叙事，是为了进一步了解外群体，以选择对外群体采取信任和不信任的态度。这些动机作为叙事接受者的个体因素如何影响叙事效果还没有得到检验，但在叙事操作中，我们对这些动机因素应予以注意。

本章小结

本章通过对说服理论、叙事学的综合考察，确立了故事文本的构成要素。故事文本的构成要素包括视点（人称）、叙事结构（时空结构）和主题，这三项要素的确立为辨识故事文本与非故事文本提供了明确依据，同时为构建故事文本提供了基本遵循，也为“讲好中国故事”研究提供了文本分析框架。通过对国外有关叙事说服研究文献的广泛调查，特别是对叙事传输理论研究文献的考察，我们可以确认，叙事说服是一种无意说服，即叙事者以不影响的态度去影响（将主题或观点嵌于故事中）、受叙者在沉浸于故事情节的状态下不自觉地接受了故事的观点或态度。通过文献调查，本章还将影响叙事说服的因素确立为主题表述、真实性、个性化、叙事结构的情感反应、角色认同、媒介环境、受述者的个体差异等。这些要素的确立为分析中国故事的具体文本以及建构“讲好中国故事的无意说服模式”提供了重要依据。

本书不在于检验叙事说服的无意识模型，而在于借鉴国外叙事说服的研究成果，为讲好中国故事寻求有效的策略、方法模型。讲好中国故事有其自身的目标、对象、内容和语境，在对内、对外两个面向上，“跨文化传播”和“新媒体”是两个突出要素，因此，后续研究将围绕这两个要素就讲好中国故事的“叙事说服”进行考察。

第二章　讲好中国故事与跨文化传播

党的十八大以来，习近平总书记多次对外宣工作提出讲好中国故事的要求，并认为“讲故事是国际传播的最佳方式”。面向世界讲好中国故事，是国际传播的课题，更是跨文化传播的课题。“无论相关研究如何抵牾，当今世界跨越问题所面临的困难集中在‘软边界’上是一个毋庸置疑的共识。种族、宗教、语言、历史等软性因子的纷繁差异成为人类交流的路障。‘文化’似乎是最能将这些盘根错节的软性因子统领起来的概念，……”[①]因此，跨文化传播成为国际传播研究中的重要集结点，跨文化传播理论成为对国际传播进行理论建构的重要来源。据此，本章将以跨文化传播为视角，探讨中国如何向世界讲好中国故事，即跨文化传播中的叙事说服。

跨文化传播指来自不同文化背景的个体、群体或组织之间进行的各种交流、交往、交际活动。“当一种文化的成员发出的信息为另一种文化的成员所接收，跨文化交流便产生了。”[②]国际传播视野下的跨文化传播，是世界交往意义上的跨文化传播，今天我们更多的是在“全球化”浪潮语境下探讨跨文化传播问题。全球化，即在经济全球化的推动下，“不同国家和地区的人员、商品、信息跨边界在全球范围内流动，从而使世界成为一个密切联系的

① 严兵，陈成．必要的重返：彼得斯与跨文化传播的新视界［J］．浙江社会科学，2021（3）：146-151，161.

② 萨默瓦，波特，麦克丹尼尔．跨文化传播：第六版［M］．闵惠泉，贺文发，徐培喜，等译．北京：中国人民大学出版社，2013：6.

整体。”[①] 在全球化过程中，不同国家和地区的文化也自然跨越国界或地域的限制，在全球范围内进行碰撞、交流与沟通。一些文化学者提出“文化全球化”的概念，围绕这个概念形成的辩证观点是，全球化使不同国家的人民在社会生活的各个方面不断交融，促进了文化共同性的增加，但是，全球化也不可能抹杀文化的特殊性，即文化全球化是文化趋同化与文化多元化的辩证统一。[②] 不同文化之间的差异不会因交流而消弭，因文化差异以及政治、经济、历史等因素共同作用而形成的传播障碍（如文化折扣、文化优越感、文化中心主义、文化自卑感等）使跨文化传播往往充满着霸权、曲解、对峙乃至冲突。传播的意义正在于“传播是在具有文化距离的主体间展开的”，通过跨越距离的传播，人们不仅可以获得新视野、新知识，也可以获得显著的进步，正如罗素所言：“不同文明的接触，以往常常是人类进步的里程碑。”[③] 因此，讲好中国故事，不仅在于让世界了解中国、树立良好的中国形象，还在于促进“人类命运共同体”的建立、推动人类文明的交流与进步。

第一节　文化差异与讲好中国故事

文化是人类生活的总体方式。爱德华·霍尔在《无声的语言》中将文化界定为“人们的生活方式，以及他们所习得的行为模式、态度和物质的总和”[④]。人类生活方式包括物质生活方式与精神生活方式两种，按照文化分层理论，物质生活方式（吃、穿、住、行，物质、技术等）属于文化的表层，精神生活方式则属于文化的中层（如习俗、仪式）与核心层（如法律、规范、价值观念、审美）。霍夫斯泰德将文化定义为“共享的心理软件，是使

① 吕松涛．超越文化一元论和文化多元论：关于文化全球化辩证内涵的思考［J］．江淮论坛，2006（2）：181–184.

② 吕松涛．超越文化一元论和文化多元论：关于文化全球化辩证内涵的思考［J］．江淮论坛，2006（2）：181–184.

③ 罗素．中国问题［M］．秦悦，译．上海：学林出版社，1996：114.

④ 霍尔．无声的语言［M］．何道宽，译．北京：北京大学出版社，2010：20.

一个群体或类别的成员区别于其他的‘心智的集体编程’或共同的心理程序。”① 从文化的更深层——群体心理揭示了文化的群体共享和模式化的本质。

在人类发展早期，地理、空间上的距离将人类分隔成无数部落，他们局限在自己的区域独自生活。不同环境赋予他们不同的机遇和挑战，也赋予他们不同的生活历史和“起源文化”。从原始部落各种图腾崇拜、各个民族流传下来的神话传说等中可以看到人类早期“起源文化”的多样性、地域性。人类古文明大都诞生于大江大河流域，但中国的两河文明与西亚的两河文明有许多具体不同。从地理上看，西亚的幼发拉底河与底格里斯河彼此相距不远，其下游更近，今天已合流为一。由于地理、气候条件基本相同，那里的文化体现出了许多共同性，西亚两河文明的最大特征是其“文化一体化”。②中国的黄河与长江不仅比西亚的幼发拉底河和底格里斯河长得多，且两河相距近者数百里远者越千里。“两河的地貌、气候、人文环境均大异其趣，黄河与长江所孕育的文明必然会具有鲜明的不同特征。”③ 黄河中原地区与长江中下游地区虽同为中华文明的发祥地，但由于不同的自然条件以及相隔甚远（对于古代人），交往困难，形成了具有不同特征的黄河文明与长江文明。即使今天，在中国从文化意义上也有“南方”“北方”之分，因为“起源文化”作为文化基因，虽经文化交流与融合，但也是无法完全消解的。在同一文明、同一文化中，差异不可避免，不同文明、不同文化之间的差异自是有过之而无不及的。

文化差异，是跨文化传播的意义所在，如果没有文化差异，也就无所谓跨文化传播。“跨文化传播学的存在意义和学科本质，即通过对人类文化差异的研究，求得对人类生活的社会和时代的理解，最大限度地克服差异所造成的交流障碍。”④“中西文化差异”是讲述中国故事的基本语境，也是讲通中国故事的必经障碍。

---

① HOFSTEDE G. Culture's consequences：comparing values，behaviors，institutions and organizations across nations［M］. London：Sage publications，2001.

② 江林昌 . 中国早期文明的起源模式与演进轨迹［J］. 学术研究，2003（7）：86–93.

③ 江林昌 . 中国早期文明的起源模式与演进轨迹［J］. 学术研究，2003（7）：86–93.

④ 孙英春 . 跨文化传播学导论［M］. 北京：北京大学出版社，2008：89.

一、考察文化差异的路径

文化是历史的产物。随着历史的演进，文化发生迁移、融合、变化，显示出明显的阶段性，即同一文化在不同的历史阶段表现出不同的特点；文化又具有继承性，即文化在阶段性的演变中，总是会将一部分文化保存延续下来，形成该文化的文化传统，如中国传统文化，即中国在漫长的历史进程中得以传承下来的文化；文化具有区域性，如俗话所说的“一方水土养一方人”“十里不同风，百里不同俗”；文化具有群体性或公约性，文化是在群体生活中，群体成员为了群体目标而自愿达成的“契约”；文化具有结构性，文化的基本结构可分为表层文化、中层文化和核心文化。这三个层次是互动的，但核心文化具有决定性。依据文化的这些特性，形成了考察文化及文化差异的多种路径：文明起源考察路径、文化变迁考察路径、文化模式考察路径、文化人类学考察路径、民俗考察路径、语言文字考察路径、艺术考察路径、价值观考察路径等。

（一）文明起源考察路径

在对文明起源的考察中，文明发生地的自然环境特点对文明个性的影响受到特别的关注。例如，人们曾经用“大陆文明”和“海洋文明”来形容中华文明与西方文明这两种基本无关联而独立发展起来的个性迥异的文明。大陆文明具有的聚敛性、同一性、包容性和稳定性，[①] 似乎与陆地广袤、相对封闭、稳定安全等特征相关，而海洋文明的流动性、侵略性、创新性，[②] 也与水的流动性、半岛或岛屿生存环境的狭小、海上生活的漂泊及危险有关。

文明生长的环境固然重要，特别是在文明的发生期，环境会在文明身上打上深深的烙印，但是，对于具有能动性、创造性的人类来说，环境必然通过人的意志才对文明产生影响。英国历史学家汤因比在《历史研究》一书

① 张祥建．海洋文明和大陆文明的融合：“一带一路”下的中国大战略［J］. 社会科学家，2016（11）：14-19.

② 张祥建．海洋文明和大陆文明的融合：“一带一路”下的中国大战略［J］. 社会科学家，2016（11）：14-19.

中探讨文明起源，明确提出种族与环境（实指自然环境）并非文明起源的原因。对于作为人类文明起源原因的环境，汤因比赋予了新的内涵，即非人类的自然、作为伙伴的人群和人的内在精神共同组建了环境。汤因比认为，“没有人就没有环境”，“对于人类而言，只要存在一天，非人类的自然界便仅仅由于是人类环境的一部分而具有重要意义，尽管它不是最重要的一部分”①。带着这样的环境观念，汤因比继续考察文明起源的原因，他发现：文明的起因不是单因，而是多因；文明的起因不是一个整体，而是一种关系。他的思想循着第二种情况继续下去，即考察这种关系是一种什么关系。通过考察神话、史诗、传说等，汤因比进一步提出了“挑战—应战”论，认为“文明的诞生不是由于种族和环境，而是由于人们对面临的挑战进行成功应战的结果”②。也就是说，汤因比把文明起源的“这种关系”锁定为“挑战—应战”关系，而这种“挑战—应战”关系可以发生在人与人之间，也可以发生在人与自然环境之间。“挑战—应战”论以间性思维解释人类文明的起源，的确很有智慧，对文化差异也有一定的解释力。比如，中国有大禹治水的神话传说，禹用开渠排水、疏通河道的办法将洪水引入大海，用了十三年时间，锲而不舍，三过家门而不入，终于制服了洪水，还百姓一片乐土。故事中所显示的公而忘私、锲而不舍的精神，以及因势利导的柔性智慧和间性思维方式，成为中国文化传统的重要因子。同样是面对洪水，西方也有“诺亚方舟”的传说。“诺亚方舟”是《圣经》中的一个故事，故事中的洪水是上帝用来惩罚罪恶的方式，诺亚造方舟并非自己主动的行为，是奉上帝旨意而为；对付洪水的办法简单而直接——泛舟而逃，得救的是个人而非众人。故事中所传达的原罪观、上帝万能、个体本位、二元思维也成为西方宗教文化和世俗文化中的重要元素。总之，两个故事所表现出的世界观、价值观、道德观和应对挑战的思维方式明显不同。在世界观上，《大禹治水》体现了天人合一、人定胜天，《诺亚方舟》则体现了上帝主宰一切；在价值观上，《大禹治水》表现出朴素的众生平等的民贵观，《诺亚方舟》则表现出有差别的个体观；在道德观上，《大禹治水》崇尚的是公而忘私、为大我牺牲小我、

---

① 汤因比．历史研究［M］．刘北成，郭小凌，译．上海：上海人民出版社，2005：71.

② 张延．汤因比中国传统文化观研究［D］．洛阳：河南科技大学，2015：18.

锲而不舍的精神，《诺亚方舟》推崇的是善良、信仰上帝、锲而不舍的品格；在思维方式上，《大禹治水》是整体思维、间性思维，《诺亚方舟》是线性思维、二元思维。

（二）文化变迁考察路径

对文明起源的考察，无论是“环境论”还是“挑战—应对”论，都在一定程度上揭示了文明生成的原始密码或文化的原型，而文明生成的密码或原型对文化的形成与发展确实起到了一定的定型作用。然而，文化具有阶段性，文化总是处在变迁之中，在某些重要的历史节点上，文化的变迁会显得异常显著、迅速。追寻文化变迁的轨迹是探索文化差异的又一途径。对文化变迁的考察，不仅在于审视文化变迁的过程，更重要的是看清文化变迁到达今天的文化成果，以便更好地理解当下的文化以及当下中西文化的差异。

关于中国文化变迁的历程大概有两种分法，一种认为，中国文化在历史上经历了两次变迁，第三次文化变迁自 1840 年至今尚未完成；① 另一种说法，认为中国文化变迁是从 1840 年开始的，历经多次变迁。② 如果将这两种说法整合起来似乎更加合理。那么，中国文化的第一次变迁为从西周末年至秦汉时期，并形成秦汉大一统文化。中国文化的第二次变迁为隋唐时期，并形成大唐文化，“而唐代文化更是充分吸收了儒释道的精华，特别是以博大的胸襟包容外来的文化”③。这两次变迁都由文化融合而致，第一次是以中原或黄河文明为主体兼容“华夏各民族的优秀传统”而成，第二次变迁则以吸收华夏文明以外的文化（北方少数民族、中西亚阿拉伯民族）而成。1840 年以后，中国开始了以“西学东渐”为途径、以救亡图存为目的、以走向现代文明为特征的波澜壮阔的文化变迁、变革和革命运动。自洋务运动、戊戌变法至辛亥革命前后，中国文化经历了从封建主义文化到旧民主主义文化的变迁；自五四运动到中华人民共和国成立初期经历了从新民主主义文化到社会主义文化的变迁。洋务运动、戊戌变法、辛亥革命虽以失败的形式告终，但撼动了

---

① 刘跃进. 文化变迁深思录［J］. 中华文化论坛，1996（1）：25–28.

② 程晋宽. 20 世纪中国文化变迁和教育变革的历史分析［J］. 河北师范大学学报（教育科学版），2001（1）：34–43.

③ 刘跃进. 文化变迁深思录［J］. 中华文化论坛，1996（1）：25–28.

封建主义的根基，使代表着现代文明的“科学与民主”成为时代的最强音。五四运动以后，中国文化分化为多种文化思潮，其中“影响最大、力量最强的是以共产党为代表的马克思主义的新民主主义文化和以国民党为代表的三民主义的新保守主义文化”[①]。经过1919—1949年近30年革命与倒退、革命与反革命的激荡和较量，中国新民主主义文化全面走向胜利。这一时期所产生的标志性文化成果是毛泽东思想——马克思主义与中国革命具体实践相结合的创新成果。中华人民共和国成立以后，以马克思主义为指导和在中国共产党的领导下，通过对中国传统文化的改造、对革命红色文化的继承与发扬以及对苏联社会主义文化的借鉴，直至1978年改革开放前，形成了融合中国传统、反映现代文明特点、继承革命传统的社会主义初期文化。中国实行改革开放以后，随着党的工作重心转移到经济建设上来，以及中国快速融入经济全球化浪潮，大量西方文化又一次进入中国，中国文化又经历一次巨大变迁。中国文化在现代性明显增强的同时，在多元化发展的趋势中，也出现了传统文化糟粕（如封建迷信）、资产阶级腐朽没落思想（如物质主义、享乐主义）沉渣泛起的现象。进入21世纪，特别是党的十八大以后，以习近平同志为核心的党中央，以高度的文化自觉，将文化作为国家软实力，强化中国文化建设。一个以人民为本位，将中华优秀传统文化、红色文化和现代文明相融合，以马克思主义为灵魂的当代中国社会主义文化体系正在形成。这一时期产生的重要文化成果是邓小平理论、“三个代表”重要思想、科学发展观和习近平新时代中国特色社会主义理论。

文化变迁，是继承与创新的辩证法。中国文化在几千年的发展历程中，在历次文化变迁中，都没有丢掉自己的文化传统，一直坚守“爱国、自信、自尊”的文化品格、民族精神。在继承与坚守中，吸收、融合、借鉴一切国家、民族好的、优秀的文化营养，不断完善、提升中国文化品质。

西方文化变迁大致有两次。古希腊—罗马文化被认作西方文化的源头，“追求幸福与快乐的人生理想，以及对人本主义与理性精神的不懈追求，是

① 程晋宽.20世纪中国文化变迁和教育变革的历史分析［J］.河北师范大学学报（教育科学版），2001（1）：34–43.

希腊文化的最根本特征"[①]。古罗马人征服古希腊以后，在继承古希腊文化并凭借帝国强权将古希腊文化传至欧洲更广大疆域的同时，也根据自己的需要对古希腊文化进行了一些调整修改和补充，其中最为明显的变化就是提倡讲求实效，注重纪律和法律，国家主义至上和重视最后结果的思想等。[②]公元476年，随着西罗马帝国走向覆灭，欧洲进入了封建的中古时期，即中世纪。进入中世纪后，以基督教为信仰的教会组织开始统治整个欧洲，文化领域经历了一场深刻的变革——以基督教文化代替古希腊—罗马文化，从对世俗人性的肯定转变为神性对人性的否定，从对世俗生活的推崇变为神圣信仰对世俗生活的否定，从人对善的德性生活的追求转变成为人们面对原罪而开始通过信仰上帝而赎罪的生活。[③]"这些转变，意味着对古希腊文化的否定，……"[④]中世纪末期，西欧各国封建社会内部先后产生了资本主义生产关系。在14—17世纪，新兴的资产阶级为了取得政治上的合法地位，先后进行了文艺复兴运动、宗教改革运动和启蒙运动，逐渐形成了欧洲现代性文化。现代性文化最主要的内核是人文主义和理性主义。"作为由资产阶级自由、平等、博爱、人权、个人至上等构成的话语系统，其实质是反映资产阶级根本利益的意识形态。"[⑤]但西方现代性文化中所包含的思想如科学精神、理性传统、追求民主、强调法治社会等也具有积极性和进步性。

从中西方文化变迁的过程来看，中国文化的继承性、包容性比较突出，西方文化的否定性、批判性比较突出；而从文化变迁的最终成果来看，中国文化海纳百川、中西合璧，并接受了迄今为止人类最先进的文明成果——马克思主义的指导，中国文化的先进性正在新的历史条件下得以彰显。西方文化根据资产阶级利益的需要复兴古希腊—罗马文化、改造中世纪宗教文

① 王静修．古希腊—罗马文化对当时高等教育的影响［J］．菏泽学院学报，2012，34（6）：124–128.
② 王静修．古希腊—罗马文化对当时高等教育的影响［J］．菏泽学院学报，2012，34（6）：124–128.
③ 赵志业．西方文化变迁与思想政治教育的演进发展［J］．高教论坛，2018（6）：17–21，36.
④ 赵志业．西方文化变迁与思想政治教育的演进发展［J］．高教论坛，2018（6）：17–21，36.
⑤ 欧阳剑波．中国传统文化、马克思主义、西方文化碰撞的当代审视［J］．青海社会科学，2011（6）：17–21.

化，形成了以理性主义为圭臬的现代性文化。然而，当资本主义不可逆转地走向垄断、腐朽时，西方文化也陷入现代性危机。马克思对西方文化的核心理念“自由、平等、民主”的虚伪性进行过无情的批判，他指出这些资本主义的核心理念不过是政治上的形式主义，他指出工人的自由、工人与资本家的平等只存在于交换领域当中，一旦资本家完成劳动力的购买而进入生产领域，自由和平等对于工人来说就是虚无缥缈的，等待工人阶级的只有无情的剥削和压榨。[①] 西方文化还有腐朽没落的另一面，那就是文化中心主义和霸权主义。

（三）文化模式考察路径

“文化模式论”认为，一个民族的思想与行为总有某些一致性，而这种一致性实际上构成了一个民族的文化模式。人类行为具有合目的性，在一个民族或国家，人们的思想、行为往往围绕着民族或国家的目标进行调试、整合，从而使自己民族或国家的文化显出某种共同的特征。不同民族、国家的目标不同，文化模式自然不同。文化模式是文化整合的结果，是文化整合后的整体性特征。通过对文化模式的分析不仅可以了解一种文化的特征，也可以了解两种不同文化的差异所在。

“文化模式”是一个可以采取多视角观察的对象，每一次观察都可以得到一组文化模式。克罗伯是文化历史学派的重要人物，他从文化全局的角度提出“全局性模式”，从文化总体的角度提出“总体性模式”。“全局性模式”是一个横贯文化整体领域的概念，并不被限制在某单一文化领域之内；“总体性模式”，相当于社会或民族的“精神气质”和“时代精神”，它指的是一个民族的文化整体。[②] 比如，梁漱溟在《东西文化及其哲学》一书中提出文化是“那一民族生活的样法”，而“生活就是无尽的意欲——不断的满足与不满足罢了”——这实际是一个文化的“全局性模式”；而不同的民族在生活中具有不同的意欲取向，因而产生了不同的文化色彩，即西方意欲向前的根本精神、中国意欲向自身的调和持中、印度意欲反身向后的根本精神，这三种精神分别是西方、中国和印度文化的总体性模式。还可以从文化的内容、

① 王婷．马克思对资本主义文化的批判［D］．长春：东北师范大学，2019：30.

② 刘敏中．文化模式论［J］．学习与探索，1989（Z1）：11–20.

结构、地域、时代、社会阶层等角度对文化进行观察，归纳出相应的文化模式。

霍夫斯泰德的文化维度理论可能是最有影响力的文化模式理论之一。这位荷兰心理学家对来自不同国家的 IBM（国际商用机器公司）员工进行了文化价值观国别差异的调查。霍夫斯泰德根据研究发现的四个问题领域总结出了用以衡量价值观的四个维度，即权力距离、不确定性规避、个人主义与集体主义、男性气质与女性气质。[①] 后来在此基础上，又增加了第五个维度：长期导向与短期导向。这五个维度作为衡量不同国家文化差异的框架经常被引用，也是我们进行跨文化传播时的重要参考。在这五个维度中，“个人主义与集体主义”价值观是衡量个人和群体关系紧密程度的主要尺度，也是厘定文化差异的重要分水岭。心理学家哈里·特里安迪斯认为，文化差异最根本的层面就在于个人主义和集体主义价值观。[②] 不过，个人主义与集体主义的划分过于笼统，很难把握文化的实际特征，辛格里斯和特里安德斯等学者在霍夫斯泰德研究的基础上，提出了更精致的横向与纵向的个人主义和集体主义概念。横向的个人主义是一种珍视自我独立和相互平等的文化定位，纵向的个人主义是指重视个人自治的价值，但接受现实中一定程度的社会等级的文化取向；横向的集体主义是一种把自我看作群体中的一员、强调相互依赖的文化定位，纵向的集体主义重视集体认同，但强调下层人员的服务与牺牲精神。美国、法国被认为属于纵向的个人主义文化国家，而瑞典、奥地利等国家被认为属于横向的个人主义文化国家。中国被认为属于代表性的横向集体主义文化国家，而日本、印度、希腊等国被认为属于纵向的集体主义文化国家。[③] 个人主义与集体主义价值维度不仅是不同文化的重要分水岭，其他四个维度也多少受其影响。例如，在权力距离维度上，个人主义文化国家，特别是横向个人主义国家一般属于权力距离小的文化国家；集体主义文化国家，特别是纵向的集体主义国家一般属于权力距离大的国家。中国属于

---

① 孙春英．跨文化传播学导论［M］. 北京：北京大学出版社，2008：107.

② 孙春英．跨文化传播学导论［M］. 北京：北京大学出版社，2008：112.

③ 潘一禾．超越文化差异：跨文化交流的案例与探讨［M］. 杭州：浙江大学出版社，2020：82.

横向的集体主义国家，属于并不典型的权力距离大的文化国家。在其他三个维度，即不确定性规避、男性气质与女性气质、长期与短期定位上，也有一定程度的个人主义与集体主义的分别。

高、中、低语境文化理论从另一个角度划分了不同的文化模式。美国人类学家爱德华·霍尔认为，任何事物都可以被划分为高、中、低语境的特征。所有的人与人之间的对话互动都是以高语境、低语境或中语境来表达的。高语境互动的特色是，预制程序的信息贮存在接收者身上和背景之中，此时传达的信息中只包含着极少的信息；低语境互动则相反：大多数的信息必须包含在传达的信息之中，以弥补语境中缺失的信息。① “不同文化间交流的一个显著的变量是存储信息与传递信息的比率，二者必须结合才能产生我们所说的‘意义’”。② 高语境文化指“绝大部分信息或存在于物质语境中，或内化在个人身上，极少存在于编码清晰的被传递的信息中”，而低语境文化中“显性语码负载信息较多，社会文化环境和情景负载信息较少”。③ 有意思的是，高语境文化与低语境文化也带有较明显的个人主义和集体主义的分别。根据霍尔的观点，高语境文化的传播主要存在于集体主义文化传统中，低语境文化的传播主要存在于个人主义文化传统中。一些学者的调查发现，包括中国、日本、朝鲜等在内的东方国家属于高语境文化国家，而北美、法国、英国等西方国家属于低语境文化国家。④

在跨文化传播的情境中，文化语境高低的差别无疑会加大跨文化传播的难度，相对而言，低语境文化较高语境文化占有一定的优势。中国文化属于“高语境”文化，传播的重点不在“怎么说”，而在“如何听”，语言表达“重意会”“轻言传”；相反，美国属于“低文化语境”，传播重点不在“怎么听”，而在“如何说”，语言具有直观性特征。⑤ 比如，我国媒体在描述中国于困境中崛起时使用“杀出一条血路”的表达，倡导“一带一路”时采

---

① 霍尔.超越文化［M］.何道宽，译.北京：北京大学出版社，2010：90.

② HALL E T. Unstated features of the cultural context of learning［J］. The educational forum, 1989, 54（1）: 21–34.

③ 朱勇.跨文化交际案例与分析［M］.北京：高等教育出版社，2018：206.

④ 孙春英.跨文化传播学导论［M］.北京：北京大学出版社，2008：113.

⑤ 董广安.跨文化传播的障碍及突破［J］.新闻爱好者，2005（12）：21–24.

用“抢占‘一带一路’的桥头堡”等用语，容易引起一些西方人的恐惧、反感。其实，这些话语产生的土壤是中国革命战争年代，体现的是先辈们敢于斗争、不怕牺牲的精神。今天对这些话语的使用，运用的是“隐喻”的修辞格，但由于西方人不了解中国历史，也不了解中国人对那段历史的珍重和继承，仅仅从字面上去理解，就会存在理解差异。

二、文化误解：刻板印象与偏见

文化差异可以为传播带来惊喜和新意，也会造成误读或误解。误读是传播中难以避免的现象，即使在同一文化范畴内，误读也是常有的现象。误读是一个心理现象，也是一个文化现象。在交流中，人们要通过各自对信息的理解达到相互的理解与沟通，而各自理解的工具是现有的知识、经验和文化，那么，如果双方的理解工具不同甚至差异很大，对同一符号或信息，就会给出不同的甚至迥异的理解、解释，这种理解的差异在双方看来都是误解。况且，在理解工具中往往还存在刻板印象甚至偏见，这就不免使传播双方的误解更甚，以致发生冲突。

刻板印象是一种简单粗暴的认知方式，表现为认识上的主观、片面与固化。首先，刻板印象是对一类事物或一类人的总体认识，这种认识往往是简单或过度概括的结果。美国人类传播学教授斯特拉·汀图梅认为刻板印象是“对某一文化群体特点夸大了的期望或观念”①；其次，凡属此类人或事，都如“成见”一样，无视这个具体人或事的个别特点；最后，成见一旦形成便不易改变，无视对象的变化，固守成见。在跨文化交往中，也会出现文化刻板印象。来自不同文化的传播主体，“出于自己国家文化的优越感和对其他群体的不甚了解，往往会简单地把其他群体的一些文化特征总结归类，因此形成了刻板印象”②。刻板印象形成的前提是差异的存在，以及相互之间具有认识、交流的需求。刻板印象既包括正面的刻板印象，也包括负面的刻板印

① TING-TOOMEY S. 文化间的交流［M］. 上海：上海外语教育出版社，2007：161.

② 苏博. 论美国来华留学生对中国文化的刻板印象及其影响［J］. 智库时代，2018（29）：239，241.

象，如一项关于美国留学生对中国印象的小范围调查发现，正面印象比较多，如“中国人都比较尊敬他人”“比较注重穿着”“热情友好”“努力学习工作”“美食多，但看起来有些奇怪”“风景美”“人们注重团体利益”“文化历史悠久”“忠诚孝顺”“城市繁忙”等等，也有一些中性或负面的印象，如“生活条件差”“讨厌外来者”“不愿帮助他人”“空气污染严重”“贫富差距大”“作风古老”等。①

其实，对刻板印象的作用也不能一概否定。从认知心理学的角度来看，人类对世界的认知是一个由具体到一般再回到具体的过程，在这个过程中“概括”是关键一步，没有概括，就谈不到认知。一种概括性的认知，为进一步的认识活动提供了一个便捷的通道，“刻板印象对于日常生活而言是正常的，也是必要的，它的基本和必要功能就是帮助人们精简节约自身的认知资源”②。在人们日常的认知活动中，在经济原则及其他主客观因素驱动下的简单概况、过度概括是经常发生的，这也正是刻板印象的普遍性、不可避免性所在。尽管刻板印象中有夸大甚至歪曲的成分，但刻板印象毕竟不是无中生有，总会包含一定的可用信息或线索，特别是在跨文化传播中彼此较为陌生的情况下，“基于文化的刻板印象蕴含了部分合理的文化内核，是我们便捷、高效地了解异质文化的起点”③。当然，刻板印象本身在一定程度上存在对异文化的误读，在跨文化交流过程中由刻板印象产生的误读必须加以警觉，并有意识地予以破解。

刻板印象之所以令人反感，是因为主要以负面属性出现在学术话语中，和“偏见”有关。偏见是“对某个人或团队所持有的一种不公平、不合理的消极否定的态度”④刻板印象被认作无意识的自动加工过程，“所包含的情感成分多于认知成分，更多的是对某个群体的情感反应，而不是对该群体的基

① 苏博．论美国来华留学生对中国文化的刻板印象及其影响［J］．智库时代，2018（29）：239，241.

② 刘杨．刻板印象［J］．跨文化研究论丛，2019，1（1）：128–133，142.

③ 高慧，赵岚．跨文化交际视野下对刻板印象的再认识［J］．对外传播，2016（7）：52–54.

④ 乐国安．社会心理学［M］．2 版．北京：中国人民大学出版社，2013：158.

于事实信念的加工”[①]。当由社会地位差距、群体竞争所产生的歧视、厌恶、自卑、焦虑、恐惧、敌意等情绪情感自动参与到刻板印象中，刻板印象便发展为偏见了。偏见不仅包含着不正确的认识、不公正的态度，还包含着种种负面情绪，而指向外群特别是具有竞争关系的外群时，往往带有攻击性。因此，在跨文化交流中，偏见不仅令双方在认知上产生障碍，还会给双方造成情感上的伤害，而这种伤害要么使沟通陷于瘫痪，要么使沟通成为相互的攻击。偏见是跨文化传播的毒瘤。

偏见作为一种社会心理现象，有其产生的必然性，但随着交流的加深，也有其消解的必然性。不幸的是，在复杂的社会竞争、国际斗争中，一些人、机构组织、国家利用人们头脑中的偏见制造偏见、加深偏见、扩大偏见，使偏见成为政治斗争、国际斗争的工具。在西方人的头脑中，中国也曾是令他们向往的人间天堂，托克维尔在《旧制度与大革命》一书中就指出，在整个漫长的 18 世纪，对于法国的启蒙思想家们而言，没有一个人在他们著作的某一部分中，不对中国倍加赞扬。[②]然而，随着西方工业革命的成功，在西方人眼里，中国身上的光环不仅褪去，还变得可憎、可怕起来。乔治·斯当东在 1795 年出版了《英使谒见乾隆记》一书，书中以在华经历为根据向欧洲展示了一个“几百年或上千年都没有进步”的“泥足巨人”的中国形象。[③]我们透过书中那些对中国刻板化的描写，可以明显感到作者被激怒的偏见。至于 19 世纪末出现的“黄祸论”，则是西方殖民者炮制的用于侵华反华的舆论借口。当然，“黄祸论”的出台与西方对中国这个东方大国的忌惮心理也不无关系，俄国人巴枯宁在其 1873 年出版的《国家制度和无政府状态》一书中就认为中国是“来自东方的巨大危险”；19 世纪末爆发的中日甲午战争，让西方列强看到一个崛起的日本和中日如果融合的可怕前景。1895 年，宫廷画家赫尔曼·奈克法斯根据他想象中的“黄祸”景象画了一幅画，取名《黄祸》。这幅画的意思是“一旦千百万中国人意识到自己的力量

① TAYLOR S E，PEPLAU L A，SEARS D O. 社会心理学：第十版［M］. 谢晓非，谢冬梅，张怡玲，等译 . 北京：北京大学出版社，2004：197.

② 南晨 . 傲慢与偏见：谁制造了“中国威胁论”［J］. 文史博览，2015（9）：5-11.

③ 南晨 . 傲慢与偏见：谁制造了“中国威胁论”［J］. 文史博览，2015（9）：5-11.

时，将给西方文明带来灾难和毁灭”①。随后，西方国家开动宣传机器，“黄祸论”一时甚嚣尘上。“19 世纪到 20 世纪的西方报刊无不将中国人描绘成面目狰狞、性格怪异的形象，极尽丑化之能事。”②

“中国威胁论”是“黄祸论”的翻版或继续。“中国威胁论”这种论调形成于 20 世纪 90 年代初，此后，国际社会掀起了一波又一波所谓“中国威胁”的浪潮。虽然“中国威胁论”现在在美国等西方国家被炒得很热，但当初这一论调却起源于日本。1990 年 8 月，日本防卫大学副教授村井友秀在《诸君》月刊上发表了一篇题为《论中国这个潜在的威胁》的文章，此后，西方国家和媒体很快进行了介入和宣传，大量的有关文章席卷而来，村井友秀本人因此成了“中国威胁论”的始作俑者。③日本之所以抛出“中国威胁论”，原因在于地缘政治。当时日本经济长期低迷，而中国经济飞速发展，“日本最直接最深刻地感受到了前所未有的压力和强烈的生存危机，因此‘中国威胁论’在日本被最早提出来也就毫不奇怪了”④。近些年来，美国不遗余力地鼓吹“中国威胁论”，一方面源于美国霸权主义及其意识形态偏见；另一方面源于美国将中国视为挑战其世界霸主地位的强有力的对手。

三、中国故事跨文化传播的现实困境

习近平总书记在全国宣传思想工作会议上指出：“国际舆论格局是西强我弱，西方主要媒体左右着世界舆论，我们往往有理说不出，或者说了传不开。”的确，中国在国际话语体系中的地位虽然有了明显提升，但中国话语的世界影响力还不尽如人意。环球舆情调查中心全球调查显示：44.4% 的国外受访者了解中国信息的渠道是“国际知名媒体”（如 CNN、BBC 等）；39.5% 的受访者了解中国信息的渠道是“本国的电视”。相比而言，仅 12.1%

① 南晨 . 傲慢与偏见：谁制造了“中国威胁论”[J]. 文史博览，2015（9）：5-11.

② 南晨 . 傲慢与偏见：谁制造了“中国威胁论”[J]. 文史博览，2015（9）：5-11.

③ 周琦，彭震 .“中国威胁论”成因探析 [J]. 湘潭大学学报（哲学社会科学版），2009，33（3）：130-134.

④ 周琦，彭震 .“中国威胁论”成因探析 [J]. 湘潭大学学报（哲学社会科学版），2009，33（3）：130-134..

的受访者通过“中国媒体在本国的传播”了解中国相关信息。① 这些统计数据告诉我们的事实是：国际话语空间中的中国故事由西方讲述，中国形象更多是由“他塑”而非“自塑”。在西方“他塑”的中国形象中，虽然也不乏客观、公正的话语，但还是负面偏多，污蔑中国的言论仍然很有市场。中国的声音为什么传不开?

中国对外传播的困境较多来自“文明的藩篱”——文化差异、文化中心主义、刻板印象与偏见。从前面对“文化差异考察路径”的分析中可以看出，中西文化无论在起源、演变历程还是文化模式方面都存在很大的差异，这些差异包括价值观念、行为规范、思维模式、社交礼仪等，在具体的跨文化交流中，这些差异往往会造成交流的障碍。例如，一位中国教师教授信仰基督教的韩国学生中国古代文化典籍《三字经》，结果刚讲到“人之初，性本善”就引起韩国学生的强烈不满和反驳，不欢而散。这是因为“性本善”与基督教的“原罪说”，即“性本恶”的观念相冲突。在中国对外传播中，“文化中心主义”所造成的障碍可能远大于单纯的文化差异。在不同文化中，由于民族主义与文化自豪感的存在，跨文化传播时常伴随着文化中心主义。② 古代世界先后出现过埃及中心论、希腊—罗马中心论、华夏中心论，近代社会以来，“西方中心主义”开始盛行。“西方中心主义”者总是认为西方文化是最好的，对西方以外的文化报以冷漠、轻视的态度。“文化中心主义”也是刻板印象与偏见的观念来源。中国“孔子学院”在国外的发展，就经受了来自“西方中心主义”、刻板印象与偏见的干扰或阻挠。“一方面，西方人本能地对于非西方文化‘视而不见’，由于自己身处西方的‘优越感’，促使他们对于孔子学院所宣传的汉语以及中国文化不屑一顾。另一方面，由于孔子学院的强劲发展势头，使西方人感到了巨大的‘威胁’，于是本能地排斥孔子学院对西方世界的跨文化传播。”③“孔子学院”的职能仅限于教授汉语和中

---

① 中国媒体国际话语权仍然很弱 国际传播任重道远［N/OL］. 环球时报，2013-12-10［2023-01-03］.https://world.huanqiu.com/article/9CakrnJDupR.

② 叶俊 . 跨文化传播中的“文化中心主义”障碍及其超越［J］. 中国新闻传播研究，2016（2）：127-136.

③ 杜鑫 . 试析孔子学院跨文化传播中的障碍［J］. 新闻世界，2011（8）：310-311..

国文化，但一些西方媒体将中国“孔子学院”视为“文化侵略”，有的媒体还将“孔子学院”称为“洗脑机构”，这显然是出于“中国威胁论”的刻板印象与偏见。

在跨文化传播中，围绕文化差异而衍生的各种交流障碍在所难免，这就要求传播双方在了解、熟悉对方文化的前提下，有针对性地对自身文化做出相应的调适，以对方文化主体能够听懂、易于接受的内容与方式进行传播。近些年来，我国的对外传播力有了显著提升，主流媒体“走出去”战略的实施已收到一定的效果。但是，考察中国对外传播可以发现，无效传播或效果不大的传播还是不可忽视的问题。造成无效传播或传播效果不大的原因是多方面的，但针对对方国或对方文化的文化调适不够可能是其中比较突出的问题。比如，中国较早的一部有名的纪录片《望长城》是中国中央电视台和日本东京广播公司合拍的，双方的前期拍摄几乎没有多大的差别，得到的素材也很相似，但最终呈现的片子却大不相同。日方的《万里长城》讨论的是“人为什么活着”的哲学问题，并围绕它讲了很多有趣的故事，即使不了解中国历史文化的人也能听懂；而我们的《望长城》是在探讨一些与长城有关的深刻历史问题，需要有很多相关的背景知识才能理解。在中国国内，两部片子都受到了观众的好评，但在国际市场上，它们的待遇却差别很大：日方销售一空，中方却销售业绩不佳。[①] 显然，日本版的《万里长城》进行了文化调适，将不易为外国人理解的问题转化为人们普遍感兴趣的问题（人为什么活着），并以人们易于接受的方式（讲故事）予以讲述，而中国版的《望长城》基本没有进行文化调适，内容上尽管深刻而真实地反映了长城的历史，但由于理解上存在困难，很难在异文化圈传播开来。文化调适不是改变自身的文化，而是站在对方文化的角度对自己的文化进行选择与诠释。

语言是人类进行交流与沟通的主要媒介，在跨文化交流中，语言却成了不得不跨越的第一道障碍。“世界上共有 137 个国家和地区以英语作为第一语言，使用人口为 3.79 亿”，“汉语是世界上使用人数最多的语言（13.11

① 高峰，赵建国. 中国纪录片跨文化传播的障碍与超越［J］. 现代传播－中国传媒大学学报，2009（3）：81-84.

亿），使用人口遍布 39 个国家和地区”[①]。使用汉语的人数虽多，但涉及的国家和地区并不多，使用英语的人口不多，但涉及的国家和地区却占了绝大多数，因此，英语是世界“第一语言”，这也使得欧美英语国家在国际传播中被赋予了天然的优势。跨文化传播中不同语言之间的转换，即翻译，是必经的环节，而这个环节也是最容易产生误读、误解的环节。原因在于，一方面，在两种不同语言之间很难进行对等翻译，即一个词在对方语言中时常找不到准确的对应词；另一方面，因文化的差异，即使是同一个词在不同文化中也存在不同的含义。因此，在跨文化交流中，如果用语失察、失当，就会给跨文化传播带来麻烦。比如，中国“和平崛起”的国家形象在西方却被解码为“威胁”。“崛起”一词在中文里只是形容一种权力或力量开始发展、上升的态势，“和平崛起”一词的使用，我们的本意是强调崛起的方式是“和平”的。但在西方话语里，“崛起”却有着特殊的含义——战争。因为在西方流行“崛起论”“国强必霸论”或“大国冲突论”，“崛起”即意味着“战争”。[②]

本节从文明起源、文化变迁、文化模式等多维度分析文化差异问题，并从文化差异的角度揭示跨文化交流中的主要障碍——刻板印象与偏见；从理论与实践结合的角度，进一步剖析中国对外传播面临的问题、困难。研究文化差异，是为了在跨文化传播中，更好地进行文化调适；探究跨文化传播障碍，则是为了寻求跨越障碍的途径和方法。本章第二节、第三节，将围绕如何跨越文化障碍展开讨论。

第二节　中国故事的“他者”叙述

向世界讲好中国故事，关键是在认清中西方文化差异的基础上，寻求跨

① 李智．国际传播［M］．北京：中国人民大学出版社，2013：199.

② 程显越．浅析国家身份、对外政策与中国国家形象建设：以 1949—2017 年西方涉华报道为例［D］．北京：外交学院，2018：43.

越文化障碍的方法与途径。从国际传播领域来看，任何国家形象都存在“自塑”与“他塑”两个向度。“自塑”，即自我表述，能够反映本国的历史、文化、民族精神、民族情感和利益诉求，但未必能够为他国或世界所接受；“他塑”，即他国或他文化对另一国家的表述，往往表达的是“他者”本国的立场或诉求，“他塑的目的是以他国的差异为考量来证明本国主流意识形态的存在合理性，从而满足为本国在国际行为中最大限度地谋求利益的需求”①。被“他塑”的国家形象显然是难以满足被塑国的。讲好中国故事的最终目的是在世界树立良好的中国形象，因而必须走出“自塑”与“他塑”的二元思维，寻求多元的讲好中国故事的路径——迁移者讲述、驯化的他者讲述、站在“他者”角度的“自我”讲述。

一、“他者”与“他塑”的中国

差异是“他者”意识产生的前提，“他者”的概念最早出现于西方。在殖民扩张的过程中，欧洲国家积累了许多对于与自己不同的“他者”世界的记述和认识。18 世纪末至 19 世纪中叶逐渐形成了一股探寻“他者”的热潮，一些传教士、探险家不断出没于“他者”的世界，大批猎奇式的“异文化”的记录和描述，开始在欧洲流行起来。在和“他者”的接触中，欧洲人确立了欧洲中心主义的文化立场，他们把新大陆和非洲等为代表的“他者”的世界视为野蛮和未开化的世界。② 这既是一个“他者化”（othering）建构的过程，也是西方强化自我认同的过程。“他者化”，“指人们通过将负面特点加诸他者（其他群体或其他个体）而获得的自我身份认同的过程，在这一过程中，他者被视为卑微、劣等的对方，自我的满足感与优越感由此得到进一步确立”③。一个族群的身份认同是通过将我群与外群的比较以及过高评价我群、过低评价外群甚至排斥外群实现的，在这样一个身份认同的过程中，外群成

① 刘嫦，任东升．对传媒“自塑”和“他塑”国家形象的价值学思考［J］．天府新论，2014（4）：130–133.

② 林丰民．东方文艺创作的他者化［J］．国外文学，2002（4）：25–32.

③ 单波，张腾方．跨文化传播视野中的他者化难题［J］．学术研究，2016（6）：2，39–45，73.

为“他者”并逐渐被他者化。“他者”与“他者化”是身份认同的结果，西方国家的殖民史开创了这一身份认同的他者化典型模式。

对“他者”的意识必须被表征才能成为一种社会意识或族群意识，而“他者化”在很大程度上是在“他者”被表征的过程中实现的。表征，即“把各种概念、观念和情感在一个可被转达与阐释的符号形式中被具体化”①，表征即借助符号将意义亮明的过程。用来表征的符号可以是语言的，也可以是非语言的（身体姿势、面部表情、摄影、音乐、流动的图像等）。表征的内核是意义的确认，而意义的确认依赖于“差异”。斯图亚特·霍尔认为：“‘差异’之所以重要，是因为它是意义的根本，没有它，意义就不存在。”② 最显著的差异莫过于对立者，因此，“意义依赖于对立者的差异”③，就如“黑”与“白”，世界上并不存在“黑”的某些实体，而是因为我们将其与“白”对比，“黑”的意义才得以成立，如果没有对比，也就无所谓“黑”或“白”。于是，“他者”对于意义确立的价值便凸显出来，索绪尔的基本观点是“我们之所以需要‘差异’，是因为我们只能通过与他者的对话才能建立意义”④。“他者”自然也是意义的根本。然而，社会的表征过程实质上是意义的争夺过程，也是权力介入的过程。社会表征通过定型化，不仅将“差异”简化、本质化与固定化，还通过一系列封闭、排他实践，将“他者”构建为被排斥的对象，“而且它把他们所有的人——‘他者’，即以某种不同的方式存在的，‘在界限之外’的人——在符号上加以放逐”⑤。任何社会表征都无法逃离权力的框架，在权力的参与下，“他者化”更加突出。爱德华·赛义德在有关欧洲构建“东方”定型化形象的方式研究中认为，东方主义是一

① 霍尔. 表征：文化表征与意指实践［M］. 徐亮，陆兴华，译. 北京：商务印书馆，2013：15.

② 霍尔. 表征：文化表征与意指实践［M］. 徐亮，陆兴华，译. 北京：商务印书馆，2013：347.

③ 霍尔. 表征：文化表征与意指实践［M］. 徐亮，陆兴华，译. 北京：商务印书馆，2013：347.

④ 霍尔. 表征：文化表征与意指实践［M］. 徐亮，陆兴华，译. 北京：商务印书馆，2013：348.

⑤ 霍尔. 表征：文化表征与意指实践［M］. 徐亮，陆兴华，译. 北京：商务印书馆，2013：382.

种话语，通过不同的表征实践（展览、文学、绘画等）生产出一种有关他者（东方主义）的种族化知识的形式，它深深卷入权力（帝国主义）的运作。[①]斯图亚特·霍尔在《表征：文化表征与意指实践》中比较详尽地分析了第二次世界大战以后西方话语中依然存在的对黑人的他者化表征，霍尔认为，对黑人的肌肉和力量，及其身份所包含的内在冲突的突出表现和利用，是与殖民时代起就盛行的“表征的种族化体系”一脉相承的。

“他者化”表征对于“他者”而言，便是“他塑”。近代以来，由于历史与文化的原因，中国的国际形象一直以“他塑”为主，直至今天也未有根本改变。“他塑”的中国形象充斥了太多的刻板印象与偏见。自18世纪中叶，特别是鸦片战争以后，中国在西方人眼里便从“富裕、智慧的异域乌托邦”变为“腐败、贫穷、落后、专制、独裁、愚昧、奴性”的国度；中华人民共和国成立以后，以美国为首的西方国家对新生的社会主义政权持敌视和遏制态度。改革开放以后，中国经济快速崛起，并成为世界第二大经济体，在不远的将来，中国超过美国成为世界第一大经济体，被普遍认为是大概率事件。这使曾经高高在上、不可一世的西方国家陷入两相矛盾的观念和心态：一方面保留着传统思想中对“东亚病夫”根深蒂固的歧视和成见，另一方面又产生了对“东方巨人”“觉醒睡狮”的提防和不安。[②]在这种复杂的心态下，西方人心目中的“他者”——中国不免复杂起来——羡慕与排斥、敌意并存。

国内不断有研究证明，西方主流媒体有关中国的报道所呈现的中国形象是偏负面的。有学者分析《纽约时报》（2008年—2009年）的涉华气候报道，发现该报将中国呈现为“要经济不要环保”“不负责任”的大国形象，遮蔽了中国政府对全球气候变化风险治理的贡献。[③]有学者对《华盛顿邮报》2015年—2019年间的涉华报道进行分析，发现西方眼中的中国形象具有三方面特征：一是具有强大经济和军事实力，但不遵守世界秩序、急于扩张，

① 霍尔．表征：文化表征与意指实践［M］．徐亮，陆兴华，译．北京：商务印书馆，2013：385.

② 李军．现象与政治：西方世界对中国的“他者”想象：兼驳郑国恩（Adrian Zenz）等对中国新疆的荒谬想象［J］．新疆大学学报（哲学·人文社会科学版），2022，50（2）：115-120.

③ 郭小平．西方媒体对中国的环境形象建构：以《纽约时报》“气候变化”风险报道（2000—2009）为例［J］．新闻与传播研究，2010，18（4）：18-30，109.

对美国、地区及世界局势带来重大威胁；二是法治化欠缺，言论不自由，人权保障不力；三是拥有丰富文化资源，体育成绩优异，科技发展迅猛，有赶超美国之势，同时存在对西方国家的文化渗透。[①]也有学者分析了美国电影中的中国人形象，发现中国人主要以“配角”“丑角”和“调侃对象”出现在美国电影中。[②]的确，“负面”一直是西方媒体对中国报道的总体取向，但在具体的叙事操作上，却往往“正面与负面”交织。在西方媒体话语中出现一些对中国肯定或正面的一些声音，其实并不意味着其根本态度的改变，这些正面声音与负面声音交织在一起，是西方媒体惯用的一种所谓“平衡”的叙事策略。那么，这种平衡是否就意味着“负面”被削弱或消除了呢？霍尔在分析西方媒体对黑人的他者化表征时发现，“他们”（与“我们”迥异）“常常会暴露在这种二元形式中。他们似乎是在尖锐对立的、两极分化的、二元的极端方式中得到表征的——好 / 坏，文明的 / 野蛮的，丑陋的 / 特别有吸引力的……”[③]这种二元结构不仅是简单化的、僵硬的、淹没了差异的，还始终是一种权力关系，正如雅克·德里达所认为的，几乎不存在任何中性对立组，二元中的一极通常处于支配地位，总是把另一极纳入自己操作领域中的一极。[④]有文章分析 BBC（英国广播公司）涉华纪录片中的中国形象发现，以“农民工”和“富二代”“城市的高楼大厦”和“农村简陋的窑洞”等这些形成强烈对比的符号，来隐喻“中国国内经济发展的不平衡”，同时通过“中国城镇的贫富悬殊”的视觉画面的对比，来劝服观众相信“中国国内经济发展的不平衡”的事实，这种手法比比皆是。[⑤]纪录片《中国人来了》（BBC，2012）第一集开篇有一组镜头：①记者来到安哥拉首都罗安达的港口——非洲最繁忙的港口之一，一艘中国货船上的中国船员们热情地和记

---

① 安利利，王晶莹 . 中国形象的“他者”镜像:《华盛顿邮报》涉华报道分析（2015～2019）［J］. 国际传播，2020（4）：67–79.

② 李莹 . 美国电影中被“他者化”的中国形象的演变［J］. 青年记者，2015（21）：55–57.

③ 霍尔 . 表征：文化表征与意指实践［M］. 徐亮，陆兴华，译 . 北京：商务印书馆，2013：339.

④ 霍尔 . 表征：文化表征与意指实践［M］. 徐亮，陆兴华，译 . 北京：商务印书馆，2013：348.

⑤ 柳婷 .“他者”视域下 BBC 涉华题材纪录片（2006—2018 年）中国国家形象研究［D］. 武汉：湖北大学，2019：37.

者打招呼，并拿出他们的午餐——咸馒头给记者和安哥拉工人品尝；②记者与安哥拉工人交谈，称赞中国人的勤奋；画外音说明中非之间蓬勃的贸易往来，过去十年增长了十倍。③接下来，画外音话锋突转：记者发现了港口的另外一部分——油轮，称安哥拉有着丰富的石油储量，是中国最大的石油供应国，并十分肯定地说这正是“藏在所有贸易背后的推动力的线索”。言外之意：中国与安哥拉进行贸易的真正目的是获取安哥拉的石油。这样，中国与非洲（安哥拉）蓬勃发展的贸易、中国人的勤奋、中国人的热情和美食这些此前正面的元素都变成了“阴谋”，这便是“二元”操作的效果。

电子媒介特别是电影、电视具有强化“他者”的效用，不仅将“差异”直观化，还通过视觉技术成倍地放大这种差异，且这种放大可以做到不露痕迹，伪装得像真的一样。电影、电视中最为隐蔽的表征手段当属“场景”，通过对场景的选择、搭建或剪接便可不露声色地完成“他者化”表征。“场景”，即事物存在或人物活动的空间，是叙事的必备要素之一。对于“空间”的认识，亨利·列斐伏尔所著的《空间的生产》一书的出版是一个标志性事件。空间，在一般人的头脑中可能就是物理意义上的场所或容器，或者让人联想到数学、物理学上抽象的、没有内容的容器。列斐伏尔为了表达“空间因为人的活动而具有意义”的思想，创造了“空间的生产”这个概念，并提出了一种将空间与社会生产联系在一起的空间生产理论。生产的空间即社会空间，社会空间作为一种产品，并不是指一种事物或物品，而是指一组关系；同时，空间还作为生产者，成为生产关系与生产力之间关系的组成部分。[①] 被生产出来的空间，充当思想与行为的工具，是一种控制手段，因此，也是一种支配手段、一种权力方式。那么，到底什么是社会空间？社会空间作为社会的产物，是被构建起来的表意体系。列斐伏尔将社会空间看作由空间实践、空间表象、表征性空间构成的三位一体的概念。空间实践，“包括生产与再生产，以及每一种社会形态的特殊位置与空间特征集合”[②]。空间实践是能够被感知到的、与构成空间的物质要素相关联的各种社会力量的行为互动；空间表象，是“被概念化（concu/conceptualized）空间”“与构想的空

① 列斐伏尔．空间的生产［M］．刘怀玉，等译．北京：商务印书馆，2022：法文版第三版前言．
② 列斐伏尔．空间的生产［M］．刘怀玉，等译．北京：商务印书馆，2022：51.

间等同起来”的，[①] 这个空间是与知识相关联的思想活动；表征性空间，是被空间的“住户”或“用户”描述出来的空间，“这是一种被支配的——从而是消极体验的——空间，想象试图改变和取用这个空间。它藏匿了它的自然空间，象征性地使用它的对象物”[②]。列斐伏尔的社会空间理论揭示的是，在现代社会或资本主义社会空间代替自然空间的现实，以及社会空间的构建是按照权力或关系的需要进行切割、聚集、想象的真相。空间作为再现现实的媒介，对场景的运用与操作更是如此。在电影、电视等视觉表现中，空间是完全的话语场域，也是一种修辞手段，“电影空间绝不是对现实空间无条件的再现与照搬，而是对现实的物理空间的变形和重组，但选择什么样的物理空间，以及如何变形与重组则是由创作的需要决定的”[③]。吴卫华在《好莱坞电影的中国想象》一书中，通过考察好莱坞的中国题材电影发现，好莱坞电影里的中国空间虽然是一个复杂的存在现象，但归纳起来主要有两种类型：海外唐人街和乡土中国。“这些符号化的地理空间，不是逼仄局促，就是原始蛮荒、破败不堪，秩序失调的乱象不一而足，愚昧落伍是无法摆脱的宿命。其作为一种想象的空间形态，从本质上看，是前现代式的、需要被启蒙的自然存在，是好莱坞建构的一种‘他者空间’。”[④] 唐人街实质上是乡土中国的一个缩影，在好莱坞电影中，有关中国的场景，不论是搭建的还是实拍的，无论是20世纪初的还是当代的，也不论是城市的还是乡村的，都一概丑陋不堪、愚昧落后。场景或空间，不过是一种隐喻、象征或影射，“丑陋不堪、愚昧落后”的场景，不过是对“他者”中国的强化与排斥。

二、迁移者：带着异文化看见中国

美国社会学家帕克在齐美尔“陌生人”的概念基础上拓展出“迁移者”和“边缘人”概念，指的是生活在未完全相融的文化边缘的人。帕克把“迁

① 列斐伏尔．空间的生产［M］．刘怀玉，等译．北京：商务印书馆，2022：59.
② 列斐伏尔．空间的生产［M］．刘怀玉，等译．北京：商务印书馆，2022：59.
③ 吴卫华．好莱坞电影的中国想象［M］．北京：中国社会科学出版社，2017：448.
④ 吴卫华．好莱坞电影的中国想象［M］．北京：中国社会科学出版社，2017：448.

移者”当作“对两个世界都陌生”的判断未免有些悲观，实际上，迁移者由于游走在两种文化之间，可以成为对两种文化都熟悉的人，特别是在今天交通、通信都十分发达的互联网时代，迁移者越来越多，两种文化兼而有之的优势不仅使他们拓展了自己的生存空间，在本国与他国都容易找到工作，还使他们扮演了文化沟通使者的角色。近些年来，来华旅游、留学、工作、定居的人越来越多，经过一段时间的亲身体验，他们中的很多人被中国悠久的历史、灿烂的文化、善良热情的中国人、多姿多彩的现代生活所吸引，有些人不由自主地喜欢上中国，在中国长期工作、定居，有的还在中国结婚生子。也有一些人经常是在中国与母国之间来来回回，对中国与母国的动态比较更为敏感。在国内外媒体上，这些迁移者的中国故事特别引人注目，他们不同于“他者”，因为他们对中国有所了解甚至熟悉，并对中国有了一定的认同，他们是“他者”的质疑者；他们也不同于“自我”，因为他们有“母国”的背景，带着自己的文化（对中国来说是异文化）对中国进行审视、解读，他们是“自我”的对话者。迁移者具有中国在场经验和异域文化身份的“主体间性”。“一方面，他们拥有西方的身份符号和身份认同；另一方面，多年的中国本土交往与实践使他们能够理解中国的知识、动机和立场，改变了他们经过多年本国媒体涵化培养形成的对中国的刻板印象。”①

迁移者讲中国故事，在跨文化传播上有其独特的优势。首先，这些迁移者的“外国人”身份，在“外国人”眼里当然是自己人，“自己人效应”使外国受众对迁移者讲的中国故事少了些戒备与偏见；其次，迁移者以在场的“眼见为实”或“亲身经历”为视角，让中国故事具有无可辩驳的真实性；第三，迁移者作为“文化混血儿”深知中国文化与他国文化的交汇点或冲撞点，因此，迁移者的中国故事往往能够引发国外受众的关注与兴趣；第四，处在两种文化之间，迁移者具备比较的眼光，这种比较的眼光使其对中国文化的阐释能够符合外文化的阐释需求。

迁移者作为中国故事的叙述者可分为三种类型。第一类为既是作者又是叙述者。历史上的马可·波罗（著《马可·波罗游记》）、埃德加·斯诺（著

① 相德宝，曹婷．超越“自我”与“他者”：在华外国人短视频讲述中国故事独特叙事范式研究［J］．广西师范大学学报（哲学社会科学版），2022，58（6）：94–105．

《红星照耀中国》）、史沫特莱（著《伟大的道路》）、薄复礼（著《一个西方传教士的长征亲历记》）等皆属此类，今多见于网络自媒体原创作者，如“歪果仁研究协会”“Barrett 看中国”“我是郭杰瑞”等；第二类为非作者的叙述者，即帮助作者进行叙事的叙述者，或是别人故事中的叙述者。例如，《西行漫记》中斯诺采访过的许多人包括毛泽东、朱德、周恩来等，都出现在书中讲述他们自己或他人的故事，今天的这类叙述者多见于媒体制作的新闻、纪录片、综艺等节目中；第三类是作为故事人物的叙述者，在一些人物传记、人物通讯、人物访谈中，有时人物自己讲述自己或他人的故事，便属于这类叙述者。现在，在我国媒体中，尤其是一些讲述在中国的外国人（迁移者）的新闻、专题节目、纪录片等中，迁移者既是故事中的人物，又是故事的叙述者。第一类叙述者大多以独立个体的迁移者身份、自发地叙述中国故事，第二类、第三类叙述者则具有媒体背景，甚至被认为具有官方背景。按照一般的说服原则，叙述者是否具有权威性、专业性以及与受叙者的一致性等都是影响传播效果的因素，从这些因素来看，第二类、第三类叙述者要优于第一类叙述者，但如果引入面向西方的跨文化传播因素，第一类叙述者至少不逊于第二类、第三类叙述者，因西方人推崇自由独立而权力感又相对较弱，在他们眼里常常专业性就意味着权威性。

国内对第一类叙述者及其叙事有一定研究，但跨文化传播视角的系统、深入研究还很少。由于这类叙述者的非专业性和自发性，其叙事作品质量不免参差不齐，这也是多数博主国际关注度不高的主要原因。不过，在他们中也不乏有影响力的博主。一项研究统计显示，在 YouTube 平台上，以讲中国故事为主的在华外国人主播账号订阅人数在 10 万以上的有 8 个，累积点击量都在千万以上。这 8 个账号分别是 Nathan Rich 火锅大王、Barrett、歪果仁研究协会、Blondie in China、Living in China、Cyrus Janssen、Daniel Dumbrill 和 the JaYoe Nation，他们的国家背景主要是美国、英国、加拿大、澳大利亚、以色列等，其中，美国背景的有 4 个。从开设时间来看，最长的为 16 年（Cyrus Janssen）、最短的不到 3 年（Barrett）；订阅人数最高的是 Nathan

Rich 火锅大王（49.2 万），阅读次数最高的是 Barrett（3772 万）。[①] 这些优秀主播及其优秀作品的叙事策略对研究跨文化语境下如何讲好中国故事提供了难得的案例。

本书以 YouTube、Facebook（现已改名为 Meta）、Twitter（现已改名为 X）等国外自媒体平台上具有较高影响力的“老外博主”，如“歪果仁研究协会”“我是郭杰瑞”“Barrett”“杰里德 Jared”等为主要观察点，发现他们凸显的叙事框架为正面框架、见证与体验框架、好奇与探访框架、对比框架和反驳框架。

（一）正面框架

通过对 YouTube 上粉丝量较高的以讲中国故事为主的外国主播账号的观察，可以发现，作为中国故事的叙述者，他们大多在中国生活至少 1 年以上，较长的达 10 年以上；他们中有的还在中国结婚生子。他们的中国故事大多是正面的，以致被一些西方媒体攻击为“被中国政府收买”“与中国媒体合作”“充当中国的宣传工具”“散布有关中国的虚假信息”等。他们对此感到愤怒，并专门制作相关视频予以驳斥。例如，针对英国《泰晤士报》上发表的污蔑“中国的老外博主”被中国政府收买的言论，Barrett 在其 YouTube 账号上发布视频 *British News EXPOSED our CCP Funding*，驳斥文章的观点完全是无稽之谈，说明被中国国际广播电台邀请参观上海、西安等地，虽然接受了邀请方旅途、住宿、吃饭等的招待，但是是完全按照自己的兴趣拍摄视频的，从未收到来自任何人的要求或干涉；针对 BBC 网站指责他们“正在发布有关中国的虚假信息”“与官媒合作”等言论，发布视频 *BREAKING NEWS*：*We Have Been Exposed*，申明他们一直是用 Vlog（视频博客）记录自己的生活的，记录自己看到与体验的事情，都是真实的，无虚假可言；他们也分享自己的感受与观点，都是发自内心的，不一定完全正确，但与“虚假信息”无关。2021 年 5 月 15 日，Barrett 还在其 YouTube 账号发布了题为 *Why are we SO positive about China* 的视频，说明了他们的中国报道为什么如此正面，原因有三：首先，他们是积极正面的人；其次，他们

---

① 相德宝，曹婷．超越“自我”与“他者”：在华外国人短视频讲述中国故事独特叙事范式研究［J］．广西师范大学学报（哲学社会科学版），2022，58（6）：94–105.

并不认为中国是完美的，也是有问题的，但在西方人接触的媒体中，中国已经够负面的了，他们只想告诉西方人西方媒体没有告诉的中国的另一面（正面）；第三，在来中国之前，他们对中国的看法也是偏负面的，但来到中国之后，发现中国完全不是那样的，作为生活在中国的外国人，有必要纠正那些偏见。

（二）见证与体验框架

“客观与真实”的确是这些迁移者讲述中国故事给人的突出印象。为“客观与真实”提供保障的，除了他们自由、独立的自媒体人身份，便是见证与体验框架。所谓见证与体验框架，即第一人称叙事框架，指叙述者或为事件发生的见证者，或为故事中的主角，以“我”自称叙述自身经历的事件和事件进程中自身的认知过程。“我”与事件处于零距离状态，让听者（读者、观者）感觉比较真实。视频叙事不仅使“我”与事件处于零距离状态，也使观者与事件处于近乎零距离状态，从而让观者的感觉更真实。迁移者发布的有关中国的短视频，大多以第一人称在场的方式进行纪录性拍摄，后期编辑很简单，无任何添加与技术处理，保持原貌原声，以及自然的时间顺序；视频中，博主的语言与非语言信息也都是场景化的，无后期添加与编辑；他们的短视频也多以近景、特写为主，使故事元素具体、真切地呈现出来。这种不打扰感知对象的客观呈现，使观者不自觉地被带入场景中，视频中的一切似乎都是自己看到、听到、感受到的。当然，迁移者往往不满足这种不打扰的见证，他们也会以体验的方式介入到故事中，从而揭开故事的神秘面纱，展现故事内在或深层更为丰富、精彩、细腻的纹理、意蕴、逻辑等。体验即互动，可分为言语互动和行为互动。在迁移者的视频中，作为故事讲述者的迁移者博主，需要用语言与中国人交流了解情况或邀请中国人与其共同叙事，这便是言语互动。互动工具以汉语为主（偶尔会用英语），限于迁移者掌握汉语的水平，在视频中语言的交流互动显得比较简单。相较而言，迁移者更擅长行为互动，包括视听、嗅尝、触摸、操作、穿戴、劳作、工作等。迁移者最初的体验基本为日常生活，包括美食、购物、出行、旅游、就医等。在美食方面，他们可以说是吃遍中国，有中国传统名菜（北京烤鸭、四川火锅等），也有各种家常菜、地方小吃；他们不仅吃，还尝试亲手去做，品尝自己做出的菜肴，更有味道。他们购物会去高档的购物中心、超市、商场，体验物华天宝、品牌荟萃、琳琅满目；他们也去集贸市场、地摊，体验很多不知名的土特产的新奇、新鲜，还可以体验一下砍价的快乐；手机支付的方便、快捷，更是让他们感到很神奇、很满足。在出行方面，他们使用各种交通工具（共享单车、地铁、高铁），体验中国交通的四通八达、快捷便利。旅游是迁移者们最喜欢的体验之一，他们喜欢去北京、上海、广州、深圳等现代化大都市，欣赏它们的高楼林立、车水马龙、紧张有序、靓丽整洁，也喜欢去一些小城市、乡村，感受那里独特的风土人情、浓郁的生活氛围。随着在中国生活时间的延长，迁移者们逐渐不满足于这些日常的体验，生产制造、运输、流通、服务、影视制作、渔业等专业行业都成为他们体验的对象。“歪果仁研究协会”偏爱体验，在 FaceBook、YouTube 账号发布的“Experience China”系列视频里，高佑思先后体验了外卖员、乡村教师、网店老板、地铁站务员、列车乘务员、早餐店伙计、搬家公司员工、科技特派员，餐馆服务员、快递小哥、网店网管、机场地勤等 12 种职业；著名博主郭德瑞（YouTube 账号“我叫郭德瑞”）也是擅长体验的博主之一，从他在 YouTube 平台发布的视频来看，他先后体验了企业 CEO（首席执行官）、烧烤店店员、快递小哥、菜鸟工作员、渔民、群众演员、游戏公司的制作人、少林寺学徒、咖啡店老板、见习厨师等 10 种职业。他们的体验时间虽都不长，但毕竟撩开了中国社会“后台”的一角，展现了“原生态”的中国社会与中国人，让人看到支撑中国快速发展与崛起的源泉和动力。体验叙事的好处就是让“叙事”与“事”融为一体，真实感更强，可信度更高。

（三）好奇与探访框架

迁移者当然不是有闻必录，他们往往会选择那些让他们感到好奇、意外的人和事拍摄，并努力一探究竟，这便形成了迁移者的短视频的好奇与探访框架。外在世界与主观经验的差异是唤醒好奇心的外在刺激条件。中西文化是两个基本独立发展、从文化核心层到符号表征层都存在巨大差异的文化系统，迁移者大都来自西方文化背景，当他们踏上中国的土地，不断感到惊奇、神秘、不可思议是可想而知的，特别是他们看到、感受到的中国与西方媒体上完全“负面、灰暗、落后”的中国形成鲜明对比，更加剧了他们的好奇心。心理学研究成果表明，人的成长过程，实际上是好奇心不断释放与满足的过程。[①]好奇与探访总是紧密相连的，如果只有好奇没有探访，好奇心便不能得到真正满足；中国的地域辽阔、风景秀丽、名胜奇伟、物产丰足、生活环境的优美漂亮、购物方便、手机支付的便捷、交通发达、出行便利、社会安定、人民生活的富足与满足以及悠久的历史、古老的文化、风格迥异的地域文化与民族文化等，都让迁移者们感到惊叹、不解与着迷。北京、上海、广州、深圳这些城市的现代化与发达程度超乎他们的想象，而当他们去到贵州、宁夏、甘肃等传说中的贫困地区，所见所闻同样超乎想象，他们不相信自己来到的是中国最贫穷的省份。他们的探秘、探访往往是从身边开始的，如掏耳朵的感觉是怎样的？痒痒挠真的有用吗？摊煎饼真的能月入 5 万元吗？为什么中国人总抢着买单？广州人真的什么都吃吗？人民币上的风景到底是什么样的？中国的明星为什么喜欢做餐饮？随着对中国了解的增多、视野的开阔，他们也将目光转向具有国际影响力的问题，如香港骚乱对香港经济、生活有什么影响？中国真的像网上说的那么安全吗？中国春节习俗有多少？中国工厂是如何运作的？中国的天眼究竟有多牛？新疆的真实状况是怎样的？当对中国有了较深层次的了解，再加之异文化、国际化的眼光，他们所探讨的问题也变得深刻、尖锐起来，如中国为什么发展如此迅速？为什么中国有全球最好的高铁网络？中国经过了 40 年的发展后开始引领世界创新了吗？为何世界需要中国？中国有自由吗？中国安全吗？中国人爱中国吗？中国人民银行的数字货币对美元构成了威胁吗？中国在半导体领域能赶上美国吗？他们对所有这些好奇、疑问的解答都不是科普或说教的，而是底层的、个体的、叙事的，因而是真实可见、可信、可感的。

迁移者们的新奇虽然不能完全等同于海外民众的新奇，但也基本符合外国人的期待视野，能够引发一些人的好奇心；探访不仅能够满足他们的好奇心，还是让他们了解中国、认识中国的必要环节。“歪果仁研究协会”发布在 YouTube 上有关新疆的三条短视频的总播放量为 110 万，总评论量为 14,915 条。多数评论对博主真实地反映新疆表示支持和感谢，并对新疆表示

① 王金寿．好奇心理的释放与满足：中国古典小说创作、传播心理动因探微［J］．兰州大学学报（社会科学版），2007（2）：66–71.

好感。网友“Livia Martins”评论道：“非常感谢你真诚地向我们展现真实，勇敢地为新疆人发声。我深深地被你的视频打动了。”很多人被新疆棉花生产的先进技术所震撼，很多评论说：“我也想到新疆被‘强迫劳动’！”短视频中一家棉农告诉高佑思（博主）一年能赚四五十万，最少一年也能赚十万，这让许多外国粉丝很是羡慕。一位英国外卖员发评论说，他宁可做新疆的棉农。

（四）对比框架

对比，是人的一种认知方式，“获得或者传播知识的比较方法一如思想本身一样古老”。对比是把两个对立的事物或者同一事物的两个对立方面放在一起，加以比较，对比的目的就是找出二者的区别、共通之处，即阐明双方的共性与个性。对比的方法一般分为两种，即类比与对照。类比着眼于被对比双方的相同点，对照则着眼于双方的不同点。将这种认知方式赋予叙事，便生成了交往性、修辞性的对比叙事框架。对比当然是有条件的，并非随便什么事物、随便什么时间地点都可以拿来作比较，形成对比的双方应具备可比性。可比性大致可从两个方面考虑，一为同类对比，如草本植物可以和木本植物作比较，而不适宜与鱼类作比较；二为关联对比，如民族性格与生存环境虽不属同类，但一个民族的生存环境与地域有关联，也可以进行对比。跨文化比较由来已久，它可能一直贯穿整个人类历史。跨文化比较是由文化差异与文化碰撞、交流促成的，在许多历史文献中都可以找到它的印记。“‘现代’西方对于跨文化比较的兴趣始于文艺复兴时期。这一研究兴趣的首要起因据说是关于西方古迹文化的重新发现。”[①]“航海大发现”以后，西方更多地关注到异质文化间的对比。至20世纪中叶，在全球化浪潮中，跨文化研究真正成为一种新的国际学术潮流。

跨文化比较的形成，除了有赖于被比较双方的可比性，还有赖于比较主体的跨文化视域。不同文化的交流、碰撞，为人们展开了一个比较的视域，但并非所有人都能进入这样的视域。在交通、通信不甚发达的年代，一些穿行于国际间的传教士、旅行家、商人等拥有接触多种文化的先机，而“全球

① 丹姆．跨文化比较与艺术［J］．，刘翔宇，译．内蒙古大学艺术学院学报，2014，11（3）：38–43.

范围内的东亚文化研究最早始于西方传教士”[①]。即使是互联网已经走向普及的今天，语言和技术的门槛，以及情境性异文化的贫乏，依然使绝大多数人难以进入文化比较视域，或处于这个视域的边缘。中国作为东方文化的中心，一直都是西方自我确认、自我强化的参照系。今天，从西方来到中国的迁移者们遇到了正在快速崛起的中国，遇到了比历史上任何时候都接近民族复兴伟大梦想的中国；今天的中国不仅与他们的母国不一样，与他们印象中的中国不一样，更与传说中的、西方媒体中的中国完全不一样。他们越了解中国，不一样的感觉越强烈，他们中的一些人觉得有责任把真实的中国告诉那些不能来中国的人。于是，在他们讲述中国的故事中，“对比”便成为常见的叙事框架。幸运的是，他们遇到了互联网，智能手机的随手拍及相关的技术配置，让他们的对比叙事方便容易、具体直观，并能够通过网络即时分享给世界上更多的人。

比较，是人类超越自身狭窄或狭隘的局限，朝向认识事物本质的智慧演进，它是比较主体对被比较客体交叉体认积累到一定程度的思维成果。从迁移者发布的有关中国的短视频来看，他们大多会经历初期的凭兴趣、直觉的随手拍、记录生活点滴的阶段，随着对中国感知积累的增多，逐渐出现超越国家、超越不同文化圈（中西文化）的比较。他们的比较视野以中国与他们的母国为主。郭杰瑞是美国人，他的比较经常是中国与美国。郭杰瑞经常来往于中国与美国之间，他的短视频拍摄地点忽而在中国，忽而在美国，偶尔又在印度、日本。他利用穿行的机会将中国与美国放在一起形成比较。例如，他来到中国已经成功脱贫的大凉山“悬崖村”，就想到美国的贫困人口和美国政府扶贫的办法，通过对比发现中国政府扶贫的办法、措施是注重在教育、经济上进行投入，虽然见效慢但长远效果好，且能够使贫困人口从根本上脱贫；而美国政府只是给钱给物，虽然见效快，但不能从根本上解决问题。再如，他在中国当快递员时，发现了中国物流高效、美国物流低效的原因，那就是中国设计了遍布生活区的快递驿站，而美国没有。郭杰瑞还会观察、探究中美产品在对方国的反映。在美国，他会探访美国用户对 TikTok 的

① 金柄珉，崔一．东亚跨文化研究的历史及其展望［J］. 东疆学刊，2013，30（4）：1-11，111.

看法、中国商品如何进入美国市场、中国品牌如何在美国市场火起来、美国人为何喜欢吃中餐、美国人如何评价在美国首次运营的中国地铁等；而在中国，他曾拿着在美国很受欢迎的“人造肉”让中国人品尝，结果呈现出口味的差异，他也揭秘在美国并不贵的保健品却在中国贵得惊人。最能体现郭杰瑞从中美两个视角比较的，就是两条有关中美大学食堂价格的视频，即《对比中美大学食堂菜价，为啥中国大学的食堂这么便宜？》和《美国大学食堂贵不贵？中美学生看法竟然不一样！》。前者是先发的，他通过探访（四川大学）发现，中国大学的学生食堂的饭菜较美国便宜很多。两周后，他又现身美国，探访美国大学学生食堂，并采访美国学生和中国留学生，发了后一条视频，验证了第一条视频中的判断。这种两个相对视角下的比较的确显得真实、可信。

“杰里德 Jared”可能是擅长比较的迁移者，在他发布的短视频中，“VS 系列”非常突出。“杰里德 Jared”在 YouTube 上有 36 万订阅者，点击率最高的是“VS 系列”，平均点击量均在 100 万以上。杰里德是加拿大人，20 世纪 90 年代曾跟随在中国工作的父母在中国生活、上小学。成年后，他离开加拿大只身来到中国留学。杰里德的比较视野开阔，有中国与加拿大的比较，但更多的是中国与西方的比较。杰里德的比较还包含纵向比较，包括老外刚来中国时 VS 在中国待久以后的比较，以及现在的中国 VS 以往的中国的比较，以前者为主。杰里德的比较有其独特的风格。首先，“点石成金，举重若轻”，即再宏大的主题，也能在短小的篇幅中以几个信手拈来的情节得以精彩、饱满的诠释。例如，《西方大学 VS 中国大学》通过中美大学生在“宵禁”“妈妈打电话”“开学第一周”“考试前”“逃课”等方面的表现或做法，生动、鲜明地折射出中西大学校园文化的反差。再如，“老外刚来中国 VS 来久之后”的系列短视频，通过呈现老外在“点菜”“自拍”“卖水果”“睡中国床”“对直播的看法”“筷子技术”“蹲坑”“太阳底下”等方面刚来中国时的不懂、不会做、不理解甚至不喜欢，以及老外在中国待久后对这些变得很懂、很会做甚至很喜欢，既表现了中西文化的差异，也说明了中国文化的可接受性和魅力。“幽默风趣的喜剧效果”是杰里德比较的另一个特点。这种喜剧效果一方面来自他对“反讽性”题材的选择，以《西方大学

VS 中国大学》系列短视频为例，“宵禁”“妈妈打电话”“开学第一周”“考试前”“逃课”等这些比较点，都属校园中不太正面的一面，在比较中带有嘲笑、讽刺的味道。喜剧效果另一方面来自反转式比较。在杰里德的“老外刚来中国 VS 来久之后”系列短视频中，老外在刚来中国时的表现与来中国久了之后的表现往往大相径庭、反差巨大，可以说是由“菜鸟”到“老油条”的跨度，而这种跨度在视频表现中没有转变的过程，是瞬间“变脸”，让人不禁有捧腹之感，但又觉得很真实。杰里德比较的第三个特点是“表演叙事”。记录、采访、体验是大多数迁移者拍摄短视频的主要方法，叙事类型属纪实叙事或非虚构叙事。纪实叙事或非虚构叙事是杰里德短视频常用的叙事类型，但他也拍摄了许多以“表演叙事”或虚构叙事为主的短视频，他的“VS 系列”短视频绝大多数属于“表演叙事”。不得不佩服杰里德的表演才华，“VS 系列”短视频中的表演几乎都是由他一人来完成的。杰里德的表演具有突出的喜剧色彩，表情、肢体、动作夸张诙谐。“杰里德 Jared”“表演叙事”短视频内容虽属虚构，但却丝毫无虚假之感，甚至感觉比“纪实叙事”更真实，这大概就是“源于生活，高于生活”的缘故。

比较思维普遍存在于迁移者的头脑中，但如“杰里德 Jared”那样拍成“VS 系列”短视频的并不多，他们的比较经常散落在众多的短视频中，随处可见。例如，“歪果仁研究协会”的高佑思来自以色列，他的中国故事往往将以色列作为参照对象进行比较。他去青海，谈到青海的面积 72.23 万平方公里时，会随口说整个以色列面积只有 2.5 万平方公里；在体验了一天外卖送餐员的职业后，高佑思感叹道：“作为以色列人，我们也很注重自己的工作，今天发现，其实中国人可能是在全世界最拼、最努力的民族。”他还在体验地铁站务员的视频末尾字幕中写道：“12 月 7 日当天，北京地铁所运营的 15 条线路日客运量为 950.47 万人次，而以色列总人口为 855 万人。”再如，来自英国的博主“Barrett”，他体验中国高铁，介绍中国高铁车厢实景和各种设施以及服务，最后与英国的高铁进行对比，认为中国拥有世界上最发达的高铁网络，而英国的铁路发展非常糟糕而且票价昂贵，他认为原因在于中国高铁项目是政府主导的，而私有化的英国铁路更多考虑的是盈利而非公共服务。

在中西比较领域，一直存在西方中心主义，即便是中国学者所从事的中西比较也不免陷入以西释中的困境。法国汉学家朱利安主张应彻底抛弃以西方为中心的比较方法，“对于中国文化的理解，必须以中国的生活经验作为检阅和阐释文本材料之外的补充，以直观经验来调和文本的隔阂”①。迁移者的中西比较正是建立在“中国的生活经验”之上的直观比较，轻松打破了西方中心主义的偏见，提供了一种真正跨域融合的宽广视野。

（五）反驳框架

反驳即驳论，是一种修辞术。驳论，即反驳对方观点、树立自己观点的论证方法。驳论的方法一般分为两种，即直接反驳与间接反驳。直接反驳，指对对方观点的反驳，指出对方观点的错误所在；间接反驳，指通过反驳对方的论据或论证方法的荒谬，达到驳倒对方观点的目的。迁移者出于留学、旅游、经商、工作、探亲等目的来到中国。在中国生活一段时间后，他们发现，中国和他们想象或西方媒体报道中的中国完全不一样；再过一段时间，他们发现自己已经喜欢上了中国。一位来自英国的迁移者博主 Jason，在中国已经生活了 10 年，最近在自己的 YouTube 账号上发布了一条视频，专门总结了自己喜欢中国的五个原因：中国与美国完全不一样（没有流浪汉、没有种族歧视、环境维护得很好、没有恐怖的枪击等）、美食、中国人很热情、生活成本低、安全。与此同时，当他们发现那些并不了解中国，甚至从来没有来过中国的人在媒体上造谣、中伤中国的时候，便不免要站出来予以反驳。

迁移者在 YouTube、Facebook（现已改名为 Meta）、Twitter（现已改名为 X）等国外自媒体平台上往往针对很多高敏感性的政治话题进行反驳，如“一带一路”问题、香港暴乱、新疆问题、中国人权问题、美国制裁华为问题、孟晚舟事件等。由于他们熟悉西方的历史、文化、思维方式，对西方针对中国的不实言论往往能一针见血地指出其错误所在。例如，西方媒体散布“一带一路”是中国政府实施的“债务陷阱外交”，主播“Pascal Coppens”指出，西方有这样的认知是因为西方国家的殖民历史，让西方人惯性地以为中国也

① 刘毅青．跨文化比较的困境及其重建：以朱利安间距论为中心［J］．中州学刊，2022（1）：151–158.

会通过债务在政治上控制非洲国家。再如，针对国际舆论所谓的“新疆侵犯人权”的指控，在中国东莞教英语的“FerMuBe”博主、哥伦比亚人费尔南多·穆尼奥斯·伯纳尔指责外国媒体歪曲了有关新疆的报道，目的是通过在中国“凭空树敌”来转移它们所在国家的问题。博主“Barrett”在一条有关美国通过“维吾尔强迫劳动预防法案”的视频中指出：“美国的这些指控（新疆强迫劳动）与其说是关于人权的，还不如说是为了保护美国的农业产业。正如我在以前的视频中所说的，利用人权攻击一个国家，是美国的一个惯用伎俩，而且效果很好，所以他们不厌其烦地继续使用这种伎俩。”“在杀害了数十万人、制造了数百万穆斯林难民之后，美国如此突然关心新疆的维吾尔族穆斯林？事实上不是关心，而是对他们的伤害，因为对新疆的制裁将导致他们找不到工作。”当然，除了敏感的政治话题，迁移者的反驳也涉及一些普通的社会、文化话题，如中国治安问题、中国人不讲诚信、中国到处都是监控摄像头、中国人什么都吃等。

迁移者擅长的驳论还是用事实反驳。“Daniel Dumbrill”在香港和深圳生活多年，“修例风波”期间，他看到西方媒体对香港的不实报道与自己真实了解的香港完全不同，便发布相关视频来告诉国外民众香港的真实社会状况。他们用亲眼所见、亲身体验到的事实证明西方针对中国的报道或言论是虚假或错误的。有时，他们也用事实去戳穿西方媒体有关中国的言论缺乏证据或证据有误，从而反驳西方对中国的指责。例如，2019 年美国《科学》杂志发表了一篇题为《世界各国市民诚信调查报告》的文章，文章显示，对世界上 40 个国家的市民进行诚信测试，中国的排名倒数第一。这个结果让“歪果仁研究协会”的博主们感到很震惊，因为他们在中国的感受绝不是这样的。经过分析，他们认为导致这种荒谬结果的原因是测试方法不适合中国人。测试中测试对象的回馈方式为邮箱，而中国人常用的联系方式是电话或微信，很少使用邮箱。令人信服的是，他们用相同的方法在中国进行测试，不同的是，反馈方式设计为两种：邮箱和电话，测试结果是：归还率（诚信率）为 73.5%，而《世界各国市民诚信调查报告》中显示中国人的诚信率仅为 22%。

三、主体间性："自我"与"他者"的融合叙事

主体间性，指多元异质主体之间的一种关联性特征。主体间性特征的发现，为建构平等互动的伙伴式主体关系准备了可能性与合理性。哈贝马斯主张重建交往理性，而主体间性正是交往理性的本质内涵。哈贝马斯在《社会交往理论》的导言中说："交往理性这个概念的内涵最终可以还原为论证话语在不受强制下达成共识这样一种核心经验，其中，不同的参与者克服掉了他们最初的主观观念，同时，为了共同的合理信念而确立起了客观世界的同一性及其生活话语的主体间性。"① 交往理性的目标是达成共识或"共同的合理信念"，交往理性的话语环境是"主体间性"。

"9·11"事件以后，美国学界提出"后美国世界"的概念，欧洲学者提出了"后欧洲世界"和"后西方世界"的概念，从而引发"后美国世界"思潮。②"后美国世界"被认为是"其余崛起"（中国、印度、俄罗斯等）的世界，在可预见的将来，它将是多极的，"合作与协商"将成为后秩序的主题。西方学界的这种思潮，必将推动国际传播、跨文化传播模式的转变，"后西方世界的特征决定了国际传播范式向主体间性国际传播转化"③。这也启示我们，向世界讲好中国故事，应引入"主体间性"的传播模式，在"主体间性"理论的指导下，在实践中探索出更为有效的传播策略。

（一）多元与交流叙事：讲好人类命运共同体的故事

共同体是主体间性的主客观条件，也是哈贝马斯在《交往行为理论》中经常用到的一个词。人类共同体意识久恒有之，并孜孜以求。中西方都能在各自文明中追问到人类共同体思想的源头，"先秦时期诸子百家思想传统中存在的立足于地域性共同体追求天下主义的思想，和古希腊斯多葛学派提供

---

① 哈贝马斯．交往行为理论：行为合理性与社会合理化［M］．曹卫东，译，上海：上海人民出版社，2004：10.

② 党东耀．主体间性：后西方世界国际传播的新范式：面对"美国优先"的传播策略［J］．文化与传播，2019，8（5）：58–65.

③ 党东耀．主体间性：后西方世界国际传播的新范式：面对"美国优先"的传播策略［J］．文化与传播，2019，8（5）：58–65.

的建构世界性城邦的理论体系，都可被视为人类共同体思想的雏形”①。历史进入近现代，中西方对人类共同体的讨论从未停止。在中国，秦汉大一统之后，天下大同思想逐渐退隐，而19世纪中叶以后，面临西方列强入侵、民族危亡的局面，国人重新思考大同天下的理想。在西方，文艺复兴和启蒙运动时期，康德率先倡导建立自由国家联盟，以实现永久和平。马克思和恩格斯将共同体视为人的基本生活方式，指出未来的理想社会形态也将以“真正共同体”即“自由人的联合体”的形式呈现。②罗素、爱因斯坦等也出于对战争的厌恶，积极探讨世界共同体思想。中国共产党把马克思主义哲学普遍原则与中国革命、建设实践相结合，开启了重构中华民族共同体意识的历史进程，“中国共产党坚持从思想和实践两个方面齐头并进，锻造中华民族共同体，铸牢中华民族共同体意识”③。中国实行改革开放以后，中国共产党顺应全球化的发展趋势，为解决全球治理困境贡献中国方案。中共十八大报告中首次提出要倡导“人类命运共同体”意识，中共十九大报告倡导构建人类命运共同体。

中国共产党的“人类命运共同体”思想，根植于中华优秀传统文化中“协和万邦”的天下观与“和而不同”的文明理念，是对马克思“真正共同体”思想的继承与发展，同时借鉴了现代西方共同体理念和全球治理理念，也是应对当代西方掀起的逆全球化浪潮、旨在推动人类进步的战略抉择。但西方为了维护其霸权地位、遏制中国的崛起，实行“西方中心主义”，误读、歪曲、污名化中国提出的“人类命运共同体”理念及其实践。例如，有的人把“人类命运共同体”解读为中国将要改变“和平共处五项原则”的外交路线、对他国进行干涉的信号。④要向世界讲好中国故事，必须讲好“人类命

① 聂励．人类共同体思想的探索与实践：中西方比较的视角［J］．学术探索，2020（5）：36–42.

② 李文娟．论共同体中的个体：基于历史唯物主义的考察［J］．浙江社会科学，2022（6）：112–118，159.

③ 李文娟．论共同体中的个体：基于历史唯物主义的考察［J］．浙江社会科学，2022（6）：112–118，159.

④ 王义桅，江洋．西方误解人类命运共同体的三维分析：利益、体系与思维：兼论人类命运共同体的构建之道［J］．东南学术，2022（3）：44–52.

运共同体”的故事。

2013 年 3 月 23 日，习近平在莫斯科国际关系学院演讲中首次阐释了这一概念的基本内涵：“这个世界，各国相互联系、相互依存的程度空前加深，人类生活在同一个地球村里，生活在历史和现实交汇的同一个时空里，越来越成为你中有我、我中有你的命运共同体。”[①] 此后，习近平先后数次在各种场合的讲话和文章中提到“人类命运共同体”理念，从“和平、发展、公平、正义、民主、自由是全人类的共同价值”，到“和而不同、兼收并蓄”的文明交流原则，又到既重视自身安全又重视共同安全的全球治理，“体现了人类命运共同体意识的核心价值观，即求同存异、和而不同，努力追求人类共同利益的最大化，实现世界共同发展的终极目标”[②]。学界对“人类命运共同体”理念也表现出极大的兴趣，从多种角度积极探索其内涵、意义及其实施途径，取得了丰硕成果，为“人类命运共同体”思想的传播提供了理论基础。主流媒体包括新媒体也以新闻报道、纪录片、专题片、短视频、综艺等多种形式传播“人类命运共同体”的理念。然而，研究表明，媒体对“人类命运共同体”的国际传播效果尚不理想。丁汉青等人使用谷歌对含“人类命运共同体”关键词的文本进行不限时抓取，共获得 909 篇有效文本，其中，来自中国信源的有 500 篇、来自国外信源的有 409 篇。经话语分析发现，中国信源的文本积极肯定“人类命运共同体”，国外信源的文本则呈现消极否定的态度，以二元对立的建构方式消解、对抗中国话语，缺少同声相应的认同。可见，中国有关人类命运共同体的话语表达仍处于“不可见”“少共情”“缺认同”的状态。[③] 一项“基于 2020 年 1—8 月部分印度主流媒体”分析“人类命运共同体”在印度传播的研究表明，“尽管中国一直在践行‘人类命运共同体’理念，但印度媒体报道时多采取负面的叙事方

---

① 新华社．国家主席习近平在莫斯科国际关系学院的演讲［EB/OL］.（2013-03-24）［2023-05-11］. http://www.gov.cn/ldhd/2013-03/24/content_2360829.htm.

② 张福贵．人类命运共同体意识与“新全球化”理念［J］. 学习与探索，2020（12）：1-7.

③ 丁汉青，揭其涛．同一世界，不同话语：“人类命运共同体”的中国话语表达分析［J］. 中国新闻传播研究，2022（1）：95-112.

式，甚至恶意解读，建构了与现实差距较大的中国国家形象”[①]。

讲好“人类命运共同体”的故事，首先要阐释好“人类命运共同体”的科学内涵。有学者将“人类命运共同体”的内涵凝练为四个意识，即“相互尊重、平等互商的政治意识”、“开放共享、合作共赢的经济意识”、“求同存异、兼收并蓄的文化意识”和“绿色协调、可持续发展的生态意识”[②]，突出了“人类命运共同体”内涵的侧重点，可作为讲好中国故事的顶层主题。要诠释好顶层主题，还需要设计出具有针对性的中层、底层议题。目前，“人类命运共同体”理念国际认同的主要阻碍在于西方国家大肆宣扬“国强必霸”以及“中国威胁论”、“中国崩溃论”等言论，将“人类命运共同体”理念解读为“中国新霸权主义”，造成了部分发展中国家、周边邻国对中国的猜忌、不信任感加深。那么，突出中国传统“和”文化、中国走向现代化过程的“勤劳致富，创新发展”、中国发展军力的“守土保国”的宗旨就显得很有必要。底层议题是更接近史实、事实的主题，如“大唐的友好使节”“奇人、奇书：马可·波罗和他的中国游记”“郑和下西洋做了什么”“中国12亿人口是如何脱贫的”“‘一带一路’沿线国家互惠互利”“中国抗美援朝是保家卫国”“乌克兰危机中中国‘不参与惩罚俄罗斯、不支持乌克兰’”的正义立场等。

议题是故事主题或内涵的来源，而议题又有赖于好故事的支撑。故事的本质是交流，故事交流不同于其他交流的特质在于交流的亲近性。亲近，意味着平等与认同，这也正是共同体应有的特征。好故事必是让受叙者产生交流感、亲近感的故事。首先，交流总是处在一定的情境中，故事的讲述者必须进入交流的情境中开始、组织自己的故事，从而将受叙者带入故事的情境中。比如，开国领袖毛泽东在与人初次见面时，总会问一下对方是什么地方的人，然后就地名讲出一些有趣的故事来，并善于根据具体情境做出适当的解释，不仅一下子拉进了与对方的关系，还使现场气氛立即活跃起来。习近平主席也非常善于进入情境讲故事，在纳尔扎耶夫大学所作的著名演讲中，

① 朱莉.“人类命运共同体”理念在印度的传播：基于2020年1—8月部分印度主流媒体的分析［J］.青年记者，2021（16）：120-121.

② 罗苗.论人类命运共同体意识的科学内涵［J］.法制博览，2019（4）：275-276，272.

他也是从他脚下的土地讲起："哈萨克斯坦这片土地，是古丝绸之路经过的地方，曾经为沟通东西方文明，促进不同民族、不同文化相互交流和合作做出过重要贡献。""我的家乡陕西，就位于古丝绸之路的起点。站在这里，回首历史，我仿佛听到了山间回荡的声声驼铃，看到了大漠飘飞的袅袅孤烟。这一切，让我感到十分亲切。"在这里，习近平主席通过联想，将自己置入"连接中国与哈萨克斯坦的丝绸之路古道上，驼铃清幽，孤烟袅袅"的情境中，同时也把受叙者带入其中。只有当叙述者与受叙者共享同一个情境，才可能发生共情，故事也才可能产生说服的效果。很多故事的讲述者，只注重故事本身的讲述，而忘记了为受叙者进入故事设计一个入口，使受叙者很难进入角色。这个入口就是故事交流的情境——叙述者与受叙者共处的或共同感知到的时间、地点、空间等。在人类共同体叙事中，人类共有的记忆包括世界名山大川、著名历史遗迹、重要历史事件、世界名人、世界性纪念日等，以及人类面临的共同问题包括战争、疾病、瘟疫、犯罪、贫困、生态危机、种族歧视、保障妇女儿童权益等，都是构建故事交流情境的切入点。

共同体是"社会中存在的、就主观上或客观上的共同特征而组成的各种层次的团体、组织"①。人类命运共同体是社会共同体的最高形态，由人类的每一个成员构成，又包含着不同国家、地区、民族。共同体的发展是一部主体间交往的历史，共同体也应该是"无限制的交往共同体"。多元、异质的共同体成员，只有通过合作、交流才能达成共同体合理性的基础——共识。这就要求讲好人类命运共同体的故事，要以间性思维，着眼于多元主体之间平等关系下的"合作共赢，交流共享，包容互鉴"，具体的叙事策略应是"多元的叙事主体"与"交流的叙事话语"。"人类命运共同体"的提出是以中国和平崛起为背景的，而构建"人类命运共同体"也以中国的和平崛起为前提。没有中国的和平崛起与复兴，就不能打破"西方中心主义""霸权主义"等不平等的世界旧秩序，"人类命运共同体"也就无从谈起。因此，"人类命运共同体"故事的主角一定是中国，而故事的讲述者是包括中国在内的共同体所有成员，他们讲故事的方式即叙事话语，不是独白，而是交流。例

① 安德森．想象的共同体：民族主义的起源与散布［M］．吴叡人，译．上海：上海人民出版社，2011：1.

如，系列纪录片《外国人在中国》（中央电视台四套播出）讲的是外国人在中国学习、生活、工作的故事。纪录片中，在中国的外国人有两个角色，一为故事中的人物，即故事的主角，二为叙述者，讲述的是他们与中国交往的故事。他们交往的方式包括学习、做客、参加各种团体、工作、旅游、运动、恋爱、婚姻与家庭生活等。学习、工作、恋爱、婚姻与家庭生活是纪录片中呈现较多的三种交往。他们学汉语、学做中国美食、学唱中国民歌、学习中国戏曲、学习中国功夫、学习各种中国手艺等，他们拜师学艺，勤学苦练，有的还成为行家里手。中国文化在与外国人的交往中显示出巨大的魅力。外国人在中国从事的职业很多，包括调解员、打工仔、客服、农民、红娘、机长、时尚设计师、品酒师、教师、医生、校长、电视台主播、客栈老板、企业老板、饭店老板等。他们在中国工作，也都是一波三折，有迷茫、挫折，也有喜悦与成功；他们在工作中认识中国、融入中国，中国的各种业态也在与这些外国人的交往中一展其包容与活力的面貌。这些生活在中国的外国人在与中国的各种交往中，结交了许多中国朋友，甚至找到了自己的另一半。他们中有的是因为喜欢中国而爱上一个中国人，有的则是因为爱上一个中国人而喜欢中国。纪录片中呈现的跨国婚姻，由于文化差异，总是爱与矛盾交织，争吵与和解交替，简直就是人类命运共同体的缩影。

（二）创立“主体间性”的叙事机制

多元异质主体朝向人类命运共同体的交流，一定是间性交流，即平等的、相互尊重与包容的交流。形成这种间性交流的一个重要的内在机制便是“换位思考”，“一种文化进入另一种文化时要有‘外位性’。换言之，要把自己放在对方的角度去审视自己”①。多元异质主体在国际传播中，不会换位思考可能适得其反。例如，2011 年，《中国国家形象片——人物篇》在美国纽约时报广场以每小时 15 次、每天 300 次的频率播出，旨在向全世界展示正在蓬勃发展的、和平友好的中国。BBC-GLOBESCAN 的调查显示，这个宣传片播出后“对中国持好感的美国人从 29% 上升至 36%，上升 7 个百分点；而对中国持负面看法者，则上升了 10 个百分点，达到 51%”。有学者认为其

① 常姗姗.“多面中国”：中国国家形象的“他塑”研究：以《纽约时报》2015 年“中美关系”议题为例［J］. 新闻大学，2017（3）：138-145，153.

传递的“威胁”的意义远大于“友谊”与“和平”，究其原因，“是创作者对于美国人对中国的认识差异缺乏理解。创作者看起来强化了中国政府宣传的认为西方误认为中国是个落后国家的问题。其实正好相反，许多西方人认为中国不是太弱，而是太强了”[①]。

换位思考的前提是知道对方站在哪里，即知晓对方的站位。站位，即角度与立场。角度，决定他能看到什么；看到什么往往决定他有什么样的立场，立场决定态度。一个将你视为对手或敌人的人，无论你如何示好，他也会怀疑你“目的不纯”；在对手面前，哪怕是客观地展示自己的实力，也会被理解为示威。站位背后是一系列的历史传统、文化思潮、意识形态、思维方式、现实利益、社会矛盾与问题等因素，这些因素直接或间接地对站位发生作用。如果对这些因素缺乏了解就很难理解对方的立场与态度，也更难找到有效应对的策略。西方民众对政府具有普遍的抵触心理，这是对西方民主政治的莫大讽刺，却被西方精英标榜为西方民主的特色。中国形象宣传片在美国没有收到预想的效果，除了美国将中国作为对手的态度基调作用，宣传片制作方为中国主流媒体的官方背景是不容忽视的原因之一。另一个原因恐怕就是“宣传”二字。“宣传”是早已被西方污名化、厌弃的一个词，在西方人的心目中，“宣传”往往与“说教”“洗脑”“控制”等联系在一起，而这些词是与他们个人主义的自由、民主不相容的。因此，中国形象宣传片，一旦被贴上“政府宣传”的标签，效果就可想而知了。

在西方，从政府机构到企业财阀，无时无处不在开动他们的宣传机器向世界进行信息轰炸、意识形态渗透、文化输出，以服务其政治、军事、经济目的。他们给自己的宣传起了另外的名字——公共关系、传播、战略叙事，宣传的方式也更为隐蔽。美国的娱乐业不仅赚得盆满钵满，还成为美国向世界输出意识形态的重要载体。近些年来，好莱坞电影增加了越来越多的中国元素，全亚裔班底越来越多地出现在好莱坞电影之中，亚裔电影人在好莱坞的地位也迅速提升，如《摘金奇缘》和《别告诉她》两部电影的女主角，前

① 孙祥飞．中国形象的跨文化传播路径研究［D］．上海：复旦大学，2014：53.

者登上了《时代》杂志的封面，后者成为金球奖首位亚裔最佳女主角。[①]从表面上看，好莱坞对中国、中国文化采取了包容的态度，实质上是为了市场与意识形态渗透、文化输出的目的而采取的“间性”传播策略。以迪士尼动画电影《花木兰》为例，影片的人物形象、道具服饰等都展现出中国特色，但却在故事剧本设计等电影内核层面呈现出“美国式”表达。在中国文化中，木兰从军是为了尽孝，代表的是一个中国孝女的形象，负载着教化的内涵，宣扬的是忠孝、淡泊名利的儒家思想；而在动画电影《花木兰》中，花木兰被演绎成一个具有现代意识的女性，一再强调要证明自己的能力、做真正的自我，突出木兰追求自我、实现自我的女性主义价值，折射出的是西方社会的主流价值观和人生态度。[②]“他的文化表层＋我的文化内核”，大概就是好莱坞“间性操作”的基本模式。这种模式不免显得粗糙、浅薄，但在快餐式文化消费生态下不无效果。

多国合作共制，也是近年来面向国际文化市场或国际传播通常采用的“间性”叙事模式。合作共制，是指分属不同国家或不同文化主体的利益共同体在影视创作、书刊出版等领域的合作，双方共享版权，共担风险。全方位的合作是“间性”叙事的基础，而建立信息共享、利益共享、风险共担、文化交融、平等交流的由多方主体构成的共同体是“间性叙事”的体制保障。例如，我国出版行业在实施“走出去”战略中，与很多国家建立了合作出版共同体、联合编辑部、海外分社等合作机构，对提升我国出版的国际化水平发挥了重要作用。当然，合作共同体的间性操作是“间性叙事”的技术保障。间性操作，即在共制过程中从选题、立意、策划、素材采集、文本写作和编辑等环节真正做到共同体全员参与、共同协商。近些年来，广电行业出于“走出去”的需要，加大了中外合拍的力度，在共同体的间性操作上取得了一些较为成功的案例。例如，由中央电视台隆重推出的纪录片《同饮一江水》，以各种语言版本在各合作的外国电视台陆续播出后，收到了来自各

① 罗立彬，王牧馨，周晗．好莱坞电影为何加入中国文化元素：兼论中国大陆电影市场“渐进式开放”的意义［J］．文化产业研究，2021（2）：174–189.

② 李杨．西方语境下的中国故事：“文化认同”视阈下对好莱坞动画电影《花木兰》再解析［J］．电影评介，2014（2）：54–55.

方面的巨大反响。这部纪录片由中国中央电视台发起并投资，联合柬埔寨、老挝、缅甸、泰国、越南等五国国家电视台合作摄制。影片展现了涉及大湄公河次区域六国自然、文化、宗教和社会生活等侧面，讲述了不同国家人们的生活故事。这是中央电视台首次就同一主题进行多国合作的大型电视片制作。为了保证影片的质量，成立了由五方制片人组成的负责统一协调指挥的五人摄制工作小组，中国中央电视台的联合制片人是总制片人。在合作摄制的过程中，联合制片人相互交换意见，共同研究在各国国内的拍摄内容、方案，解决摄制中可能遇到的问题。摄制团队在工作组的领导下工作。全片的拍摄点和人物故事全部通过联合制片人会议共同推选与确定，既充分展示了各国最富特色的精华，又使影片在实施拍摄之前就完成了各国总体平衡的题材分配，并从总体上磨合出一个"共同的视角"。这个"共同视角"不仅代表这几个国家的视角，还会迎合和吸引与他们相近或相似的国家的民众的兴趣。① 这是一个拍摄多方内容、以中方为主的间性操作框架。再如，中英合拍的《中国春节》这部口碑爆棚的纪录片，又提供了稍显不同的共同体间性操作框架。"中国春节"这一拍摄主题的确定，反映了中英拍摄方共同的诉求：中方要求反映中国特色，英方要求选材重大。考虑到中方对题材的熟悉，中方负责前期调研工作，英方根据中方调研结果确定拍摄主题，双方共同商定剧本与拍摄事宜。考虑到英方比较熟悉西方受众心理、喜好，由英方用英方的方式进行拍摄。中方特意派出了六位有英国留学背景和工作经历的国际合作制片人参与拍摄。在后期制作中，素材也会从英国传回中国，中方进行最后的剪辑把控。这是一个拍摄中国内容、中方把控"两头"、中间参与的间性操作框架。

（三）间性叙事的文本互文性

互文性是间性叙事在文本上的表现，而任何语篇本质上都是互文性的。互文性这一概念是由法国批评家克里斯蒂娃提出的，意为"任何文本的构成都仿佛是一些引文的拼接，任何文本都是对另一个文本的吸收和转换"②。互

① 高峰，赵建国．中国纪录片跨文化传播的障碍与超越［J］．现代传播－中国传媒大学学报，2009（3）：81–84.

② 秦海鹰．互文性理论的缘起与流变［J］．外国文学评论，2004（3）：19–30．

文性在本相上表现为另外文本的实际出现，在意义构建上实现文本的互鉴、互解、互评等，而从文本来源来看，则实现了文本不同主体在不同时空、不同立场上的对话与交流，即实现了主体的间性意义建构。这在跨文化传播中显得尤为重要，“文本的互文性为不同社会身份、文化背景、个人经验的叙述者、受众提供一个观念交流、讨论、互动的场所，并最终达成一种共享文化观念”①。视频文本将不同时期、不同国家和地区的文本放入一个被浓缩的时空中，形成一个直观的间性文本场域，使多元主体的交流具有在场感和代入感。

互文性文本的表层意义在于差异性交流，文本扮演的是桥梁的角色。差异性交流文本在空间与时间上展开，便形成了空间交流与时间交流两种互文性文本。跨文化传播的空间交流文本强调的是来自不同国家或地区、来自不同文化主体的差异性交流。例如，走红网络的短视频《跟着习大大走之美国篇》的叙事优势便是这种空间的差异性、交流性。这则短视频的全部文本由被访者的语言表达和实景构成，没有画外音和记者的声音。在短短的6分45秒里共出现了12位讲述者（被访者），其中，有4位中国人，包括两位在美企业的总裁、一位在美学者、一位身在北京的市民；8位美国人，包括南卡罗来纳州政府官员、南卡罗来纳州的中国商会会员、在美中国企业的管理人员及工人、美国商店老板等。他们根据自己的经历、所见所闻所感发表了自己对中国在美企业的认识。与话语镶嵌的流动的场景也形成互文性交流，这些场景有分别代表中美风情的画面（如中国的广场舞、美国骑马驰骋的牛仔），有中美工作人员一起工作、休闲、谈笑的场景，甚至还出现了中美工作人员一起“勾肩搭背”“跳起舞步”的情景。时间性交流文本突出的是今天与历史的对话。在跨文化传播视野中，如果在时间性交流中置入一种“他者”的眼光，便形成了“今天、历史、他者”三者之间的三角结构的交流。2019年3月16～20日，中央电视台中文国际频道播出了由朱允导演的纪录片《从〈中国〉到中国》，片中分别来自意大利、法国、美国、日本的四位外国友人重访四部纪录片中的故地、故人，在今天与历史对话、他国与中国

---

① 方佳媛.对外传播的互文性叙事策略：以《穿越海上丝绸之路》为例［J］.青年记者，2018（29）：7–8.

的对话中，呈现出一个立体、多面的中国。这部纪录片以寻访的方式将过往纪录片中某人、某地的影像与今天某人、某地的影像跨越几十年连接起来，形成互文关系；又通过四位外国友人与过往纪录片中人物的对话，将中外话语镶嵌，形成互文关系。这部纪录片被称为关于纪录片的纪录片，也可以说它是互文性纪录片。互文虽然普遍存在于任何文本中，但这部纪录片却是以互文为体例的纪录片的典范。

互文性文本还具有“转译”的功能，使文本变得易于理解。这种“转译”的功能在跨文化传播中显得尤为重要。例如，由中央广播电视总台影视剧纪录片中心、英国广播公司、英国 Maya Vision 公司和华影制片公司联合制作的纪录片《杜甫：中国最伟大的诗人》，为了能让西方人看懂，以西方人的视角、以西方文化为参照解读杜甫以及杜甫的诗歌，如用西方的酒神和太阳神分别描述李白与杜甫，说明李白重在个体内在情绪的抒发、杜甫更讲求理性和秩序的创作特点。该片还邀请英国国宝级演员伊恩·麦克莱恩扮演杜甫，并朗诵了 15 首英文版杜甫诗歌。片中时常将中国文化与西方文化勾连在一起，如“中国的诗歌是最古老的文化遗产之一，比《伊利亚特》和《奥德赛》更古老；中国最伟大的诗人杜甫生活在公元 8 世纪的唐朝，是英国产生长诗《贝奥武夫》的时代；杜甫与但丁、莎士比亚一样伟大等”。该片还将但丁、莎士比亚、荷马等的名句，与杜甫诗中的类似意象相映衬。通过这样一系列的中西互文转换，使那些不太了解中国文化和杜甫的绝大多数西方人在很大程度上跨越了理解的障碍。

互文性文本还具有“互证”功能，多重互文性叙事具有一种“证据间性”的效果。“证据间性”指“由一种符号或证据构成的事实是有局限的，我们应该借助于其他符号的剩余来相互补足，来复原事实”①。世界是多面的，而我们每个人的认知是有限的，甚至往往是片面的，因此世界真相的亮明要么依赖人的“反复实践—反复认识”，要么就依赖多个认知主体在不断交流中相互补充、修正和融合。

总之，主体间性不是放弃主体性，而是为了更好地体现主体性。讲述中

① 孟华．真实关联度、证据间性与意指定律：谈证据符号学的三个基本概念［J］．符号与传媒，2011（1）：41–51.

国故事的间性叙事当然不是去中国化，而是为了使中国价值观、中国文化更具国际传播效能。“主体间性”是一个哲学概念，如何运用于叙事传播是一个新课题。我们将“主体间性”引入叙事学，提出“间性叙事”的概念，并通过对跨文化传播，特别是跨文化的中国叙事实践的观察，归纳出间性叙事的“换位思考”思维模式、“他文化表层 + 我文化内核”的文化模式，以及“合作共制”“互文性文本”的操作模式。

第三节　讲好中国故事的民间话语

按照经典国际传播理论，国际传播的主体通常被分为政府、企业、社会组织、个人等，除政府以外的其他主体，即企业、社会组织和个人往往被称为国际传播的民间力量。国家或政府是国际传播的基本主体。在大众传播时代，大众媒体成为国际传播的重要支柱。互联网时代，传受关系的变革赋予公众更多传播的主动权，也使民间力量进入国际传播场域，显示了民间外交的独特魅力。随着新媒体技术的发展和赋权（移动社交媒体、短视频），大量民间自媒体破圈、跨界、走出国门，收获百万、千万级国外粉丝，成为常有之事。“国际传播主体经历了由一元（政府）向多元（政府、企业、其他社会组织、个人）的转变”[①]，“国之交在于民相亲，民相亲在于心相通”的国际交往正通过互联网实实在在地展开。

一、新媒体赋权民间外交与民间对外交流

民间外交是我国总体外交的重要组成部分。民间外交，泛指人民团体、社会组织、公众个人等非国家行为体之间以促进交流、增进了解、改善关系为目标开展的非政府、非正式和非官方的对外交往和活动，[②] 而这种“外

① 程曼丽．国际传播学教程［M］．北京：北京大学出版，2006：51.
② 杨荣国．“一带一路”公共外交战略研究［D］．兰州：兰州大学，2017：40.

交”应体现国家意志或有国家参与的成分。曾任国务院副总理兼外交部部长的陈毅指出：“中国的人民外交，是通过政府外交和民间外交两种形式来实现的。这两种形式的密切结合和灵活运用，构成了我们人民外交的体系，成为我们对外工作的最大特色。”[①]中国的民间外交源自中华人民共和国成立初期的“人民外交”。中华人民共和国成立初期，面临以美国为首的西方资本主义国家孤立和封锁的严峻国际环境，在同其他国家正式建立外交关系困难重重的背景下，中国政府在毛泽东主席、周恩来总理的筹划下，充分发挥民间外交的作用，积极争取广大人民，先后成立了中国人民外交学会、中国人民对外文化协会（1969 年改为中国人民对外友好协会）、中国国际贸易促进委员会、中国红十字会、中华全国总工会、中华全国妇女联合会、中国共产主义青年团、中华全国青年联合会、中国国际交流协会等机构，被周恩来称为“3958 部队”（三教九流、五花八门），逐步形成了“兵对兵、将对将”的立体化、网络化的民间外交渠道，涵盖了政治、经济、文化、科技、卫生、体育、教育乃至军事等众多领域，为推动中国外交发展，推动国家现代化建设进程，维护世界和平和促进共同发展做出了重要贡献。[②]20 世纪 70 年代以后，“友好城市”“友好年”等民间外交形式推动中国对外开放和经贸文化往来，服务于中国的发展和建设。[③]改革开放为中国民间外交提供了不竭动力和广阔的舞台。截至 2016 年年底，全国共有社会组织 70.2 万个，“中国的非政府组织在国际活动中十分积极，并在其中发挥了越来越大的作用。中国的智库在各领域对话中都十分活跃，极大地促进了中国与世界各国的相互了解和理解。中国公民个人的独立性和自立性增强，许多青年成为国际志愿者，到贫困的国家和地区送医送药，帮助开展教育，不仅推介了中国的形象，而且提升了自己的国际视野。”[④]民间外交工作的主体由以传统的人民团体为主逐步转向社会力量共同参与的多元化的格局，民间外交的参与模式也日趋多

① 中共中央党史研究室．中共党史资料：第四十七辑［M］．北京：中共党史出版社，1993：94.

② 赵可金．民相亲，心相通：习近平民间外交思想及其指导意义［J］．美国研究，2021，35（5）：9-31，5.

③ 周鑫宇．全球治理视角下中国民间外交的新动向［J］．当代世界，2018（5）：32-35.

④ 俞新天．论新时代中国民间外交［J］．国际问题研究，2017（6）：40-55，123.

样化。

党的十八大以来，中国的民间外交工作进入了新时代。以习近平同志为核心的党中央，面对复杂严峻的国际环境，适应中国日益走近世界舞台中心的新形势，确立了坚持走中国特色大国外交的道路。2018 年 6 月，中央外事工作会议召开，确立了习近平外交思想对中国外交工作的指导地位，成为新时代党的对外工作的思想旗帜。[①] 习近平总书记坚持以人民为中心的外交思想，高度重视民间外交，并亲身实践民间外交。在 2013 年出访哈萨克斯坦和印度尼西亚期间，习近平提出了“一带一路”的重要倡议，把民心相通作为“五通”的支柱之一。2017 年 5 月 14 日，习近平主席出席“一带一路”国际合作高峰论坛开幕式并发表主旨演讲，在谈到“民心相通”时，他指出，“国之交在于民相亲，民相亲在于心相通”[②]。将民意相通作为国家交往的基础，视民间友好为国家合作的动力。的确，民意是决定国际关系的根本。以中美关系为例，“事实上，中美关系的困难不仅来自官方外交的龃龉，更根植于两国民间根深蒂固的误解、误读和误判，从而让一些政治势力谋取一己私利有可乘之机。两国政府之所以在一些重大问题上坚持己方立场，也主要受到‘国内观众成本’上升的大环境影响”[③]。近年来，一些民意调查显示，中美双方民众相互好感度持续走低。皮尤研究中心 2020 年发布的报告显示，美国对中国持负面看法的人达到了 73%，是近 15 年来的最高水平，尤其是特朗普执政期间，美国人对华恶感度上升了 20%。[④] 北京大学国际战略研究院的研究则发现中国公众对美国的好感度仅为 21%，公众对美国总统特朗普的好感度是 17%，同样呈现下降态势。[⑤] 看来，中美之间的民意沟通任重道远。

---

① 赵可金 . 民相亲，心相通：习近平民间外交思想及其指导意义［J］. 美国研究，2021，35（5）：9–31，5.

② 新华社 . 习近平在“一带一路”国际合作高峰论坛开幕式上的演讲 [EB/OL].(2017–05–14)[2023–05–12]. https://www.yidaiyilu.gov.cn/p/13208.html.

③ 赵可金 . 民相亲，心相通：习近平民间外交思想及其指导意义［J］. 美国研究，2021，35（5）：9–31，5.

④ 赵可金 . 民相亲，心相通：习近平民间外交思想及其指导意义［J］. 美国研究，2021，35（5）：9–31，5

⑤ 王缉思 . 中美两国公众相互认知调查报告综述［J］. 中国国际战略评论，2020（1）：10–19.

民间对外交流或对外传播是一个比民间外交涵盖更广的概念。民间外交属于民间对外交流，但并不是所有的民间对外交流都是民间外交。“文明因多样而交流，因交流而互鉴，因互鉴而发展。”[①] 有不同就会有交流，有交流才能互相借鉴，人类文明正是在交流中发展进步的。因此，“民间交流”通常是出于人类天性的行为，也就是说那些大量跨国的民间交流并没有“执行国家外交任务”的功利性意识。如果说这些跨国民间交流活动促进了国家间的友好关系，那只是一种客观、间接的效果。[②] 民间交流与民间外交的主体都是民间团体与个人，但民间外交一般以团体为主，民间交流一般则以个体为主。在交往对象上，二者也有差别，民间外交的重点人群是对方国或地区的精英人群，而民间交流主要以普通民众为对象。当然，二者最重要的区别还是国家或政府背景的有无。民间外交，无论是民间团体、媒体还是个人，都以配合国家外交为目的，反映国家或政府的意志，接受国家或政府的指导、投资等，是有组织的行为；而民间交流，无论民间团体、媒体（自媒体）还是个人，都是不执行国家任务的甚至无明确目的的自发行为。

传统的民间外交对国家外交起到了一定的补充、辅助作用，但还是面临着人数占比少、交流形式单一、覆盖面窄等局限。亚力克·罗斯曾说：“21世纪的外交已远远超出政府与政府之间的活动，而应成为政府与人民、人民与政府之间的活动，最终演变为人民与人民并与政府间的交流的这种模式。”[③] 从国家外交到民间外交，从民间外交到民间交流，从民间交流到全方位的对外交流，正是人类走向人类命运共同体的国家交往之路。“全方位的对外交流”也就是人类命运共同体的国际外交之道。这种国际外交之道意味着国际间民众的广泛交往，以及民众与他国政府或精英层也能够进行无障碍的交流。互联网的崛起与普及正在使这种国际交往之道变成现实。“从早期的 BBS、博客等媒体平台，再到即时社交通信时代的媒体平台，互联网不断

① 新华网．习近平在亚洲文明对话大会开幕式上的主旨演讲［EB/OL］.（2019-05-15）［2023-04-12］. www.xinhuanet.com//politics/leaders/2019-05/15/c_1124497022.htm.

② 庄礼伟．中国式“人文交流”能否有效实现“民心相通”？［J］东南亚研究，2017（6）：67-84，154-155.

③ 檀有志．网络外交：美国公共外交的一件新式武器［J］. 国际论坛，2010，12（1）：74-78，81.

赋予民间群体全新的话语表达空间和表达方式。”① 民间社团、个体足不出户便可通过互联网，特别是社交媒体了解世界，了解国际社会争端，发出自己的声音，并让世界听到自己的声音。当重大国际事件发生时，互联网往往成为国际外交的博弈场。例如，2008 年在北京奥运会火炬传递事件中，中国海外留学生群体自发声援，并在线上和线下发起抗议活动，对暴力干扰火炬传递的行径进行了大力谴责，国际舆论反响强烈。② 再如，在脸书（Facebook）表情包大战中，互联网的使用者将蔡英文、安倍晋三、日本熊本县吉祥物等的照片进行编辑加工，通过增添文字或制作动图的形式展开了颇具讽刺意味的声讨，宣扬了民间群体的爱国立场。③

二、全方位对外交流中的民间话语

无论是民间外交还是民间对外交流都应以民间叙事作为表达基调。“民间”作为一个纯正的中国概念，最早出现在《墨子》一书中。在两千多年前的封建社会，“民间”一词的基本含义没有什么改变，主要指向中国社会一个相对稳定封闭的底层群落、一个原始自足的社会存在。但民间话语一直处于受忽略的地位。④ 后经晚清末年的思想启蒙运动、辛亥革命、五四运动，民间话语从边缘被推至中心，民间话语的主体由“乡夫、农妇”扩展为城市里的工人、一般职员、学生、士兵等，民间话语的空间也由乡村扩展到都市。五四时期还打出了“劳工神圣”“为人生”“关注底层”“到民间去”等口号，充分肯定底层民众、普通平民的社会意义。20 世纪 40 年代，毛泽东的《在延安文艺座谈会上的讲话》确立了文艺“为政治服务”“为工农兵服

① 杨奇光，常江 . 搭建中国国际话语平台的民间力量及其实践路径［J］. 对外传播，2017（5）：7-9.

② 杨奇光，常江 . 搭建中国国际话语平台的民间力量及其实践路径［J］. 对外传播，2017（5）：7-9.

③ 杨奇光，常江 . 搭建中国国际话语平台的民间力量及其实践路径［J］. 对外传播，2017（5）：7-9.

④ 刘继林 . 20 世纪上半叶中国民间话语现代意义的生成与衍变［J］. 兰州大学学报（社会科学版），2016，44（4）：46-52.

务”的总方针，民间的话语主体为“人民”所代替。中华人民共和国成立以后，人民话语成为整个社会话语的本质与核心，传统的官方话语或精英话语都在社会主义制度下统一、融入人民话语。在我国，官方话语与人民话语在本质上是统一的，但是，由于话语主体站位、看问题的角度、话语风格不同，两种话语会表现出一定的差别，有时甚至表现为一定的矛盾和冲撞。在传统社会（大众传播时代），在有限的公共空间里，民间的声音偏弱，官方的声音偏强；而当互联网普及以后，由于互联网的空间足够大及其技术上的赋权，使网络空间成为民意表达的空间，民间话语得以充分展现。

“民间话语”这个概念一般在文学或社会学范畴使用，在叙事学里与其相当的概念应为“民间叙事”。在我国，民间叙事被归为民俗学的研究范畴，因此，对“民间叙事”的基本认识是“民众的一种社会行为方式”，具有意识形态属性，即民间意识形态。作为民众的行为方式，民间叙事包含两个方面：一是民众日常叙事，一是民众艺术叙事。[①]“民间叙事”又被认为是一种叙事风格，“指的是将描写视角置放于民间，利用人物背景的塑造和人物关系的特殊性，来表现民间独特人文魅力、思想魅力的特殊叙事角度”[②]。这是从民间文学范畴给予的描述；“民间叙事”还被看作一种叙事策略，《乡村书写与民间叙事》一文认为，中国文坛长期并存着三种形态，一是时政化叙事，二是精英化叙事，三是民间化叙事，并认为三种叙事策略各有千秋，都有存在的必要性与合理性。时政化叙事主要用于宣传时事政治，强调导向，追求时效，着力突出官方意志；精英化叙事主要用于思考人类命运，靠近哲学，面向人生，着眼启蒙，尽力传达精英意识；民间化叙事主要用于呈现百姓生活，紧贴文化，立足日常，关注俗世，极力彰显民间意趣。[③]柯玲从民间意识形态本质出发，将民间叙事的特点归纳为“民间叙事少雕琢、去粉饰、存真情、直抒胸臆，既充满浪漫想象，也直面现实人生”[④]。在对外交流

① 柯玲．民间叙事界定［EB/OL］.（2013–04–11）［2023–04–12］. https://www.chinesefolklore.org. cn/web/index. php?NewsID=11296.

② 倪宏玲．萧红小说中的独特民间叙事模式［J］. 安阳师范学院学报，2021（4）：107–110.

③ 晓苏．乡村书写与民间叙事［J］. 文学自由谈，2021（4）：138–143.

④ 柯玲．民间叙事界定［EB/OL］.（2013–04–11）［2023–04–12］. https://www.chinesefolklore.org. cn/web/index. php?NewsID=11296.

领域，民间叙事被认为具有特殊的功效，“来自民间渠道的话语表达和国际传播实践能够创造出更强的心理接近性与更具亲善性的中国国际话语表达体系”①。

（一）机构媒体的民间话语取向

观察机构媒体在国际平台上的话语实践，可以发现其突出的民间话语取向。

首先，个体化视角，即故事的主角是具体的、可清晰辨识的某个人或几个人。个体化视角下的故事是“近而细”的，是具有较强的真实感的，也是充满个性的。个体化视角是民间叙事的特点之一，且个体往往是普通人。在国际舞台上，意识形态对立、地缘政治矛盾和结构性冲突依然存在，媒体作为民间外交的手段，自然坚持本国立场、维护国家利益，但在一些国际重大争端、重要原则、重大利益等问题上，如果能运用好民间叙事话语，也会收到意想不到的效果。2019 年，中美主播“约辩”中美经贸摩擦一事便是典型案例之一。中国国际电视台主播刘欣与美国福克斯电视台商业频道主播翠西・里根（Trish Regan）于美国当地时间 5 月 29 日晚 8 时在福克斯商业频道黄金节目《翠西・里根黄金时段》就中美经贸摩擦话题进行了一场“跨洋辩论”。辩论双方既不是政要，也非专家学者，而是媒体主播。辩论内容涉及知识产权、关税、国有企业等话题。从话语展开的情形来看，双方都是按照自己的理解、想法而非以官方宣传口径进行交流或辩论的。从辩论进程来看，翠西・里根的立场发生了些许变化，辩前，她认为中美贸易不平衡是美国必须用在中国身上的“武器”、美国是中美贸易关系里彻底的“受害者”，后来，她认为经贸摩擦会两败俱伤，对中美双方都没有好处——显然有异于美国官方主流论调。“许多国外观众观看辩论后在 Twitter（推特）评论中认为，此次辩论在一定程度上促进了双方的理解沟通和中美两国民众相互了解。网络舆情监测机构沃德的调查分析也显示，此次对话全网积极情绪占绝对主导，占比达 77.68%”，此辩论“可能起到了报纸的 1000 个版面、广播电

① 杨奇光，常江．搭建中国国际话语平台的民间力量及其实践路径［J］．对外传播，2017（5）：7–9.

视的1000小时播放时长，想起但起不到的特殊效果”[①]。这场中美两主播之间的“约辩”之所以取得如此大的反响，是因为两位主播的媒体身份及其非媒体的、个性化辩论。刘欣在接受记者采访时说，在“约辩”之前，许多人希望她狠狠地去“怼”对方、一定要打败对方，但她没有这样做，她认为这样做不是她的性格，也不符合她对这场“约辩”的理解。在辩论中，她显得平和、宽容、大方，得到了舆论的认可。

其次，机构媒体在国际平台上民间话语取向的另一个表现是采用日常生活叙事。“‘民间’除了具有社会阶层的意味之外，还具有空间的意味，它依托于民众的生活时空而存在。”[②]生活是故事的土壤，“故事来源于原始生活而不是纸上”[③]。生活是多层面的，日常生活是生活的基本面，是绝大多数人每天都要做的、熟悉的事情，如衣食住行、家庭、交往、学习、工作、休闲等，具有个体性、多样性。日常生活叙事，从叙事接受角度来看，既熟悉又陌生，既能落入受叙者的期待视野，又有点陌生（与自己的生活不完全一样）。在跨文化交流中，这一点显得非常重要，再陌生的两种文化，在日常生活层面都能彼此看懂，又都觉得很新鲜。基于Twitter、YouTube、Tumblr、Google+、Flickr、Reddit六个国际社交媒体抓取文本，对文本进行分析发现，国际社交媒体中具有高传播效果的中国文化内容主要分布类型是生活与社会文化类、地方与空间文化类，它们的出现频次甚至达到了其他某些边缘类的数十倍，显现了在国际社交媒体中文化传播的生活性、日常性、地方性。[④]从社会的有机结构角度来看，日常生活是社会的原点，社会的高层结构都能在日常生活中留有痕迹，社会的内在逻辑也都能在日常生活中得到注解与诠释。正因如此，作为民间外交的机构媒体把眼光投向日常生活，以民间叙事

① 周振华．浅谈民间对话在对外传播中的运用：以中美主播“约辩”中美经贸摩擦为例［J］．对外传播，2019（8）：13-15.

② 朱卿．试论行为叙事作为民间叙事研究对象的可能性［J］．贵州师范学院学报，2015，31（5）：9-12.

③ 江帆．民间叙事的即时性与创造性：以故事家谭振山的叙事活动为对象［J］．民间文化论坛，2004（4）：21-26.

④ 徐翔．中国文化在国际社交媒体传播的类型分析：基于共词聚类的研究［J］．现代传播（中国传媒大学学报），2015，37（10）：38-45.

的方式展开对外交流。2015 年 5 月，中国网推出的新闻时事英文短视频节目《中国 3 分钟》播出后，在国内外特别是海外社交媒体产生了较大影响。截至 2017 年 9 月 25 日，《中国 3 分钟》已推出节目 126 期，在 Facebook 上的总阅读量超过 2.68 亿，视频总播放量超过 1876 万，总互动量超过 146 万，网友留言质量趋高，成长非常明显。[①] 这档节目虽以政治话题为主，但许多政治话题却是从小人物切入，显示出了民间叙事风格。有研究对 2015 年 7 月 7 日至 2019 年 4 月 29 日《中国 3 分钟》的 213 期节目进行分析，发现涉及政治人物的有 50 期，涉及基层百姓的 22 期，涉及娱乐明星的 10 期，涉及各界精英的 8 期。[②] 比如，2022 年 1 月 20 日播出了一期题为 *4700 km of free chauffeuring: What they didn't tell you about XinJiang*（行驶了 4700 千米的免费司机：他们没有告诉你的关于新疆的内容）的视频，视频中女主播讲述了“温暖了许多网民的故事”。故事发生在两个月前，江苏沛县司机赵旭磊（音）去新疆运棉花，途中不慎眼睛受伤。两位仅认识 11 天的新疆司机朋友曼苏尔·帕塔尔和买买提·努尔东毫不犹豫地将赵旭磊送到当地医院治疗。当得知赵旭磊需转院到北京治疗时，他们两人又做出了一个惊人的决定：帮赵旭磊把车开到江苏，不要 1 分钱。用了 8 天 8 夜，行程 4700 千米，曼苏尔和买买提安全地把赵旭磊的车开回了江苏。当别人问起这件事时，曼苏尔和买买提却说“这是小事一桩”“我们是一家人”。这类事的确并不少见，主播讲完这个故事之后，又提及了几位生活在西安的新疆人做志愿者、义务帮助很多人的故事，当被帮助的人想要以金钱相赠表示感谢时，一位名叫阿布杜贾帕尔（音）的新疆人表示拒绝，还亮出胸前佩戴的中国共产党党徽。这些普通人的普通故事讲给世界听，就有了不太普通的意义。长期以来，国际上一些反华势力出于搞乱新疆、分裂新疆的目的造谣、污名化新疆。这期视频所讲述的故事无疑是在告诉世人：新疆是中国不可分割的一部分，新疆人是中国这个大家庭的一员。

---

① 王晓辉 . 娓娓道来讲述中国故事 端庄大气传播中国观点：中国网《中国 3 分钟》节目的探索与实践［J］. 对外传播，2017（10）：58–60.

② 江慧 .《中国 3 分钟》的跨文化传播经验研究［D］. 南昌：南昌大学，2020：16.

（二）自媒体承续民间叙事的基因

互联网特别是微博、Facebook、Twitter 等社交平台为公众参与跨文化交流提供了新平台。我国网民的一些自媒体账号在这些社交平台上的关注度甚至要高于很多机构媒体。一项研究将 YouTube 平台中国区 2021 年 3 月至 2022 年 3 月期间的自媒体账号按照订阅量动态抓取数据发现，千万粉丝量的账号有 2 个（李子柒 Liziqi，办公室小野官方频道）、百万粉丝量的账号有 9 个（滇西小哥 Dianxi Xiaoge、小颖美食等）、30 万以上 100 万以下粉丝量的账号有 16 个（二米炊烟、超小厨、拜托了小翔哥等），[①] 其中，李子柒的粉丝量为 1700 万，办公室小野官方频道的粉丝量为 1110 万，而 BBC 的粉丝量也不过 1260 万（2022 年 7 月 2 日）。这些自媒体博主都来自民间，发布的内容以日常生活为主，以美食居多。他们可能并无“讲好中国故事，传播好中国声音”的明确意识，但却担当了这样的使命。《光明日报》刊文认为，“李子柒的作品不是宏大叙事，其记录的是一个普通中国人的日常生活，但却恰恰展现了中华传统文化中的人文精神，而这正是中华文化与世界文明对话的重要价值共识”[②]。《基于 YouTube 平台自媒体短视频对外传播的叙事研究》一文用词频分析法考察海外受众对中国自媒体短视频的态度，在对评论量较多的五个自媒体视频的 9956 条网友评论分析后发现，“词频最高的两个词为‘love’和‘like’，分别为 600 次和 532 次，均体现出积极、热爱的情感表达，认可赞同的态度倾向。‘beautiful’‘good’‘amazing’‘nice’等情感色彩积极的感叹词出现频率也较高。由此可见，在 YouTube 平台上热门的自媒体短视频在一定程度上达成了正向、积极的传播效果”[③]。自媒体在对外交流领域所产生的影响不亚于机构媒体，有的甚至超过了某些机构媒体，分析其中的原因，突出的民间叙事特质是重要原因之一。

“自媒体”源自英文“We Media”，2003 年美国科技作家丹·吉摩尔

---

① 赵婧怡．基于 YouTube 平台自媒体短视频对外传播的叙事研究［D］．保定：河北大学，2022：17.

② 钟超．李子柒为何能走红海外［N］．光明日报，2019-12-09（2）．

③ 赵婧怡．基于 YouTube 平台自媒体短视频对外传播的叙事研究［D］．保定：河北大学，2022：48.

（Dan Gillmor）首次使用这个概念。《2016中国自媒体行业白皮书》将自媒体定义为："个人或团体通过不同形式创作出能被广泛传播的内容，实现自身价值输出、知识传递来建设个人形象和品牌，并最终实现商业化的媒体。"① 首先自制内容、个人形象和品牌的建立以及商业化的驱动形成了自媒体的内在机制，形成了自媒体内容的自发性、个体性、非政治性的特点，这些特点都符合民间叙事的内在要求。其次，由于社交媒体是自媒体的主要存身之所，因此，自媒体似乎"自带交际性"，即在与用户的互动中使自己和用户经常处在接近、亲近的关系中，民间化的内容与民间化的表达方式成为他们自然的选择。最后，自媒体博主大多来自民间，有的还来自不甚发达的农村，他们熟悉民间生活、民间话语，"民间叙事"对他们而言似乎信手拈来、自然天成。因此，如果"民间叙事"对机构媒体来说是一种传播策略，那么对自媒体而言就是一种自带的基因。当然，在国际社交平台上，由于西方民众对"个体""民间"表现出特殊的偏爱，我国自媒体的民间性得以放大，并在互联网的环境下，产生了带有国际适应性、网络性的民间叙事文本。

自媒体的个体性也是自带的。他们制作的内容就是他们自己的生活，他们就是自己的主角。他们过着自己喜欢的生活，又把自己喜欢的生活记录下来分享给更多的人。这也往往是吸引外国网友并令他们羡慕的地方。更令外国网友羡慕的还是自媒体博主们呈现的烟火气十足、人情味十足、乐趣十足、自然恬静的民间生活气息。上文提到的YouTube平台中国区订阅量在30万以上的27个自媒体账号，其中大部分为日常生活类或美食生活类。日常生活类的可分为两种，第一种为农村（田园）生活，第二种为城市平民生活，以前者居多，李子柒Liziqi（1700万粉丝）、滇西小哥（849万粉丝）、美食作家王刚（186万粉丝）、阿木爷爷Grandpa Amu（143万粉丝）、龙梅梅Longmeimei（136万粉丝）等皆属第一种；办公室小野官方频道（1160万粉丝）、超小厨（84万粉丝）、拜托了小翔哥（73万粉丝）、日食记官方频道（58万粉丝）等属于第二种。

还是以YouTube上的这27个自媒体账号为观察对象，进一步分析其呈

① 克劳锐.2016中国自媒体行业白皮书［EB/OL］.（2016-04-11）［2023-04-12］http://www.topklout. com/assets/uploads/wemedia.

现的农村（田园）生活镜像。这些农村（田园）生活镜像大致可分为两类，即妆容型与素颜型。当然，任何叙事都是一种构建，任何故事都是叙述者眼里的人和事，反映的是叙述者看待事物的角度、对事物的理解与期待。但是，从叙事操作上看，叙述者对叙述对象的介入程度的确存在差异，如动态新闻与新闻通信，显然后者的叙述者较前者的叙述者的介入程度要高些，在新闻通信中，读者可以明显感受到叙述者的存在，而动态新闻基本感觉不到叙述者的存在，这也是机器人记者很难进入故事化写作的原因。那么，妆容型在此指叙述者介入程度较高的民间叙事，而素颜型指叙述者介入程度较低的民间叙事。

李子柒 Liziqi、滇西小哥 Dianxi Xiaoge、龙梅梅 Longmeimei、二米炊烟等都属妆容型，但以李子柒 Liziqi（下文简称为李子柒）最为典型。李子柒的短视频无论是在自我品牌打造还是讲好中国故事方面无疑都是成功的，但也有质疑之声，认为李子柒的视频没有反映中国农村的真实状态，是虚幻的、美化的农村。的确，李子柒短视频呈现的是一幅世外桃源般的、唯美的、人与自然和谐相处的、人与人相亲相爱的田园生活画卷。李子柒作为生活中的女主，有着从外形到品性都几乎完美的形象，“李子柒外貌温文尔雅、衣着打扮清新脱俗、体型小鸟依人，但是做起事情却十分干练，下地种田、蹬机织布、弹棉花等样样精通，个人辨识度非常高，具有强大的个人魅力，因此‘娶妻当娶李子柒’这句话瞬间火遍全网络”[①]。的确，这与实际上的农村生活有一定的距离，但人们却喜欢看，外国人也喜欢看，因为它满足了人们“虽不能至，然心向往之”的心理需求。这大概就是民间叙事的特点与魅力。芸芸众生过着平凡的甚至是艰难的生活，但他们可以在心里描摹一幅美好的、理想中的生活，以抚慰疲惫的心灵、激励改变生活的激情。民间叙事的研究者似乎早就参透了民众的这种心境，“广大中国民众一直在心灵深处揣度并不断创造着超越现实生活的想象世界。人们在演述基于日常生活的民间叙事时，潜藏于内心深处的创造力与想象力得以焕然发挥，这就使得

① 王新蕊，郭玉真．自媒体中个人知识产权视频营销策略：以“李子柒”现象为例［J］. 西部广播电视，2022，43（1）：29–31.

民间叙事天然浸润着浓厚的想象与幻想底色”①。首先，李子柒们所构建的田园诗般的乡间图景，正契合了后现代西方一些民众反现代化、逃避现代化的心理焦虑。李子柒的视频中有四个典型场景，即厨房、庭院（餐厅、菜园和空地）、田地、山野，李子柒每天的劳作将这四个场景自然地连接在一起，既充分体现了自然风光里的诗情画意，又充盈着人间烟火气；“既展现了‘开荒南野际，守拙归园田’的劳动生活，又融合了‘采菊东篱下，悠然见南山’的恬淡闲适的意境。”②李子柒的服饰既不同于现代城市女性的装扮，也区别于现代农村普通妇女的穿戴，具有现代观众视角下能够识别的日常服饰“仿古性”特征，从而突出了“仿古性”和“归隐山村”的“田园隐居客”形象。③其次，简单、温馨的家庭氛围是李子柒们短视频中并非着意表现但却令观者感到温暖之处。李子柒大部分的视频中有奶奶入镜，李子柒与奶奶之间没有过多的语言交流，但祖孙之间那种相濡以沫的温情都在眼神的交流中、在李子柒招呼奶奶吃饭以及为奶奶夹菜的动作中传递出来。在网友的评论中，也经常会提到奶奶、祝福奶奶健康长寿。滇西小哥视频中的家庭氛围可能更浓一些，“当滇西小哥在灶台边做饭，儿子在旁边帮妈妈烧火，在温馨的交流中有儿子对母亲的默默守护，也有母亲对儿子的深深关爱”④。这些温暖的场景让网友们羡慕，并会勾起他们对自己童年的回忆。

在27个账号中，属于“素颜型”的账号并不多，美食作家王刚、阿木爷爷当属此类。这类视频从场景到人物装束，看上去几乎没有设计，王刚曾经是一位酒店大厨，年轻小伙儿，但经常以朴素的日常休闲装出镜；阿木爷爷是位地道的农村大爷，身着旧的粗布衣服，面色黝黑，脸上布满皱纹，但看上去健康体壮。视频重在展示他们的才艺，而他们展示才艺的场地都为室

---

① 梁家胜．民间叙事的演述逻辑与建构机制：以杨家将传说为例［J］．青海民族大学学报（社会科学版），2020，46（4）：117-123.

② 张诗雨．人类表演学视阈下的民俗文化视频研究：以李子柒的视频为例［J］．民间文化论坛，2022（1）：82-92.

③ 张诗雨．人类表演学视阈下的民俗文化视频研究：以李子柒的视频为例［J］．民间文化论坛，2022（1）：82-92.

④ 赵婧怡．基于YouTube平台自媒体短视频对外传播的叙事研究［D］．保定：河北大学，2022：26.

外，乡村的田野、山川、树木花草只是他们工作、行动的背景，不加装饰地出现在视频中，看似可有可无。他们的视频同样受到外国网友的喜爱。从网友的评论来看，这类视频吸引他们的地方有两点：一是片中人物高超的技艺，二是片中自然流露的人际关系。阿木爷爷完全用手工、传统的木工工具制作出了精巧的各种木工制品，包括生活中的家具、儿童玩具和工艺品。阿木爷爷的技术让网友们感到惊奇，称他是了不起的工程师，"3D 模型在他的脑子里，不在计算机程序里！"阿木爷爷经常会特意为孙子制作玩具，哄孙子高兴，这很触动网友们的心。一位网友发评论说，他看到最后哭了，因为这让他想起了自己的爷爷。陪大厨王刚一起出镜的经常是他的叔叔，一位与阿木爷爷很相似的农村大爷，第一个品尝大厨手艺的也是他。网友们往往根据叔叔的表情判断王刚美食的味道，也为叔叔有这么一个充满孝心的侄子感到高兴。

城市平民叙事以两点取胜，一为出奇，二为搞笑，充分显示了城市平民文化与智慧上的优势。"办公室小野官方频道"可算是出奇制胜的典范。小野，这位办公室的白领，时尚、聪明、古怪精灵，在办公室的环境中，总能就地取材，为办公室的同事们神奇地、魔术般地奉献一桌桌美食，给大家带来快乐。当上级主管严厉要求上班不许吃零食时，小野便将自己喜欢吃的巧克力做成电脑键盘的模样，将饼干拼起来，将面包修成鼠标的模样，再将外表涂一层巧克力，又将苹果做成一朵朵玫瑰花，插在花瓶里。主管突击检查，其他小伙伴的零食都被收走了，而小野悠然地享受自己的零食。有一次，一个办公室的小伙伴因紧张工作、营养不良晕过去了，小野灵机一动，便从附近的市场买来海鲜，将办公室的一个水桶和电扇做了一个烤箱，为大家做了一顿海鲜烧烤大餐。像这类创新实在是太多了，每期视频都会出人意料，让广大网友不断惊呼：太神奇了，对小野的创造力、无限才华万分佩服。"超小厨"和"拜托了小翔哥"的视频虽平淡无奇，但融入了幽默、搞笑元素，也使他们的故事充满乐趣。"超小厨"是一个美食生活账号。故事的主角是一家三口：丈夫超小厨、妻子杨翠华和儿子小小厨（年幼），他们都是四川人，住着不大的房子，穿着朴素的衣服，但小日子过得和和美美。他们说着一口四川话，经常斗嘴，特别是夫妻俩，性格开朗幽默，很有喜感。夫妻俩十分恩爱，但两人的对话经常是反讽式的。例如，一天，超小厨在厨房里做饭，从冰箱里拿出一块牛腩肉，欣赏着牛腩肉的漂亮，突然说："其实说实话，朋友们，生活不只是油盐酱醋，应该还有诗和远方。"在这样的情境，那么认真地说"诗和远方"，幽默的效果就出来了。妻子进来笑嘻嘻地说："没想到一个厨子还想诗和远方"，将喜剧的效果推至高潮，让人开心地笑出来。这种小人物的自嘲点亮了他们乐观、自信、随性的可贵品质。"拜托了小翔哥"是以找寻美食为主的短视频账号，而小翔哥作为故事的主人公颇具幽默的性格特质。在视频中，小翔哥总是表现出夸张的动作和表情，在与妻子、奶奶的相处中，也时常逗他们开心。作为美食家的小翔哥尝遍东西南北，有时免不了生出一显身手的冲动，但经常搞得鸡飞蛋打、狼狈不堪，把自己变成大家的笑柄。这便是幽默的精髓：将自己作为嘲讽的对象，令他人开心、受到启发。

本章小结

本章以如何跨越文化差异造成的跨文化传播障碍为出发点，通过考察在讲好中国故事实践中取得良好效果的迁移者叙事、主体间性叙事和民间叙事，试图为讲好中国故事的跨文化传播提供从叙事理念到叙事方法的参照系。迁移者的叙事框架为正面框架、见证与体验框架、好奇与探访框架、对比框架和反驳框架；主体间性的叙事机制为"他的文化表层+我的文化内核"的文化机制、多国合作共制的经营管理机制以及文本互文性的文本编码机制；民间叙事以个体性、生活化叙事、出奇、搞笑取胜。这些观点的提出为建构对外讲好中国故事的说服模式积累了观念基础和实践基础，也为讲好中国故事的跨文化传播实践提供了可借鉴的方法。

第三章　网络环境下讲好中国故事

网络不仅是一种传播方式，也是一种生活方式；网络不仅是一种媒介，也是一种生存环境。2021 年中国互联网网民规模及互联网普及率调查数据显示：截至 2021 年 12 月，中国网民规模达 10.32 亿人，较 2020 年 12 月增长 4296 万人，手机网民规模达到了 10.29 亿人。习近平总书记在主持中共中央政治局第十二次集体学习的讲话中指出："我多次说过，人在哪儿，宣传思想工作的重点就在哪儿，网络空间已经成为人们生产生活的新空间，那就也应该成为我们党凝聚共识的新空间。"[①] 要讲好中国故事，离不开网络媒体或网络环境，如何利用网络、适应网络讲好中国故事是本书必须直面的问题。

人类的传播活动源于群居生活中相互依存、互助合作的需要，传播方式又从何而来呢？回顾人类传播活动的历史，不难发现，传播方式取决于所能使用的"媒介"。体语及简单的记号（如结绳记事）、口语、文字、印刷、电报、电话、广播、电影、电视、卫星广播电视、互联网、移动互联网等，随着这些媒介的依次登场，人类传播活动的速度不断加快，传播的覆盖面不断扩大，直至将地球缩小为"地球村"——实时全球在线。叙事，作为人类传播的一种基本方式如何被媒介生养，网络叙事被网络赋予了什么样的特性，是本章研究的起点。

① 习近平．论党的宣传思想工作［M］．北京：中央文献出版社，2020：355.

第一节　网络与网络叙事

伊尼斯的《传播与偏向》问世已有70多年，它带给世人的具有开创性的“传播偏向论”，虽然带有“媒介决定论”的倾向并受到学界的批评，但对我们探讨媒介叙事具有深刻的启发性。伊尼斯认为，传播和传播媒介都是有偏向的，这种偏向大体上有两种：时间的偏向和空间的偏向。他发现，媒介可以分为两大类，而它们之间的基本区别就是：有利于空间上的延伸和有利于时间上的延伸。伊尼斯又将媒介偏向的视角转向人类文明，“所谓媒介或倚重时间或倚重空间，其含义是：对于它所在的文化，它的重要性有这样或那样的偏向”[①]。时间和空间，以及时间与空间的产物，构成了人类的基本思维框架。人类发明创造了那么多的媒介，似乎没有哪种能够走出这个框架。原以为互联网会超越这个框架，但它还是偏向了有利于空间。互联网尽管有强大的存储功能（有利于时间），但一关电脑或手机，一切都没有了。媒介的属性对其所在的文明都能打上自己的烙印，对于驮在背上的信息——叙事岂不更有驾驭之能？当然，媒介的书写方式并非完全取决于媒介的技术属性，还取决于媒介的社会性格。比如，互联网的技术属性兼容有利于时间和有利于空间，但由于社会进入信息时代，信息爆炸、激烈竞争、追求效率以及全球化浪潮，使互联网走向有利于空间偏向。

一、媒介示能性与人的交流

当我们获得某种物质（包括媒介）时，可能凭直觉便对其加以使用。例如，给大猩猩一个核桃，它本能地会找到一个有点凹的地方放核桃，然后拿

① 伊尼斯．传播的偏向［M］．何道宽，译．北京：中国人民大学出版社，2003：27.

石头砸向核桃。刚会走路的小孩去开抽屉时自然会去拉抽屉的把手。这首先得益于物质的示能性或可供性（affordance）。示能性这个概念是由认知心理学家吉布森（1979）提出的，意为不同的物体或环境具有不同的特性，而不同的特性会导致不同类型的行为。[①] 如果从人的角度看，示能性意味着人能够感知到物体或环境的某种功能并加以利用。应该看到，人对物体或环境功能的利用是具有能动性的，表现为利用的选择性、开发性和创造性，这种能动性的基本驱动力是人的需求与目的。示能性以人的能动性为前提，将示能性仅仅理解为物体或环境的一种特性不免偏颇，容易陷入"技术决定论"的误区。

无论如何，媒介的属性定位了人对媒介的使用，而且"工具远不仅是使任务更容易完成的某种东西。工具可以改变我们的思维方式、改变完成任务的方式（甚至是任务本身的性质），甚至能够引发我们未曾想象到的广泛的社会变化"[②]。从媒介的属性出发，同时观照社会情境所赋予人的需求与动机，是探究人类利用媒介如何进行传播或交流的必要途径。

除了时间与空间，媒介还具有另外角度的三种基本属性：符号属性、技术属性和文化属性。媒介的符号属性，即媒介必须能够表达含义，这是传播的核心要求。于是，人类发明了符号，将头脑中要表达的意义附着于固定的记号或代码上，从而完成意义的传播。记号或代码给予意义表现的机会，但也对意义的表现提供规范——能做什么与不能做什么。语言符号与非语言符号两大符号系统是相辅相成的，语言符号所擅长的正是非语言符号所不擅长的，语言符号所不擅长的正是非语言符号擅长的，具体情况见表 3-1。

① 乔伊森．网络行为心理学：虚拟世界与真实生活［M］．任衍具，魏玲，译．北京：商务印书馆，2010：22.

② 乔伊森．网络行为心理学：虚拟世界与真实生活［M］．任衍具，魏玲，译．北京：商务印书馆，2010：22.

表 3-1　符号的所能与不能[①]

	容易做的	不容易做的	做不了的
语言	表征时间性、变化、因果关系、思想、对话	表征空间关系，并诱导读者创造一幅关于故事世界的精准地图	现实人物或环境的外貌，展示美，表征连续的过程
图像	让观众沉浸到空间中，描画故事世界地图，表征人物和环境的视觉外观，暗示过去与未来，表征情绪、表征美	—	表征命题，表征时间的流动、思想、内心状态、对话，明确因果关系、表征可能性、条件制约、不在场客体，作评价和判断
音乐	以纯粹的形式捕捉时间流，通过和弦之间的关系暗示开始—展开—解决的叙事格局，制造悬念，激发情感	—	表达思想、对话、因果、虚拟性。挑选特别的客体、人物、事件，讲述一个具体的故事

从符号化程度看，语言要高于非语言符号。所谓“符号化程度”，即抽绎程度。抽绎程度越高，越能表达事物的内在属性、复杂关系、较长的时间流动和变化以及思想、评价等。而抽绎程度越高，离具象就越远，也就越不善于表现事物的状貌，或在表现人物和环境的外貌上总是模糊、不精确的，留有很多空白；抽绎程度越低，离具象就越近，也就越能表现事物清晰的外表，使观众、听众很容易在头脑中建立起事物的形象，也容易发生移情。这样看来，就叙事而言，语言是第一需要，而非语言是第二需要。“故事由一系列主题和时间相关的事件组成，包括开始、中间和结尾。”[②] 一个最简单的叙事也要包含“主题”“一系列与主题和时间关联的事件”以及“表现为开始、中间和结尾的发展过程”，这些对于语言来说是容易做到的，而对于非语言（图像、声音）来说是很难做到或者说是做不到的。无怪乎维尔纳·沃尔夫（2002）对符号故事讲述力的降序排序是：语言、图像、音乐。[③] 任何符号都有所偏倚，有所能、有所不能，从这个意义上说，任何叙事都应是跨

① 此表内容参阅瑞安．故事的变身［M］. 张新军，译．南京：译林出版社，2014：18-19.

② 见本书第一章第二节。

③ 瑞安．故事的变身［M］. 张新军，译．南京：译林出版社，2014：19.

媒介的。

仅有符号系统是不能够满足人类对传播的更多、更高要求的，人类需要能够将符号传播到更远、更久的媒介，这样的媒介先后诞生了——纸张、印刷机、电报、电话、电影、广播、电视、互联网等。这些媒介的特性是被技术赋予的，因此，媒介拥有了技术属性。纸张相对于龟甲兽骨、羊皮、石头、竹简等这些书写媒介来说，不仅便携、便于运输、可批量生产，书写空间也富裕多了，书写内容可繁复，书写长度也扩展了。但对于限定了纸张页数的报纸，其文体就只能要求"简短"，新闻体的特征除了"写实"之外就是"简短"了。至于在纸张出现之前，在龟甲兽骨、羊皮、石头、竹简上的书写，除了简短之外，可能还在很大程度上保留着口语的风格，"无论是叙事之文，还是论说之文，最初都是因事而发的某种言辞撰制和发布活动。在特定的礼仪和制度背景下，它往往口宣耳受，传之口吻，后经著录，方成案头之文"①。也就是说，人类开始的书写是为了记录，记下"口宣耳受"之口语是记录的主要部分。这也表现了新生媒介对旧媒介沿袭与继承的特点。广播媒介也是这样。广播的技术属性是偏向有利于空间上的延伸，在时间上转瞬即逝。以新闻内容为例，广播新闻在文体上沿袭了报纸新闻文体的真实、简短，准确地说，较报纸新闻更简短，同时它在一定程度上承袭了口语的风格，因为它毕竟是口播新闻。微博作为网络空间的社交平台，尽管在技术上空间是可以无限扩大的，但最初的设计却是 140 个字的限制，这大概是出于对社交的理解和对口头交流的模仿。处在病毒式传播环境中的 140 个字的叙事，将作者的注意力引向标题叙事、议题叙事，微博叙事实际上成为如何吸引注意力的叙事。这样的叙事品质，正是舆论所需要的，这也正是微博能够成为网上舆论场的原因之一。电报对字数的吝啬，主要在于电报业务被规定按字数收费；电话计时收费较高的时候，人们打电话的时间是简短的，往往是简讯式的通知或告知，而当网络电话定期缴费不限流量、可视频的时候，人们便"煲起了电话粥"，内容变成了聊天，与线下聊天无大区别了。电视新闻报道依然保持新闻体真实、简短的特点，而其叙事模式与报纸和广播都

① 韩高年．先秦文章文体研究的几个问题［J］．复旦学报（社会科学版），2016，58（6）：85-93.

有所不同，在很大程度上借用了连环画的叙事模式——语言与图像、声音相配合的叙事模式；而一些新式电视新闻类节目如对话、谈话、调查等，不过是在连环画式叙事模式中加入了互动的成分。

媒介具有文化属性。关于文化的产生与发展一直存在进化论和传播论之争，实际情况应该是“在人类进化的早期，由于传播手段的落后，进化的机制更显重要，随着社会发展特别是现代交通工具和传播工具的出现，传播的重要性与日俱增”[①]。文化借助传播得以扩散、迁移、交流、融合、繁殖，而传播方式或传播媒介也将自身的烙印打在文化身上。伊尼斯将羊皮纸、泥土、石块等古代使用的这些媒介视为偏倚时间的媒介，即有利于对时间的控制（可长期保存）、不利于对空间的控制（不易运输）。在“偏倚时间”的媒介盛行的传统社会，重习俗、社区、历史事件、神圣事物、道德，社会井然有序、等级分明，压抑个人主义以防止变革。纸张轻便，易于运输，但不易长期保存，属于“偏倚空间”的媒介。“偏倚空间”的媒介本质上倾向于现在和未来，有利于帝国扩张，提高政治权威，创造世俗制度，发展科学和技术性知识。[②]这些分析的确富有洞见和想象力，但又显得有些偏颇与武断，过于夸大了技术的影响，而忽视了人对媒介的影响，“在使用者对媒介‘辩证地’驯化方面缺乏分析”[③]，而“使用者赋予媒介的意义影响了媒介，限制了它能力的展开”[④]。尽管如此，伊尼斯所洞见到的媒介的文化属性是成立的。詹姆斯·凯瑞在探讨技术与文化的关系时认为，“技术这一最实在的物质产品，从其产生之日起就彻底是文化的产物：它所展现的观点和灵感实质上是一种创造与表达”，“技术与文化合二为一，就像知识舞台上的一对孪生兄弟”。[⑤]媒介的文化属性可表述为“媒介孕育文化，媒介又是文化的产物”。

---

① 沙莲香，陈亚兰，郑为德．传播学：以人为主体的图象世界之谜［M］．北京：中国人民大学出版社，1990：70．

② 戴元光，邵培仁，龚炜．传播学原理与应用［M］．兰州：兰州大学出版社，1988：241．

③ 孟林山，赵永华．英尼斯传播偏向理论的拓展：基于对媒介哲学本质的思考［J］．国际新闻界，2021，43（7）：125–138．

④ 刘海龙．像爱护爱豆一样爱国：新媒体与“粉丝民族主义”的诞生［J］．现代传播（中国传媒大学学报），2017，39（4）：27–36．

⑤ 凯瑞．作为文化的传播［M］．丁未，译．北京：华夏出版社，2005：6–7．

媒介不仅将自身的烙印打在所传播的文化上，还孕育了属于自己的文化——媒介文化。媒介文化，是围绕媒介与媒介传播而形成的文化。媒介技术、媒介内容及其所处的社会结构形塑着媒介文化的样貌，由报纸酿就的新闻文化和由电视酿就的电视文化就有着显然的区别。文化是一个复杂的整体，一般来说，文化包含三个层次：第一层为文化的理想层面，即寄托了人类更美好的目标与理想的价值观层面；第二层是文化的“文献式”层面，即记录人类经验、知识、思想的作品，反映着人类传播的愿望；第三个层面为社会存在层面，即作为群体的一般生活方式。这三个层面是互为关联、互为因果的。[①]在这三个层面中，第一层面（价值观层面）是文化的核心，以致被当作文化本身，特里·伊格尔顿就认为“文化可以松散地概括为构成特殊群体生活方式的价值观、习惯、信念和惯例的联合体”[②]。仅就价值观层面而言，“新闻自由”在中外新闻文化中都占有重要地位。报纸是专门用来刊登新闻的，而在报纸走向成熟的发展历程中，在西方正好与资产阶级启蒙运动同行。自由主义是启蒙运动中新兴资产阶级用来反对教会和封建统治、确立个体价值的有力武器。在自由主义视野中，人身自由是最低限度的自由，而人身自由的基础是思想自由，思想自由的前提是交流自由，“要是没有思想交流的自由，思想自由就没有什么用处，因为思想主要是一种社会性的产物；因此，思想自由必须附带有言论自由、著作自由、出版自由以及评论自由”[③]。新闻自由能够被纳入言论自由、出版自由的范畴，是因为随着印刷技术和社会发展的需要，报刊在政治斗争中的地位和重要性日趋凸显，“报纸变成了意见和思想传播的主要工具，承担起以前主要由书本或小册子肩负的任务”[④]。电视文化的核心理念不是“新闻自由”而是“娱乐”。在多数情况下，人们打开电视的目的就是消遣和娱乐。只要对电视节目内容稍加统计就不难发现，电视的绝大部分时间，特别是黄金时间都被电视剧、综艺节目、脱口秀、真人秀、体育比赛等所占有。电视也有新闻节目，但电视新闻娱乐

① 祁林．电视文化的观念［M］．上海：复旦大学出版社，2006：14-15.

② 伊格尔顿．文化的观念［M］．方杰，译．南京：南京大学出版社，2003：39.

③ 霍布豪斯．自由主义［M］．朱曾汶，译．北京：商务印书馆，2009：11-12.

④ 姜华．现代思潮与新闻文化［D］．上海：复旦大学，2013：45.

化已是不争的事实，“电视对新闻题材的选择越来越看重其娱乐价值，奇闻、趣事乃至一些具有爆炸性的事件越来越成为电视新闻的偏爱，甚至首选”，“观众对这类新闻的接受不是为了单纯‘求真’，即认知客观世界的状况，而是为了‘求乐’，即为了消遣和娱乐”。①

尽管西方的“新闻自由”在资本主义制度下走向异化，但在追求平民视角、扮演“看门狗”角色之下的批评精神以及坚持客观、平衡的报道风格，还是其新闻叙事可辨认的特质。我国媒体坚持马克思主义新闻自由观，形成了客观公正、用事实说话、注重舆论引导、服务大局、服务人民的叙事风格。

二、网络社会与网络叙事

在大众传播时代，报纸、广播、电视等大众媒介只是作为工具为人类使用、服务，而网络虽然也有工具的作用，但随着互联网的发展与普及，网络已深深嵌入人们和社会的“肌体”中，成为人们生活、工作以及社会运转不可或缺的一部分。学界将这样的社会称为“网络社会”。学界从不同角度赋予了网络社会三种内涵：第一种内涵指作为社会形态的网络社会，是继农业社会、工业社会后基于互联网技术而形成的新的社会形态。第二种内涵指互联网的虚拟空间，由信息技术构建起来的意义交流空间，具体可以描述为“以人类创造的包括电子设备、嵌入式处理器与控制器、互联网等在内的各种信息基础设施为基础，按照一定的规则和程序进行的以人为主体的关于信息数据的交互活动，是一个承载、共享、影响和控制与信息相关并向社会空间延伸的广义信息空间”②。第三种内涵指存在于网络空间的网络社会或网络社区，即互联网空间形成的虚拟社群与虚拟社区③，如微博、微信、抖音、快手等社交平台。这三种内涵对应的三种网络社会，构成了现代人生存与生活的网络环境，也构成了叙事行为的网络环境。无论哪种网络社会环境，无论

① 祁林．电视文化的观念［M］．上海：复旦大学出版社，2006：28–29.

② 陈梦瑶．国家网络空间安全治理的对策研究［D］．武汉：湖北大学，2021：11.

③ 冯务中，李艳艳．“网络社会”概念辨析［J］．广西社会科学，2008（9）：175–178.

是网络原生的自媒体、社交媒体，还是与网络相融合的传统大众媒体，其叙事行为都意味着对网络环境的适应与利用。那么，网络环境究竟是一个怎样的环境，作为网络环境中的叙事如何与网络环境相匹配，成为首先要解决的问题。

（一）网络空间的碎片化与碎片化叙事

网络空间是形塑网络叙事的直接力量。“碎片化”（Fragmentation）是网络空间突出的特质之一。“碎片化”原意为一个完整的东西被分裂、肢解为诸多再无关联的零块。网络空间的碎片化，具体表现几乎囊括了整个传播要素，即时间碎片化、空间碎片化、内容碎片化、注意力碎片化、传播者碎片化等。在碎片化的网络空间，叙事碎片化不可避免，碎片化叙事也确实被认为是不争的事实。我们关心的是，碎片化叙事能否完成意义的表达？如果不能，碎片化叙事的价值何在？如果能，它是如何完成的？

互联网设计的自由原则，使受众（即广大网民）不仅被赋权为传播主体，还成为互联网传播的逻辑起点。传播学者丹尼斯·麦奎尔提出，“在信息化社会的初期，社会本身没有发生根本性的变化，大众传媒仍是追求社会认同的工具。但是，随着新媒体技术带来的社会性变革，受众群体开始出现碎片化、个性化和移动化的特征”①。网民们各行其是，他们按照群体生活赋予的本性，在网络世界中结群并组成自己的部落联盟。于是，网络空间被无数弱联系甚至没什么联系的网民部落碎片化了，网络的 24 小时在线、移动在线，方便了网民们随时在线，但也使网络失去时间表，没有了黄金时间，或者说一天 24 小时的每分每秒就是网络空间的时间表。这便是网络空间的时间碎片化。受众或网民的时间碎片化不仅意味着分散，还意味着短暂。内容碎片化，最直观的表现就是简短，短视频的崛起就是一个标志；从信息结构上看，内容的碎片化表现在两个方面，一是信息来源的多元化、观察角度的分散化、文本的零散化以及信息要素的不完整性；二是意见信息的碎片化，即意见的零碎性、异质性和分裂性。② 注意力碎片化指受众或网民注意

---

① 麦奎尔 . 受众分析［M］. 刘燕南，李颖，杨振荣，译 . 北京：中国人民大学出版社，2006：167.

② 彭兰 . 碎片化社会背景下的碎片化传播及其价值实现［J］. 今传媒，2011（10）：8–11.

力停留在特定内容对象上的时间过短，即频繁转移注意力。注意力碎片化的原因被认为与网络的海量信息及其快速更新有关，“快速的更新和海量的信息，导致了在网络上我们的注意力只能是片刻的、即时的、转瞬即逝的”①。注意力碎片化与时间长短有关，也就意味着时间碎片化与之有关。传播者的碎片化，意味着传播权的分散和传播主体的大众化。在大众传播时代，传播权集中于大众媒体，广大受众处于相对被动的、被影响和引导的地位，很少有机会通过媒体发出自己的声音；而在网络空间，每个网民面前都有一个“话筒”，都可以是传播者，都可以创办属于自己的媒体——自媒体。传播者的碎片化带给我们信息多元、意见多元之喜，但也造成了难以管理、垃圾信息泛滥、舆论极化之忧。

网络空间的碎片化有网络技术的原因，也有更深层次的社会心理原因。“有研究表明，当一个社会的人均收入在1000—3000美元时，这个社会便处在由传统社会向现代社会转型的过渡期，而这个过渡期的一个基本特征就是社会的‘碎片化’：传统的社会关系、市场结构及社会观念的整一性——从精神家园到信用体系，从话语方式到消费模式——瓦解了，代之以一个一个利益族群和‘文化部落’的差异化诉求及社会成分的碎片化分割。”②我国实行改革开放以后，随着经济的快速发展，早已进入以“碎片化”为特征的社会转型期。这种转型集中体现为价值体系的多元化和社会需求的个性化，“对于中国来说，现代化进程中社会价值的多元化，在一个方面表现得尤为突出，那就是对个体这样一个社会基本单位价值的重新认识，尊重个体的个性、尊严、权利、利益、财产等的观念，开始受到重视”③。社会的碎片化转型为网络的碎片化提供了适宜的土壤，有学者从后现代视角观察网络文化，发现“千奇百怪的文化样态在网络空间都得以生存，网络文化标榜个性化、奇异化、自由化的文化时尚，对表达方式和媒介形式的注重甚于内容，这与后现代的价值取向不谋而合，二者合力造就了带有后现代主义特征的娱乐文

① 刘剑敏，李润权．论网络的碎片化特征［J］．新闻爱好者，2011（18）：42-43.
② 喻国明．解读新媒体的几个关键词［J］．广告大观（媒介版），2006（5）：12-15.
③ 彭兰．碎片化社会背景下的碎片化传播及其价值实现［J］．今传媒，2011（10）：8-11.

化潮流”[①]。

兴起于20世纪六七十年代的西方后现代主义思潮，不免影响到快速追赶现代化、逐渐融入全球化的中国，成为探讨当代中国很多问题的一种语境要素。西方后现代主义思潮，从某种意义上来说是一种社会批判理论，是对资本主义自身发展的一种理论反思。后现代主义哲学是后现代主义思潮的大本营，德里达、福柯、德勒兹等对现代哲学进行解构与批判，建立起后现代主义思潮的核心话语。德里达对现代哲学的“解构”，就是要批判形而上学的独断性，震撼“整体”，打破“结构”，创造了“延异”这个概念。“延异”就是承认差别和时间的延迟，体现了空间和时间的统一。德勒兹反对传统形而上学的纵向思维方式，提出了“树喻”理论。德勒兹用“树状结构”比喻传统形而上学的纵向思维方式，即中心化的、统一的、等级制的思维方式；用“根状茎”结构代表横向的后现代思维方式，它是动态的、异质的、非二元对立的，是开放的、向多个方向流动的。福柯站在后现代主义立场，认为作为启蒙主义神话的理性，是一种统一的、总体化、极权化的理论模式，模糊了社会领域的多元与分化，而后现代主义应高扬不可通约性、差异性和断片性（fragmentation）、特殊性和间断性。[②]美国当代著名文艺理论与文化理论批评家弗雷德里克·詹姆逊（Fredric Jameson），是著名的西方马克思主义学者，他认为“后现代文化的首要特征是零散化、碎片化、缺乏连贯性，给人一种拼贴感，与此相应的是情感和历史感的消失，以及内在和外在、本质与现象、隐义与显义、真实性与非真实性、能指与所指等几种深层模式的消失”[③]。这些后现代主义的思想、观点不免有过激之处，西方后现代主义思想在本质上并不适合我国，但在某些现象上有相似之处，特别是在互联网空间有更多契合之处。有学者分析网络直播的文化形态，认为“反权威、反中心、无序化、自我为中心——网络直播文化的态势具有网络文化最有代表性

① 陈慧东，韩隽．碎片化时代的网络媒体奇观：浅析网络直播热潮［J］．新闻知识，2018（2）：18–20.

② 冯俊，西博格，高宣扬，等．后现代主义哲学讲演录［M］．陈喜贵，等译．北京：商务印书馆，2003：10–12.

③ 陈莉．碎片化与意识形态批评：詹姆逊后现代文化批评研究［J］．阜阳师范学院学报（社会科学版），2007（2）：21–24.

的一些色彩，也带有后现代文化的色彩”[①]。应该看到，碎片化的网络空间，包含所谓后现代主义元素，但碎片化不等于后现代主义，毕竟中国与西方在根本制度、意识形态、文化传统上有着本质的不同，且中国的现代化还有很长的路要走。但某些后现代问题的出现是不可避免的，后现代主义思潮也是不容忽视的语境。

碎片化叙事与信息碎片化紧密相连。短小、非线性被认为是碎片化信息在形式上的主要特征。目前，互联网上的很多信息都是以短视频的方式呈现的，短视频的长度短则几秒钟，长也不过3—5分钟。非线性，指淡化或抹去叙事的时间线索，突出或围绕空间线索，而空间是非线性的、立体的；非线性还意味着打破逻辑的束缚，以非逻辑的、跳跃的方式展开叙事。短视频的时长限制降低了制作者跨越时间的耐心，而且在那么短的时间篇幅中，将较长时间内的复杂内容有逻辑地进行压缩，需要一定的专业技巧，而网络空间中发布的大量短视频的制作者多为非专业用户。另外，非专业用户发布短视频，可能将社交目的放在第一位，他们更在意视频的即时互动性。因此，视频内容往往就是此时此刻的场景、片刻的情节，传统影视叙事的“以线性叙事为主，强调情节、故事的发展和因果关系”的基本原则被短视频在很大程度上削弱或消解了。

内容碎片化或信息碎片化常常被解读为浅表化或无意义化，似乎碎片化内容无关宏旨，也谈不到价值与主题。实际上，短小、非线性并不意味着不能完成叙事。研究人员已经发现，即使是非常简短的叙述也有传输效应，叙事质量不在于经典与非经典，也不在于叙事的长短，写得好、结构好的故事更具说服力。[②]形式上碎片化，内容并非一定浅表化或无意义化，当然，“新媒体平台确实有‘碎片化’内容，有些内容有头无尾，残缺不全，但同时也存在大量微小的完整的内容”[③]。与“碎片”相对的概念是“完整”，其内涵

① 陈慧东，韩隽. 碎片化时代的网络媒体奇观：浅析网络直播热潮［J］. 新闻知识,2018（2）：18–20.

② 参见本书第一章第三节。

③ 信险峰. 对“碎片化”一词的误用与误读：新媒体内容的另类完整分析［J］. 青年记者，2022（3）：49–50.

主要指意思或意义的完整。碎片是从整体中分离出来的，需要注意的是，有些片段具有相对完整性，“如果是残破的片段，我们可以用‘碎片化’来定义；如果是自成体系的片段，就不能说是‘碎片化’的，而是相对完整的片段”①。专业媒体包括一些自媒体发布的很多短视频，尽管只有十几秒、几十秒的时长，但其不仅意思完整，而且能够传达出清晰的主题或意义。比如，“央视新闻”（2022 年 4 月 17 日）发布在抖音平台的小视频《王亚平第一时间给女儿星星》仅有 20 秒的时长，但画外音与移动画面相结合，叙述了一个完整的故事：航天英雄王亚平刚返回地面，坐在担架上被服务人员抬出来，脸上洋溢着激动的笑容。她的小女儿穿着喜庆的中国红衣服来接妈妈，女儿送上一束鲜花，王亚平送给女儿一颗“星星”。久别重逢，母女俩亲热地拥抱在一起。这条短视频在当天快手热榜单上排在第六名，点赞量 127.7 万，评论 1.7 万条。网友们的评论大多是感动、骄傲、赞扬。有网友评论，“泪奔，孩子那么小，妈妈一走就是半年，舍小家为大家的英雄”，另一网友评论，“不仅仅是半年的问题，他们的每一次出行都是有风险的，所以她的眼泪，女人最懂”。从这些评论足见网友们体会到了视频的真意。

如果从信息来源的多元化、观察角度的分散化以及意见的零碎性、异质性和分裂性来看，这或许正是碎片化叙事的独特价值所在。大众媒体也有其局限性，不仅容量有限、触角有限，而且长期以来形成的一套成规也限制了媒体的思维视野，它所呈现的最多是真实世界的模拟，即所谓的“拟态环境”。一方面，网络的碎片化叙事，不仅大大延伸、丰富了网络媒体的触角，拓展了视野，也因网民构成的多元性，能够反映主流以外的多种声音。大量的碎片化信息，对大众媒体来说也是一种补充、参照和校正。另一方面，如果能够抓取到那些具有整体性的“碎片”，便能够使碎片化信息产品既完整，又省时、又精彩。以“北京冬奥会、冬残奥会总结表彰大会”的报道为例，“央视新闻”发布了 9 个有关的短视频，总时长也不过两分多钟，包括一条著名运动员入场的视频、一条大会开幕的场景视频（习近平等党和国家领导人走上主席台、台下与会代表热烈鼓掌）、一条习近平总书记为冠军武大靖

① 信险峰．对“碎片化”一词的误用与误读：新媒体内容的另类完整分析［J］．青年记者，2022（3）：49–50.

颁奖的视频、两条摘取习近平总书记讲话精彩片段的视频、一条会后习近平等党和国家领导人接见全体代表的视频、三条对张艺谋和两位冠军采访的视频。通过这几条短视频，网友们即使没有收看大会的实况转播，也了解了大会的基本程序，获知了大会的要义和重要而有趣的瞬间。

（二）网络的互动性与互动叙事

互动性是网络媒体最重要的属性，也是最能区分于传统媒体的属性。传播学在有关传播的定义中，“互动”是不可缺少的要素，因为没有互动就没有传播。传播学对“互动”的解释一般为“双向交流”或“一方发出信息，另一方给予回应”。然而，在大众传播中，“互动”这个词却很少用，取而代之的是“反馈”。反馈，指受众收到信息后将对信息的反应传给传播者，但这样的反馈是零星、延缓的。网络则可以理直气壮地担当“互动性”媒体的角色，正是得益于多种类型互动（一对一、一对多、多对多活动，即时互动、延迟互动）的良好效果，网络在人际交流、公共讨论、知识学习、技能培训、远程办公、电子商务等领域都显示出强大的功能。当互动性与叙事相联系，便产生了互动叙事，互动叙事正成为网络空间主流叙事方式之一。

互动叙事的本质在于受众或用户的参与，即受众或用户从故事的被动接收者变为故事的“创作者”。当然，这种创作者只是二级创作者或有限创作者，他的创作权是由故事的原创者让渡或给予的，也就是说受众或用户对故事的创作是借助媒介的互动技术、在故事原创者给定的框架内进行的。互动技术是关键，用户参与的强与弱，很大程度上取决于媒介技术互动性能的设计。互动叙事或用户对叙事的参与有三种形式：一是用户与原创者的互动，即用户通过与故事原创者的互动，影响故事内容；二是选择性互动，即用户通过媒介互动技术对原创文本进行选择，根据自己的喜好形成自己的故事版本；三是改变性互动，即用户借助互动技术能够改变原创故事。玛丽－劳尔・瑞安将数字化叙事中的互动模式分为两个层面、四个类型，两个层面即内在 / 外在与探索 / 本体，四个类型为内在模式、外在模式、探索模式与本体论模式。内在模式是用户从心理层面将自身投射到虚构世界角色上，外在模式是用户置身于虚构世界之外，探索模式是用户在虚构世界中自由活动却无法改变任何事情，本体论模式是用户可以改变媒体内容的走向。[①] 内在模式为传统互动模式，即用户通过阅读（观看）、理解从心理上与故事互动，用户与原创者互动是处于故事世界之外的互动，选择性互动相当于探索模式，改变性互动则属于本体论模式。

用户与原创者的互动是互动技术发展早期的互动模式，尽管用户不能直接地参与故事创作，但在一定程度上打破了作者文本的封闭状态，向着受叙者靠近了一大步，从而也激发了用户对故事的关注度和阅读（观看）兴趣。

选择性互动重在调动用户的探索欲望，有赖于原创故事多个可能性设计以及故事情节的复杂性与多变性，因此，这种互动模式可能更适合于虚构叙事。纪实类的新闻叙事、纪录片等所能设计的可能性版本有限，情节复杂性、多变性的素材可遇不可求，不易调动起用户的探索欲或好奇心。近年来，互动剧已呈现崛起势头，腾讯、优酷、爱奇艺、百度等中国主要互联网视频平台相继进入互动剧行业，2019 年先后有《他的微笑》《拳拳四重奏》《大唐女法医》等作品面世。百度与北京大学、腾讯与中国传媒大学合作成立互动剧研究中心，探索新的故事讲述方式和商业模式，制定“互动视频技术标准”，尝试探索未来互联网影视产业规律。2019 年也被称为“中国互动剧元年”。[②] 实际上，互动剧的前身是“互动电影”，最早的互动电影可追溯到 20 世纪 60 年代。1961 年上映的由威廉・卡斯尔（William Castle）导演的美国电影《猎尸者》（*Mr. Sardonicus*）可能是世界上第一部互动电影。电影“在影院放映过程中在某个情节点暂停，主持人上台引导观众进行现场纸质投票，以决定电影结局的走向”[③]。互动剧或互动电影赋予用户选择权，用户可以按照自己的喜好拼接符合自己个性的故事，但就用户参与偏向来说，其更偏向于对情节或行为过程的关切与追逐，而疏离对故事主旨、情感线索的关切与感受。这与故事的特性和节点设计有关，情节是故事的骨架，情节又

---

① 高慧敏 . VR 纪录片的互动叙事模式探究［J］. 电视研究，2019（9）：45-48.

② 邱章红 . 超越叙事：论网络互动剧的新模式叙事［J］. 现代传播（中国传媒大学学报），2021，43（9）：87-90.

③ 邱章红 . 超越叙事：论网络互动剧的新模式叙事［J］. 现代传播（中国传媒大学学报），2021，43（9）：87-90.

是以变化为特征的，而情节的变化与发展又往往是由人物的行为来推动的。互动节点常常是围绕情节，特别是人物行为来设计的，因为用户行使对故事的选择权时，更多的是替故事中的人物考虑而不是替作者考虑。

VR（Virtual Reality，虚拟现实）技术在新闻报道、纪录片、电影、旅游、博物馆、教育等领域都有一定的应用，但从互动角度看，目前的VR产品还处在选择性互动阶段。VR是一种增强现实感或场景增效技术，即利用计算机仿真系统创建三维虚拟世界以再现场景，用户与系统互动会产生临场感和沉浸感，体验场景的真实性。在互动参与上，用户可以借助VR眼镜等头显设备主动进入故事的叙事空间，可以通过移动身体（目前主要是头部）全方位体验所呈现的“场景”，却无法改变“场景”中的任何事物。VR与互动剧、互动电影虽然都属选择性互动，但二者有诸多不同。前者用户的身体被置于故事世界之中，后者用户的身体处于故事世界之外；前者是对场景的选择，后者是对情节的选择；前者更适用于纪实（新闻、纪录片等）、示真（博物馆、展览馆、旅游宣传、技能培训等）类叙事产品，后者更适用于虚构类叙事产品（小说、影视剧等）。虽然选择性互动还属于弱互动，但按照叙事传输理论，都有益于增强叙事说服效果，前者可明显增强用户的沉浸感，后者会强化用户对情节的理解和想象。AR（Augmented Reality，增强现实）也是一种增强现实感的技术，与VR不同的是，AR不需要用户购买昂贵的设备，因而更利于推广。[①] 在叙事互动应用上，AR也还处在选择性互动阶段。有学者考察AR新闻作品，发现“AR新闻的互动都流于叙事层面上，叙事单元内的互动感和叙事单元间的因果关系相对较弱。用户不能参与故事创作，其视角、活动范围受到的限制较多”[②]。

（三）网络的娱乐化与娱乐化叙事

娱乐，即放松、愉悦，与紧张、苦闷相对。娱乐是以娱悦身心为主要或唯一目的的生命活动，是人性要求的反映，是人类生活的重要组成部分。《荀子·乐论》中有言：“夫乐者，乐也。人情之所必不免也。故人不能无乐”，意为追求欢乐是人的本性；席勒曾说，人只有在游戏的时候才是完整

① 林子琪，AR新闻互动叙事的表达形式与故事建构［J］. 新闻战线，2019（5）：70-73.

② 林子琪，AR新闻互动叙事的表达形式与故事建构［J］. 新闻战线，2019（5）：70-73.

的人；而康德认为，人至少是热衷于游戏与娱乐才是完整的人。[①] 马克思、恩格斯则站在理想社会的高度指出：“并不需要多大的聪明就可以看出，……关于享乐的合理性等等的唯物主义学说，同共产主义和社会主义有着必然的联系。”[②] 共产主义社会和社会主义社会是人得到全面发展的社会，而“其游戏（娱乐，作者注）本质恰恰蕴含了人类追求自我解放的全部内涵”[③]。娱乐被赋予的原初意义大概是“人们用来填充业余时间的活动”。英国哲学家赫伯特·斯宾塞就认为，人类在完成了维持和延续生命的使命之后，尚有剩余的精力存在，这种剩余精力的释放，主要是娱乐。[④] 也就是说，娱乐是在劳作之后与劳作形成相对平衡的活动。劳作是紧张的、累的或苦的，那么，业余时间的活动则是放松的、愉悦的，是娱乐的。闲聊、无实用的肢体活动、发泄情绪的呐喊、随意的涂抹等可能是最原始的、无意识的娱乐，而后来的讲故事（小说）、舞蹈、音乐、绘画等艺术文化活动无论如何也无法割弃与这种原始无意识娱乐的联系。荷兰文化学者约翰·赫伊津哈（Johan Huizinga）在对不同的文化形态广泛考察后，认为在整个文化进程中都活跃着某种娱乐因素，正是这种因素的塑造，产生了人类社会生活的多种重要形式。[⑤] 鲁迅在谈到小说起源时认为：“至于小说，我认为是起于休息的。人在劳动时既用歌吟以自娱，借它来忘却劳苦，则到休息时，亦必要找一种事情消遣闲暇。这种事情，就是彼此谈论故事，而这谈论故事，正就是小说的起源。”[⑥] 娱乐自然成为艺术、文化的基本功能所在。

在人类不断积累、创造精神世界的历史过程中，娱乐也自然受到艺术、文化的滋养，从内容到形式都在不断拓展、变化与革新。待到大众媒体特别是电视媒体诞生以后，社会为娱乐提供了前所未有的广阔空间，人们的娱乐

① 韩炳哲．娱乐何为［M］．关玉红，译．北京：中信出版社，2019：104–105.

② 韩炳哲．娱乐何为［M］．关玉红，译．北京：中信出版社，2019：104–105.

③ 桑晔．娱乐新世纪［J］．新周刊，2000（3）.

④ 朱礼庆．娱乐的本性：电视娱乐节目的娱乐性研究［M］．北京：光明日报出版社，2013：21.

⑤ 吕浩，肖群忠．论娱乐的价值意蕴和伦理内涵［J］．伦理学研究，2016（6）：111–114.

⑥ 鲁迅．中国小说的历史的变迁［M］// 鲁迅全集（第 9 卷）．北京：人民文学出版社，2005：312–313.

需求也得到了前所未有的刺激与满足。以电视为龙头，娱乐成长为极具商业价值的产业。互联网给娱乐带来的第一个革命性变化，在于大众从娱乐的客体变为娱乐主体，即大众由电视时代的被娱乐变为“我来娱乐”。抖音、快手、微博等社交平台，就是大众表演的平台，“在短视频的世界里，人人都化身成了‘戏精’，或土味出演、或模仿搞笑、或艺术创造，再配以音乐、特效尽情挥洒”[①]。互联网给娱乐带来的第二个革命性变化，在于互联网将娱乐的“愉悦享乐”升级为“集体狂欢”。在人人互联的互联网空间，独享娱乐是不合潮流的，大众娱乐才是它的性格。现实生活中的狂欢节是一种庆典和仪式，在这种节日中，人们尽情地欢乐、享受、放纵，以打破现实生活的等级、压迫、沉闷等。巴赫金称其为“第二种生活”，是一种“脱离了常轨的生活，是‘翻了个的生活’”[②]。巴赫金认为狂欢概念具有四个范畴：第一是随便而亲昵的接触，它提倡打破等级的障碍以及思想的壁垒，进而营造狂欢快乐、平等自由的气氛；第二是插科打诨，在狂欢节上，这种方式被用来反讽、揶揄官方权威；第三是对立与俯就，在狂欢节上，人们脱离体制、颠覆身份；第四是粗鄙或不雅。总之，“狂欢式生活强调的是广场式自由自在的生活，宣扬平等，否定一切日常生活的等级与权威”[③]。这样的狂欢式生活在现实生活中不多见，但在互联网空间却趋于常态。最能体现网络空间这种狂欢化生活的莫过于B站“弹幕”了。首先，“弹幕”构建了一个用于众人同在的“广场”，通过“弹幕”，众人互相“看见”；其次，他们相互“看见”的是去掉了所有社会身份的、与自己一样又不一样的“网友”，他们是平等的；最后，他们构建了具有狂欢效应的弹幕文化，“对文字进行了颠覆、重构和偏离式强调，以戏谑的口吻表现出了对主流文化的游戏、消解、娱乐心态。在弹幕的使用中，产生了类似文化狂欢的效应”[④]。互联网给娱乐带来的第三个革命性变化是，娱乐由填充业余时间的活动、由娱乐产业变为现代人的一种生活方式。观察网络生活便不难发现，“除了必要的通信与工作、学

---

① 韩少卿.“戏精”：短视频狂欢的新身体叙事［J］.新闻爱好者，2018（10）：29–32.

② 巴赫金.巴赫金全集：第二卷［M］.李辉凡，张捷，张杰，等译.石家庄：河北教育出版社，1998：176.

③ 王巧霞.狂欢化理论与大众文化之剖析［J］.北方文学，2017（29）：184.

④ 贾敏.弹幕文化解读：庶众的狂欢［J］.现代交际，2016（21）：111–112.

习之外，相当比例的智能设备使用者实际上进行着的是娱乐性审美活动”[①]。在网络中，似乎所有内容，包括新闻、纪录片、科学知识、生活常识、日常生活等，都可以以娱乐的方式表现，网络生存的关键技能便是娱乐或搞笑。很难想象中央电视台新闻联播的主播入驻网络，可以成为段子高手，但这却是事实。“滚滚长江是开水，浪花淘尽直烫嘴；说走咱就走，刚迈两步就烤成火腿。就算一个是阆苑仙葩，也晒得你绽放不了花蕊。只能敢问路在何方，因为热得根本找不着北。”这样另类的天气预报，可不是出自网友，而是出自央视名嘴朱广权。这则《听朱广权用四大名著主题曲播报高温》的短视频有4万多点赞、近4万转发，不能不说是娱乐之功。看过这样机智、调皮又不失风雅的调侃，心中的闷热之气也似乎得到些宣泄。

叙事或讲故事的本质就是娱乐。“故事不具有论证能力，它们仅仅是去取悦和迷住听故事的人。”[②]“取悦”“迷住”都属于娱乐的手法。故事所讲究的悬念、情节的曲折、情绪的渲染也确有“取悦”“迷住”之功，作为叙事说服机制的叙事传输至少包含着娱乐的成分。韩炳哲甚至认为：“娱乐就是叙事。它具有叙事的紧张感。……神话的叙事性也是娱乐的主导。”[③]看似将娱乐与叙事划为等同，实则表达了娱乐与叙事的同质性，以及叙事作为娱乐表达的方法论思想。罗伯特·麦基也有类似的说法：“究竟什么是娱乐？娱乐即沉浸在故事的仪式之中，达到一种知识上和情感上令人满足的目的。”[④]“沉浸”与“满足”——叙事与娱乐在此汇合。据朱礼庆分析，构成电视娱乐节目的娱乐性元素有8个，“故事”是其中之一，居第二位。“故事是电视娱乐节目的重要元素，对于电视娱乐节目来说，讲述老百姓自己的故事是一种策略，讲述明星背后不为人知的故事也是一种策略。”[⑤]朱礼庆认为：“细节描绘、

① 王青.论融媒体时代数字审美的娱乐化趋向：以网络小说影视改编为例［J］.三峡大学学报（人文社会科学版），2020，42（3）：73-79.

② 韩炳哲.娱乐何为［M］.关玉红，译.北京：中信出版社，2019：93-94.

③ 韩炳哲.娱乐何为［M］.关玉红，译.北京：中信出版社，2019：94.

④ 麦基.故事：材质、结构、风格和银幕剧作的原理［M］.周铁东，译.天津：天津人民出版社，2014：5.

⑤ 朱礼庆.娱乐的本性：电视娱乐节目的娱乐性研究［M］.北京：光明日报出版社，2013：109.

悬念制造、情节延宕、情境再现，是故事的核心构成要素，也是电视娱乐节目叙事的基本手段。”[①] 网络中的娱乐更是如此。美食类内容在电视节目中，大多是教人做菜的模式。大概是受到纪录片《舌尖上的中国》的启发，也因为“民以食为天”，网络媒体特别是自媒体平台，如抖音、快手成为大众追求美食的天地，美食类短视频成为短视频平台中的大类，也成就了不少美食类博主，自媒体博主李子柒就是凭着美食短视频走红网络的。但能在网络上走红的美食短视频，除了极少数以教授烹调技艺为主，多数都是“美食＋故事”模式，在故事中往往会突出一些搞笑因素。

娱乐具有消遣价值、审美价值、社会价值和商业价值。常言说，“笑一笑，十年少”。康德认为，娱乐有益于健康，因为笑“制造了肉体中各种生命力量的平衡”[②]。娱乐也并非仅限于感官或肉体享受，娱乐的效果也发生在认知层面，“娱乐的作用在于假托娱乐和消遣对认知层面进行探究”[③]，也就是我们常说的“寓教于乐”，“大众传媒的叙事性娱乐形式使道德规范成为习惯，也因此使道德规范成为偏好、日常和无须另做评判或反射的‘就是如此’的理所当然，使社会得以稳定”[④]。理性的道德说教未必能达成这样的效果。娱乐具有审美价值是毋庸置疑的，“娱乐在本质上是审美的游戏，娱乐在审美文化中是普遍存在的，是审美的题中应有之义”[⑤]。娱乐的商业价值也是不争的事实，且学界普遍认为，对利润的追逐正是现代娱乐业发达的主要动力之一，而泛娱乐化的种种弊端与问题的主要原因也大多归于此。

总之，叙事本身就具有娱乐性，而娱乐化叙事特指秉持娱乐精神、突出娱乐价值、进一步强化娱乐性的其他因素，包括奇观、游戏、明星、谐趣、仪式、互动、包装等，至于娱乐化叙事的操作在此不作展开，在第二节、第三节中会有所展现。娱乐化叙事须注意的问题为泛娱乐化，避免将娱乐降

① 朱礼庆．娱乐的本性：电视娱乐节目的娱乐性研究［M］．北京：光明日报出版社，2013：110–111.

② 韩炳哲．娱乐何为［M］．关玉红，译．北京：中信出版社，2019：105.

③ 韩炳哲．娱乐何为［M］．关玉红，译．北京：中信出版社，2019：101.

④ 韩炳哲．娱乐何为［M］．关玉红，译．北京：中信出版社，2019：93.

⑤ 朱礼庆．娱乐的本性：电视娱乐节目的娱乐性研究［M］．北京：光明日报出版社，2013：52.

格，落入低俗化、庸俗化的窠臼，更不应回避高尚、恶搞主流意识形态。

第二节　网络微叙事

微叙事，作为一种叙事类型古已有之。《吴越春秋》《庄子》中就有许多精彩的微叙事作品。① 如果以“篇幅短、情节简单”作为微叙事的核心要义，那么，中国古诗词中的许多篇章（如绝句）、新闻报道中的短新闻、微型小说、歌词等都应归属微叙事之列。而今的微叙事则专指网络微叙事，即以网络为载体、在网络环境下生成、具有网络技术与网络文化特征的微叙事。在国内论及微叙事的文献中，大多将“微叙事”定义为与宏大叙事相对的一种叙事，恐失之偏狭。与宏大叙事相对的概念是“小叙事”，是由法国后现代主义哲学家让－弗莱索瓦·利奥塔（Jean-Francois Lyotard）提出的。利奥塔认为，在宏大叙事之下还存在着许多被压迫和排斥的“小叙事”，小叙事以其碎片化、零散化对应宏大叙事的整体性、普遍性与权威性。② 区分“微叙事”与“小叙事”的意义在于，“微叙事既可以是小叙事，亦可以是宏大叙事”③，一些微叙事特别是主流媒体制作的微叙事，往往具有“微言大义”的特点，以“短小的篇幅、简单的情节”彰显家国情怀、民族气节、文化风骨。

微叙事品类繁多，一般可分为虚构叙事与非虚构叙事两大类，这是基于建构理念的分类。虚构叙事包括微小说、微电影、微散文、微故事、微小品、微广告等，非虚构叙事包括微（短）新闻、微纪实、微课堂等。微新闻包括微消息或微资讯、微评论、微新闻故事等；微纪实包括微纪录片、微日记、微实拍等；微课堂泛指知识类的微传播品，包括政治、经济、金融、文化、军事、科技、生活等名目繁多的垂直类内容。根据微叙事的叙事工具或

---

① 王静．自媒体微叙事［M］．北京：中国传媒大学出版社，2020：12.

② 王静．自媒体微叙事［M］．北京：中国传媒大学出版社，2020：12-13.

③ 王静．自媒体微叙事［M］．北京：中国传媒大学出版社，2020：13.

叙事符号分类，可分为文字微叙事、口语微叙事、图画微叙事（如手绘叙事、书法叙事）、视频叙事和融合微叙事。在网络空间，以融合微叙事为主，这是由网络的多媒体性决定的。就目前来看，短视频是融合微叙事的主要样态。从名称上看，尽管以“视频”为名，但实际上包括了视频在内的几乎所有的符号种类（文字、口语、声音、身体、音乐、图画、动漫等），因此，以下的分析主要以短视频为观察点。鉴于本书的研究对象为新闻媒体，因此以下的分析也只针对非虚构微叙事展开。

一、微叙事的网络性

本章第一节已从较为宏观的层面就媒介对叙事的定义权、规定性进行了阐述。正如尼尔·波兹曼所言，要理解一个事物必须引入另一个事物：光是波，语言是树，大脑是被知识照亮的黑暗洞穴。[①] 媒介就是常常被引入的“另一个事物”。媒介的独特之处在于，“虽然它指导着我们看待和了解事物的方式，但它的这种介入却往往不为人所注意”[②]。“它们更像是一种隐喻，用一种隐蔽但有力的暗示来定义现实世界。”[③] 网络媒介以其符号属性、技术属性和文化属性规定了网络叙事的碎片化、互动性与娱乐化，这是第一节形成的基本结论。那么，网络的这些规约性又是如何体现于微叙事的？

（一）微叙事的多媒体性

网络微叙事的多媒体性以“视频 +”为结构性特征，即视频为不可缺少的要素。在此结构下，由于加入符号的不同形成了两种叙事：有声叙事与无声叙事。按照符号学的基本原理，非语言符号是不可以单独传播信息的，因为非语言符号的含义是模糊、不确定的。语言符号尽管有很多缺陷，但却是可以传达确切含义的符号系统。因此，有声叙事的基本结构是视频 + 口语，而无声叙事的基本结构是视频 + 文字。这样看来，视频连同口语、文字便成为微叙事的基本要素。“声音”作为世界发出的音响，可以随着现代视

① 波兹曼．娱乐至死 童年的消逝［M］．章艳，吴燕莛，译．广西师范大学出版社，2009：14.
② 波兹曼．娱乐至死 童年的消逝［M］．章艳，吴燕莛，译．广西师范大学出版社，2009：11.
③ 波兹曼．娱乐至死 童年的消逝［M］．章艳，吴燕莛，译．广西师范大学出版社，2009：11.

频设备一同出现在视频中，起到增强视频质感的作用。当然，在后期编辑中可以根据需要删除一些杂乱的、不必要的声音，也可以利用拟音技术对声音进行修饰，或美化，或增强，或变调。音乐作为情感表达的艺术品，在微叙事中经常用于烘托气氛、调动情绪，增强视频的感染力。由于声音、音乐作用于人的听觉管道，对视频的视觉传输管道不会形成太大干扰，所以，声音和音乐经常出现在微叙事中。而绘画、动漫则因与视频的视觉传输管道相冲突，很少出现在微叙事当中，当然绘画、动漫的专业性要求也是其中的重要原因。

有声微叙事大概可分为三类：偏视频类、偏语言类与视频—语言并重类。偏视频类，即视频为叙事的主要承担者，语言少，主要起辅助作用。一些重在展示场面、风景、过程、技艺或技巧内容的短视频往往采用偏视频叙事，如李子柒的短视频，不仅很少听到人语，字幕也很少，大多仅有文字标题。偏语言类，即语言为叙事的主要承担者，视频简单，有些视频只扮演背景的角色。偏语言微叙事需要良好的语言表达力，而语言表达的内容也需要具有一定的内涵，因此，偏语言类微叙事往往用于知识类、评论类、观点类的内容，叙述者也往往是思想或知识生产者中有较好表达能力之人，包括专家、教授、专业人士、行业精英等。一些民间的有识之士也会成为这类微叙事的叙事者。视频—语言类为视频与语言并重类微叙事，主要用于新闻故事、微纪录片、随感、游记等题材，这些题材往往既需要场景又需要观点。无声微叙事按理也可以分为三类：偏视频类、偏文字类与视频—文字类，但实际上后两类，即偏文字类与视频—文字类很少见，原因同样在于文字与视频共用视觉传输管道，在视频为主导的微叙事模式中，文字只能压缩到最少，担当辅助的角色。

（二）微叙事的社交性

所谓“社交”，是指社会成员通过交流建立联系或关系的行为。任何交流都是符号化交流，即必须借助符号才能实现。交流还有一个必要的前提——遇见，这就需要媒介。公共关系部门最主要的任务就是搭建媒介——建构各种组织、活动、机会等使人们能够遇见，进而交流，形成个人、政府部门、企业事业单位、社会团体与组织所需要的社会关系网，以从事相应的社会活动。用来社交的媒介必须具有交流性，传统大众传媒由于缺乏交流性，所以在大众传播的强大社会功能中并不包含“社交”这一项。互联网的互动性赋予了网络社交功能，从 E–mail、BBS、博客 / 拍客、QQ 聊天、微博、微信到抖音、快手等社交软件，一步步将网络的社交功能释放出来。不得不承认，是抖音、快手等视频平台将网络社交发展为全民网络社交。中国互联网络信息中心（CNNIC）在京发布的第 48 次《中国互联网络发展状况统计报告》显示，截至 2021 年 6 月，我国网民规模达 10.11 亿。短视频用户规模为 8.88 亿，占网民整体的 87.8%，较 2020 年 12 月增长 1440 万。数据还显示，2021 年 3 月，短视频 App 的人均单日使用时长为 125 分钟，较长视频高出 27 分钟，且差距呈增长趋势；53.5% 的短视频用户每天都会看短视频节目，这一比例较长视频（36.3%）高出 17.2 个百分点。[①] 总的来说，视频的社交性要强于文字，视频的高情境性会提升人的社交欲、交流欲；而短视频的社交性也强于长视频，短利于交流，长不利交流。交流总是以平等为前提，这种平等除了交流主体之间的平等相待，还包括话语平衡。试想，如果一个人总是长篇大论，别人还怎么说话呢？因此，同样精彩的内容，内容的长与短可能是影响阅读、评论、点赞、转发的重要因素。

鉴于短视频所表现出的突出的社交功能，有必要提出“短视频社交”的概念。近些年，学界出现了“社交短视频”“社交类短视频”“短视频社交”等提法，但多数没有给出明确的定义；有的文献虽给出了定义，但似乎未能突出短视频的社交属性，而仅仅以“在社交平台上时时分享和无缝对接”作为社交短视频的归属特征。在“社交媒体分享”是短视频社交的先决条件，但“获得社会关系”才是“社交”的基本属性，因此，短视频社交的定义应为：借助社交媒体通过分享短视频而获得社会关系的行为，包括得到更多的关注、扩大朋友圈、树立公众形象、获得好口碑、拓展商业营销等。

（三）微叙事的娱乐性

网络叙事的娱乐性在微叙事特别是短视频上体现得更为突出。一方面，

① 中国互联网络信息中心 . 第 48 次《中国互联网络发展状况统计报告》［EB/OL］.(2021–09–15)［2023–04–25］. https://cnnic.cn/NMediaFile/old_attach/P020210915523670981527.pdf.

视频作为一种快速作用于人视觉的意义传输体，刺激感官或引发快感的性能远高于传输意义的能力。另一方面，短视频的社交性也促进了短视频的娱乐化倾向。社交的展开需要一个宽松、宜人、愉悦的环境或气氛，这不仅能激发人快乐的心情，还能激发人的善意，从而促进交流的活跃。显然，娱乐性的短视频恰恰能够营造这样的情境与气氛。社交需要轻松、有趣的话题，而不是严肃、沉重的话题。社交的话题不在于话题本身的价值，而在于话题的普适性与黏合性。社会新闻、时尚、购物、消费、美食、体育比赛、电影、明星、段子等话题虽不见得有多少意义，但却是社交的润滑剂与黏合剂；而这些也正是娱乐所经营的内容。有的文献使用了“社交娱乐视频”的概念，并将其定义为：“指直播、短视频或者将两者复合呈现的一种视频内容呈现和观看方式。观看社交娱乐视频时，用户除了关注内容本身的休闲性和娱乐性，更加注重与内容生产者和其他用户通过弹幕、聊天、评论等方式，进行具有一定时效性和代入感的社交互动。”[①] 这个概念的提出有一定的合理性，说明了短视频的社交性与娱乐性的内在联系。

学者朱礼庆归纳出的娱乐性的 8 个要素，即奇观、故事、游戏、明星、谐趣、仪式、互动、包装，网络短视频无一不包。奇观表现为视频的夸张（配乐、特效处理等）和大量堆积；故事成为短视频普遍的表现方式，即使是一些知识类、技艺类的短视频，也以故事的方式予以表现、传播，即将知识、技艺嵌入具体的情境、人物、生活、工作中予以表现，赋予知识、技艺鲜活的生命力、感召力；游戏、仪式多见于创意短视频，属虚构类叙事，不属于本书研究范畴，在此不作阐述；有关明星趣闻逸事的短视频，随着国家有关政策的调整和主流价值观的强化呈式微趋势；谐趣，是自媒体短视频的突出特征，“搞笑视频”数量多、粉丝也多，主流媒体的短视频，特别是非政治类短视频也不同程度地带有幽默、风趣色彩；互动是短视频娱乐的重要要素，一些热门短视频的评论量远超视频本身（一些热门短视频评论的价值远超视频本身价值），而且，即使短视频没有明显的娱乐性，在互动中却娱乐频出；包装也是短视频娱乐的重要要素，这一要素主要体现在虚构性视频

① 艾瑞咨询.2020年中国社交娱乐视频研究报告［EB/OL］.（2020-06-29）［2023-04-25］. https://mp. weixin. qq. com/s/NWBj1KRxTy1sk4GzOiuCZQ.

中，但一些非虚构视频也可以通过技术操作凸显故事中的娱乐元素，如配幽默音乐、幽默配音、背景音乐与画面形成反差等。

（四）短视频的开放性

网络本身就是开放性媒体，无论是个体还是机构，不仅可以自由进入，还可制作自己的媒体，在遵守法律、政策与相关规定的前提下，制作、发表、传播个性化内容。而短视频这样一种产品样态可以说是最大限度地开发、利用了互联网的开放性。短视频的长度最短可以几秒，最长不过十几分钟，在制作技术上除了这样的时间要求外，几乎没有其他要求；而智能手机的随手拍功能以及平台提供的各种编辑小程序（剪辑、配音、配乐等），使短视频拍摄与制作的门槛很低，一般人只要稍加学习就能上手。技术上的低门槛使得短视频真正实现了全民开放，短视频博主几乎覆盖了所有人群，一些农村大妈、大爷也可以拥有十几万甚至几百万的粉丝。

短视频对创作者的高度开放性，衍生了短视频的内容的开放性。短视频的内容可以说是包罗万象，应有尽有。在短视频里，有国家大事、国际风云，也有家长里短、油盐酱醋茶；有城市生活的酸甜苦辣，也有农村生活的乐趣与不易；有点石成金的至理名言、诗词歌赋，也有话糙理不糙的顺口溜、大实话，还有萌娃的童言无忌、人小鬼大的惊人之语。短视频里还有一个不同于现实的、想象的世界、魔幻的世界，想象、创造、艺术、惊讶、快乐是这个世界给予的享受。更为难能可贵的是，在短视频的世界里还有对现实的拯救。在现实世界中，一些弱势的声音通过短视频让世界听到，如三农短视频，让那些长在山中无人问的奇货热销起来，让那些很少有人问津的田园风光成为人们趋之若鹜的打卡地、旅游地。在网络世界里，一些在现实生活中难以传播、传承的“非遗”技艺通过短视频吸引了无数目光和爱好者。

二、微叙事的新叙事

网络环境下，微叙事被赋予了多媒体性、社交性、娱乐性和开放性。这些属性在“短”与“视频”这两个基本因素的调控下，显示出微叙事的独特性。微叙事的多媒体性表现为有声叙事——视频 + 口语、无声叙事——视频

+文字两种类型，微叙事的社交性体现为全民社交，微叙事的娱乐性表现为复合型特点，即技术性与社交性的结合，微叙事的开放性则表现为低门槛性和与线下的联通性。那么，这些属于微叙事的网络性，形塑了怎样的微叙事特点？

（一）微叙事的内视角化

视角，即叙事者观察叙述对象的角度。叙事视角决定着叙事者的视野，也决定受叙者能够看到什么或看不到什么。叙事视角一般分为三类：内视角、外视角和全知视角。内视角，指叙事者处于事件的内部，即作为当事人或为事件发生的见证者，以“我”自称叙述自身经历的事件。内视角叙事也被称为内聚焦叙事、第一人称叙事，特点是不仅能够提供有关叙事对象的大量细节，还能提供叙事者对叙事对象的心理感受，代入感较强。外视角，指叙事者处于事件外部，即作为旁观者以不介入的姿态进行观察与叙述。外视角叙事也被称为外聚焦叙事、第三人称叙事，特点是只能提供叙事对象的有限信息，且信息是模糊、不确定的。全知视角也被称为上帝视角或非限定性视角，“叙述者所掌握的情况多于故事中的任何一个人物，知道他们的过去与未来”[①]。在微叙事中，大量使用的是内视角，全知视角很少用，而外视角作为辅助视角使用。

大量的自媒体微叙事以内视角展开，因为自媒体人往往是集叙事者、叙事对象、叙事作品制作者和发布者为一身，他们所叙之事或为自己经历的事，或为身边发生的事。一些媒体机构也往往以真实个体或虚拟个体的面目出现。首先，微叙事的内视角叙事呈现为传统的“我”叙事，或第一人称叙事；其次，以见证者、体验者的身份偶尔现身叙述“他”的故事。这类叙事与传统的“外视角”叙事相似，但由于叙事者的偶尔现身，并与叙事对象处于互动之中，又与“外视角”叙事相区别，暂且称之为“准内视角”叙事。再次，外视角叙事往往用来制造神秘感或悬念，为内视角叙事或准内视角叙事埋下伏笔、增加吸引力。最后，一些取自监控视频或工作记录视频的短视频，因镜头与叙事对象的接近性，特别是经过编辑（加字幕、解说、配音

① 曾庆香.新闻叙事学［M］.北京：中国广播电视出版社，2005：129.

等），也有一种内视角效果，暂且称之为拟内视角叙事。

内视角叙事在画面语言上集中表现为“特写”的大量运用。特写镜头善于聚焦，能够清晰地展现叙事对象的细节，如线条、质感、色彩、人的微表情等，“由于特写画面视角小、景深小、景物成像尺寸大，细节突出，受众的视觉完全被画面的主体意象所占据，这使得画面传达的视觉意象更容易获得受众的重视和接受，并让受众在情感上做出反应”①。特写在无声微叙事中显得更为突出，如李子柒的短视频多为无声微叙事，特写镜头就比较多。李子柒短视频的特写镜头包括李子柒脸部与手的动作、美食、花朵等。内视角叙事的语言模式为：我看见、我听见、我感觉、我觉得、我高兴、我感动……

（二）微叙事的单线——场景化叙事结构

叙事结构，即对情节的安排。叙事结构大致可分为单线结构和复线结构两种。单线结构的突出特点是围绕一条情节主线，展开人物活动和事件发展过程。“这种叙事模式往往比较简单，且符合人们的逻辑思维和日常叙事习惯，易于理解与接受，所以一直以来都是大众文化文本中最常见的叙事类型。”② 传统叙事的单线结构往往是依时间线索进行安排的，包括顺叙、插叙、倒叙等，表现为清晰的时间线索，并通过叙事时间与实际时间的错位营造陌生感和曲折感。但微叙事因时长有限，很难沿着时间线索展开叙事，即使叙事速度再快，也很难将几天、几个月、几年哪怕一天时间里发生的事压缩在几秒、几分钟的叙事中。因此，微叙事只能淡化时间要素，而突出场景要素。由于网络微叙事具有随手拍、随手发的特点，所以，微叙事里的时间标识永远是“现在”，若要确定微叙事里事件发生的时间，只能去平台找微叙事作品发布的时间。当然，一些微纪录片特别是多集微纪录片由于时长较充裕，会显示一定的时间线索，但场景还是第一位的。

微叙事的单线—场景化的叙事结构，保留了传统单线结构的“一条情节主线”、模糊时间要素而突出场景要素的特点。学界也有人认为，短视频将

---

① 李飞雪，范朝慧．视听意象：中华优秀传统文化的短视频传播［J］．中国电视，2021（8）：63–68.

② 王静．自媒体微叙事［M］．北京：中国传媒大学出版社，2020：80.

时间、空间进行了双重解构。对空间结构的解构也许是指“微叙事将时间与空间分离在不断刷屏的‘指尖’上或移动终端上的虚拟场域。因此，地理空间在这样的叙事过程中变得特别没有实在意义，或只能降低为被填充的空间”[①]。在传统叙事中，空间是人物活动、事件展开的场景，空间的这种标识性一旦失去时间的坐标，的确会变得苍白甚至失去意义。但微叙事却在模糊时间坐标的同时，将场景提升为叙事本身。有些微叙事就是由场景构成的，甚至没有人物、没有语言。

（三）微叙事的情感化

有关说服的研究证明，情感能够对说服产生影响，而有关叙事说服研究也认为，受叙者的情感体验是叙事传输的重要因素。结构情感理论认为（Brewer & Lechitenstein，1981，1982），对故事的情感反应可由故事的事件结构和话语结构的特定组合引起。有研究表明，与非悬念结构相比，悬念结构引发了更多的情绪反应，导致了更多的整体运输，并使人们持有与故事更一致的信念。一些研究还表明，叙事所表现出的情感一致性也很重要。情感一致性，指叙述者的情绪与所述事件的一致性，不一致的情绪表达可能会导致听众的不理解和排斥。[②]帕特里克·科尔姆·霍根（Patrick Colm Hogan）在《情感叙事学：故事的情感结构》（*Affective Narratology: the Emotional Structure of Stories*，2011）一书中指出：正是人类的情感造就了丰硕的故事成果；故事结构从根本上要受到人的情感系统影响并最终由其决定。叙事即将一系列故事碎片以一定的方式串联起来，霍根认为因果关联和情感联系是串联的方式之一，且如果缺乏因果关联和情感关联，一系列事件也不足以发展成为故事。[③]将“情感关联”作为叙事中时间安排的一种结构方式，的确很有道理。

微叙事的情感性更为突出。首先，微叙事的内视角化，使叙事者可以随

① 潘天波．微叙事的时间本质与意义建构［J］．现代传播（中国传媒大学学报），2017，39（12）：90–96.

② 见本书第一章第三节。

③ 梁福江．叙事研究新视角：《情感叙事学：故事的情感结构》述评［J］．认知诗学，2019（2）：115–122.

时表达自己的情感感受，而无论是准内视角叙事，还是拟内视角叙事，都容易做到情感一致性。其次，微叙事的多媒体性容易实现情绪表达。绝大多数短视频都包含音乐，或作为主题音乐，或作为背景音乐。音乐是一种借助旋律与文本表达情感的艺术，“音乐以音的高低、长短、强弱和音色等基本要素的不同来表现不同情感”[①]。即使没有配以音乐，画面与带有情感的文字相搭配，也能激发出各色情感。最后，情感是互动的驱动力。一些富有情感的短视频，总是能够获得大量的点赞、评论和转发，这种互动甚至延续至线下。微叙事的社交性与微叙事的情感性相互促进。

霍根认为情感系统不仅为故事提供基本的结构和时间脉络（temporal constituents），而且为不同体裁提供根本的组织原则（organizing principles），苦难叙事、英雄叙事和言情叙事构成了跨文化的原型叙事。[②] 微叙事中的情感叙事大多可以归入这三类原型，但总的情感基调是以向上、快乐为主。在中国崛起的大背景下，以及微叙事的娱乐化属性，苦难叙事数量不多，其表现也多为个体的、轻微的愁绪，如病痛、衰老、人际困扰、婚姻失败、思乡等；英雄叙事相对多一些，表现为对一些英雄模范人物的致敬、抒发爱国情怀，以及对践踏正义、良知的人和事表达愤慨；言情包括亲情、友情、爱情、审美等，是微叙事中数量最多也最为丰富饱满的情感叙事。

对时间要素的消解，意味着时间结构不是微叙事诉诸情感的方式。悬念是微叙事调动受叙者情绪的方式之一，但由于悬念的形成需要在起始事件（如生命安全、比赛成败、职位升迁等）和后果之间插入一些无关的语料，即时间上的延迟，方可产生悬念的效果。微叙事很难提供“时间延迟”，因此，微叙事虽然也会运用悬念，但悬念的情感效果并不突出。微叙事的情感叙事是借助语言、文字、音乐、画面之间搭配而形成的直接、简约式叙事。

---

① 康健，王海龙，苏贵斌，等．音乐情感识别研究综述［J］. 计算机工程与应用，2022，58(4)：64–72.

② 梁福江．叙事研究新视角：《情感叙事学：故事的情感结构》述评［J］. 认知诗学，2019(2)：115–122.

三、微叙事的场景叙事

场景，就是场地中发生的情景，也就是一定时间、空间内发生的人的行为和故事。[①]场景作为叙事要素之一，一直存在于叙事中。语言文字在叙事时所追求的形象性，其实就是在构建场景。然而，由于语言文字欠缺形象感的本性，文字叙事的场景总是模糊的。当电视以动态、连续的画面将场景无遮蔽地清晰展示出来，电视就成了“场景化媒介”。实际上，电视只是实现了内容的有限场景化；而当互联网技术越来越直观化，人类的信息传播便进入了场景化时代。传播的场景化时代，意味着内容、互动、媒体服务的深度场景化，“无论是对于内容媒体、关系媒体还是服务媒体，‘场景’都将成为一个新的核心要素”[②]。

（一）构成场景的五大技术

罗伯特·斯考伯和谢尔·伊斯雷尔所著的《即将到来的场景时代》一书指出了场景时代构成场景的五大关键技术：大数据、移动设备、社交媒体、传感器、定位系统。移动设备（主要以智能手机为主）是场景时代的基础设备，其他四种设备都有赖于此，“移动设备聚合了其他四种原力。移动设备是获取互联网力量的关键，也是体验场景超级风暴的载体”[③]。社交媒体对于场景时代是必不可少的，它将成为极富个性化内容的源泉。[④]数据之于场景时代就如同氧气一般——无处不在且必不可少。互联网累积的数据量巨大，所以成为“大数据”。全世界一天所产生的数据量，相当于70个美国国会图书馆的数据量。[⑤]大数据让人变得如此透明，它是一种威胁，但同时带给人

---

① 沈贻炜，俞春放，高华，等．影视剧创作［M］．杭州：浙江大学出版社，2012：162.

② 彭兰．场景：移动时代媒体的新要素［J］．新闻记者，2015（3）：20–27.

③ 斯考伯，伊斯雷尔．即将到来的场景时代：大数据、移动设备、社交媒体、传感器、定位系统如何改变商业和生活［M］．赵乾坤，周宝曜，译．北京：北京联合出版公司，2014：14.

④ 斯考伯，伊斯雷尔．即将到来的场景时代：大数据、移动设备、社交媒体、传感器、定位系统如何改变商业和生活［M］．赵乾坤，周宝曜，译．北京：北京联合出版公司，2014：15.

⑤ 斯考伯，伊斯雷尔．即将到来的场景时代：大数据、移动设备、社交媒体、传感器、定位系统如何改变商业和生活［M］．赵乾坤，周宝曜，译．北京：北京联合出版公司，2014：15–16.

便利与机会。传感器是一种简单小巧的测量装置，可以被安装在一切活动或固定的物体上，并能报告它所探测到的一切。[①] 传感器的普及性使用无疑将使“万物为媒”由设想变为现实。定位系统能够实时收集位置移动信息，并为用户提供移动服务，如高德地图、腾讯地图等。定位系统的基础是地理数据，包括地理数据的实时更新，而定位系统最有价值的要素是场景，也就是为用户提供个性化定位服务。比如，当用户到达某一地点或位置，定位系统可以为用户提供最近的停车场位置、住宿、餐馆、购物场所等详细信息。总之，五大技术将场景遍在化、动态化、个性化与实用化。

场景传播时代，“微”叙事成为一种主流叙事形态。[②] 微叙事通过对时间要素的消解，形成依赖场景的叙事结构；借助五大技术的支持，微叙事还拥有了社交、服务、营销等多种功能。

“叙事”一词源于拉丁语“qnarus”和印欧词根“qna”，意为“知道”，指通过行为和生活中的偶然事件而获得知识[③]，从“知识”这样一个根本点去理解叙事，就容易理解某种对叙事的分类。有些知识存在于历史中，便形成历史叙事；有些知识存在于人，便形成人物叙事；有些知识存在于场景中，那便形成场景叙事。然而，有一种传统观念，认为叙事主要是一种时间艺术，景观属于视觉空间的事物，一种不变的背景，因而是非叙事的。[④] 实际上，景观也具有叙事能力。景观叙事是指，景观不仅构成叙事的框架，而且景观本身也是一种多变而重要的形象和产生故事的过程。[⑤] 景观之所以有意义，是因为景观所承载的故事。

（二）开放的景观叙事

景观是叙事中的开放性要素，借助社交平台，景观叙事的开放性得以更

① 斯考伯，伊斯雷尔．即将到来的场景时代：大数据、移动设备、社交媒体、传感器、定位系统如何改变商业和生活［M］．赵乾坤，周宝曜，译．北京：北京联合出版公司，2014：22.

② 李旗．场景传播的叙事学解析［J］．传媒，2020（4）：91–93.

③ 波泰格，普灵顿．景观叙事：讲故事的设计实践［M］．张楠，许悦萌，汤莉，等译．北京：中国建筑工业出版社，2015：3.

④ 波泰格，普灵顿．景观叙事：讲故事的设计实践［M］．张楠，许悦萌，汤莉，等译．北京：中国建筑工业出版社，2015：7.

⑤ 波泰格，普灵顿．景观叙事：讲故事的设计实践［M］．张楠，许悦萌，汤莉，等译．北京：中国建筑工业出版社，2015：6.

加彰显。与口头或文字叙事相比，空间叙事是无声的、连续的，而且对景观叙事的解读是没有什么章程的。[①] 在一个场景中，无人规定先看哪里、后看哪里，也无人规定应该怎么理解、不应该怎么理解。因为景观叙事更多的是展示，观赏者必须发现故事并成为讲述者。况且，任何非语言符号的含义都是模糊的，即使配以适当的文字，也都显得意犹未尽，因此景观叙事可称作含蓄叙事。也正是景观叙事的含蓄性，为观赏者提供了广大而有趣的形象、联想空间。还有，景观具有突出的勾起回忆、触动人情绪的功能。景观叙事的这些特点，与微叙事的简短、即时相结合，借助社交平台，微叙事的景观叙事显示出更为突出的社交活跃性。有时，一条几秒钟的景观性短视频，评论数就达几千条甚至上万条，且评论五花八门，让人大开眼界。比如，人民日报社发布的一条《大场面！新疆昭苏又见“天马浴河”，壮观！》（快手，15 秒，2022 年 7 月 15 日）短视频，获点赞 103.5 万，评论 5389 条。这些评论除了赞美、表达对祖国大好河山的热爱，发自不同角度的评论也很是热闹：很多评论说“万马奔腾”，有的网友就认真地说“看上去也就几十匹”；有的人想起弼马温（孙悟空），有的人想起左宗棠，有的人想起当地一位有名的女县长，有的人想起百骏图；有的人追问配曲是什么歌，有的人担心会不会万马飞翔；有的人说好想成为马上的牧民，有的人说一定到新疆去看看；有的人作诗，有的人写对联……

（三）由人、景、物、事构建的景观叙事

景观叙事的主要要素为人、景、物、事。景观叙事中的人是有表情、身体、行为的人，可以是远景中的人，也可以是中景、近景和特写镜头中的人；景，即背景，一般以远景、中景加以呈现；物，即自然物与人造物，一般以近景、特写加以呈现；事，即事件的过程与结果，一般也是以近景与特写加以呈现。微叙事不仅以景观叙事为主流，还将五要素相分离，出现了单纯的景叙事、物叙事。景叙事，即将背景变为被叙对象，不仅主要以近景、特写予以呈现，而且赋予其特定含义。从目前社交平台上的短视频看，景叙事主要为旅游风光叙事、田园风光叙事、家庭生活空间叙事等。旅游风光叙

---

① 波泰格，普灵顿．景观叙事：讲故事的设计实践［M］．张楠，许悦萌，汤莉，等译．北京：中国建筑工业出版社，2015：10.

事，通过对美丽、奇伟、壮观场景的展示，诉诸审美、热爱、敬畏的意义与情感；田园风光叙事，通过展示农村生活场景的静谧、恬淡、安适、祥和，彰显了一幅理想田园生活的图景。这两类叙事，大多还是常规内视角与外视角的叙事，如果能够更多地运用无人机、传感设备，叙事的丰富性与新鲜性会大为增强。物叙事，则主要在于展示、介绍物品，包括建筑、艺术品、工艺品、文物收藏、科技产品、生活用品、商品等，往往赋予叙事品位、审美、文化、创新等意义。

在短视频的事件叙事中，得益于越来越多的监控或记录设备，过程性事件越来越多，一些人工无法拍摄记录到的过程场景，吸引了无数人的眼睛，也震撼着人们的心灵。例如，一条“两青年徒手接住坠楼女童”的几秒短视频在社交媒体火了，事后两青年被当地政府授予“见义勇为好员工”称号。“两青年徒手接住坠楼女童”的过程不过几秒钟，但整个过程通过视频全程记录下来，若非附近安装的监控设备，即使是在场的人也是无从拍摄的。有关人的叙事，和传统叙事一样，常与景、物、事交织在一起，且语言与非语言并用。唯一有所不同的是，叙事视角以内视角为主，而传统叙事一般以全知视角、外视角为主。

（四）景观叙事中的人体叙事

人的身体，包括表情、动作、姿势等，是景观叙事的广泛性参与要素，普遍存在于各类景观叙事中。即使在景、物、事的叙事中，也往往有人的身影，没有人参与的景观不仅缺乏生命的活力，也显得不够真实。人毕竟是万物之灵。身体叙事可分为三类：第一类为背景性身体叙事，即人的身体作为背景出现于场地、空间中，如风景类景观叙事，人往往以远景、中景与风景融合在一起，成为风景的一分子。第二类为与景、物、事的互动者，协助、推动景观叙事。例如，在风景叙事中通过人身体的移动，变换不同的景致；在田园叙事中，通过人的行为，形成了“日出而作，日落而息”的时间规则，而山林、水溪、花草、作物、果实、牲畜、炊烟等也在人的劳作中变得清晰可见；物品，有时随着摄影镜头独自出现在画面中，有时特别需要强调、突出，则往往需要人的引导，如对某物特别之处的指点、对食品的品尝、对质感的触摸、对重量的掂量、对物品制造过程的演示、对物品使用的演示等。第三类为对人的叙事，即通过人的身体表现人物的性格、内心情感。例如，李子柒的视频几乎没有语言，但她以娴熟、麻利的动作姿态和专注、投入的神情，以及为奶奶夹菜等动作，赢得了广大粉丝的喜欢，大家称赞她“勤劳、能干、善良”。身体还有配合语言、辅助语言表达的功效，这在语言类短视频中比较突出。有的短视频，出镜者或叙述者不仅声音抑扬顿挫、表情丰富，还带有一定的动作和手势，再加上好的内容，就比较能够吸引人；反之，即使有好的内容，但缺乏身体语言，也观者寥寥。

第三节 中国故事的网络叙事

讲好中国故事是国家战略，也是每一个中国人的职责与义务，中国故事的讲述人是全体中国人。“讲什么，怎么讲，通过何种平台讲”是讲好中国故事面临的基本问题，微叙事及其短视频平台是目前所能找到的重要途径之一。短视频社交平台不但聚集了绝大多数的网民用户，还创造了数以亿计的短视频创作者。以抖音平台为例，2019 年抖音上粉丝 1 万以上的创作者数量达 7.4 万，仅 2019 年 7 月 31 日—2020 年 7 月 31 日一年时间，抖音内容创作者就增加了 1.3 亿，其中百万粉丝量级的创作者增幅 211%，千万粉丝量级的创作者增幅 136%。创作者无论是在城镇还是在乡村都出现了繁荣发展，许多外国人来到中国生活，他们也积极成为抖音内容创作者。截至 2020 年 8 月，抖音日活跃用户超越 6 亿（含抖音火山版），成为拥有最大量级用户的短视频客户端。[①] 原来我们说，人民群众在哪儿，党的宣传就到哪儿；现在我们说，人民群众在哪儿，中国故事就在哪儿。只要加强对平台的管理和引导，短视频平台一定会成为讲好中国故事的精彩舞台。

詹姆斯・W. 凯瑞在《作为文化的传播——“媒介与社会”论文集》一书中提出了两种对立的传播观，即传递观（a transmission view of communication）

① 孙佳希 . 抖音创作者生态变化分析［J］. 传媒，2022（7）：52-54. .

与仪式观（a ritual view of communication）。传递观，即着眼于传播信息在空间上的散播及其效果的功能主义传播观，认为“传播是一个讯息得以在空间传递和发布的过程，以达到对距离与人的控制”①。传递观自 20 世纪 20 年代开始，一直在美国思想中占据主流地位，并经常用来定义传播，“‘传授’（imparting）‘传送’（transmitting）或‘把信息传给他人’（giving information to others）这些词常被用来定义传播”②。在传递观中，传播的核心是如何更广、更快地把信息传递出去，目的是对空间的控制或对人的改变。传播的仪式观是一种古老的，但在美国人的思想中相对淡漠的观念。传播的仪式观以古老的宗教仪式为隐喻，“那么仪式观中传播一词的原型则是一种以团体或共同的身份把人们吸引到一起的神圣典礼”③。传播的仪式观的核心是文化的共享与传承，“传播的‘仪式观’并非只指讯息在空中的扩散，而是指在时间上对一个社会的维系；不是指分享信息的行为，而是共享信仰的表征（representation）”④。如果传递观的重点是“信息”，仪式观的重点则是“共享”。传递观强调通过传递信息实现控制与影响，传递不同的信息会得到不同的效果；仪式观强调的是通过共享行为，特定的世界观得到描述与强化。仪式观下的传播，虽然也传递信息，但这并不重要，重要的是仪式本身所携带的可能是长久不变的观念或信仰。

传递观与仪式观似乎是两种对立的传播观，但在实际的传播活动中并非泾渭分明，反而经常共存于传播活动，即传播活动往往既表现为信息传递又包含文化共享。就大众传播而言，或可以理解为，共享与传承文化是大众传播的深层结构，传递、仪式则是表层结构。凯瑞更为重视的是传播的仪式观，但他也认为，这两种对立的传播观不需要彼此否定，“仪式观并不排除信息传递或态度改变过程，它只是主张除非人们从本质上对传播和社会秩序采用仪式性的观点，否则他们就无法正确理解这些过程”⑤。实际上，若要正

① 凯瑞.作为文化的传播：“媒介与社会”论文集［M］.丁未，译.北京：华夏出版社，2005:5.
② 凯瑞.作为文化的传播：“媒介与社会”论文集［M］.丁未，译.北京：华夏出版社，2005:4.
③ 凯瑞.作为文化的传播：“媒介与社会”论文集［M］.丁未，译.北京：华夏出版社，2005:7.
④ 凯瑞.作为文化的传播：“媒介与社会”论文集［M］.丁未，译.北京：华夏出版社，2005:7.
⑤ 凯瑞.作为文化的传播：“媒介与社会”论文集［M］.丁未，译.北京：华夏出版社，2005：10.

确地理解传播，传递观、仪式观都不可或缺，仪式观可能更为根本。

网络的互动性、参与性及多媒体性，使网络特别是社交媒体具有了更为突出的仪式性。抖音、快手等短视频社交平台以短视频的方式传递信息，也以仪式的方式描述、强化某些信念与文化。如何借助网络平台讲好中国故事，需从传递观和仪式观进行双重考察，讲好中国故事既包含信息传递，又旨在阐明中国立场、中国价值观和中国文化。在下文的具体分析中，将以仪式观为框架，并将信息传递嵌入其中。兰德尔·柯林斯在戈夫曼互动仪式论的基础上发展出“互动仪式链”模型，即相互关注 / 情感连带模型。该模型设定了构成仪式的四个要素，即两个或两个以上的人聚集在同一场所、对局外人设定了界限、相互的关注焦点、人们分享共同的情绪或情感体验；[①] 该模型还设计了互动仪式产生的四个主要结果，即群体团结、个体情感能量、代表群体的符号和道德感。[②] 该模型是否适合于通过互联网、手机而形成的非身体聚集的仪式？柯林斯认为，一个仪式的核心特征是相互关注和情感连带的程度，身体聚集使其更加容易，但由远程交流形成的相互关注和情感连带也许是可能的。[③] 应该说，柯林斯近 20 年前的可能性预见在今天已经变成确定的现实。

一、行动者协同叙事

柯林斯“互动仪式链”模型的第一个要素是“两个或两个以上的人聚集在同一场所”，这就意味着无论他们是否有意识地关注对方，都通过身体在场而相互影响。[④] 从行动者网络理论（ANT）看，他们便成为仪式场域中的行动者网络。行动者网络理论认为，每一个行动者网络就是一个系统，在这个网络中，每个行动者都是整个体系中必不可少的一分子，因此每一个行动者都对网络的整合发挥作用，而每一种社会现象，都是行动者网络中的行动者互动的结果。互动仪式链模型所设计的仪式产生的四个主要结果也正是仪

① 柯林斯 . 互动仪式链［M］. 林聚任，王鹏，宋丽君，译 . 北京：商务印书馆，2009：86.
② 柯林斯 . 互动仪式链［M］. 林聚任，王鹏，宋丽君，译 . 北京：商务印书馆，2009：87.
③ 柯林斯 . 互动仪式链［M］. 林聚任，王鹏，宋丽君，译 . 北京：商务印书馆，2009：14.
④ 柯林斯 . 互动仪式链［M］. 林聚任，王鹏，宋丽君，译 . 北京：商务印书馆，2009：86.

式参与者互动的结果。[①] 行动者网络理论包括三个核心概念：行动者、转译和网络，行动者涵盖“任何通过制造差别而改变了事物状态的东西”；转译强调行动者的能动性，可以实现意义的改变、转译、扭曲和修改；网络强调作为成熟转译者的人和非人行动者的工作、互动、流动和变化的行动过程。[②]

一个成功的仪式过程，表现为互动的活跃，而一个失败的仪式过程表现为“互动疲劳”，“成功的仪式是令人兴奋的，相反乏味的仪式则使人无精打采”[③]。仪式中的互动是行动者通过身体、工作、谈话、表述等进行的。行动者网络理论将行动者定义为“制造差异而改变事物状态的东西”，在于强调作为网络中的行动者的有效性。对于仪式中的行动者，为了“互动活跃”“令人兴奋”的仪式过程，也需要差异性的仪式参与者，尽管他们由仪式而产生团结感。有差异的行动者才会激发相互的关注、联动、转译，甚至争议等互动行为。行动者网络理论的重要贡献之一是将“非人”行动者也纳入行动者网络，因为自然、物质、技术等非人类因素对世界同样具有形塑力。非人行动者的概念与麦克卢汉“媒介即信息”的观点形成了某种契合。实际上，仪式的展开，除了人的聚集，还必须有“场所”；而“场所”作为仪式的场景无形中对仪式产生影响。因此，按照行动者网络理论，仪式的行动者也是由人与非人构成的。网络短视频社交媒体，技术的张力或形塑力更强，这些技术包括互动技术、大数据与算法技术、融媒体技术等。那么，在短视频社交平台，欲建构起有关“中国故事”的仪式传播，差异行动者的协同叙事是首先要考虑的问题。

首先，邀请与设限。仪式是地域性活动，即以特定的空间为标识。只有进入特定的空间、场所或身体在场，才能成为仪式的行动者。邀请，即有选择地确定仪式行动者。通过邀请，仪式赋予行动者仪式感或身份感，为行动者的仪式参与注入一份动力。设限，即将局外人排除在外。通过设限，不仅

① 赵高辉. 传统媒介组织“强制性通过点”地位的消解与重构：行动者网络理论视域下的媒介融合发展探析［J］. 现代传播（中国传媒大学学报），2019，41（5）：57–63.

② 吴莹，卢雨霞，陈家建，等. 跟随行动者重组社会：读拉图尔的《重组社会：行动者网络理论》［J］. 社会学研究，2008（2）：218–234.

③ 柯林斯. 互动仪式链［M］. 林聚任，王鹏，宋丽君，译. 北京：商务印书馆，2009：92.

可以保证参与互动仪式的严肃性，还可以提高参与者的关注度。在自由进入的互联网空间，这种传统意义上的“邀请”与“设限”似乎失去了效力，但实际上，在浩如烟海的互联网空间，要找到自己喜欢的空间、知晓他人在关注什么，如果没有被“邀请”或“导航”，就只能在网络的边缘徘徊，成为被设限的局外人。

在抖音、快手等短视频平台，主要依靠技术与算法进行邀请与设限。以快手为例，当你打开快手 App 时，你就进入了观看视频的界面，随着手指的向上滑动，一个个视频鱼贯而入。如果看到喜欢的视频，你可能会注意博主的标签信息（博主昵称、粉丝量、点赞量以及博主的推介性信息）。如果选择打开博主的网页，博主的全部视频（显示点赞量）就像橱窗一样琳琅满目。点赞量可能是这时的关键“通点”。经过一番浏览后，你可能会选择点赞、转发、评论、关注等，这便进入了这个博主的“仪式”。快手的“放大镜”按钮是搜索键，也是邀请键，按下此键后会出现一个由高到低的播放量榜单，此时，播放量便成为鲜明的邀请信号，而没有进入这个榜单的短视频就等于“被限”了，也意味着用户“被限”了。当然，用户也可以摆脱这个榜单自行搜索，但搜索不能保证你能够进入最重要、最热闹的仪式。榜单上的短视频可能是单一短视频，也可能是话题短视频或类别短视频。一个短视频背后是一个博主，而一个话题或类别短视频背后是无数博主，相当于一个大型的广场仪式。显然，话题短视频或类别短视频更符合“协同叙事”的理念。

一个博主的邀请与设限除了粉丝量、点赞量、作品量等数据之外，博主的昵称、自我描述或自荐也是重要的邀请与设限暗示符号。昵称、自我描述显示出博主视频定位，包括内容类别、个性特点、趣味品位、话语风格等。比如，一个博主的昵称为“中国故事”，自我描述是：“讲好中国故事，弘扬中国精神，一起传承和发扬中华美德！这里有英雄与伟人的故事，也有普通人不平凡的故事，平凡铸就伟大，英雄来自人民，致敬每一个了不起的中国人！传递社会正能量！”表明了博主的立场与态度，即“爱国、进取、正能量”，也表明了其视频内容的基调：弘扬主旋律。那么，这样的博主就一定会吸引像博主一样的人。当然，讲好中国故事不一定都采用这样的风格，一些别具一格、富有个性的故事反而会邀请到大量的粉丝。例如，“零号故事”，“零号”让人不知所云而又好奇，其自我描述是：“人生如逆旅，我亦是行人。”由此可知，其视频故事应该是“苦而不息”的故事，也是普通人共有的故事。此博主目前（2022 年 7 月 27 日）发布作品 83 篇，数量中等，拥有粉丝 244.7 万，获赞 2475.4 万。一些博主的昵称一眼见底，如“谭淼起名文化”“画画的冰海林峰”“珊姐看盘”“妇科武颖医生”“二雷户外”等，从昵称就可判断其内容，因此会邀请到有相应需求的用户。

综上所述，如果将讲好中国故事也看作一种仪式，那么，讲好中国故事就不是孤立的行动者叙事，而是行动者网络叙事或行动者联合叙事。要形成联合叙事，如何对粉丝进行邀请与设限是首先要解决的问题。

其次，联动与差异制造。通过邀请与设限完成参与人员的聚集后，接下来要进行的便是信息的传递与共享。仪式中信息传递与共享的方式往往是联动与差异制造，这也是成功仪式的重要条件。联动，指不同行为者行为的同步或接续性。就短视频平台的仪式而言，联动行动者包括博主与粉丝，联动行为包括博主与博主的联动、博主与粉丝的联动。差异制造，指联动行为互为区别的非重复性。在此可借鉴行动者网络理论中“转译”这个概念理解“差异制造”的内涵。转义者是相对于中介者提出的，后者毫无改动地对意义和力量进行转运（transport），限定它的输入就足以确定其输出，转义者则会改变（transformation）、转译（translation）、扭曲（distort）和修改（modify）它们本应表达的意义或元素。[①] 可见，“转译”意味着改变与不同。这个概念的提出强调了行动者网络中行动者的能动性与有效性，“转译”行为也与行动者的定义相吻合。

柯林斯在《互动仪式链》一书中通过对各种仪式过程的观察，深入分析了仪式中的谈话、演讲如何才是成功的。在一个仪式上，几个人都要说话或讲话，“关键的过程在于，不管怎样都要保持共同的节奏。当做到这一点时，结果就是团结；如果违反了这一点，讲话太快或犹豫不决，结果都是感觉受

① 吴莹，卢雨霞，陈家建，等. 跟随行动者重组社会：读拉图尔的《重组社会：行动者网络理论》[J]. 社会学研究，2008（2）：218-234.

到了侵犯或被疏远了"①。身体动作的同步性可以在集体活动的大规模群体中发现，"一项关于宏观仪式的、政治示威的研究中发现，示威者行为的微观协调远远高于普通行人群体，甚至高于一支行进的曲乐队"②。柯林斯认为，有节奏的同步是与团结性相关的，在声音方面节奏密且配合的会谈，会让谈话者更喜欢对方。③这些分析都指向一个结论：有节奏的合作是互动仪式的必备要素。柯林斯也提出了与"差异制造"含义相通的概念——互动仪式市场，并将互动仪式市场的属性概括为"突生性"。突生性，即以往从未发生过的，以及个体从他或她自身的经验中所不能预料的事情的发生。④将互动仪式看作市场，的确比较恰当，市场不仅意味着突生性，还意味着差异性，只有具有差异的行动者才会更具吸引力、互动的驱动力。柯林斯也正是从如何成功互动的角度考虑，提出了"互动仪式市场"的概念，"每一个人将与谁、以何种仪式强度进行互动，取决于他或她所具有的际遇机会，以及他们能够互相提供什么，来吸引对方加入一互动仪式"⑤。

在短视频平台的仪式中，同步表现为围绕同一事件、同一话题的聚集与互动。众多博主行动者不仅在态度、立场上一致，在视频风格、情感基调、关键词、主体图像、背景音乐等方面都具有相似性、接近性。有很多视频是对同一视频的转发或改编，或对多个视频的集纳或整合。博主视频的同步也促进粉丝的同步，粉丝的同步也表现为态度与立场的一致，以及情感基调、关键词、表情包的相似或相近。这种同步很大程度上是自发的，而非什么人、机构组织的强制安排。同步自发的内在机制在于人类模仿的天性以及仪式身份感与团结感的驱动。行动者同步是一种仪式效应，也是成功仪式的重要标志，也就是说，并非所有仪式都能产生此种效应。同步有赖于仪式的一个根本要素——情感能量，关于情感能量将在下文予以阐述，在此不予详述。

---

① 柯林斯 . 互动仪式链［M］. 林聚任，王鹏，宋丽君，译 . 北京：商务印书馆，2009：115–116.
② 柯林斯 . 互动仪式链［M］. 林聚任，王鹏，宋丽君，译 . 北京：商务印书馆，2009：123.
③ 柯林斯 . 互动仪式链［M］. 林聚任，王鹏，宋丽君，译 . 北京：商务印书馆，2009：121.
④ 柯林斯 . 互动仪式链［M］. 林聚任，王鹏，宋丽君，译 . 北京：商务印书馆，2009：201.
⑤ 柯林斯 . 互动仪式链［M］. 林聚任，王鹏，宋丽君，译 . 北京：商务印书馆，2009：141.

“同步”能产生仪式感，也能激发情感能量，但如果没有“差异制造”的加入，“同步”便会乏味而使人无精打采。“差异制造”主要指新信息、新观点的输入，打破或超越了人们原来的认知范畴或思维逻辑。网络舆论中经常发生的“舆论反转”便属于“差异制造”的极端例子。排除个别人或机构的恶意操作，“舆论反转”其实属于正常、合理现象，因为任何事物都不是静止的，总是在发展变化中，而人们对事物的认识也总是有局限的，对事物真相的认识需要一个过程。互联网的即时性、全民协同性，便将人们认识的局限性、反复性动态表征化了。举出“舆论反转”的例子，意在说明“差异制造”具有认识论基础，也具有网络情境的依据，但毕竟属于人的主观行为，才以“制造”名之。“差异制造”关系到行动者的互动活跃度、情感能量的维持与增强，关系到仪式的高质量运行。以快手“大美新疆”话题视频为例，这个话题的视频作品目前累积 9.5 万个，播放量为 10.2 亿次，几次排在热榜第一名。大量视频以新疆风光为主，包括新疆的美景、美食、美女、歌舞等。新疆无与伦比的美足以吸引无数人的目光，而让用户刷屏不倦的还是那些不断出现的、刷新对新疆感知的“奇点”与“盲点”：都知道新疆大，却不知新疆能装得下 100 个北京、287 个上海；都知道新疆人善舞，但没想到一个小姑娘竟能在马背上悠然地跳舞；都知道塔克拉玛干沙漠是我国第一大沙漠，却不知中国的“基建狂魔”已在此沙漠上建成了世界上第一条沙漠铁路环线——和若铁路；都以为新疆到处是沙漠，没想到在塔里木河与塔克拉玛干沙漠之间有一个靠打渔为生的罗布村寨……大美新疆短视频以夏季的新疆为主，但也有拍摄冬天的新疆的，画面如冰雪童话世界，让人耳目一新；多数短视频呈现的是当下的新疆，但也有讲述新疆历史故事的，让人感受到一个厚重的新疆。总之，得益于新疆的丰富多彩、众多旅游者不同的眼光，在众多行动者的同步与差异共现参与下，形成了较为成功的仪式。如果接下来的短视频能够更多呈现新疆政治、经济、文化、生活等更为社会化的内容，有关“大美新疆”的仪式还会继续下去。

二、产生焦点与符号

讲好中国故事的终极目标是树立“可信、可爱、可敬”的中国形象，也可以说是中国故事的顶层叙事框架；在这个顶层框架之下，是由一系列议题构成的中层框架的支撑；而在中层框架之下，是由一组组符号系列构成的话语框架。在传统大众传播时代，媒体框架的构建与形成，主要依赖带有强制性的传递（议题突出）与自言自语式的话语修辞。仪式所产生的结果是群体团结、个体情感能量、代表群体的符号和道德感，这四个结果具有连带关系，其中符号更具基础性，也具有显在性。符号的产生又与焦点相关联。焦点是关注的对应物，在行动者共同的聚焦中，才会产生共有的符号。欧文·戈夫曼认为，仪式是一种相互专注的情感和关注机制，它形成了瞬间共有的现实，因而会形成群体团结和群体成员性的符号。[①] 我们所关心的是关注的机制是什么，以及群体成员性符号是如何产生的。在以网络为平台的讲好中国故事的仪式中，如何形成良好中国形象的聚焦点以及相应的中国符号，是值得探讨的重要课题。

（一）关注指向何人

进入仪式的行动者最基本、最普遍的行为就是相互关注。互动仪式（IR）理论所称的关注，就是注意到他人的关注点与自己相同。“人们相互关注，不管一开始对其是否有明显的意识，这种人身的相互注意是接下来发生一切的起点。”[②] 在仪式氛围中，行动者有关注的愿望，但关注点的指向却带有选择性或条件性。首先，指向具有仪式优越性的群体与个人。仪式总是分层的，就像社会分层一样。在仪式中，总是存在一些具有仪式优越性的群体与个人，他们是仪式的领导者，或者是靠近仪式中心的人。在短视频平台中，那些拥有千万粉丝的机构 ID（账号）和由于仪式需要被推到前台的人，往往具备被关注的优越性。其次，指向友好的人。建立亲密或朋友关系是仪式中行动者的动机之一，尽管人们很多时候对此并没有明确的意识。表示友

① 柯林斯 . 互动仪式链［M］. 林聚任，王鹏，宋丽君，译 . 北京：商务印书馆，2009：36.

② 柯林斯 . 互动仪式链［M］. 林聚任，王鹏，宋丽君，译 . 北京：商务印书馆，2009：69-70.

好的行为之一便是自我暴露，所以，人们愿意关注那些讲述自我故事的人，“大部分友好关系的交换是双方都乐意扮演这些故事的忠实听众，依次登上舞台，讲述自己的故事”①。友好的人也包括那些以平等、亲近的态度相待的人，那些被推至前台很高位置并被赋予崇高、权威标签的人往往会失去很多人的关注。最后，指向具有高情感能量的人。情感社会学认为，将社会结合在一起——团结的“黏合剂”是情感，②加芬克尔也表明，人类的认知是有局限性的，社会秩序无法仅仅建立在理性的、有意识的一致意见上。③柯林斯的互动仪式链（IRs）理论将情感视为互动仪式链的关键要素，并提出情感能量（EE）的概念，将情感能量的高低作为仪式互动的重要变量加以考察。仪式中的高情感能量表现为在互动中采取主动的行动、投入热情、引导建立情感连锁反应等。具有高情感能量的行动者容易得到关注并影响他人，“人群关注的是那些有突出情感能量、信心和目标的人”④。那些具有奉献精神、积极服务社会、主动关心帮助他人、对工作对他人充满热情的人总会吸引到很多人。在中国社会的各个层面都不乏这样的人，他们应是中国故事的主角。

（二）让焦点产生符号

人们之间的相互关注，就是意识到他人的意识与情感，并注意到他人的关注点与自己的相同。也就是说，如果没有相同的关注点，就不会产生关注。相同的关注点有可能发展出共有的符号。互动仪式的核心是一个过程，在该过程中，参与者会发展出共同的焦点，而相互的关注焦点是意识运作的关键要素，是观念输入、情感动员、行动同步的支点。

柯林斯在《互动仪式链》一书中零散地谈到焦点的有关问题。一些空洞的仪式造成仪式参与者“没有目的地乱转”“注意力被演讲人之外的事情所分散”，或者“偏离面对的敌手符号”，那么焦点也就无法形成。一些强迫性的仪式，人们缺乏参与的动机，他们假装出全神贯注、充满活力的样子。这样的仪式也不会产生真正的焦点，且“多次参与强迫性仪式的经历会使个体

① 柯林斯．互动仪式链［M］．林聚任，王鹏，宋丽君，译．北京：商务印书馆，2009：132.
② 柯林斯．互动仪式链［M］．林聚任，王鹏，宋丽君，译．北京：商务印书馆，2009：154.
③ 柯林斯．互动仪式链［M］．林聚任，王鹏，宋丽君，译．北京：商务印书馆，2009：156.
④ 柯林斯．互动仪式链［M］．林聚任，王鹏，宋丽君，译．北京：商务印书馆，2009：143.

产生对这种意识情境的厌烦，甚至形成一种不爱交际的个性”①。比赛仪式获得成功的重要因素是“悬念”——对抗结果的多种可能性。悬念无疑吸引住了所有人的目光——必须时刻关注比赛过程的变化，以便预测最后的结果。作为比赛的观者在观看比赛时，还有一种替代心理，即将自己想象为比赛的一员，或将比赛的某一方看作自己人。比赛的优胜者享受万人瞩目，也获得很高的情感能量。优胜者本人很容易成为大家共有的符号，比赛当中激发出的用语也容易成为符号。所谓“符号”，即具有意义的代号或记号。符号在一定情境中产生，但作为符号必须超越特定情境。例如，比赛中使用的“加油”、手指造型“V”也经常见于比赛外的其他场合。一个成功的仪式需要产生集体兴奋，比赛仪式容易成功的另一个因素也正是“集体兴奋”。柯林斯观察一些成功的庆典活动是如何走向高潮的，在高潮到来之前，聚集的人群“通常是吹口哨、大声喧闹，或者是放鞭炮——最重要的是，他们通过自己的方式，确切地说，用他们自己的表情制造噪声”②。这便是集体兴奋的开始。集体兴奋不仅是情绪的高度唤醒，还促进认知的活跃。集体兴奋不仅表现为集体的一致投向，还表现为对投向目标的强烈聚焦。在集体兴奋中展现形象、喊出口号，都容易成为共有的符号。情感作为仪式的关键要素当然会影响关注与焦点，柯林斯认为“仪式是情感的转化器，能将消极情感转化为积极情感”③。人们在仪式的感召下，那些在个人生存中的胆小、无助、忧虑、沮丧等情绪在仪式的互动与关注下都被掩盖或排挤掉（可能是暂时的），而融入集体兴奋中，融入团结感、道德感中。为此，仪式总是关注那些具有社会价值的东西。焦点需要聚焦而不能分散，因此柯林斯认同戈夫曼提出的“一次只有一个单一的情境实在”的观点，并强调“首要的是单一的关注焦点，它是针眼，互动仪式的力量和亮点必须通过它来体现”④。仪式，是多人或众人聚集在某一场地而进行的活动，不言而喻，身体在场是仪式的前提，当然也是关注与焦点的前提。柯林斯认为，只有充分的身体聚集才能产生最

① 柯林斯. 互动仪式链［M］. 林聚任，王鹏，宋丽君，译. 北京：商务印书馆，2009：93.
② 柯林斯. 互动仪式链［M］. 林聚任，王鹏，宋丽君，译. 北京：商务印书馆，2009：92.
③ 柯林斯. 互动仪式链［M］. 林聚任，王鹏，宋丽君，译. 北京：商务印书馆，2009：140.
④ 柯林斯. 互动仪式链［M］. 林聚任，王鹏，宋丽君，译. 北京：商务印书馆，2009：57.

强烈的效果，远程交流虽然可以形成一定程度的关注和情感连带，但效果是较弱的。不过他相信："这样的情形是可能的，即将来的电子媒体被设计成可以模拟人们的生理方面，以实现 IRs 的运转。IRs 可建立起高水平的关注焦点和情感连带，可以想象将来的通信设备能够尝试着通过神经系统收发信号，而这些信号能够增强共享的体验。"[①]目前的互联网虽然还未完全实现模拟人的生理，但大数据、多媒体、交互技术、VR/AR 技术等营造的虚拟在场也能产生较强的仪式效果。关于如何增强短视频社交平台的在场感将在下文中详述。

短视频社交平台作为在虚拟场景下进行的大型仪式，具有产生焦点与符号的重要条件或潜能。例如，点赞、评论、转发以及公布热榜的设计，赋予平台社交比赛的因素，有效地驱动了平台的内容生产、互动、聚焦与共有符号的产生。社交平台的互动具有自主性，关注与焦点的产生便具有自发性。自发总是被那些生动、有趣、有用或有价值的因素导引，而离开那些空洞、无聊，缺乏意义、价值的仪式。平台的娱乐性，一方面提供娱乐服务，另一方面成为平台仪式的诱导性因素，调节人们的情绪，赋予仪式以情感能量。平台仪式的行动者大多被隐去了社会身份，平等地参与仪式，他们以自己的需要、兴趣去选择关注，也以自己获得关注的能力（作品质量、自身的互动能力与情感能量）获得别人的关注（包括点赞、评论、转发）。但短视频平台仪式也表现出诸多的不足与缺陷，如注意力维持时间短、注意力分散，焦点多而易转移，过度娱乐化、有焦点而无共有符号等。

利用短视频平台讲好中国故事，需要从平台管理入手，增强仪式后台的准备与管理。主流媒体作为仪式中的重要参与者，应加强与平台、重要自媒体账号的合作，成为仪式意图的推进者、实现者，更多地成为仪式中的焦点和符号的制造者。在抖音、快手等短视频平台，中央级主流媒体大多拥有上千万的粉丝，省一级的主流媒体大多拥有几百万粉丝，市一级的一般也有几十万粉丝，如果能够组建后台联盟，对一些重要仪式实施联动策划，就会增强仪式的效果。首先，平台根据大数据适时推出话题是一个不错的做法，可

① 柯林斯．互动仪式链［M］．林聚任，王鹏，宋丽君，译．北京：商务印书馆，2009：105.

以起到聚焦的作用。前面提到的“大美新疆”话题的推出，就有一定的前期条件：2022 年 7 月 12 日至 15 日，习近平总书记到新疆考察，吸引了国内外无数的目光关注新疆，一个蓬勃发展、人民生活幸福的美好新疆展现在人们面前。有这样的人气积累，“大美新疆”自然会得到广泛的响应。讲好中国故事，需要适时推出这样的话题，引领国内外公众聚焦中国。其次，主流媒体应积极参与一些平台的大型仪式。以专业媒体的实力，制作出高水平的短视频并非难事。在“大美新疆”话题的众多视频中，人民日报发布的 15 秒短视频《大场面！新疆昭苏又见“天马浴河”，壮观！》（快手，2022 年 7 月 15 日）获得 103.5 万点赞，5389 条评论，可见出手不凡。可惜的是，在 9.5 万条之多的作品中，却很少能见到这样好的作品，也很少见到主流媒体的作品。再次，适度娱乐化。主流媒体不能与严肃、古板、无趣画等号，那样的话就只能曲高和寡、落落寡欢。一些娱乐手段，如音乐、舞蹈、幽默、游戏、段子、笑声、掌声等都可适度使用。上面提到的那条人民日报短视频的成功，一是得益于过硬的拍摄技术，二是得益于所配背景音乐《再见莫妮卡》，音乐豪放、抒情，很好地配合、渲染了视频“万马奔腾”的场面。有网友评论说：主要是背景音乐配得好。最后，要善于归纳、总结、推出响亮的符号。符号产生于互动，但由于视频量很大，一则视频转瞬即逝，视频的制作者又大多为非专业的自媒体，一些有价值的意义往往被淹没在信息的海洋中。这就需要专业媒体的专业人员，有意识地利用存储与分析技术，不断进行挖掘与创意，形成能够引发共鸣的 Vlog，并围绕 Vlog 进行进一步的拍摄、创作，将 Vlog 传播开来，形成共享符号。

三、“在场”与“在场感”强化

社会学 IR 理论中的仪式，主要指身体聚集在一个场所、互相能够遇见的仪式，也就是身体在场的仪式。柯林斯的 IRs 理论也主要针对身体在场仪式而言，但在某些问题上也考虑到通过远程设备参与而身体不在场的仪式，如电话、电视。柯林斯认为，有些仪式是必须亲身在场的，如婚礼、葬礼；有些仪式，只有亲身到场才会产生最强烈的效果，如宗教礼拜、体育竞赛；

而大型的、正式仪式以远程的方式效果更好。无论如何，不管身体在场与不在场，“在场感”是影响仪式效果的重要因素。短视频平台正是借助大数据、移动设备、社交媒体、传感器、定位系统等五大技术在一定程度上实现了远程在场，而如何利用这些技术不断强化“在场感”还存在很大的探讨空间。

哲学里的“在场”概念，意为存在于此时此刻（当下时刻和当下场所），既包含“空间上的显现”，又包含“时间上的现在时刻”。[①] 在场之所以重要，是因为它是直观对象的最好方式。因为身体在场，人可以投入所有的感官获得“全息信息”，形成立体的感知与表象。在场既是一种状态也是一种关系，在场就是能够对其他在场者的作用或“刺激”做出应对以及以自身的施动引起其他在场者的应对：一种交往性的、主体间性的实在关系。[②] 传播学意义上的在场，意为“媒介化在场”，即在虚拟世界中与他者共存的感觉（Biocca 1997，2001）。[③] 传播学研究主要关注两方面的在场效应，一方面为传播技术的在场效果，不同的媒介在受众沟通时所扮演的角色不同，因而不同媒介所能促发的受众在场感的程度也不尽相同，如视频沟通，属于人性化的、社交性强的“热媒介”；另一方面是受众 / 用户的在场感，即“受众通过传播媒介技术对他人或情景的感知”。[④] 在场感，是由“在场”引申出的一种感受，指人身体不在场的情况下，基于远程设备能够部分或完整地获得身临其境的感受，能还原主体在场的感受。

媒介不仅使远程在场成为可能，使“场”的含义突破了肉眼可见的范围，而且在很大程度上解放了物质的身体，让传播和交流互动更便捷高效。电影、电视等大众媒体，其核心优势在于对现场的再现能力，虽然可以带给观众较强的真实感和情感体验感，但互动的缺乏让观众时常是“置身事外”的角色，很难形成“在场感”。而当互联网进入 Web2.0 时代时，“为人们创造新的‘现场’与建立在这一基础上的‘在场’”就成为移动互联网的重要

① 汪民安 . 文化研究关键词［M］. 南京：江苏人民出版社，2007：475.

② 肖峰 . 论人的信息化在场［J］. 中国人民大学学报，2005（4）：98–104.

③ 杨雅，喻国明 . 试论技术现象学视域下媒介技术的“在场效应”［J］. 当代传播，2018（1）：54–59，74.

④ 杨雅，喻国明 . 试论技术现象学视域下媒介技术的“在场效应”［J］. 当代传播，2018（1）：54–59，74.

特点。[①] 短视频平台作为一种大型的、远程仪式，其“在场”的营造来自两方面：技术与受众 / 用户的行为。在场感的形成表现在两方面：现场感与代入感或沉浸感。

（一）短视频营造的真实

真实（Truthfulness）的基本含义是“如实”，是对现实生活的情况进行写实性的还原，还原客观环境中的事物、形象。[②] 真实问题根本上是认知问题，即人类如何获得关于世界的真知问题。认知科学认为，认知具有具身性，“即认知加工的是身体特定感觉通道（视觉、听觉、触觉等）提供的内容，因此，身体并不仅是一种信息传递的中介或载体，而是以某种形式对信息进行处理或塑造，身体塑造了心理表征的格式”[③]。因此，大脑中认知的产生依赖身体各个感觉运动器官的协调发挥，身体的参与越多，这些通路就会越活跃，感觉系统就会感知到更多的信息，形成的认知也会更加丰富。[④] 电子媒介、数字技术和智能设备作为人体的延伸，在很大程度上能够提供比肉身更为清晰、多面的信息。

真实感是沉浸的前提，完备的、高清的信息总是给人真实感。通过电视观看一场典礼、演出、比赛，要比亲身到现场看得更真切、全面，不同方位的摄像机就像多双眼睛能够从不同角度看到一个较为立体的场面，而机位的远近推拉又将一些重要细节清晰地呈现在人的面前。短视频平台的短视频、直播大多使用单一视角的手机拍摄，不像电影、电视影像那样清晰、立体，但 UGC（用户生成内容）的生产机制，使众多的在场自媒体不仅可以提供全视角下的场景，还会呈现主流媒体关注的“盲区”，或一般人不易进入的“幕后”。况且，短视频大多以在场视角或主观视角进行拍摄，拍摄者以见证

① 彭兰 . 移动互联网时代的“现场”与“在场”［J］. 湖南师范大学社会科学学报，2017，46（3）：142–149.

② 王素云，代建军 . 真实认知：内涵、特征与实践路径［J］. 当代教育科学，2022（5）：10–16.

③ 叶浩生，曾红，杨文登 . 生成认知：理论基础与实践走向［J］. 心理学报，2019，51（11）：1270–1280. .

④ 胡翰林，沈书生 . 生成认知促进高阶思维的形成：从概念的发展谈起［J］. 电化教育研究，2021，42（6）：27–33.

者、体验者、探访者的身份揭示事情的真相，拍摄者也不时出现在视频中，当观者看到和自己一样普通的拍摄者时，便强化了对视频的信任感。另外，短视频用户多为非专业者，不太受专业手法的束缚，大多采用原生态的记录方式：大量长镜头、低剪辑率、捕捉原发动作与情感、介入式拍摄等，都会增强观者的真实感。

（二）短视频传播的沉浸感

“沉浸”是21世纪开始被传播学界关注的一个新概念。沉浸的一般含义是指实体空间中客观物体“沉浸”其中的状态，意为“充满”“浸泡”；另一层引申含义，是指主体认知在意识空间中的“沉浸”体验，意为“境界或思想活动中全神贯注”。[①]20世纪70年代，心理学家针对画家在创作过程中表现出的废寝忘食状态，提出了沉浸理论（Flow Theory），后来学者们在阅读、运动、网络环境、工作环境等多个领域都发现了“沉浸体验”的存在，Hoffman和Novak在1996年率先将“沉浸理论”引入对在线网络环境的研究中，认为沉浸会给用户带来积极的主观体验。[②]我国新闻传播学界对沉浸理论的关注大概是因VR/AR这些具有沉浸感特征的媒介技术而起。学界提出“第三媒介时代”的概念，认为“第三媒介时代是指以泛在网络和大数据为物理基础的、以沉浸传播为特征的泛众传播时代”[③]。沉浸体验其实早已广泛存在于艺术欣赏、文学阅读、教育、文学艺术创作中。“叙事传输”作为一种综合的心理唤起状态，包含着心理沉浸；而“沉浸”作为一个时代的传播特征，则意味着“沉浸”的普在易得，或者可以说“不沉浸不传播”。“叙事传输”理论中，“沉浸”的主要制造或诱发者是叙事或故事，而第三媒介时代的“沉浸”制造者或诱发者则增添了技术的力量。短视频社交平台作为第三媒介时代的重要角色，沉浸感自然是其重要的特征，也是其强大黏性的重要来源。

沉浸感或沉浸体验表现为主体对特定目标的心理投入或专注，即个体忘

---

① 蒋柠泽．何以沉浸：对抖音短视频沉浸体验的研究［D］．北京：中国政法大学，2020：5.
② 蒋柠泽．何以沉浸：对抖音短视频沉浸体验的研究［D］．北京：中国政法大学，2020:9–10.
③ 李沁．沉浸媒介：重新定义媒介概念的内涵和外延［J］．国际新闻界，2017，39（8）：115–139.

记或忽略感知范围内的所有对象而只注意某一特定对象。究竟是哪些因素导致了用户的网络沉浸？学者证实“沉浸体验”受到交互性、好奇心、娱乐性、有用性、易用性等多重因素的影响（薛杨，许正良，2016）；有学者曾经通过对 39 份先前的研究进行梳理，发现共 14 种前置因素影响沉浸体验（李仪凡，2009），这 14 种因素包括享乐、注意力集中、控制挑战、好奇心、远程呈现、内在兴趣、技能、交互性、清晰目标、吸引力、娱乐性、有用性、易用性等。[①] 显然，由于具体研究对象的不同，“沉浸体验”前置因素的研究结论并不统一。从这些前置因素看，无外乎技术因素、内容因素和用户因素，像交互性、控制挑战、远程呈现、易用性应属于技术因素，娱乐性、有用性、吸引力应属于内容因素，而好奇心、内在兴趣、注意力集中、技能等属于用户因素。

在沉浸效果上，技术的主要作用在于互动感和临场感营造。互动分为人机互动和人—机—人互动。人机互动会让人体验人的掌控感，如 VR 终端的头盔眼镜，通过头的转动可以变换角度、远近，从而控制画面；人—机—人互动则是通过机器实现人与人的互动，如短视频平台设置的直播、点赞、评论功能等。互动程度越高，沉浸效果越好。临场感，指的是在一个空间上遥远的或虚拟的环境中感知到的虚拟存在体验（Skadberg，Kimmel，2004）。[②] 还以 VR 技术为例，VR 用户在控制场景的同时，还产生置身场景中的错觉，也就是身临其境的感觉。VR/AR、人工智能、传感器等还未普遍用于短视频，但短视频普遍采用的场内视角、长镜头纪实等也能产生一定的临场感。短视频的沉浸体验目前主要来自内容的娱乐性、有用性和吸引力。一项对抖音用户的调查表明，抖音用户对抖音短视频类型偏好由高到低依次为：吐槽搞笑类、日常生活类、风景旅游类、生活技能类、美妆时尚类、话题挑战类、明星红人类。[③] 抖音用户的需求由高到低依次为：消遣娱乐、获得信息、自我

---

① 蒋柠泽．何以沉浸：对抖音短视频沉浸体验的研究［D］．北京：中国政法大学，2020：10–11.

② 蒋柠泽．何以沉浸：对抖音短视频沉浸体验的研究［D］．北京：中国政法大学，2020：24.

③ 曾月婷．移动短视频社交平台的互动仪式研究：以“抖音”为例［D］．重庆：西南大学，2019：28.

展现、社会交往。[①] 可见娱乐性、有用性是短视频内容的主要吸引力所在。

利用短视频讲好中国故事，增强沉浸体验是不可忽视的问题。在条件允许的情况下尽量运用、发挥 VR/AR、穿戴设备、人工智能、大数据、5G 等技术的作用，增强用户的互动感、参与感、临场感，同时在内容上融合思想性、娱乐性、有用性、趣味性于一体，以增强用户的沉浸感，提升讲好中国故事的效果。

本章小结

本章依据对网络属性的分析和对网络叙事的观察，提出网络叙事的三个主要特点，即碎片化、互动性与娱乐化。以短视频为主体的微叙事，不仅集中体现了网络叙事的特点，还以其突出的内视角化、场景化、情感化等特点占据网络叙事的主导地位，代表着新网络叙事发展趋势。本章还提出了社交媒体讲好中国故事的仪式观念，并借鉴互动仪式链理论，结合对抖音、快手等短视频平台叙事实践的观察，提出了讲好中国故事的互动叙事策略，即行动者协同叙事策略、产生焦点与符号策略和强化在场感策略。这些观点的提出为构建讲好中国故事的说服模式积累了必要的观念基础，也为讲好中国故事的实践提供了必要的参照。

① 曾月婷. 移动短视频社交平台的互动仪式研究：以“抖音”为例［D］. 重庆：西南大学，2019：29.

第四章　讲好中国故事的叙事修辞

修辞具有说服的功能，说服也是叙事修辞的重要功能。但叙事修辞与叙事说服的研究取向不同，叙事修辞是以修辞学为范式，将文本视为作者的修辞手段，注重研究作者、叙述者、人物与读者之间的修辞交流关系；叙事说服则是以心理学为范式，重在研究叙事说服的机制以及影响叙事说服机制的因素。叙事修辞与叙事学也有不少相通之处，但二者具有本质的不同，叙事学的重心在文本，旨在研究叙事作品中普遍存在的结构、规律、手法及其功能，叙事修辞虽然也将叙事学中的“结构、规律、手法”纳入自己的研究视野，但不同的是其研究角度是作者与读者的互动。第二章和第三章在叙事学、叙事说服的框架内讨论了跨文化视域下与网络环境下讲好中国故事的问题，本章则试图借助叙事修辞学、新修辞学和视觉修辞学，探讨讲好中国故事中的认同修辞策略、中国形象与中国价值的视觉修辞策略等问题。

第一节　理解叙事修辞

韦恩·布斯是第一个将“修辞”引入叙事研究的学者，20 世纪 60 年代其在著作《小说修辞学》中提出了叙事修辞理论。80 年代末至 90 年代初，布斯的学生詹姆斯·费伦对叙事修辞做了进一步阐释，一方面他继承了布斯的基本观点，认为“叙事就是修辞”，并且他们都把作者和读者之间的交流看作其修辞理论的核心；[①] 另一方面，费伦“将修辞交流置于更宏大的语境中进行讨论，强调读者的阐释框架和个体差异，将叙事修辞从相对封闭的研究体系扩展成开放体系”[②]，将布斯的叙事修辞理论更进一竿。国内学者李建军在 2003 年出版的《小说修辞研究》一书中，也将叙事修辞论结合更多国内文学案例进行了在地化阐释。

本书着眼于新闻媒体叙事，即纪实性叙事（新闻故事、纪录片、短视频等），因此，本章将小说修辞理论引入媒体的纪实性叙事，以讲好中国故事为焦点，阐释叙事修辞的基本概念、理论与技巧。

一、叙事与修辞、叙事修辞

有关修辞的学问在西方可追溯至古希腊时期。修辞学（Rhetoric）“原意为演讲之技巧，是专门研究演讲者为了打动、说服听众应该具备什么样的修养和采取什么样手段的学问”[③]。亚里士多德（又译亚理斯多德）的《诗学》与《修辞学》奠定了西方古典修辞学的基础。亚里士多德给修辞术下的定义是“一种能在任何问题上找出可能的说服方式的功能”[④]，这就使修辞的意义超越了演说和语言技巧层面，使古典修辞学不同于纯粹的语言学，而是成为一门融合心理学、逻辑学和语言学（含修辞学）的综合性学科。不过，古希腊罗马时期，修辞学还未成为一门科学，只是一门艺术，修辞学实际上等同于修辞术。直到 19 世纪末，随着美国新修辞学的兴起，修辞学的地位不断攀升，并进入科学的殿堂。[⑤] 西方修辞学从 20 世纪 50 年代起呈现快速复苏之势，并成为当代极具影响力的学科之一，被用来观察和评价几乎所有的人

① 唐伟胜．前度“修辞”今又来：《小说修辞学》与《作为修辞的叙事》比较研究［J］. 英语研究，2005，3（1）：37–41.

② 唐伟胜．前度“修辞”今又来：《小说修辞学》与《作为修辞的叙事》比较研究［J］. 英语研究，2005，3（1）：37–41.

③ 李建军．小说修辞研究［M］. 北京：中国人民大学出版社，2003：2.

④ 亚理斯多德．修辞学［M］. 罗念生，译．北京：上海人民出版社，2006：23.

⑤ 陈汝东．修辞学教程［M］. 北京：北京大学出版社，2014：32.

类行为，形成对人类行为进行修辞化研究之势，[①] 这也是亚里士多德修辞“功能说”在现代的复兴。以西方现代修辞学的社会化趋势，不研究叙事中的修辞或修辞性叙事是不可能的。

我国古代没有现代意义上的修辞学，却有着丰富的修辞实践，对修辞的论述也散见于一些文论、诗论中，但多限于雕词琢句。20 世纪初，我国现代修辞学开始形成，20 世纪中期形成了相对完整的学科形态，20 世纪末日臻成熟。但我国修辞理论对修辞的理解长期局限于“文词语句”的范畴。中国《现代汉语词典》对“修辞”的定义是“修饰文字词句，运用各种表现方式，使语言表达得准确、鲜明而生动有力”[②]。陈望道在《修辞学发凡》一书中对修辞的定义是“修辞原是达意传情的手段。主要为着意和情，修辞不过是调整语词使达意传情能够适切的一种努力”[③]。我国传统修辞学基本上是辞格学，修辞学常常被划归为语言学。不过，从 20 世纪后期开始，我国修辞学逐渐采用社会学和心理学的理论与方法，出现了社会心理学修辞理论、认知修辞学理论等。这些新兴的修辞学理论运用社会学、社会心理学中的社会角色、社会互动、社会交往等理论，分析修辞现象，阐释人类修辞交往的规律。[④] 例如，陈汝东在《修辞学教程》中就阐述了“修辞是一种有目的的言语社会交际行为”的观点，认为“表面看来，修辞是解决话语组织问题，而实际上是通过话语解决交际双方的关系问题，解决人际间的冲突、互动与合作问题”[⑤]。在修辞与说服的关系上，认为“说服不等同于修辞，但修辞中包含着说服”[⑥]，这与亚里士多德的修辞功能说并不矛盾。可惜的是，书中列举了许多修辞学的分支学科，如社会修辞学、心理修辞学、社会心理修辞学、跨文化修辞学、政治修辞学、教育修辞学、新闻修辞学、修辞传播学、商业修辞学、文艺修辞学、广告修辞学、经济修辞学、网络修辞学、计算机修辞

① 李建军．小说修辞研究［M］．北京：中国人民大学出版社，2003：7.
② 中国社会科学院语言研究所词典编辑室．现代汉语词典［M］．7 版．北京：商务印书馆，2016：1474.
③ 陈望道．修辞学发凡［M］．上海：上海教育出版社，1976：3.
④ 陈汝东．修辞学教程［M］．北京：北京大学出版社，2014：43.
⑤ 陈汝东．修辞学教程［M］．北京：北京大学出版社，2014：21.
⑥ 陈汝东．修辞学教程［M］．北京：北京大学出版社，2014：20.

学、图像修辞学、视觉修辞学、建筑修辞学、音乐修辞学、舞蹈修辞学、表演修辞学、宗教修辞学等，以及近年来新提出的公共修辞学、国家修辞学、全球修辞等新范畴，却没有提到“叙事修辞学”。但新闻修辞学、修辞传播学、广告修辞学等，其中应该包含叙事修辞的内容。

叙事学中本没有修辞的概念，在许多叙事学论著中，很少能够见到有关修辞的内容，我国研究介绍西方叙事学的著述也鲜少提及叙事修辞学。不过在申丹、王丽亚所著的《西方叙事学：经典与后经典》一书中，出现了一章题为“修辞性叙事”的内容，所述内容主要是布斯、查特曼和费伦的叙事修辞理论。叙事学能否接受修辞学，关键在于对叙事是否具有说服性的认识。有关叙事说服的研究开始于20世纪80年代中期，也就是说在20世纪80年代前，叙事学应该还没有接受“叙事说服”的观念。布斯对小说叙事学理论的研究始于他的一种强烈的意识，即“小说总是有主观性的，‘中立’和‘冷漠’是不存在的，‘纯粹’的艺术也是不存在的”[①]。布斯在《小说修辞学》的前四章中从不同角度阐述这种强烈的意识：第一章通过对《十日谈》中一个故事的分析，指出小说在叙事角度上的人为性；第二章通过分析客观真实性和“幻觉”效果的种种观点，指出小说总是带有“人工痕迹”，作者的声音从未消失；第三章和第四章批评了要求小说家“客观”“中立”“冷漠”和追求纯艺术的种种观点，指出无论小说家怎么客观、中立，也无法做到在小说中不显露自己的感情。

经典叙事学以结构主义为范式，研究叙事的结构规律，或者说叙事学研究的不是叙事作品，而是作品的叙事潜在性。西方叙事学将叙事结构区分为“故事”与“话语”，“故事”是叙事的对象或叙事的素材，“话语”是叙事行为，包括叙事视角、叙事声音、情节安排等。叙事学要回答的中心问题是“故事”如何成为叙事作品，“叙事话语”也就成为叙事学的重要范畴。托多罗夫在《叙事学范畴》（1966）一文中将叙事问题归为时间、语式、语态三个范畴，热奈特在《叙事话语》一书中对这三个范畴进行调整和补充，提出了叙事话语的五个范畴，即时序（是否打破自然时序）、时距（叙事篇幅与

① 李建军．小说修辞研究［M］．北京：中国人民大学出版社，2003：9.

实际时长的比例）、频率（叙述的次数与事件发生的次数）、语式（通过控制距离或视角等调节叙事）、语态（叙述层次和叙述类型）。时序、语式、语态等用语不过是对语法概念的借用，它们实质上表示的是故事、叙事和叙述之间的多种关系。[①] 热奈特称《叙事话语》是一部有关方法论的书。但热奈特的分析视域还是语法性的，他最后的结论是："《叙事话语》涉及的是叙事和叙述，主人公的优缺点和有无风度基本上与叙事或叙述无关，而与故事即内容有关，与故事天地有关……"[②] 显然，热奈特还是将叙事话语与故事分开，没有看到作者出于某种目的或动机通过调度话语而控制故事的更深层面。后续的叙事学研究基本沿用了热奈特奠定的由五个范畴构成的叙事话语框架，如在第一章第二节提到的有关情节安排和叙事视角的内容，都带有明显的热奈特五范畴论的痕迹。

叙事修辞也正是在"叙事话语"的基础上展开对叙事的修辞研究。费伦在《作为修辞的叙事：技巧、读者、伦理、意识形态》一书的前言中通过对小说《魔法》的叙事分析，阐述其叙事修辞的基本观点。在对《魔法》的叙事分析中，费伦使用了热奈特"叙事层次"的概念，分析了《魔法》的三层叙事，即女佣叙事（内部层叙事）、外叙者叙事（中间层叙事）和波特（隐含作者）叙事（外部层叙事）。不同于热奈特的是，费伦将叙事层之间的关系视为"修辞关系"，并将各层面（主要是内部层面和外部层面）讲述者的讲述动机作为分析的重点。通过这样的分析，费伦试图阐明叙事的修辞维度，即大概是出于一个特定的目的在一个特定的场合给一个特定的听（读）者讲一个特定的故事。从费伦对《魔法》三层叙事的分析中，可见"动机"与"目的"是其分析的中心点。由此也可见叙事学与叙事修辞的分野，叙事学将叙事话语当作叙事应有的规律去研究，而叙事修辞将叙事话语作为以修辞为目的的话语手段去研究。

其实，叙事修辞学的某些观念已经被当代叙事学接受或吸纳。华莱士·马丁所著《当代叙事学》（1986）一书就涉及了作者与读者的交流问题。在经典叙事学中，虽然也将作者、叙述者、人物、读者作为叙事的基本要素

---

① 热奈特 . 叙事话语 新叙事话语［M］. 王文融，译 . 中国社会科学出版社，1990：4.

② 热奈特 . 叙事话语 新叙事话语［M］. 王文融，译 . 中国社会科学出版社，1990：284-285.

来分析，但似乎不涉及他们之间“交流”的观念。叙事修辞学认为，作者写作的完成在于读者的阅读，读者阅读的完成有赖于作品对读者形成的魅力，而作品魅力的施展应该形成读者与作品中的人物、作者（包括隐含作者）之间亲密的交往关系，“读者乐意接受小说描写的一切，甚至身不由己地产生一种自居心理，把自己想象成小说中的人物，去体验小说中的生活，总之，他完全信任小说的作者，愿意与他和他笔下的人物交朋友”[①]。马丁不仅认同布斯“小说是交流的一种”的观点，对布斯“作者介入”的思想也表现出接受和赞成，他写道：“在他（布斯）看来，由于批评家们彻底清除了小说中由一位可辨认的叙述者或作者放入的价值标准、感情、明确意义，乃至人性因素，他们已经误解了小说。”[②] 申丹、王丽亚所著的《西方叙事学：经典与后经典》中也有一章“叙事交流”的内容，书中写道：“把小说视为语言交流艺术，并从理论上探讨其交流过程，从而解释交流形式可能产生的修辞效果，这一点应该归功于美国芝加哥学派领军人物布斯。”[③] 另外，布斯提出的“隐含作者”这个概念也基本被叙事学者接纳，因为这个概念从表面上看属于文本范畴，并与文本的关系更为密切，也更符合结构主义叙事学“文本中心”的理念。但叙事学赋予“隐含作者”的含义与布斯的“隐含作者”是有分歧的。布斯赋予“隐含作者”的基本含义是“以特定状态写作的作者本人”，是读者在阅读过程中构建出的写作者的形象；而叙事学者将“隐含作者”看作真实作者创造出来的“第二自我”。

兴起于20世纪80年代中期的叙事说服研究，以心理学、传播学为范式，证实叙事具有说服的效果，并探索叙事说服效果产生的机制、影响叙事说服效果机制的因子等，这些研究与叙事修辞殊途同归。叙事说服研究提出的叙事传输理论揭示了叙事说服的产生机制，即受叙者“所有的心理系统和能力都聚焦于叙事中发生的事件”的综合心理状态，表现为注意力卷入、移情、沉浸和情感唤醒等。叙事传输理论认为，在这种状态下，受叙者会降低对叙事中说服性信息的注意力或批评性、对故事中的角色产生更大认同，并

① 李建军. 小说修辞研究［M］. 北京：中国人民大学出版社，2003：72.
② 马丁. 当代叙事学［M］. 伍晓明，译. 北京：中国人民大学出版社，2018：63.
③ 申丹，王丽亚. 西方叙事学：经典与后经典［M］. 北京：北京大学出版社，2010：69.

带着与故事一致的观点返回现实，即接受了故事的观点。不难发现，作为叙事传输机制的受叙者的综合心理唤醒状态正是叙事修辞追求的目标之一，只不过在叙事修辞理论中被表述为“读者与作者、隐含作者、人物形成亲近的、和谐的交流关系”；叙事传输理论，以心理学为范式，多用实验的方法发现、测量影响叙事传输的因素，包括主题或潜文本、叙事框架、叙事真实感、叙事的个性化、叙事的情感反应等；而叙事修辞，以修辞学为范式，从具体的文本出发，用阐释与归纳的方法发现调控文本以达到说服效果的一切修辞手段。从二者的研究成果看，叙事传输的研究成果在于解释“为何”（原因）的一般化的模型，叙事修辞的研究成果在于阐明“何为”（怎么做）的方法论与技巧，后者更具实用性。这也是本书在叙事传输理论之外引入叙事修辞学的意义所在。

二、叙事修辞的观念

韦恩·布斯的叙事修辞学是就小说而言的，而费伦在继承布斯小说修辞学基本观点的同时，也对布斯的某些观点有所扬弃与修正，并试图突出“叙事就是修辞”的思想。布斯在《小说修辞学》中从两个层次上对小说修辞做了界定：“小说之中的修辞，即公开的可辨认的手段（最极端的形式便是作家的评论），与作为修辞的小说，即广义的修辞，整部作品的修辞的方面被视作完整的交流活动。”[①] 费伦眼中的叙事不只是故事，还是一种行动。李建军认为，“小说修辞是小说家为了控制读者的反应，说服读者接受小说中的人物和主要的价值观念，并最终形成作者与读者间的心照神交的契合性交流关系而选择和运用相应的方法、技巧和策略的活动”[②]。费伦把叙事视为修辞，作为修辞的叙事则是“出于一个特定的目的在一个特定的场合给一个特定的听（读）者讲一个特定的故事”[③]。费伦不同意布斯有关修辞控制的观点，他

① 李建军．小说修辞研究［M］. 北京：中国人民大学出版社，2003：10.

② 李建军．小说修辞研究［M］. 北京：中国人民大学出版社，2003：11–12.

③ 费伦．作为修辞的叙事：技巧、读者、伦理、意识形态［M］. 陈永国，译．北京：北京大学出版社，2002：11.

将作者（或代理作者）、文本、读者的关系视为相互影响的关系。

虽然韦恩·布斯论述的主要对象是小说修辞，但布斯也提及“作者与读者之间的这种交流，不仅是小说，而且是所有写作中‘共同的成分’”①。的确，小说作为叙事品类的一种，其修辞虽有特殊性，但其修辞原理、宏观修辞手段和一些修辞技巧对于其他类型的叙事也是适用的或是可借鉴的。借鉴小说修辞中有关小说修辞的定义，“叙事修辞”的概念可描述为：叙事修辞即叙事者通过对叙事作品的介入，以“说服”受叙者、传达价值观念和道德教谕为目的，综合调用一系列叙事修辞的手段和技巧，最终达成叙事者与受叙者同心合意的活动。

任何手段、技巧都出于一定的思想和观念，或者说形而下的手段、技巧往往出自形而上的思想观念。思想观念的境界与合乎理性的程度，决定着手段、技巧的效果水平。因此，在借鉴小说修辞手段、技巧之前，有必要钻研其修辞观念。

（一）叙事修辞的道德性

修辞，并非简单的话语策略，话语策略的深层结构是修辞主体的价值评价，而作为作者应该关心他的作品对于读者的意义。亚里士多德强调，修辞主体的道德品质状况对修辞本身的影响巨大，演说者的“见识、美德和好意”等要素对说服意义重大。布斯受到亚里士多德的影响，认为向读者介绍好的文学，让他们读到好的作品，就是“我们的使命”；主张从道德立场出发选择修辞，认为“道德问题就是一位作者是否负有责任，要在这个意义上写好作品”②，布斯修辞学的本质被认为是“发掘正当信仰并在共同话语中改善这些信仰的艺术”③，而叙事修辞的劝服效果就依赖于受述者对讲述者本人及其观点的道德认同。因此，叙事修辞的道德性主要指讲述者通过展露个人美德及可信赖的道德观点，赢得受述者的信任，达到说服和教化受述者的目的。

修辞的道德性，是以承认叙事声音的存在为前提的。20世纪的小说理论

① 李建军．小说修辞研究［M］．北京：中国人民大学出版社，2003：18.

② 吴继凤．布斯叙事修辞学研究［D］．济南：山东师范大学，2012：8.

③ 周宪．布斯文学研究的伦理关怀［J］．中国图书评论，2010（5）：76-78.

追求小说的客观展示效果，并要求作者退出小说，以非人格化的方式展开叙事。布斯反驳了客观展示派、纯观点派和纯形式派小说观，强调“不论一部作品多么逼真，它总带有人工设计的痕迹”[①]，说明小说从来离不开作者的介入，主张作者要向读者显示自己的道德立场。叙事声音，也就是作者介入的声音，是作者的评论、价值观、道德立场的声音。在新闻学中也有类似的问题。西方资产阶级新闻学宣扬新闻是客观中立、不偏不倚的，报道者应该与报道对象保持距离，新闻报道应该与报道者的评论分开。马克思主义新闻学认为，新闻是有倾向性、阶级性的，报道者的立场、倾向性总是通过新闻体现出来。马克思主义新闻学重视新闻的指导性和引导舆论的作用。西方传播学的议程设置论证明了媒体对公众认知、态度的影响与干预效果。

价值判断、道德感原本就是人类精神生活的重要内容，那些不提供任何价值意味、道德感模糊的叙事，尽管故事情节很曲折、场景很诱人、人物形象很生动，也终会让人感到无聊。在自媒体平台上，海量的故事给人们带来了无穷的乐趣与知识，但也有很多无聊的故事。在某短视频平台上，偶尔看到一则这样的视频故事：一位农村人打扮的中年妇女（似乎视力有些不好）在路边卖糖果，一个穿着较为时尚的年轻女子正在买糖果。在中年妇女称重的时候，年轻女子抓了几把糖果塞进自己的上衣口袋。糖果是 20 元钱，年轻女子拿出 100 元，中年妇女收了 100 元，找给年轻女子 80 元。可年轻女子走出几步后又回来，拿出 20 元说：“我这儿有 20 元。”中年妇女拿了 20 元，又从兜里拿出 100 元给了年轻女子。年轻女子高兴地转身赶紧就走了。短视频最后是一个特写镜头：中年妇女拿起一颗糖果，剥去外包装纸，用手把饴糖拉长，似是说明糖果质量不错。这则短视频拍摄的目的似乎是推销糖果，但内容让人生厌。一个网友在评论区发帖：这不是鼓励偷盗吗？（表示不满）另一个网友发帖：拍点正能量不好吗？

有些故事简单而朴素，但却因其传达了一种可贵的精神而动人。中央电视台经济频道播出的一档大型城市品牌宣传节目《魅力中国城》，以竞赛、晋级的方式，让表现优秀的城市脱颖而出。在一对对城市激烈的竞逐中，胜

① 布斯．小说修辞学［M］．华明，胡苏晓，周宪，译．北京：北京联合出版公司，2017：65.

出者往往是故事讲得好的城市，第一季中酒泉与大庆的比拼生动地说明了这一点。比赛共分三个环节：第一个环节是“城市初见”，由一位城市的主政者以演讲的方式介绍自己的城市；第二个环节是“城市味道”，各城市的代表介绍自己城市的美食；第三个环节是“城市名片”，以舞蹈、情景表演的形式展现自己城市的特色。从两个城市的历史、文化、知名度来说，酒泉应该略胜大庆一筹，但最终结果却是大庆胜出。大庆胜出的关键在第二个环节，超出酒泉 88 分。大庆在第二个环节“城市味道”得到高分并非因其美食好，而是因美食的故事好。大庆拿出的美食是东北特色“坑烤”——烤红薯、土豆、牛羊肉等，色、香、味应该说都一般，特别是从工艺看没那么考究，但大庆人讲了一个有关“坑烤”来历的动人故事。原来，“坑烤”是 20 世纪 60 年代大庆石油工人的发明，他们为了给祖国多出油、出好油，日夜奋战在工地，夜里饿了没有吃的，就捡来老乡落在地里的红薯、土豆，就地挖个坑将这些东西烤熟充饥。故事以演员表演、大屏幕情景再现的方式进行展示与讲述。当石油工人奋战在大油田中的情景出现在舞台上时，台下观众禁不住鼓起掌来。酒泉也拿出了自己有名的传统小吃驴肉黄面和泡油糕，大师傅现场拉面，技艺高超，现做现尝，嘉宾们赞不绝口。嘉宾们还一展身手，拉面、包油糕，现场气氛和谐热闹。酒泉的美味虽美，但除了美味就没有更深的文化味道、道德味道。大庆的烧烤虽然平凡，但它有红色的印记，有英雄的味道。英雄的味道让人感动，让人崇敬。

故事本身的潜力固然重要，但修辞的力量让故事呈现不同的面貌，给予读者不同的感受。布斯在分析了《十日谈》中第五天第九个故事后写道：“如果我们分享了看到滑稽而高尚的主人公得到应有好报的快乐，其原因并不能从素材的内在特点中去找，而要到把能够被多种不同方式使用的素材加工成这个生动情节的巧妙构思中去找。”① 这种“巧妙构思”表现在文本中即为修辞。例如，前些年有一则“脑白金”的广告在各电视台反复播放，让人耳熟能详。开始阶段，广告词是“今年过节不收礼，收礼只收脑白金”。后来有很多观众提意见，说这样讲是在鼓励送礼，助长不正之风。后来广告词改为

① 布斯．小说修辞学［M］．华明，胡苏晓，周宪，译．北京：北京联合出版公司，2017：16.

“今年爸妈不收礼，收礼只收脑白金”。这样就有了孝顺父母的道德感，也就没人提意见了。

修辞的力量不仅在于话语，还在于作者或叙事者的道德修养、人格魅力。亚里士多德极为重视演说者的性格人品，“有些修辞学者在课本中认为演说者的善良质朴无补于他的说服力，这个说法不符合事实，其实演说者的性格是最有力的说服手段”①。在说服研究中，传播者的身份影响说服效果已是不争的事实。赵忠祥老师生前有一次被记者问“如何才能成为一个优秀的主持人？”赵老师的回答就一句，“首先要做一个好人”，可谓至理名言。一个演员名气再大、演技再好，一旦被曝光人品有污点，即刻就会被观众抛弃。一个人品有问题的人去饰演一位好人、英雄，在观众看来简直就是在行骗，还有什么说服力呢？

（二）叙事修辞的交流性

修辞学在研究修辞手段的同时，也将修辞与听（读）者联系起来，即注重修辞的效果，这就打破了叙事学以文本为中心的局限，将作者、文本与读者置于互动交流的关系中，“小说家在小说中的一切修辞性努力，最终都是为了达到与读者心照神交、悠然契会的修辞目的”②。在布斯的修辞思想中，强调作者对作品的介入，也强调作者、作品对读者的影响，“布斯强调作者是文本的构建者，他对叙事因素的选择大抵上是控制着读者的反应”③。看来，布斯将叙事交流关系定位于以作者为中心的控制关系。但费伦对叙事交流关系则有不同的理解，他说“我所提倡的方法把重点从作为控制者的作者转向了作者代理、文本现象和读者反应之间循环往复的关系，转向了我们对其中每一个因素的注意是怎样影响了另外两个因素，同时又受到另外两个因素影响的。”④无论如何，叙事修辞不是孤独的文本行为，而是作者、文本、读者之间的交流行为，是作者通过文本调动修辞手段实现与读者的思想交流和价

① 亚理斯多德．修辞学［M］．罗念生，译．上海：上海人民出版社，2006：23.

② 李建军．小说修辞研究［M］．北京：中国人民大学出版社，2003：70.

③ 费伦．作为修辞的叙事：技巧、读者、伦理、意识形态［M］．陈永国，译．北京：北京大学出版社，2002：24.

④ 费伦．作为修辞的叙事：技巧、读者、伦理、意识形态［M］．陈永国，译．北京：北京大学出版社，2002：24.

值沟通的过程。

传播是一种交流，而选择如何交流，就是修辞。叙事是交流的内容，也是交流的介质，作为叙事者或叙述者选择讲什么、不讲什么以及如何讲便是叙事修辞。在互联网时代，随着新媒体互动技术的进步，互动修辞理念与应用进入一个崭新的境界。首先，在网络空间，用户（读者、观众）不再只是修辞的受动者，而是文本的参与者、修辞的共建者。在一些新闻网站中，主帖与跟帖共同构成新闻篇章，有时跟帖比主帖更精彩，网民用“盖楼”这种简单而特有的方式表达他们的态度，用关键词搜索、点赞、转发等方式将某个议题、事件顶成“热搜”。其次，互动本身成为一种修辞。互动意味着相互的影响，互动方式的设计关系到互动的效果。游戏新闻或交互新闻，以给予用户自由选择、角色扮演的方式，使用户深度参与到叙事当中，增强了叙事的移情、沉浸效应，进而增强叙事说服的效果。弹幕电影、弹幕视频的设计，使叙事本身成为话题或交流的平台，不仅发挥了信息共享、情感共鸣、圈子陪伴等社交功能，还通过“二次创作”，形成了对原叙事的反哺。最后，互联网时代的传播全球化，模糊了以往国内传播与对外传播的界限，任何媒体的任何内容都具有国际传播的意义，都可能被不同国家的媒体或受众、不同文化主体转发与解读。为了有效地进行跨文化传播，必须注意跨文化修辞问题，选择对方容易理解的内容和乐于接受的方式进行传播。

布斯在《小说修辞学》一书中首创“隐含作者”的概念，指由作品体现的或读者在阅读作品过程中体会、想象出的那个作者，而非真实作者，是与读者交流、对话的作者。作者与“隐含作者”既有联系，又有区别。隐含作者是“处于某种创作状态、以某种立场来写作的作者”①，而真实作者是处于日常生活中的作者。也可以说隐含作者是作者创造出来的一个自我形象，是作者所选择的东西的总和，② 作者借助隐含作者倾注感情与价值思想，通过他来完成与读者间的文本交流，由此将作者的真实身份掩藏，以一种更隐蔽的方式介入叙事修辞文本中，以达到和读者更好的交流效果。

“隐含作者”概念的提出，为叙事修辞提供了更为宽阔的创新空间。在

① 申丹，王丽亚．西方叙事学：经典与后经典［M］. 北京：北京大学出版社，2010：71.
② 布斯．小说修辞学［M］. 华明，胡苏晓，周宪，译，北京：北京联合出版公司，2017：81.

电视媒体、新媒体叙事中，很多时候作者是一个由多人组成的集体，可以委托一个或几个善于表达、沟通的人作为叙事者直接面对受叙者，与受叙者进行更好的交流与互动，如广播电视节目中的主持人，新媒体中的博主、主播等。在跨文化传播中，更需要借助一些具有“文化混血儿”特征的人进行有效的传播。

（三）叙事修辞的感性

叙事修辞的工具是什么？换句话说，叙事修辞通过什么样的话语达到修辞的效果？叙事是由视角、情节、人物、场景、叙事声音等构成的。叙事声音，即作者的声音，也被理解为叙事主题或说服性信息。但叙事学一般认为，主题或说服性信息往往以暗含的方式存在于叙事中，因此，主题或说服性信息也被称为“潜文本”。尽管叙事说服的某些研究证明“增多论述的分量”有利于提高说服力，但论述性话语在叙事中仍然居次要地位。这样看来，叙事修辞的主要工具只能是视角、情节、人物、场景等感性力量，而叙事声音是修辞要达成的目标之一。

在文学批评理论中，绝大多数小说家、小说批评家都青睐于展示。所谓展示，即通过客观描写展示形象，给读者带来强烈真实的视觉效果。的确，展示在叙事中是不可或缺的，故事的情节、人物、场景只有通过展示才能最大限度地唤起读者头脑中的形象，叙事说服的传输机制（包括移情、沉浸、情感体验）也都有赖于此。鉴于小说界将展示的技巧夸大到无以复加的地步，布斯提出断言、评述或讲述也是作者介入的方式。至于费伦，他认为叙事就是修辞，正是“我们关于这个世界的话语使世界成为我们所见的样子”[①]，“实际上，认为叙事的目的是知识、情感、价值和信仰，就是把叙事看作修辞”[②]。费伦对小说《魔法》的修辞分析，的确像他所承诺的，关注作者、叙事者、人物之间的关系以及他们各自的动机，从叙事者的微小表情、动作与叙述，到受叙者对叙事者和叙述的反应，以及各层叙事的关系，最终的结

① 费伦．作为修辞的叙事：技巧、读者、伦理、意识形态［M］．陈永国，译．北京：北京大学出版社，2002：17.

② 费伦．作为修辞的叙事：技巧、读者、伦理、意识形态［M］．陈永国，译．北京：北京大学出版社，2002：23.

论是："波特（作者）的故事非常成功地施展了法力，因为它非常有效地唤起了、非常严密地编织了读者在认知、情感和伦理方面的反应。"[①] 从费伦的分析过程看，《魔法》"法力"的工具是作为叙事中心的"故事"，而故事的主题、作者的声音是费伦代表读者从故事中推断出来的。

随着信息时代的到来，信息爆炸，信息速蚀。但令人不解的是，"讲故事"这种慢节奏的慢传播却悄然而起。在西方国家，政治家向他的选民讲故事，企业高管向他的员工讲故事，营销人员向他的潜在客户讲故事。在中国，习近平总书记将中国故事带向国际讲坛，带向田间地头，展现中国魅力。在这个竞争激烈、时间贵如金的时代，为什么人们舍得花时间讲故事呢？就是因为讲故事是无形的修辞——感性修辞，没有抽象的概念，不需长篇大论，也不需高超的辩术，在有趣、感染、共情中，就传达了自己的态度、立场、观点等。互联网让视频特别是短视频崛起，视频又让"场景"崛起。当虚拟仿真技术能将已消失在历史烟云中的场景复原，能将人迹罕至的场景、人工无法拍到的场景真实地呈现，而终端仿真技术又将人拉入场景中，便真正实现了"身临其境"，甚至比"身临其境"的效果更逼真。可以想象，在这样的场景中，叙事的移情、沉浸、情感效果岂不更加易得？

三、叙事修辞的手段与技巧

叙事修辞终究要通过对故事素材的调用而达成修辞效果，如何调用故事素材，便是修辞技巧。对修辞技巧的运用，是叙事修辞活动的重要环节，是实现作者修辞目的或修辞效果的必要前提。[②] 在布斯、费伦、李建军等人对叙事修辞技巧的分析中，借鉴了叙事学中有关叙事结构或叙事话语的某些概念，如视角视点、展示（描写）与讲述（概要）等，这些概念在热奈特的《叙事话语　新叙事话语》中都被用过或提及过。这些概念在叙事学中，是作为叙事方法予以界定与分析，而在叙事修辞中，是作为修辞手段或技巧着

① 费伦．作为修辞的叙事：技巧、读者、伦理、意识形态［M］．陈永国，译．北京：北京大学出版社，2002：20.

② 李建军．小说修辞研究［M］．北京：中国人民大学出版社，2003：104.

眼于修辞效果予以界定与分析。

（一）视点的选择

视点是作者展开叙述和读者理解叙事作品人物形象的角度及视域。视点有时也被称作观点、角度、视角等。李建军认为："视点的作用在于排除干扰视线、影响注意力的冗余部分，从而使读者的注意力得到最大限度的集中。"①叙事作品是通过某种角度呈现给读者的，即使是以客观真实为原则的新闻叙事，也需要通过某个视点作为支点，有选择地、有逻辑性地进行事实呈现。

布斯将视点从功能性角度进行区分，由此提出了戏剧化的叙述者和非戏剧化的叙述者。非戏剧化的叙述者指单纯承担叙述任务的作者或代理作者（如节目主持人、节目主播等），其不融合于叙事中，是故事的旁观者；戏剧化的叙述者则是融入叙事中的，既是故事中的人物，又是故事的讲述者，如前面提到的小说《魔法》，其中的女佣就属戏剧化叙述者，女佣一边给女主人梳头一边给她讲故事。布斯指出，"大多数作品都具有乔装打扮的叙述者，他们用来告诉读者那些需要知道的东西，但他们似乎只在表演自己的角色"②。从某种意义上来说，戏剧化叙述者实际上是由作者伪装的叙述者。例如，《魔法》中女佣的故事和作为听者的女主人对故事的微妙反应，都是作者的安排，暗示"叙事是弱者的武器"的观点。

视点在一定程度上决定了叙事逻辑和价值判断。视点一经改变，故事的叙述就会变得面目全非。因此，视点不是叙事过程中添加其中的点缀品，而是在叙述起初就确定的角度和切入点。这也是叙事作品价值传达的重要修辞技巧，如果叙事不借由视点展开，只是一味对事件本身进行流水账式还原，就会使读者迷茫和疑惑，阅读过程也味同嚼蜡，无法传达欲将传达的核心思想。

中国那么大，历史那么长，从何讲起？这就需要先找好视点，通过这个视点发现精彩而有意义的中国故事。一般来讲，故事的视点分布在时间与空

① 李建军．小说修辞研究［M］．北京：中国人民大学出版社，2003：105.

② 布斯．小说修辞学［M］．华明，胡苏晓，周宪，译．北京：北京联合出版公司，2017：170–171.

间这两个坐标轴上，而处于这个坐标系中的人物、事件有时也可以成为故事的视点，见图 4–1。在时间、空间坐标轴上和人物、事件两个象限中，都存在无数个视点。

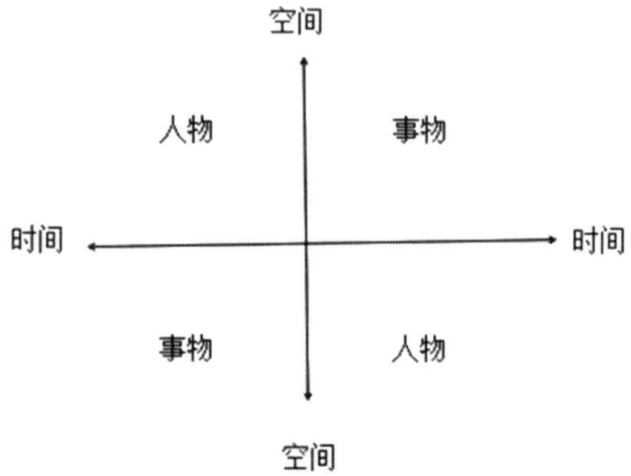

图 4-1　叙事视点坐标系

以中国故事为例，有长达约 5000 年的时间坐标轴，如果按天算，应该有近两百万个视点，再按排列组合法将两个视点、三个视点、四个视点……组合成一个视点，又会生成无数个视点，再加上各个行业、企事业单位、社会组织等，就更加无从计算了。但这些视点不可能都成为好的视点，或者说有些视点是无关紧要的。在空间坐标上，也有无数视点，从行政区划的最小单位村，到乡、镇、县、市、省，虽然可以统计，但数量也是庞大的；地理上的江河湖海、丘陵盆地、高山大川也可以作为视点，在中国这些也是不计其数；如果转向人物、事件，包括历史人物、当代人物、历史事件、当代事件，视点也是不计其数。

叙事视点贵在选择，也难在选择。好的视点有以下几个特点：一是视野既开阔又清晰，如广角镜头。二是视点独特，一般人不易拥有，如航天员在太空遥望地球，“无限风光在险峰”。三是节点视点，即多种因素的汇集点或多种因素的分水岭，如中华人民共和国诞生的 1949 年，改革开放开始的 1978 年，毕节市的鸡鸣三省村，沟通中国东、西、南、北，坐落于长江上的武汉三镇，游走于城市、农村之间的进城务工人员，往来于不同文化、不同国家和地区的“迁移人”。四是视点的有机组合或变换，凸显叙事的立体与动态。媒体中新闻叙事、纪录片等纪实类叙事所采用的多元叙事，表现在视点上即为多视点组合与变换。五是情境性视点，即由情境需要或情境刺激而产生某种视点，如2022年北京冬奥会的举办，产生了冰雪运动、张家口视点；习近平总书记“绿水青山就是金山银山”的指示，激发了绿色产业的视点。六是心理上亲近的视点。人的心理具有两极性，既追逐遥不可及的视点，以求从未有过的感受，又喜欢身边熟悉的视点，以反观自身或在熟悉中找到一点不熟悉，如近些年来备受欢迎的小人物叙事、生活叙事，其视点都在人们身边。

一些讲述中国历史、中国文化的电视节目收到了不错的反响。例如，鉴宝类节目曾经深受观众欢迎，一些民间收藏的具有历史文化价值的文物通过节目亮相，而其背后的故事和知识也让观众大开眼界。这类节目的视点是“文物”，以比宝、猜宝、评宝的方式将视域中的中国文化表现得生趣盎然。“鉴宝”视点属于“事物”视点，是应“收藏热”这个情境而生的，以弘扬中国传统文化为己任，将“时间”（文物的年代）、“空间”（文物的产地）、估价等作为最后揭开的谜底，形成悬念叙事，尽显视点控制的显著效果。再如，中央电视台制作播出的多集纪录片《航拍中国》，以少有的高空视点向我们展示了辽阔的中国、美丽的中国、多姿多彩的中国。当从高空视点将整个新疆尽收眼底，随着视点逐渐降低、视野越来越小、景观也变得越来越清晰，最终视点落到一片花海中的养花人身上时，会使人产生上天入地的神奇感受；当高空视点从四川西部的崇山峻岭瞬间飞驰到都江堰，又从都江堰飞到香格里拉的雪山时，似乎我们的身上也长出了翅膀，在空中自由翱翔。高空视点和视点的万里驰骋是由航拍技术给予的，也是孙悟空“一个跟头十万八千里”的梦想给予的，更是“江山如此多娇，引无数英雄竞折腰”的家国情怀给予的。至于时间视点的选择，最简单的就是以某些节点时间或具有特殊意义的时间为视点，如《列宁在1918》（电影）、《中国1921》（电视剧）；或以具有特殊意义的时间段为视点，如《改革开放30年纪实》（纪录片）、《总书记的一周》（2020年12月28日—2021年1月3日）（央视新闻）。而关于人物视点，英雄模范人物、知名人士、焦点人物、特殊人物、节点人物、有亮点的人物等都可以成为中国故事的视点，通过他们的生活看见更多人、所有人的生活，听见他们的所思所想便听见更多的人、所有人的所思所想。

视点具有过滤的作用，观看同一个对象，视点不同，视野便不同，所见也就不同。还以文物这个视点为例，鉴宝节目的视点选择是民间收藏，《国家宝藏》节目的视点选择是国家重要的博物馆收藏。民间收藏存在真伪的问题，因此，辨别真伪、身份识别、待价而沽成为鉴宝类节目的聚焦点；而国家博物馆的收藏都是身份确定、历史价值与文物价值极高的国宝级文物，因此，《国家宝藏》的聚焦点放在了讲述文物背后的故事、文物承载的精神内涵以及守护国宝、传承中华文化血脉上。另外，鉴宝类节目和《国家宝藏》的叙事风格也不一样。鉴宝类节目突出悬念、幽默、平实，如纪实散文；《国家宝藏》气势恢宏，既写实，又艺术化，如民族史诗一般。不同风格的形成，与不同的视点有着紧密的关系。

（二）距离的控制

视点的选择主要是对角度的选择，关系到视野或能看到什么，而距离的控制是对距离远近的选择，关系到作者或叙述者对叙述对象介入的程度。李建军将小说中的距离修辞概括为"主体与客体、主体与主体之间在时空、情感、道德、认识等方面的间隔、差异、认同或拒斥"①。首先，距离是指作者、叙述者与故事中的人物、事件的距离；其次，距离包括时空距离（如远景、近景、特写）和主观距离（态度、情感）。总之，距离的不同或变化直接影响到受叙者对叙事的认知、理解与态度。这样看来，时空距离诉诸所述对象的形象或表象，距离大小、远近的变化，关系到叙事的清晰度，关系到受叙者对故事的形象建构与阅读（观赏）体验，而主观距离诉诸叙事的意义、价值评价、道德立场，关系到受叙者对故事的理解与评价。因此，作为修辞技巧的距离控制可分为两种，即外在距离与内在距离。外在距离即时空距离，内在距离即主观距离。

由于故事说服追求强化受叙者移情、沉浸的效果，外在距离原则上往往是要求"以直接的展示性描写，最大限度地追求客观化效果，从而缩短读者

① 李建军．小说修辞研究［M］．北京：中国人民大学出版社，2003：132.

与作品形象体系的距离，使之与书中的场面和人物直接相对，从而获得最深切的感受和体验”①。内在距离，即布斯眼里“作者对作品的介入”也是不可缺少的，如果内在距离过大，则不利于读者的理解，正如布斯所言，“故事被不加评价地表现出来，使读者处于没有评价来指导的地位”②。因此，对叙事距离的控制，掌握好内在距离与外在距离的平衡至关重要。如若内在距离过小，作者对叙事作品的介入修辞过满，则使得叙事作品的想象、移情空间被挤压甚至被淹没，不利于读者的叙事体验。

在移动互联网时代，短视频的崛起不是没有道理的。除了技术将视频制作大众化、视频传输无障碍化等原因外，非语言符号＋语言符号的融合传播优势是重要原因之一。非语言符号与语言符号本来就是相互补充、相得益彰的两套符号系统。非语言符号善于表现事物的样貌、细节和动态，但不善于表现事物的抽象意义；相反，语言符号善于表现事物抽象的意义，而不擅长表现事物具体的样貌、动态过程。但如果将两者结合起来，叙事——从里到外就变得非常容易，叙事所需的时间和篇幅得以大大压缩。也就是说，语言符号偏向内在距离，非语言符号偏向外在距离，而将语言符号与非语言符号结合使用，便可控制内在距离与外在距离的平衡。

金一南将军曾讲过一个发生在自己身上的真实故事：2000 年，金一南来到英国皇家科学院，与来自 26 个国家和地区的 30 名军官一起进修。金一南是全班唯一来自社会主义国家的军官。有一次，教官要求每一个学员介绍自己的国家，包括宪法、领土、军队、意识形态等，并以抽签的方式结组对抗（比谁讲得好，两人一组），金一南抽到第一组，与爱沙尼亚的一位军官一组。只有两天时间准备。那两个晚上，金一南夜以继日准备讲稿和多媒体课件，每晚只休息两个小时。两天后正式演讲开始。爱沙尼亚军官首先上台，一上来就放映了一段 CNN（美国有线电视新闻网）用直升机拍摄的录像：当年，爱沙尼亚 300 万人排成长长的“人链”，跨过高山、越过河流、穿过田野，扶老携幼要求独立……他的演讲得到了同学们热烈的掌声。轮到金一南上场：他镇定地打开电脑，把一组幻灯片投射到银幕上：100 年前的 1900 年，

① 李建军 . 小说修辞研究［M］. 北京：中国人民大学出版社，2003：132.

② 布斯 . 小说修辞学［M］. 华明，胡苏晓，周宪，译 . 北京：北京联合出版公司，2017：10.

八国联军攻陷北京。字幕显示“A fallen giant”（一个跌倒的巨人），中国被迫赔款四亿五千万两白银。然后，幻灯片一闪——2000 年，中国是一个站立起来的巨人，全世界到处都是“Made in China”（中国制造）。这时，金一南开口了：“从 1900 年到 2000 年，这中间的跨度是什么？”全场鸦雀无声。金一南做出一个有力的手势，“这个跨度就是：马克思主义改变了中国，中国共产党改变了中国，社会主义改变了中国”。台下掌声雷鸣。[①] 金一南只用了 15 分钟，用两张图片和简短的文字说明与言语就生动而有力地阐明了“中国为什么行”“马克思主义为什么行”“中国共产党为什么能、社会主义为什么能”这些重大的命题。

自媒体上大量的短视频，时长在 3 分钟左右，最长的也不过 10 分钟。其从语言与非语言符号的运用上可分为三类：演说类视频、展示类视频、表演类视频。演说类视频，即纯语言视频，借助口头表达与字幕传达信息、知识、意见或故事。展示类视频，以动作、姿势、画面等非语言符号为主，有的以少量语言、字幕为辅助，有的则干脆没有语言、字幕辅助。这类视频以教授或展示某种技艺为主，如烹调美食、绘画、舞蹈、编织等。表演类视频，则由人物、情节、行动、对话组合而成，语言与非语言符号处于有机结合和运动中，是典型的视频故事。有的是虚构的，有的则是真实的，但都属情景再现。显然，第三类视频容易做到内在距离与外在距离的平衡，因此更具吸引力，往往能给人留下深刻的印象。第一类容易具备内在距离，但缺少外在距离甚至没有外在距离，仅适用于传达简要的信息、意见或知识，用来讲故事就有失生动、形象，因为在有限的时间里，只能说个故事梗概。第二类虽然具备外在距离，但往往不具备内在距离。但是，这类视频也可以做出特色，做到外在距离与内在距离兼具。李子柒的短视频大多属于这类。李子柒的短视频将场景、人物形象、行动、物品这些非语言符号用到了极致，淳朴、宁静、山清水秀的田园生活场景，主人公休闲、素淡的装束以及她不知疲倦的忙碌的身影、干活时麻利的动作，她安详、专注、满足的表情，还有那些取自自然的材料（绳子、树皮等），经她一番劳动、制作，顷刻间变成

① 金一南. 中国军人用鲜血和实力赢得了美军尊重［EB/OL］.（2006-01-20）［2022-05-09］. http://news. hebei. com. cn/system/ 2006/01/20/005942906. shtml?from=singlemessage.

了有模有样的物品（纸），这些非语言符号似乎都在说话，不用更多的语言再作解释，将语言的运用节省到了极致。李子柒短视频的魅力也在于此：此时无声胜有声。这也说明，只要精心制作，就能激发出非语言符号的内在距离。

（三）展示与讲述

视点、距离解决了从哪个角度讲与在哪种距离讲，即离开多大距离讲的问题，下面的问题就是如何讲了。柏拉图在《理想国》里探讨了故事“怎样讲”的问题，提出了讲故事的三种方法：“简单的叙述”（纯粹的叙述）、模仿和两者并用。亚里士多德也将叙述分为三类：史诗式叙述、抒情式宣抒和戏剧式的展示。[①] 史诗式叙述相当于模仿，即客观呈现；抒情式宣抒，指主观的讲述；戏剧式的展示，是既突出模仿又适当讲述的综合方式。布斯在《小说修辞学》中谈及叙述方式时，主要从作者是否介入的角度，将叙述方式分为“展示与讲述”。“展示”相当于模仿，即作者以非介入的方式呈现事物；“讲述”则指作者以介入的方式叙述。布斯反对那种迷信展示、排斥讲述的思想，认为如果没有“讲述”的支持，“展示”是不可能实现自己的目的的；同样，作为作者介入的“讲述”也不是任意随意的，它的积极的修辞效果的实现，也有赖于“展示”的支持。[②]

事实上，正如布斯所说，任何叙事作品其实都无法完全排除作者的介入，只不过介入的程度有所不同。讲述，指叙述将故事情节、人物、场景等用较为概括、简单的语言表述出来，其中包含着作者的理解与观点，也就是说，讲述主要由一些判断句、感受句组成。例如，“事情的经过很曲折”“气氛很紧张”“这人是个老实人”；而展示正相反，要去除作者的判断，用白描的手法将情节发展的过程、人物形象与行为、场景结构详细地呈现出来。例如，要表现一个人老实，就通过他如何说话、办事及与人相处来说明他老实的品性；要表现气氛紧张，就要通过这个气氛中人的表情、动作、语调等来表现；说中国“发生了翻天覆地的变化”就要把这些变化实实在在地呈现出来。任何叙事作品都是由讲述与展示共同完成的。展示作用于外在距离，如

---

① 李建军．小说修辞研究［M］．北京：中国人民大学出版社，2003：151-152.

② 李建军．小说修辞研究［M］．北京：中国人民大学出版社，2003：176.

果展示太少，造成外在距离过大，受叙者无法形成较为清晰、完整的感知觉印象，这就会使受叙者始终是故事的旁观者，无法进入故事的情境，更难发生沉浸、移情的效果。反之，如果缺乏讲述，内在距离过大（外在距离过小），再多的展示也因意义的缺乏而显得苍白，正如布斯所说："将精确观察到的细节毫无意义地堆砌起来，并不能使我们满足；只有细节勾画得能够'讲述'，只有它们含有展示出来的生活的意义，它才是可以接受的。"①

至于如何掌握展示与讲述的平衡，似乎很难给出一个一般的公式，只要恰当就好，能够让受叙者愿意完成阅读、读后不后悔就好。布斯在谈到作者对作品的介入时指出："我们必须明白，我们不是反对作家的评论，而是反对作家的评论与戏剧化场面之间的不和谐。"②"作家可以闯入作品，直接控制我们的感情，他的'闯入'至少和他展示的场面一样，是经过仔细安排，是十分恰当的。"③

还以鉴宝类节目和《国家宝藏》节目为例，鉴宝类节目的叙事手段主要是"讲述"，有持宝人的讲述（自己宝贝的来历及价格评估、对他人宝贝的评论等），也有现场专家的讲述（对现场宝贝本身的鉴定和相关历史、文化知识的讲述）。展示部分很少，在展示宝贝环节，持宝人或专家对宝贝会给予几句描述，但相对讲述而言，显得展示分量很小。《国家宝藏》既有讲述，又有展示，二者基本平衡，相得益彰。节目主持人、国宝守护人、馆藏专家是主要讲述者。主持人的讲述主要包括介绍（概述节目的主要内容）、联结（推动叙事进程）、总结（点题）等，国宝守护人主要以概述的方式讲述国宝的故事，馆藏专家则从专业的角度讲述国宝的来历、国宝的鉴赏、国宝的保护等。这些讲述构建了节目的理性层面，包括知识、精神追求、文化品位等。让人更难忘的是节目的展示部分，用情景剧的形式将文物背后的故事予以展现，带着观众穿越到文物产生的年代，看到那个年代活生生的生活景象，围绕文物发生的人物活动、对话、心理活动等，使文物变成有血有肉有感情的生命体，与观众产生了心灵互动。

① 布斯.小说修辞学［M］.华明，胡晓苏，周宪，译.北京：北京联合出版公司，2017：83.
② 布斯.小说修辞学［M］.华明，胡晓苏，周宪，译.北京：北京联合出版公司，2017：191.
③ 布斯.小说修辞学［M］.华明，胡晓苏，周宪，译.北京：北京联合出版公司，2017：215.

就语言而言，讲述容易展示难，但视频媒介的便捷化，使展示容易起来。视频影像似乎具有天然的展示性，西摩・查特曼（Seymour Chatman）在分析电影叙事时指出：“因为叙事性影片几乎毫无限制感官精确性，让人物和道具在我们眼前耳畔持续地存在，对电影来说似乎就没有描写的必要了。展示——而且是不间断地展示可视细节的丰饶图画，那是它的本质。”[①] 展示确实是视频影像的本质，但作为必须表明立场或价值倾向的叙事作品，要么其展示是具有意义的展示，要么在展示中必须得到讲述的帮助。有一则表演类短视频，从头到尾没有一句讲述，但其道德立场在片尾被人物的几句话点亮了。视频的故事情节也很简单：从背景看，故事发生在某地农村。嫂子和小叔子为赡养老人的事发生争执，二人各不相让，还称老人是“老东西”。白发苍苍的婆婆（小叔子的亲妈）吓得在一旁发抖。二人后来还拳打脚踢，发生肢体冲突。正在这时，嫂子的儿子和他女朋友来了，看到这一幕，儿子的女朋友赶紧上前搀扶老人说：“怎么能这样对待老人呢，俗话说，百善孝为先，刚才我都看见了，你们这样的人家我是不会再来的。”说完就走了。

第二节　讲好中国故事的认同修辞

兴起于20世纪20年代的西方当代修辞学也被称为新修辞学。新修辞学一个重要转变就是将修辞看作“同一”，“同一”既是修辞的手段，也是修辞的目的；而传统修辞学或旧修辞学将修辞看作“劝说”，“劝说”是目的，也是手段。“劝说”与“同一”的区别是什么呢？“劝说”被认为是“有意识的目的性很强”的行为，而“同一”是既包括有意识的目的也包括无意识的目的的行为。“‘新’修辞学虽然扩大了‘旧’修辞学研究的范围，但仍然保留了修辞学的传统功能，即‘劝说’。”[②] 劝说观是立足于修辞者，为修辞者寻找

① 查特曼．术语评论：小说与电影的叙事修辞学［M］．徐强，译．北京：中国人民大学出版社，2016：46.

② 鞠玉梅．社会认知修辞学：理论与实践［M］．北京：外语教学与研究出版社，2011：05.

劝说规律、方法与技巧，正如亚里士多德为修辞术所下的定义“一种能在任何一个问题上找出可能的说服方法的能力”[①]。同一观则是从社会的宏观角度将修辞看作“人使用词语形成态度或导致他人采取行动”[②]，是“人类运用符号相互交际的独特能力”以及“一种用以协调社会行为的交际活动”。[③]

一、叙事修辞的核心是“同一”

肯尼斯·伯克是20世纪西方新修辞学的开创者与奠基人，修辞的“同一”理论由他首创，他认为修辞学的核心不是劝说，而是认同。“同一”（identification）可以说是美国新修辞学的关键词之一，也是伯克提出的一个主要概念。“同一”是基于传统修辞学的“劝说”，但又与“劝说”有很大的不同。“劝说”不仅具有较强的目的性，而且具有论战性，而“同一”虽然也包含着目的性（包括有意识的目的和无意识的目的），但更强调人与人之间的沟通与理解，将修辞看作一种社会行为，一种建立在人们共同情感、思想和行为基础上的合作。[④]伯克的同一理论实质上是关于人们如何用象征行动彼此互动，从而达到彼此“同一”并和谐共处的理论。“同一”来自“同质”这个概念，当我们与他人享有某些共同特质时，我们就取得了与他人的同一，如男人与女人虽然性别不同，但都具有人的属性，所以他们是同一的。若要同一，必须同质。“同一”又离不开“分离”，或者说没有“分离”，“同一”便失去了意义。“分离”指个体之间的独立与差别。人们之间尽管共有某些属性，“但与此同时，他仍然是独特的，有个人的兴趣、能力、态度与动机，因此他既是与他人相连的，又是与他人分离的”[⑤]。然而，人的社会属性又使人具有克服分离、与他人产生认同并相互合作的愿望，“正是因为他们的分离性，才让人们试图互相交际以消除区别”[⑥]，于是修辞情境便产生

① 亚理斯多德．修辞学［M］．罗念生，译．上海：上海人民出版社，2006：23.
② 鞠玉梅．肯尼斯·伯克修辞学思想研究［M］．北京：中国社会科学出版社，2017：8.
③ 鞠玉梅．社会认知修辞学：理论与实践［M］．北京：外语教学与研究出版社，2011：21.
④ 鞠玉梅．社会认知修辞学：理论与实践［M］．北京：外语教学与研究出版社，2011：34.
⑤ 鞠玉梅．社会认知修辞学：理论与实践［M］．北京：外语教学与研究出版社，2011：37.
⑥ 鞠玉梅．肯尼斯·伯克修辞学思想研究［M］．北京：中国社会科学出版社，2017：11.

了，而且成为永远的修辞情境与人类相伴。以“同一”为核心的修辞，即同一修辞所达成的目的是认同。所谓“认同”，是指“群体中的成员在认知与评价上产生了一致的看法及感情”①。显然，唤醒、诱导“同一”会促进认同的形成。伯克的同一理论提出了实现认同的三种修辞方式，即同情认同（identification by sympathy）、对立认同（identification by antithesis）和误同（identification by inaccuracy）。

叙事是一种劝说，但在叙事中却很少见到劝说。叙事修辞不是通过劝说而是通过同一达成叙事说服的效果，叙事修辞的核心是“同一”。所谓“叙事同一”，是指叙事者与受叙者、受叙者与故事中的角色的同一。讲好中国故事说到底就是要讲清中国制度、中国精神、中国道路、中国共产党、中国历史、中国文化，从而达成对中国的认同。在认同的基础上，中国人民万众一心，团结在以习近平同志为核心的党中央周围，为实现中华民族伟大复兴的中国梦而努力奋斗；在认同的基础上，世界各国求同存异，共谋发展，建立人类命运共同体，共同应对人类面临的一切风险挑战。无论对内还是对外，要实现这样的认同，采用一定的同一修辞策略是必要的。

有关叙事说服的研究表明，“角色认同”是影响叙事说服效果的因素之一。角色认同，指故事的阅读者（听众、观众）对故事中人物的认同，是读者（听众、观众）设身处地为角色着想的认知和情感过程。叙事说服研究认为可将认同分为四个维度，即移情、认知分享、目标共享和吸收。移情，即与角色分享情感；认知分享，即与角色分享观点；目标共享，即与角色分享动机；吸收，即感觉自己成为角色，失去自我意识。这些研究对于辨别、测量叙事的角色认同效度有极大的帮助，但在如何形成认同上未提供可操作的方法。本节旨在借鉴伯克提出的修辞认同策略，探索讲好中国故事的有效途径。以下将以习近平总书记所讲的中国故事为例进行分析。习近平同志是讲故事的大家，“讲好中国故事”成为他政治智慧的一部分，而其高超的叙事修辞艺术值得我们深入研究。在此，仅从同一的角度对习近平所讲的中国故事加以分析、借鉴。

① 刘建明 . 宣传舆论学大辞典［M］. 北京：经济日报出版社，1993：610.

伯克将认同策略分为内容认同与形式认同两种。① 所谓“内容同一策略”，是指通过内容同一而达到认同。内容同一策略包括同情同一、对立同一和误同（无意识同一）。伯克把形式同一定义为“对欲望的激起或满足”或者“在听众心中创造一种欲望，以及对这种欲望的恰当的满足”②，也就是说“许多纯粹的形式上的模式可以在人们心中引发一种合作的期望，一旦你掌握了形式上的趋向，就会不顾内容而积极参与”③。伯克认为，形式主要为三类：规约的、重复的和前进的。考虑到习近平讲述中国故事的特点，以下仅就其内容同一策略进行分析。伯克提出的三种同一策略常常是交叉、连带地共存于叙事修辞中，即一则叙事或叙事的某一段落，可能同时包含着三种同一，且互有牵连，但为了表述方便，下文将三者分开单独进行分析。

二、讲好中国故事的同情同一策略

同情同一，指在思想、感情、价值、观点等方面的相同或相似，如 A 说“我反对铺张浪费！”B 回应说“勤俭是美德呀！”，A 获得比赛第一名，B 表示说“你太棒了，真为你高兴！”，A 与 B 就达到了情感相通或共鸣。同情的英文 sympathy 由“sym”和“pathy”两部分组成，前者有“相称、相同”的意思，后者的意思为“情感”，情感相同也就是同一。因为情感不是单独存在的，总是伴随认知而生，一样的情感反应是认知一致或认知和谐的反映。同情同一策略的根本点是“我和你一样”或“他和我一样”。在叙事修辞中，“我和你一样”指叙事者将自己呈现为与受叙者相同或相近的样子，而“他和我一样”则是指受叙者觉得故事的人物与自己一样或相似。在讲述中国故事时如何形成这样的同一？对外与对内讲述中国故事在这一点上还是有所区别的。

首先，对外讲述中，“我和你一样”的选择性。在对外交往中，我和你也许有很多相同之处，但我只选择能够说明中国并能够促进团结、友谊的共

① 鞠玉梅．社会认知修辞学：理论与实践［M］．北京：外语教学与研究出版社，2011：81.

② 鞠玉梅．社会认知修辞学：理论与实践［M］．北京：外语教学与研究出版社，2011：84.

③ 鞠玉梅．社会认知修辞学：理论与实践［M］．北京：外语教学与研究出版社，2011：84.

同点展开讲述。习近平主席访问了世界上许多国家和地区，在访问期间发表在媒体上的文章，在各种场合的演讲、谈话在各国都引起了很大反响。另外，他在“我和你一样”的对外修辞上也显示出中国智慧、中国风格。在访问墨西哥时，他说自己是个足球迷（墨西哥是爱好足球运动的国度，曾执教中国足球队的米卢是墨西哥人）；在访问印度时，他讲到泰戈尔，并随口念出泰戈尔有名的诗句；在访问英国时，他说年轻的时候就喜欢读莎士比亚的作品；在访问美国时，他饶有兴趣地谈读《老人与海》的体会，并兴致勃勃地详述他到巴西访问时如何探访海明威经常去的酒馆。这些“我和你一样”的讲述拉近了他与外国公众的距离，但真正的意义还在后边。他说自己是个足球迷（他确实是个足球迷），是要引出墨中两国在体育上互相学习、互相帮助的一段佳话，[①]表明中国开放包容、和平友好的姿态。他讲泰戈尔，不仅因为泰戈尔是世界闻名的诗人，而且因为泰戈尔曾经访问中国并从此爱上中国，[②]从而表明中国的巨大魅力。他随后吟出的泰戈尔诗句，正是为人类共享的人生智慧，从而说明中国与世界是相通的。[③]他说喜欢读莎士比亚的作品，重在引出“生存还是毁灭？”这一人类之问，从而引出自己的回答——一个共产党人的回答，那就是“立下了为祖国、为人民奉献自己的信念”[④]。他讲述自己探访海明威故地的事情，是为了阐明“对不同的文化和文明，我们需要去深入了解”[⑤]。

其次，对内讲述中，“我和你一样”的中介性。习近平总书记在日常治国理政的工作中，无论是会议上的讲话、调研中的谈话，还是在媒体上发表文章，都善于用故事传情达意。在“我和你一样”的对内修辞上突出的特点是中介性，即通过讲别人的故事表明自己的观点、看法，而别人，要么是历史上的先辈先贤、杰出人物，要么是当代先进模范、英雄人物，即受到中国人尊敬、认同的人物。在《习近平讲故事》这本书中收录的习近平在国内各

① 人民日报评论部．习近平讲故事［M］．北京：人民出版社，2017：243.
② 人民日报评论部．习近平讲故事［M］．北京：人民出版社，2017：285.
③ 人民日报评论部．习近平讲故事［M］．北京：人民出版社，2017：286.
④ 人民日报评论部．习近平讲故事［M］．北京：人民出版社，2017：276.
⑤ 人民日报评论部．习近平讲故事［M］．北京：人民出版社，2017：279.

种场合讲的故事共68篇，涉及的人物近80人。其中有马克思、恩格斯、列宁、毛泽东、周恩来、邓小平等革命导师、革命领袖，也有封建时代的一些明君、贤臣、良将。有革命战争时期的革命先辈，也有社会主义革命、建设和改革开放时期的模范人物。通过这些人物讲治国理政、理想信念、工作作风、品德修养，让人听起来能够入耳入心。

再次，对外讲述中，“他与我一样”的暗示性。暗示，指用间接、含蓄的方式对人的心理和行为产生影响，使人按一定的方式行动，或接受一定的意见、信念、行为规范。① 在对外交往中，习近平主席总会提到一些与中国有关的人物，包括记者、学者、教授、诗人、画家、体育教练、留学生、商人、官员等，他们都是友谊的使者，为增进中国与世界各国的联系、友谊做出了贡献。他们研究中国、书写中国、报道中国，并由此爱上中国，他们帮助中国也受到中国帮助，他们在中国生活工作，为中国的建设贡献了力量，也在中国成就梦想、找到幸福。这样的讲述会对外国民众产生暗示：你也可以像他们那样和中国交朋友。特别是讲述者是一位具有人格魅力的中国最高领导人，这种暗示效果会有所增强。“暗示是一种很重要的领导艺术手段。暗示心理实际上是领导者德高望重（亦即权威）在群众中产生的一种不假思索就宁愿追随的心理效应。”②

最后，对内讲述中，“你与他一样/不一样”的暗示性与示范性。在叙事修辞中可以通过暗示建构受叙者与故事人物的同一，从而达成某种认同；也可以通过暗示建构受叙者与故事人物的非同而达成某种认同。习近平总书记在对内讲述中国故事时，经常提到的人物有三类：流芳千古与声名狼藉的古人、革命导师与领袖人物、优秀的领导干部和群众中涌现出的先进模范人物。在讲到古之明君、贤臣、良将能够为民除患、为官清廉、克勤克俭、爱惜人才、舍生取义等时，就在暗示：封建官吏尚能如此，我们无产阶级的干部何言不能！③ 在对内讲述时也会提到一些历史上的亡国之君、败军之将，如秦二世、项羽、南朝陈后主等，便是在暗示：我们不能和他们一样。当讲

---

① 尤坤生．暗示心理与领导权威［J］．陕西广播电视大学学报（综合版），2004（3）：72-74.

② 尤坤生．暗示心理与领导权威［J］．陕西广播电视大学学报（综合版），2004（3）：72-74.

③ 人民日报评论部．习近平讲故事［M］．北京：人民出版社，2017：44.

述毛主席如何做寻乌调查、《共产党宣言》读过一百遍、邓小平按照毛主席的要求起草了仅5000字的“也很管用”的四届全国人大一次会议报告，以及焦裕禄、高德荣、谷文昌、郑九万等如何全心全意为人民服务时，不仅暗示我们可以像他们那样，也将他们的行为具体、详细地展示出来，以供我们模仿学习。

三、讲好中国故事的对立同一策略

对立同一，指即使在一些方面存在分歧，但由于面临共同的挑战或敌人而同一。例如，抗日战争时期，国共两党因面对共同的敌人——日本侵略者，由原来的敌对、兵戎相见而走向联合。对立同一修辞的核心是“共同的敌人或风险挑战”。在相关叙事中，通过叙事修辞手段或突出“联合抗击敌人/风险挑战”，或突出面临的共同敌人、风险挑战，从而达到叙事者与受叙者或被威胁者之间的同一。

在对外讲述中，习近平主席常讲到面临战争、自然灾害时，各国人民守望相助的故事，通过唤醒记忆唤醒人们的同一感。在2013年访问坦桑尼亚时，回忆20世纪五六十年代由毛泽东、周恩来等第一代中国领导人开创的中非友谊，“从那时起，中非人民在反殖反帝、争取民族独立和解放的斗争中，在发展振兴的道路上，相互支持、真诚合作，结下了同呼吸、共命运、心连心的兄弟情谊”①。习近平主席在《纪念中国人民抗日战争暨世界反法西斯战争胜利70周年招待会的讲话》中，深情讲到苏联给予中国的有力物资支持，以及来自美国、朝鲜、越南、加拿大、印度、新西兰、波兰、丹麦、德国、奥地利、罗马尼亚、保加利亚、日本等国的一大批反法西斯战士直接参与了中国的抗战。这些讲述，都在说明面对共同敌人/威胁团结奋斗的重要性。2012年党的十八大明确提出“要倡导人类命运共同体意识”，此后习近平主席反复多次论述了人类命运共同体理念，其中一个重要思想便是“‘人类命运共同体’思想，就是为解决世界难题和矛盾而出场的，因为它有

① 人民日报评论部.习近平讲故事［M］.北京：人民出版社，2017：261.

能力解决‘破解世界难题的需求与理论供给’之间的关系”[①]。“人类命运共同体”就是为了解决世界面临的诸多难题和矛盾、也一定能够解决这些难题和矛盾的中国方案。当今世界面临的困难和挑战越来越多，各种矛盾也愈演愈深。这些困难和挑战包括世界性经济危机（国际金融危机、全球经济体系发展失衡、全球经济增长乏力、逆全球化的贸易保护主义问题等）、国际政治困局（强权政治、局部军事冲突、冷战思维等）、世界安全困局（全球恐怖主义、难民危机等）、全球生态困局（环境污染、全球变暖、资源破坏与耗竭等）。[②] 习近平主席在国际社会的多种场合反复提及这些困难和挑战，说明建立人类命运共同体的必要性和迫切性。从叙事修辞的角度说，就是通过强调、突出人们面临的共同敌人 / 威胁，唤起人们的同一感，从而形成认同或合作。那么，修辞效果如何呢？人类命运共同体理念提出后，引起了国际社会的高度关注和肯定，并多次被写入联合国决议。2017 年 2 月 10 日，联合国社会发展委员会第 55 届会议协商一致通过“非洲发展新伙伴关系的社会层面”决议，“构建人类命运共同体”理念首次被写入此决议。[③] 其后的一些联合国决议，如不首先在外空部署武器决议（2017 年 10 月 31 日）、国际劳工大会决议（2018 年 6 月 8 日）等都体现了“人类命运共同体”理念。“一带一路”倡议作为构建人类命运共同体理念的重要决策和行动，也受到世界各国的积极响应，截至 2022 年 3 月 23 日，中国已与 149 个国家、32 个国际组织签署 200 多份合作文件，战略规划对接日益深化。[④] 截至 2022 年 5 月，中国与“一带一路”沿线国家货物贸易额累计约 11.8 万亿美元，对沿线国家非金融类直接投资超过 1400 亿美元。[⑤] 这些成就是这些年来多方面共同努力

---

① 韩庆祥 . 为解决人类发展问题贡献“中国理论”：习近平“人类命运共同体”思想［J］. 东岳论丛，2017，38（11）：5-10.

② 韩庆祥 . 为解决人类发展问题贡献“中国理论”：习近平“人类命运共同体”思想［J］. 东岳论丛，2017，38（11）：5-10.

③ 联合国安全决议：“构建人类命运共同体”［EB/OL］.（2017-11-03）［2022-03-05］http://military. people. com. cn/n1/2017/1103/c1011-29624993. html.

④ 已同中国签订共建“一带一路”合作文件的国家一览［EB/OL］.（2017-11-03）［2022-05-09］https://www. yidaiyilu. gov. cn/info/iList. jsp?tm_id=126&cat_id=10122&info_id=77298.

⑤（中国这十年）中国与“一带一路”沿线国家货物贸易额累计约 11. 8 万亿美元［EB/OL］.（2022-06-28）［2022-06-30］. https://baijiahao. baidu. com/s?id=1736862844974036717&wfr.

的结果，也说明了对立同一修辞的正面效果。

中华人民共和国成立70多年来，一直处于复杂、多变、阻力重重的国际、国内环境中，国际反华势力联合国内敌对分子“亡我之心”不死。正如中华人民共和国国歌所言“中华民族到了最危险的时候，每个人被迫着发出最后的吼声”，“对立同一修辞”一直是我国对内宣传或对内讲述中国故事的重要修辞策略之一。在中国人民解放战争即将取得全国胜利的前夜召开的党的七届二中全会上，毛主席谆谆告诫全党，“夺取全国胜利，这只是万里长征走完了第一步”①。毛主席教导全党：“中国的革命是伟大的，但革命以后的路程更长，工作更伟大，更艰苦。这一点现在就必须向党内讲明白，务必使同志们继续地保持谦虚、谨慎、不骄、不躁的作风，务必使同志们继续地保持艰苦奋斗的作风。”②习近平总书记在纪念红军长征胜利80周年大会上的讲话中指出，每一代人有每一代人的长征路，每一代人都要走好自己的长征路。“今天，我们这一代人的长征，就是要实现‘两个一百年’奋斗目标、实现中华民族伟大复兴的中国梦”，“今天的长征同当年的红军长征相比，同改革开放以来我们已经走过的新长征之路相比，虽然在环境、条件、任务、力量等方面有一些差异甚至有很大不同，但都是具有开创性、艰巨性、复杂性的事业”③。在中共十八届四中全会第二次全体会议上，习近平总书记指出：“各种敌对势力绝不会让我们顺顺利利地实现中华民族伟大复兴，这就是为什么我们要郑重提醒全党必须准备进行具有许多新的历史特点的伟大斗争的原因。这场斗争既包括硬实力的斗争，也包括软实力的斗争。”④习近平的对立同一策略集中表现于他的忧患意识与“伟大斗争”思想。他的忧患意识具体表现在忧思“党面临复杂深刻的国际形势挑战、国内发展和安全问题对党的压力、党内严重的腐败问题对党的威胁”⑤三个方面，这些忧思在他的系列

① 毛泽东．毛泽东选集［M］．北京：人民出版社，1991：1438.

② 毛泽东．毛泽东选集［M］．北京：人民出版社，1991：1438.

③ 习近平．在纪念红军长征胜利80周年大会上的讲话［EB/OL］.（2016-10-21）［2022-05-09］http://politics. people. com. cn/n1/2016/1021/c1024-28798453. html.

④ 习近平．论党的宣传思想工作［M］．北京：中央文献出版社，2020：120.

⑤ 张宇婷．习近平忧党意识研究［D］．杭州：中共浙江省委党校，2021：20-21.

讲话中都有所体现。也正是依据这样的忧患意识，习近平总书记特别重视和强调“进行具有许多新的历史特点的伟大斗争”。2017年，在习近平总书记“7·26”重要讲话中，“伟大斗争”居于统揽“四个伟大”的首要位置被正式确立起来，成为一个新的理论概括，后又被写入党的十九大报告。① 2019年，在1月21日省部级主要领导干部坚持底线思维着力防范化解重大风险专题研讨班和9月3日秋季学期中央党校（国家行政学院）中青年干部培训班开班式上，“斗争”作为贯穿两次讲话全文的一个主题词、高频词和关键词，再次引起了社会各界的高度关注。2021年，在庆祝中国共产党成立100周年大会上的重要讲话中，“不怕牺牲、英勇斗争”被正式归纳为伟大建党精神的主要内涵。“伟大斗争”已经成为当下一个非常重要的政治词语，也引起了学界的广泛关注和研究。② 通过让全党、全国人民认清前进道路上的艰难险阻、风险挑战，唤醒全国上下的危机意识、团结意识（同一感），同时激发全国人民敢于斗争、敢于胜利的勇气，为实现中华民族伟大复兴的中国梦奠定了坚实的思想基础和群众基础。

四、讲好中国故事的误同策略

误同，即误以为同一，或下意识地以为同一。故事时常会让人产生这样的同一，如爱情故事的情节一般是男女主人公经过一番磨难后最终过上幸福生活，读者也会自觉不自觉地认为自己终将过上好日子。一些广告效应也是如此，如化妆品广告中出现一位年轻貌美的女子，潜意识里你会认为女子的美貌是用了该化妆品的原因，如果你用此化妆品也会变得美起来，这便是误同。这样的误同促使你发生购买行为。误同的心理机制是无意识或非理性，在意识层面或理性层面，一个稍有常识的正常人不会这样想、不会产生这样

① 习近平.决胜全面建成小康社会 夺取新时代中国特色社会主义伟大胜利：中国共产党第十九次全国代表大会上的报告（2017年10月18日）[M].北京：人民出版社，2017：17.
② 杨洋，唐爱军.论新时代“伟大斗争”的必然逻辑、理论内涵与实践方略[J].山东师范大学学报（社会科学版），2022，67（2）：37-46.

的同一，但是人在很多时候是很难摆脱无意识的影响和作用的。伯克认为，无意识地诱发合作的行为可能比有意识地诱发合作的行为更有威力。[①] 误同是伯克同一理论中最有特色的一种认同方式，但由于它的无意识性，常常被人忽略。

误同修辞也被称为模糊同一修辞，即通过对某些话语的模糊处理，使被修辞者在无意识状态下产生同一感。而这种模糊处理一般经由言语上的泛称与大众青睐的非言语技巧来实现。伯克尤其强调了“我们”一类的泛称在取得无意识认同中的妙用[②]，即通过含糊的泛指，将叙事者和受叙者划分为同一话语阵营，无形中使受叙者产生同一感，进而促进认同感的产生。“我们”是自称与他称的统一，“这是一种常见的政治手段，第一人称复数的使用成为一种使受话者参与的修辞手段，表现出亲密友爱的同情认同效果，从而更好地达到说话者预期的修辞效果，实现其修辞动机”[③]。政治家在对外交流中使用“我们”这类的泛称，能够起到跨越民族、国界、文化差异甚至政治隔阂的作用，形成特定的同一语境。政治家在对内交流中使用“我们”这类泛称，能够弥合上级与下级、官员与百姓之间的心理距离，形成包容、平等、亲和的氛围。

“我们”类泛称也是习近平主席在对外交流中经常使用的词汇。在习近平主席出国访问、参加国际会议、地区性会议时发表的演讲、媒体文章及谈话中使用的“我们”称谓，有时指“中国”或“我国”，有时指在场的所有人，有时指涉所有国家甚至全世界。从“我们”称谓使用的语境看，或为双方或多方共同行动、完成的事项或事业，或为希望未来将要做什么、如何做，或对某些问题如何回答和如何应对等，特别突出的是强调“共有一个地球（家园）”“当今世界面临百年未有之大变局”“当今世界正处于大发展大变革大调整时期”“世界发展既充满希望，也面临挑战，我们的未来无比

① 鞠玉梅．肯尼斯·伯克修辞学思想研究［M］．北京：中国社会科学出版社，2017：111.

② 袁影，蒋严．论叙事的“认同”修辞功能：香港新任特首梁振英参选演说分析［J］．当代修辞学，2013（2）：76–82.

③ 鞠玉梅．肯尼斯·伯克修辞学思想研究［M］．北京：中国社会科学出版社，2017：114.

光明，但前方的道路不会平坦”“世界好，中国才能好，中国好，世界才更好”。有时，在本可以用“我们”称谓的地方代之以第三人称，如“亚洲人民”“中非人民”，这种使用不仅使所指较为明确，在态度上也显示出一种“尊敬”和“庄重”。在习近平主席对外交流的所有篇章中，很少不出现“我们”称谓的，在许多篇章里还会出现“我们”连用的排比句式。但对美国总统的两篇谈话似乎是个例外（查找对象为《习近平谈治国理政》第一、二、三卷），一篇为《构建中美新型大国关系》（2013 年 6 月 7 日，习近平在同美国总统奥巴马共同会见记者时的谈话），全篇没有一个“我们”的称谓，代之以“双方”“中美”“两国”。另一篇为《有一千条理由把中美关系搞好》（2017 年 4 月 6 日，习近平同志同美国总统特朗普会谈时的谈话要点），“我们”一词只在全篇出现一次。考虑到这两篇皆为口头谈话，“我们”的称谓可能存在“省略”现象，但“根据不同对象采用不同的措辞”自然也是原因之一。对“我们”称谓的谨慎使用，反映出中美之间关系的复杂与微妙。

“我们”自然也用于对内讲述中。习近平总书记的对内讲述根据讲述对象的不同可分为两种情况：一种情况为面向党内各级领导干部的讲话、谈话；另一种情况为面向普通群众的讲话、谈话。从第一种情况看，“我们”的使用频率从总体上看要低于对外讲述中“我们”的使用频率，原因在于对“我们”称谓的大量省略。对“我们”的省略使用，究其原因有二：一是与党内各级领导干部是同志、同事，“我们”的关系无须强调；二是有些讲话内容是以中央、总书记的身份向各级领导作指示、提要求，具有指向性，不宜用“我们”加以模糊。既然话语是指向对方的，就该用“你或你们”第二人称称谓，但在所有讲话中却见不到“你或你们”，也用了模糊处理，这样就避免了生硬与距离感。习近平总书记经常到全国各地深入基层、深入人民群众中去考察调研，与基层干部、人民群众也有很多的谈话、交流。在这些谈话、交流中“我们”使用的频率是比较高的，而且常常使用“咱”“咱们”“大家”这些口语化的、更显关系亲近的称谓。

非语言符号特别是视觉符号的叙事具有很强的误同修辞效果，本章第三节“视觉修辞”将涉及这部分内容，在此便不予赘述。

第三节　讲好中国故事的视觉修辞

新修辞学将语言与非语言都纳入修辞学的视野，“伯克新修辞学最大的理论贡献在于它将非语言符号纳入修辞实践场域的理论想象与审美思考”①。亚里士多德开创的传统修辞学，将“劝说”作为修辞学的核心，便奠定了修辞学的语言指向，尽管亚里士多德将修辞理解为“一种能在任何一个问题上找出可能的说服方式的功能”②。尽管伯克的新修辞学打破了语言符号的修辞专属地位，赋予非语言符号以可能的修辞实践资格，但伯克并未对具体的表征符号的修辞实践作出分析，其新修辞学的主要例证还是来自语言符号场域。可以说，伯克的新修辞学更多的是非语言符号修辞实践的理论预演，而非语言符号的实践还处在理论的构想中。20 世纪 60 年代，作为视觉修辞的首倡者，罗兰·巴特在传统修辞学的基础上，结合伯克新修辞学的核心意旨，以“图像修辞”的概念确定终结了伯克在新修辞学范式演练与审美实践层面的猜想，将有别于语言修辞的另类修辞范式导向事实。③但视觉修辞真正开始蓬勃发展还是在 W. J. T. 米歇尔（W. J. T. Mitchell，1994：1）提出“图像转向”之后。④

视觉修辞学的出场得益于新修辞学的兴起和视觉传播的发展。自 20 世纪 90 年代，特别是进入 21 世纪以后，西方的视觉修辞研究得以迅速发展，但“由于理论成果的薄弱，视觉修辞学目前还只是修辞学一个学科领域，很难在‘学科建制’层面成为一门学科”⑤。我国的视觉修辞研究虽还处于起

① 张伟．视觉修辞现代发生的知识学谱系及其话语生产［J］. 内蒙古社会科学，2022，43（4）：138–145，213.

② 亚理斯多德．修辞学［M］. 罗念生，译．上海：上海人民出版社，2006：23.

③ 张伟．视觉修辞现代发生的知识学谱系及其话语生产［J］. 内蒙古社会科学，2022，43（4）：138–145，213.

④ 薛婷婷，毛浩然．国外视觉修辞研究二十年：焦点与展望［J］. 西安外国语大学学报，2017，25（3）：29–34.

⑤ 刘涛．视觉修辞学［M］. 北京：北京大学出版社，2021：32.

步阶段，但也出现了一些较为重要的成果。刘涛教授出版的《视觉修辞学》（2021）一书，在广泛借鉴、梳理国内外视觉修辞研究成果的基础上，从认识论与方法论两个层面较为系统地建构了视觉修辞学的知识框架，为我国视觉修辞研究的进一步发展提供了必要的基础，也为“讲好中国故事”的研究提供了新的理论视野和方法支持。以视频为中心的融媒体已经成为“讲好中国故事”的主要媒介形态或符号形态。本书专门探讨“网络叙事”的第三章主要是在传播学、叙事学范畴阐述了网络叙事的特性、微叙事的特点及叙事手法，以及仪式观下讲好中国故事的操作问题，但都未涉及视觉修辞问题。本章第一、二节以小说修辞学和伯克的新修辞学为理论资源，阐述了叙事修辞的一般修辞理念、修辞手段和技巧，以及以认同为目标的讲好中国故事的三种修辞方法——同情同一、对立同一和误同，没有专门讨论“视觉修辞”问题，尽管在分析中也将视频、图像作为分析例证。但也正是在第一、二节的分析过程中发现引入“视觉修辞”的必要性，本节拟借鉴视觉修辞学的理论，一方面探讨如何利用图像、视频讲好中国故事；另一方面在视觉修辞理论的实践性阐释与应用方面有所助益。

一、中国形象的视觉修辞

国家形象研究（以及地区、城市形象）是备受关注的跨学科研究领域。中国对国家形象的关注早已有之，但真正学术意义上的研究大约自 20 世纪 90 年代起，[①] 研究课题围绕中国形象的反映论与构建论展开。有关中国形象的研究不仅数量多，所涉领域也很广。研究者分布在新闻传播学、国际关系学、历史学、政治学、公共管理、外国语言学、营销学、艺术学、体育学等诸多学科，观察对象广泛，分析方法和论述风格明显不同。[②] 国家形象，指一国外部和内部公众对某国的总体判断与社会评价 [③]，显然，“总体评价和社

① 孟建，于嵩昕．国家形象：历史、建构与比较［M］．南京：江苏人民出版社，2019：21–22.
② 葛岩．基于图式理论的国家形象测量［J］．上海交通大学学报（哲学社会科学版），2022，30（3）：22–40.
③ 汤光鸿．论国家形象［J］．国际问题研究，2004（4）：18–23，71.

会评价”是一种综合认知效应。国际上评估国家形象的指标体系的一级维度至少包含经济、文旅、民生、治理、影响力五个维度，也就是说，公众至少从这五个方面形成国家形象的认知。但是，认知是可以被介入的，就像议程设置理论所证明的“大众媒介虽然不能决定人们怎么想，但可以决定人们想什么”。包括媒体在内的社会各种权力因素都可以介入，因此，国家形象是可以被塑造的。新闻传播学领域的国家形象研究，以大众媒介是影响国家形象的重要的独立因素为逻辑起点，着眼于研究大众传媒影响国家形象的机制和如何通过大众传媒影响国家形象。

形象是认知事件，仅仅将其定义为“判断和评价”未免过于宽泛。“形象”与认知心理学中的“图式”概念高度相近。图式，是储存于人脑中有关某类事物的模板或框架，这个模板或框架是基于经验、知识形成的，并成为人脑处理相关信息的无意识认知方式。社会心理学家菲斯克（S. Fiske）和林维尔（P. Linville）认为：“图式是指（记忆中）与一个给定概念有关，且连接丰富的信息网络。”[①] 图式的结构可以被看作以概念（信念、价值观）为核心、牵涉经验或感性、情感等信息材料的网状结构。图式本身是中性的科学概念，多用在“所有社会科学的基础”认知心理学研究中，而形象在营销、公共关系、新闻传播和政治科学研究中比较常见，可兼指有正面或负面意味的事物认知图式。[②] 新闻传播学领域形象研究的思想与方法来源正是认知心理学的图式理论，框架分析法普遍应用于形象分析。在此须说明的是，传播学采用了“框架”而基本不用“图式”，原因大概是“框架”并非传播学原产，而是引自戈夫曼《框架分析》一书，而戈夫曼对框架的定义与图式的内涵无二。框架分析的主要指标为议题、倾向性（正面、中性、负面）、信息来源、基调（情感色彩）等，但框架分析多以语言文字文本为主，面向视觉文本的框架分析还很少见。框架的效力在于隐含于各种信息以发挥渗透式影响作用，而不是以直白的方式进行说教。如果不是这样，框架就可以只把“概

① 葛岩．基于图式理论的国家形象测量［J］. 上海交通大学学报（哲学社会科学版），2022，30（3）：22–40.

② 葛岩．基于图式理论的国家形象测量［J］. 上海交通大学学报（哲学社会科学版），2022，30（3）：22–40.

念”留下，只与标语、口号画等号了，但也就不存在“框架”这个概念了。因此，从框架隐含、渗透的本性来看，图像、视频这类非语言符号应该更具框架效力，“形象”作为框架的一个衍生概念，实际上突出了框架这一特性。框架与形象的相像在于二者的本相都是意象，框架或形象的基本结构即为“意＋象”结构。

刘涛《视觉修辞学》从修辞角度给出视觉框架的定义，即“从视觉修辞的角度看，视觉框架意为经由视觉化的观念、方式和途径建构的一种认知框架”[①]。视觉框架的核心还是“观念”，而观念的生成是由对视觉材料的选取与编码实现的。以下将以中国形象宣传片为观察对象，借鉴刘涛提供的视觉框架分析的方法模型（表 4–1），展开以构建与传播中国国家形象的视觉修辞分析。

表 4–1 视觉框架分析的方法模型 [②]

框架层次	视觉内容	意义结构	指标体系
指示框架	视觉主题	内容主题系统	背景 内容 主题 主体属性 主体行为
语义框架	视觉语法	视觉语言系统	接触 社会距离 态度 情态 信息值 显著性
叙事框架	视觉叙事	叙事结构体系	语图 时间 空间 交互 对立
论证框架	视觉论证	修辞论证系统	事实 情感 知识 功能
认知框架	视觉心理	认知模式系统	命题 转喻 隐喻 意象图式

此模型的切入点是视觉框架的层次，即将视觉框架分为指示、语义、叙事、论证、认知等五个层次，然后对五个层次分别进行框架分析。考虑到具体的视觉产品并非都具备完整的五个框架层次，且视觉框架的指标体系并非能够完全统一，根据中国国家形象宣传片的文本实际和实践需要，将分析框架锁定在“指示框架”和“语义框架”这两个基本框架上。指示框架，强调的是视觉内容维度的信息内涵及意义结构，[③] 即图像的再现、模仿的意义结

① 刘涛．视觉修辞学［M］. 北京：北京大学出版社，2021：285.
② 刘涛．视觉修辞学［M］. 北京：北京大学出版社，2021：318–319.
③ 刘涛．视觉修辞学［M］. 北京：北京大学出版社，2021：312.

构。指示意义的分析指标以“背景”“主题”为主。语义框架，我们将这种框架解释为图像的语法意义和特定语境下的引申意义，即图像的寓意结构。语义框架分析指标的一级指标定为“选择、显著性、态度、社会距离、接触”。选择，意为对图像文本的选择性使用。图像文本包括媒介文本（照片、图画、视频等）、事件文本（事件形态与过程，包括人）和空间文本（场景）。“主题、背景”是“意＋象”结构中“意”的主要承担者，“选择、显著性”是“象”的主要承担者，“态度、社会距离、接触”也是“象”的承担者，但其主要功能在于“意＋象”结构的交际意义，即面向观看者的互动传播。

（一）中国形象的“意”：图像主题

在真实的前提下向世界展现“可信、可爱、可敬”的中国形象是讲好中国故事的总目标，也是视觉修辞的最高目标。围绕这个总目标设置议题或主题是首要步骤。主题设置必须具备事实基础，那么关于中国最基本、最重要的事实是什么？在中国共产党的领导下，中国不仅没有像西方预期的那样“崩溃”，而是在短短几十年时间里完成了工业化，成为世界第二大经济体，并且政治社会稳定，全面建成小康社会，创造了举世瞩目的“中国奇迹”。因此，展现中国新风貌、揭示“中国奇迹”的来由以及“共同富裕”“和平发展、合作共赢”等理念便成为主题的核心。当然，主题定型的另一个重要因素是情境或背景，也就是说在分析某一国家形象宣传片的主题时，背景是必须考量的因素，如果脱离当时的背景，主题就会变得模糊甚至无法辨认。更重要的是，主题是通过视觉文本或语图互动传达出来的，确切地说，在视觉文本及视觉修辞操作下生成的主题是“意蕴”——诗意空间——确定与不确定共存的想象空间。

有一项研究对 2011—2019 年中国国家形象宣传片的主题和背景作了简要分析，见表 4–2。

表 4-2　国家形象宣传片主题与背景 ①

序号	作品名称	主题	制播背景
1	《中国国家形象宣传片——人物篇》	中国杰出人物显示中国新风貌	西方部分媒体中的中国人个个愁眉苦脸
2	《中国国家形象宣传片——角度篇》	中国改革开放建设成就及以发展观为核心的中国精神	全球化使中国对全球政治、外交、金融等方面的影响增大
3	《领导人是怎样炼成的》	中西领导人选拔机制不一样	十八届三中全会
4	《不同方式游中国》	中国山河秀美、文化多姿多彩	中国融入全球化程度加深，部分国外受众仍认为中国是野蛮民族
5	《中国共产党与你一起在路上》	中国共产党的执政理念与奋斗目标	党的十八大后形成了以习近平同志为核心的新一代领导集体
6	《跟着习大大走之万隆会议篇》	中国与亚非国家携手同行、团结合作	习近平出席万隆会议
7	《跟着习大大走之巴基斯坦篇》	中巴友谊牢不可破	习近平访问巴基斯坦
8	《跟着习大大走之俄罗斯篇》	中俄友谊源远流长	习近平访问俄罗斯
9	《跟着习大大走之美国篇》	中英关系越走越近	习近平访问英国
10	《十三五之歌》	要想了解中国以后怎么样就要了解“十三五”规划	十八届五中全会提出“十三五”规划

① 郭小旭．我国国家形象宣传片的视觉修辞研究（2011—2019）[D]．保定：河北大学，2020：26-27.

续表

序号	作品名称	主题	制播背景
11	《中国经济真功夫》	转变发展理念与发展方式，中国经济将更加健康、开放与包容	新时代中国经济进入战略转型关键期
12	《G20 杭州再出发》	“合作共赢”应对全球金融危机	G20 第十一次峰会
13	《“一带一路”世界合奏》	“一带一路”沿线国家都受益	“一带一路”国际合作高峰论坛在北京举行。“一带一路”建设取得丰硕成果，但国际上还存在质疑、误解甚至抹黑的杂音
14	《“一带一路”之歌》	“一带一路”是贸易之路、交流之路、友情之路、快乐之路	“一带一路”国际合作高峰论坛在北京举行。“一带一路”建设取得丰硕成果，但国际上还存在质疑、误解甚至抹黑的杂音
15	《中国进入新时代》	新时代有新目标、新梦想	中共十九大召开
16	《中国一分钟》	中国正在快速地发展、进步	中国改革开放 40 周年。十三届全国人大一次会议召开

从这些主题看，16 部国家形象宣传片展现了一个活力、发展、奋进、美好、充满机会与希望、开放、包容的中国形象。这些主题的形成符合中国的基本事实，也适应特定情境的需要。例如，《“一带一路”世界合奏》和《“一带一路”之歌》两部宣传片，分别由新华社、人民日报社制作并同时发布，但前者的传播对象为国外受众，后者的传播对象以国内受众为主。所以虽然内容一样，但主题稍有不同，前者强调的是共同受益，后者则强调大家一起做生意、一起交流、一起建立友谊、一起快乐。再如，“跟着习大大走”系列的第 7、8、9 号作品，都是以习近平出访为背景，但因中国与这三个国家的关系不一样，虽然都在强调友谊，但在主题色彩上还是存在一定的差异。

（二）中国形象的“象”：修辞手段

形象宣传片运用哪些视觉修辞手段构建了中国形象的“象”并赋予中国

形象或宣传片主题以“意蕴”，是以下要分析解决的问题。

首先，对视觉文本的选择与突出。媒介文本总格局皆为融媒体，包括视频、音乐、文字、有声语言、图片、绘画、卡通、动漫、色彩等，使用较多或比较突出的是卡通、动漫，音乐以欢快、节奏感强的流行音乐为主，色彩偏多彩亮色，语言文字简短，有声语言口语化与艺术化相结合。事件文本以人为核心，不知名的普通人占绝大多数，年轻人、小孩和身穿民族服装载歌载舞的少数民族同胞给人留下较深的印象；人的活动为工作、吃饭、聚会、开会、做公益、购物、读书、旅游、上网、打电话、唱歌、跳舞、运动、跑、跳、笑（微笑或大笑）等，给人留下较深印象的是奔跑、笑脸、跳舞。空间文本包括自然景观与人文景观，自然景观包括地球、宇宙所包含的奇观美景，如蓝天白云、太阳月亮星辰、山川湖海沙漠、动物植被花朵，给人的总体印象是辽阔、美丽、宜人。人文景观分为城市景观、乡村景观、国外景观，日常景观和文化景观。城市景观突出现代、国际、科技、气派、快节奏的气质，乡村景观突出优美的自然环境、物产丰沛、人与自然和谐相处的特点。国外景观则是代表式的，即以一个或几个具有较高辨识度的景致代表整个国家，如俄罗斯的红场、英国的大本钟。日常景观以公共场所为主，如商店、饭店、酒吧、茶馆、剧场、广场、公路、街道、学校、医院、银行、厂房、办公室、会场、田间地头、机场、火车站等，偶尔出现家居私人场所。这些场景交替轮换地出现在宣传片中，给予人们日常生活以丰富感。文化景观包括传统文化景观与现代文化景观，以传统文化景观居多。传统文化景观包括中国传统戏剧、书法、剪纸、泥人、中国武术、传统手艺、古建筑等，现代文化景观包括电影、街舞、交谊舞、流行歌曲、现代建筑、时装表演、街心雕塑等。

其次，视觉符号的重复与征用。重复是突出的基本修辞手段之一，那些给人留下深刻印象的视觉记忆，重复次数较多是原因之一。例如，在 16 部宣传片中有 5 部使用了卡通、动漫作为贯通全篇的媒介文本，人物笑脸特写成组群出现的也有 5 部。符号征用，指借用其他文本中的一些符号编入新的文本中，以增强新文本的熟悉度、亲近感与合理性。比如，1 号作品征用了 59 位各行各业的名人明星，虽然西方人不一定喜欢该宣传片高大上的风格，但这些熟悉的面孔吸引眼球、唤起相关记忆的效果肯定是有的。天安门、天安门广场、故宫、长城、1949 年 10 月 1 日毛泽东主席站在天安门城楼上宣布中华人民共和国成立、中国研制的第一颗原子弹爆炸成功的蘑菇云、2008 年北京奥运会开幕式片段、鸟巢、水立方等镜头多次出现在宣传片中，而这些镜头也是反复出现于大众传播视觉文本中的镜头。

再次，视觉文本的象征和隐喻。象征“就是不直接描绘事物，而是根据事物之间的相互联系，借助联想，说的是乙，叫人联想到甲”[①]。就视觉修辞而言，象征就是借助事物之间的相互联系及人的联想，用视觉文本表达某种真实的感情和深刻的寓意。象征是视觉文本中常用的修辞格，如在电影中，乌云遮日常象征主人公遭遇不公平待遇，雷雨交加象征困难、挫折或将有不好的事情发生，冰河解冻、大地回春象征脱离险境、逆境，事情向好的方面发展，等等。中国国家形象宣传片围绕构建中国形象也存在一些明显的象征。众多的人物构成了宣传片的视觉主体，而人物中的绝大多数是普通人、普通劳动者，象征着“中国是人民的中国”；众多人物以年轻人、孩子居多，象征着充满活力、充满希望的中国；反复出现的中国人的笑脸，象征着中国的和善、包容与自信；中国人与外国人一起唱《“一带一路”之歌》象征着合作与共享；少数民族与汉族同胞手拉手一起载歌载舞，象征着民族团结，等等。

对“隐喻”的最早界定出现在亚里士多德的《诗学》中：“用一个表示某物的词借喻它物，这个词便成了隐喻词，其应用的范围包括以属喻种、以种喻属、以种喻种和彼此类推。”[②]“转移”或“转迁”是隐喻得以运作的核心，即在某符号范围内把原属于某物的词转移来指另外一个事物。[③]隐喻反映的是事物之间的某种相似性，即隐喻的操作支点是“喻本”与“喻体”之间有某种相似。隐喻是将喻体与喻本通过转移或转迁形成意义互动，并产生新的意义，而转移或转迁往往意味着跨越不同的界域。只有跨越不同性质界域的隐喻才有可能产生新颖、奇趣的意义。视觉修辞与语言修辞本质上一样，但

① 王希杰．汉语修辞学［M］．北京：商务印书馆，2004：406.
② 亚理斯多德．诗学［M］．罗念生，译．北京：人民文学出版社，2002：149.
③ 牛宏宝．图像隐喻及其运作［J］．文艺研究，2022（6）：5-22.

在形式上还是有所区别。语言的隐喻呈现为包含“隐喻词”语法结构（如女人是花），而图像隐喻没有语法，或者说图像隐喻有自己的语法，如空间共存的图像并置。另外，构成语言隐喻的基本单位是词语，图像隐喻的基本单位则是作为具有独立价值的图式化意象。[①]隐喻修辞是文学艺术作品中普遍使用的艺术手法，在中国国家形象宣传片中也多有使用。《G20 杭州再出发》视觉隐喻比较突出，片子开头用灰色和漫天大雪隐喻 2008 年全球金融危机和全球经济受到的重创，用众人共同向着光奔跑，隐喻只有共同努力才有光明前途，用地球与中国人打太极拳的画面并置，隐喻只有中国和中国智慧才能引领世界化解危机，用奔跑和飞跃隐喻中国经济的巨大能量。

最后，交际意义上的视觉修辞——态度、社会距离和接触。交流，是修辞学的基本理念之一，修辞学在研究修辞手段的同时，也将修辞与听（读）者联系起来，即注重修辞的效果，这就打破了叙事学以文本为中心的局限，将作者、文本与读者置于互动交流的关系中，叙事修辞学也将修辞视为作者通过文本调动修辞手段实现与读者的思想交流和价值沟通的过程。视觉修辞当然也具有交流的意义，对交流意义的分析“旨在揭示图像生产者与观看者之间的交流方式与认知态度，可以通过接触（contact）、社会距离（social distance）、态度（attitude）和情态（modality）四种语法手段来实现”[②]。这四个分析指标可能更适合于分析图片。考虑到融媒体符号的复杂性，本书遂去掉“情态”，取“态度”“社会距离”和“接触”三项对我国国家形象宣传片的交流意义进行分析。

态度，在交流的意义上表现为影片制作者通过图像所传达的对观看者的态度，如不偏不倚、平和、喜悦、亲近、温暖、严肃、冰冷、敌意等。如果将态度概括为“暖—中性—冷”三个维度结构，那么，形象宣传片的态度应该是中性偏暖的；如果将态度细分为 7 个梯度，形象宣传片的态度得分应在 6 分左右（4 分为中性）。面部表情是态度的重要观测点，如前所述，“笑脸”是 16 部国家形象宣传片给人留下印象较深的影像。“笑脸”可以解读为友善、自信，也可以解读为“友好的邀请”。色彩斑斓的暖色系、载歌载舞、

① 牛宏宝．图像隐喻及其运作［J］．文艺研究，2022（6）：5–22.
② 刘涛．视觉修辞学［M］．北京：北京大学出版社，2021：244–245.

欢声笑语都在传达节日般的欢乐气氛。观看视角也能让观看者体味制作者的态度，如仰视体现的是制作者的权力，俯视体现的是观看者的权力，平视则表现平等与对话。形象宣传片的构图以平视为主，偶尔采用俯视与仰视，总体态度是“平等相待”。社会距离，指再现主体与观看主体之间的亲密关系，而不同的景别（特写、近景、中景、全景、远景）能够体现不同的社会距离，相应地也会形成亲密的、社交的、疏远的三种不同的社会关系。① 这五种景别都是一个完整叙事所需要的，但在叙事重要性上由高到低依次为特写、近景、中景、全景、远景，而交流意义上的重要性由高到低也呈这样的排序，“特写”尤其是“人物特写”具有特别的重要性。宣传片中众多“笑脸”都是以特写的方式展现的，这也是为什么“笑脸”给人以深刻印象。接触，指拍摄对象因拍摄角度而与观看者形成的两种互动关系，即“索取”与“提供”。索取，意为拍摄对象试图从拍摄者那里“索取”某种情感的或理性的关注，这时拍摄对象的眼睛是直视摄像头的；提供，意为拍摄对象尝试为拍摄者“提供”更多的视觉信息，此时拍摄对象的视线与镜头存在一定的视差。从观者角度看，“索取”为正脸，与观看者形成对视，表达的是关注或对交流的邀请；提供，在观者看来是拍摄对象的信息提供或自我呈现。在形象宣传片中，人物往往是“索取”与“提供”相继出现，形成在互动中提供与索取信息的交流形态。“索取”一般为特写，“提供”则包括特写、近景甚至中景等景别的交替使用。

二、中国价值的视觉论证

亚里士多德将修辞术看作论辩术的对应物，并将修辞术定义为“一个能在任何问题上找出可能的说服方式的功能”，其中包含的基本原理在于“话语的说服性来源于它的论辩性，即合理、充分的论辩使得话语面对受众时具有说服性”②。修辞学认为，论辩作为一种机制，存在于几乎所有类型和体裁

---

① 刘涛．视觉修辞学［M］．北京：北京大学出版社，2021：245.

② 林梅．俄罗斯现代修辞学视野中论题体系的论辩功能［J］．解放军外国语学院学报，2021，44（3）：68–76.

的现实话语中，论辩是一种极为重要的修辞模式。话语修辞的论辩性早已得到确切的证明，但图像是否也具有论辩能力？法国著名电影理论家马赛尔·马尔丹在《电影语言》一书中说过这样一句话："电影画面本身是在展现，它并不论证。"[①]这代表了电影界一些人的观点。查特曼在《术语评论：小说与电影的叙事修辞学》一书中专辟一章讨论"影片中的论证"，认为很多虚构的影片包含着非标准形式的论证，"很多好莱坞影片，尤其是1920年代到1950年代的，还是表达了至少是暗示了我们可以认为是'论证'（在该术语的某种微弱意义上）的信息"[②]。并认为，这些论证一般来说是通过叙述含蓄地传达出来的。[③]我国学者倪祥保在《纪录片的影像论证》一文中认为："对于包含纪录片在内的影视艺术形态而言，不管在无声期间，还是有声以后，其画面影像表达既是作品形象展现最为主要的直观主体，部分也可以使观众在观影体验中产生'影像论证'的效果。"[④]刘涛在《视觉修辞学》一书中认为，对于图像是否具有论证能力，视觉修辞给出了肯定的答案，由此预示了视觉论证理论的兴起。[⑤]

所谓"论证"，即为一个正确的主张提供支持而提出的主张集，当一个人试图通过提供理由来证明（justify）一个主张时他就提供了一个论证。[⑥]论证的关键是为某种主张或观点提供支持或证明。亚里士多德在《修辞学》中提出了三种或然性证明方式，"第一种是由演说者的性格造成的，第二种是由使听者处于某种心情而造成的，第三种是由演说本身有所证明或似乎有所证明而造成的"[⑦]。这三种形式可简单概括为性格、情感和逻辑。第三种方式（逻辑推论）是以例证法和修辞推论进行证明的方式，例证法为归纳法，修

① 马尔丹．电影语言［M］．何振淦，译．北京：中国电影出版社，1980.
② 查特曼．术语评论：小说与电影的叙事修辞学［M］．徐强，译．北京：中国人民大学出版社，2016：65-66.
③ 查特曼．术语评论：小说与电影的叙事修辞学［M］．徐强，译．北京：中国人民大学出版社，2016：66.
④ 倪祥保．纪录片的影像论证［J］．现代传播（中国传媒大学学报），2014，36（2）：92-94.
⑤ 刘涛．视觉修辞学［M］．北京：北京大学出版社，2021：68.
⑥ 武宏志．非形式逻辑的核心概念："论证"［J］．湖南科技大学学报（社会科学版），2006（2）：39-45.
⑦ 亚理斯多德．修辞学［M］．罗念生，译．上海：上海人民出版社，2006：23.

辞推论为修辞三段论法。亚里士多德认为，代表第三种方式的“修辞推论”是躯干，是最有效、最重要的一种说服方式。[①]修辞三段论与逻辑三段论（标准三段论）的主要区别在于，后者的两个前提一般带有必然性，而修辞三段论的两个前提则很少是必然的，而是或然的。亚里士多德将修辞三段论从句式拓展到整篇演说，即确定论题、论据、论证本身。他在《修辞术》一书的第二卷中详细阐述了28种修辞论证的方法，包括归纳法、类比法、比喻法、反驳法、自相矛盾法、两难推理法、自定义法、揭示原因法等。

图像论证与话语的修辞论证在本质上是相通的，即都是为某种观点或思想提供证明，在修辞方法上也多有共同之处。虽然图像具有独立的论证能力，但当下的融媒体产品并非纯粹的图像形式，更多地体现为图像与文字相结合的形式，也就是说，融媒体产品的论证模式为“语图互文”，即语言文字与图像（包括声音、音乐）在互动中形成论证。近年来，政论纪录片在我国异军突起，出现了很多广受欢迎的优秀作品，如《将改革进行到底》《不忘初心 继续前进》《大国外交》《辉煌中国》《必由之路》《扫黑除恶——为了国泰民安》《摆脱贫困》《永远在路上》《你的样子》《“八八战略”15年》《雄关》《长征》等。这些政论纪录片全景展示了我国近年来在政治、经济、文化、社会、军事、外交等各个领域进行的伟大实践、取得的伟大成就，集中体现了社会主义核心价值观，对提升全民的文化认同、道路认同、民族认同、国家认同、执政党认同具有重要意义。政论纪录片以思辨见长，但在创作上大都采用格里尔逊模式，即解说加画面的形式。先写好脚本和解说词，然后实地采访拍摄，或者是搜集历史文献影像。[②]这就构成了政论纪录片“语图互文”修辞论证结构。以下将以政论纪录片为视点，分析讲好中国故事中以“语图互文”为结构模式的、对中国价值观的图像论证。

（一）图像解题

立题或立意是论证的起点。政论纪录片的立题往往从纪录片的题目开始，题目包括总题目和各板块或段落题目（每一集的题目），相当于总论点

① 袁影.解析“修辞推论”：亚里斯多德《修辞学》核心概念［J］.修辞学习，2006（5）：23-26，30.

② 修永富.政论纪录片的美学表达［J］.电影文学，2020（22）：33-35.

与分论点。话语（解说词，画外音）和图像共同阐释题目、界定题目的内涵，即解题。解题一般被置于纪录片、每一集正式展开之前，相当于“引言”的位置。话语一般为解题提供关键词和逻辑，图像为解题提供感性材料，见人、见物、见情感。解题的图像组织大概有两种形式，即集纳式与例证式。

集纳式，指将去情境化的图像以集纳的方式组成图像群，接续或交替出现。所谓“集纳”，即将若干具有相同或相近特征的图像组织到一起，形成一个能被感知、辨识的整体。这些图像集纳群的编码原则即为语义上与解说词相呼应。《辉煌中国》（共六集，2017）的图像解题便属此类。该片片头（第一集前）用2分30秒的片长解读总题。解说词关键词包括合格的答卷、砥砺奋进的五年、真抓实干的五年、取得历史性巨大成就的五年、无可企及的成绩单、获得感、幸福感、安全感、自豪感、历史性飞跃、你我共筑的辉煌中国。图像集纳群包括人物群、物群与时空群。人物群，包括习近平总书记讲话、视察的身影，人们的笑脸和伸出拇指点赞的形象，以及人们劳动、工作、行走、生活的身影，所包含的意旨有：党、领袖与人民一起奋斗，人民群众对五年的“答卷”十分满意。物群，包括春播秋收的田野、成片的风电风车和太阳能光伏板、建筑工地林立的塔吊、工厂车间里各种机器（包括机器人）的飞速运转、静卧群山中的天眼，以及正在起飞的飞机、火箭，等等。物群图像包含的意旨为“取得历史性巨大成就的五年”。时空群，包括蓝天白云、青山绿水、雄伟的天安门、鲜艳的五星红旗等，所包含的意旨为“这是美丽的中国”。这些图像群在语义上保持与解说词的动态共现，对题意起到补充、佐证、放大或强化的作用。

例证式图像解题，指用一个或几个情境化的图像对题意形成阐释。所谓“情境化图像”，指在具体情节中的图像，具体情节包括具体的时间、空间、人物、行为、事件等，如果脱离特定的情境，图像就失去了应有的意义。这样的图像实际上就是故事中的图像，即叙事图像，而脱离具体情境的集纳图像在很大程度上已成为符号性图像。例证式图像解题，往往是不完整解题，只是就题意的某一点或从某个角度予以解释。建党百年大型政论纪录片《你的样子》（共五集，2021）的图像解题便属例证式解题。该片的立意是“中国共产党是一个什么样的党”，或“真正的共产党员是一个什么样的人”。五集的题目分别是“信念”“初心”“铁肩”“品格”“情怀”，这五个题目便构成了该片的题意。那么如何去解读这样的题意呢？第一集片头讲了一个“真理真甜”的故事，即陈望道1920年在翻译《共产党宣言》时，由于过于投入，将墨汁当作红糖蘸着粽子吃了还浑然不觉，母亲问他红糖够不够甜，他回答说，红糖够甜了，很甜的。解说词的故事讲述很简洁，解题关键语包括“真理的味道非常甜”“为人们带来了寻找光明的勇气和那份矢志不渝、历久弥坚的信念”，突出的图像有两组：两本《共产党宣言》（日文版、英文版）小册子的封面和蘸有墨汁的粽子。《共产党宣言》与蘸着黑墨汁的粽子本没有联系，但由于这个故事便产生了紧密联系。语言和图像共同表达了这样的含义：中国共产党是有信念的，其信念来自《共产党宣言》，这个信念是真理。这样一种归纳似乎并不完整，也缺少逻辑，留有很大的意义空间让观者联想，同时也有待正文予以逐渐展开、完成。第二集片头呈现的是采访瞿独伊的一段影像。瞿独伊是瞿秋白的女儿，1921年出生，与中国共产党同龄。由于年事已高，瞿独伊对很多事情都记不清了，但当记者问起是否还记得她父亲翻译的《国际歌》时，她却两眼放光，用俄语高唱起来。1935年6月，瞿秋白正是唱着这首国际歌英勇就义的。解说词解题语：“忘记全世界，唯独记得你。那份炽热的信仰和不变的初心穿越时空仍被铭记。”突出的图像为瞿独伊高唱《国际歌》、瞿秋白画像、瞿秋白就义时的影像与画外音男声唱《国际歌》。语言和图像共同诠释了：共产党的初心是实现共产主义，初心是不会被忘记的，因为无数共产党人为了这个初心献出了宝贵的生命。有很多例证都可以解读共产党的初心，而这个例证的贴切之处在于：忘记了世界却不忘《国际歌》（共产党的信仰）、革命烈士的遗孤、与党同龄，三者集于一身。

（二）图像论据的“冗余”

查特曼在《术语评论：小说与电影的叙事修辞学》一书中专辟一章讨论“影片中的论证”问题，认为故事所提供的证据常常是冗余的、过剩的，“故事常常超出论证的需要伸展出去，呈现出自己的蜂鸣传播趣味”。[①] 所谓“蜂鸣传播趣味”，可理解为你一言、我一语的非逻辑性和趣味性。“在电影中要完全讲述一个故事，即使是一个图解其他类型文本的故事，也可能恰恰要引入‘冗余’，它开启闸门，放进大量的‘干扰’性的却又引人入胜的故事材料。”[②]“冗余”是故事的本性，故事需要许多材料才显得丰满、有趣味；而这些貌似“冗余”的故事材料，对于论证也是需要的，“‘冗余’显系一种逼真的效果，是巴特所谓‘实在效应’的效果之一，但它极好地与论证相契合”。如果减去故事的一些材料，不仅使故事显得干瘪，缺少了许多趣味，还显得不够真实，而“真实”正是论证所需要的。

纪录片从本质上说是一种叙事，“电视纪录片的本质特征是视听形象纪实性。纪实性决定了叙事性，叙事性又使追求故事成为一种必然”[③]。纪录片包括政论纪录片的论证是借助故事材料的论证，故事材料在满足故事基本需要的同时，为论证提供更为翔实、趣味的证据，将论证引入实地考察的情境。这种“冗余”图像证据可分为两种，即语图共外溢和图像单独外溢。所谓“外溢”，指论据过多、过满或超出了论题的逻辑范畴。语图共外溢，指外溢是由语言、图像共同完成的；图像单独外溢则指外溢只由图像完成，也是超出解说词的外溢。许多优秀政论纪录片都采用了外溢论据模式，淡化宣传、说教色彩，收到了可信、可感的良好效果。以《辉煌中国》的第一集《圆梦工程》为例，这一集的立意或主题为“这五年，一个个奇迹般的工程正在托举起中华民族伟大复兴的中国梦”。该片将中国工程分为五大类，即中国桥、中国路、中国车、中国港、中国网，证据的编码方式为“概述 + 例证”。作为证据的例证应该是简述，而《圆梦工程》中的例证是繁述或细数。港珠澳大桥作为“中国桥”的例证被首先聚焦，聚焦点为 2017 年 5 月 2 日凌晨 5：50 开始的港珠澳大桥最终接头安装作业。影片对这一历史性时刻予

① 查特曼．术语评论：小说与电影的叙事修辞学［M］．徐强，译．北京：中国人民大学出版社，2016：77.

② 查特曼．术语评论：小说与电影的叙事修辞学［M］．徐强，译．北京：中国人民大学出版社，2016：77.

③ 蔡之国．电视纪录片的故事性［J］．广西社会科学，2005（9）：189–190，193.

以细致入微的呈现，包括两个重点角色振华30起重船、工程总指挥林鸣，以及对接过程中的操作细节。这些细节包括振华30起重船的身世、外貌、操作动作，林鸣现场如何指挥及发出指令的同期声，现场工人们作业操作步骤、动作，以及工程所用材料（如四吨重的吊带）的详细介绍，这些细节或以语言加特写、近景镜头的方式，或以特写加近景的方式予以呈现。对接安装过程持续了17个小时，在对接安装结束之前，镜头离开安装现场转向一位经常来往于内地与香港的香港商人冯泽田，表现他对港珠澳大桥通车后的憧憬，从而引出解说词对港珠澳大桥将产生的经济效益的概述。这一系列的细节操作，就论题需要而言，的确显得过多、过细，但观者却被它们牢牢吸引，并被深深触动。

（三）含蓄的图像论证

含蓄的图像论证即叙述论证，指叙多议少的夹叙夹议论证。费伦在分析影片的论证时发现，“这些论证一般来说都是通过叙述含蓄地传达出来的”，“影片越是变得复杂精致，人物与画外音叙述者明确论证一个电影主题的情况就越少”[①]。一些政论纪录片也常常采用含蓄论证的方式方法。政论纪录片主要通过对历史、知识和事件的叙述以及象征、隐喻、对比等修辞手段展开论证。例如，《一带一路》第一集用超过一半的篇幅从中国与外国两个角度讲述了古代丝绸之路、古代海上丝绸之路开创、发展、兴盛、衰落的历史，讲述了其间发生的许多故事、相关的天文地理知识以及古代中西科技、经济、贸易情况。与语言讲述呼应的大量图像包括实地摄像（沙漠、骆驼、古城遗址、敦煌壁画、港口码头等）、影视剧影像、绘画（如唐《宫苑图》、宋《清明上河图》）、地图（纸质图、电子图）、实物、文物（鎏金铜蚕、甲骨）等。穿插在这些叙述中的是一些与叙述紧密相关的评价性、判断性话语：

> 当中国人的一系列技术发明经由丝绸之路传入西方，更深刻改变了整个世界的面貌和状态。
>
> 历史用事实证明，一个国家强盛才能充满信心开放，而开放促进了一个国家的强盛。

---

① 查特曼．术语评论：小说与电影的叙事修辞学［M］．徐强，译．北京：中国人民大学出版社，2016：66.

从陆地和海洋延伸出来的无数贸易路线，在不同的历史时期和地缘空间里将欧亚大陆紧紧联系起来，使“和平合作”“开放包容”“互学互鉴”“互利共赢”的丝绸之路精神薪火相传。

中国国力的盛衰影响着丝绸之路的兴废。当近代中国为了生存与独立艰难跋涉之时，陷于衰落的丝绸之路也长期消失在历史的视野中。

这些话语说明，一方面，古代中国作为丝绸之路的开创者，以自己先进的技术和文明改变了世界，而今正在快速崛起的中国倡导“一带一路”也定会给世界带来新的发展与希望；另一方面，强调了中国所主张的丝绸之路精神，即“和平合作”“开放包容”“互学互鉴”“互利共赢”，这也正是该片的主旨所在。

在历史的叙述中，多处以对比手法，将中国与欧洲交织在一起，表明古代中国在世界的领先地位。

就在托勒密绘制世界地图的300多年前，[①]一支从长安出发的中国使团开始打通从东方通往西方的道路。使团的首领名叫张骞。

当郑和的船队消失于海面半个多世纪后，伴随着达·伽马、哥伦布、麦哲伦等人鼓起的风帆，西方人终于迎来大航海时代。

位于道路（指丝绸之路）最东端的西汉王朝进行着大规模的生铁冶炼。官营的冶铁作坊里，一座冶铁炉每天能炼出一吨多生铁，而当时欧洲还没有出现生铁冶炼技术。

公元11世纪的中国宋代，人口超过10万的城市有50多座，而同时期欧洲最大的城市不过两万人。

至于论证对象征、隐喻等修辞的运用，前文在分析国家形象宣传片时已经有所论述，道理相通，在此不再赘述。

① 托勒密是古希腊一位天文学家。公元2世纪，托勒密在世界地图上描绘了欧亚大陆东海岸的位置，并测算出了从欧洲横跨大西洋到亚洲的大致距离。正是这一计算促使1300年后哥伦布展开从西面驶向亚洲的远航。

本章小结

本章引入小说修辞、叙事修辞、新修辞学和视觉修辞学，弥补了叙事说服理论提供叙事文本操作知识的不足。通过文献调查，廓清了视觉修辞的基本观念和主要修辞策略。叙事修辞的基本观念为叙事修辞的道德性、交流性和感性。这就确立了叙事的社会性属性，超越了经典叙事学将叙事视为文本操作的局限。叙事修辞的主要修辞策略是视点的选择、距离的控制以及叙述与展示，这些策略既关系到如何叙事，又涉及对受叙者、叙事者与受叙者关系的考量。新修辞学将“认同”视为修辞的目标，强调修辞者与被修辞者的互动，在互动中达到“同一”，在“同一”中达成认同。西方新修辞学虽然提出了达成认同的三种修辞策略，即同情修辞、对立修辞和误同修辞，但究竟在叙事中如何运用这三种修辞策略，还是一个新课题。本章以习近平总书记讲述中国故事为案例，提出了一些新观点，如针对同情修辞，提出“对外讲述中‘我和你一样’的选择性，对内讲述中‘我和你一样’的中介性”的观点。由于网络传播的融媒体性，以视频为主的多媒体产品是讲好中国故事的主要形态，这也就决定了引入视觉修辞的必要性。视觉修辞的核心问题，是如何使用视觉符号达到修辞或说服的效果。视觉修辞学在我国还是一门很年轻的学问，不仅理论体系不够健全，更缺乏在新媒体语境下的实践性研究。本章以中国国家形象宣传片和我国近年来的政论纪录片为研究对象，分析了建构中国形象的视觉修辞策略、中国价值观的视觉论证手法等问题，提出了一些新观点、新见解。例如，关于视觉论证中立意解题，提出了集纳式方法和例证式方法；关于视觉论证的论据，提出了“冗余图像”的观点；关于视觉论证，提出了“含蓄论证”的观点。

第五章　讲好中国故事的无意说服模式

讲好中国故事有两个面向，即面向国内与面向世界。面向国内讲好中国故事，就是使全体中国人对自己的国家产生强烈认同感，以“可信、可爱、可敬”的中国为自豪，增强“四个自信”，更加紧密地团结在以习近平同志为核心的党中央周围，为实现中华民族伟大复兴的中国梦、为了世界和平与进步而不懈奋斗；面向世界讲好中国故事，目标是向世界展示真实、立体、全面的中国，努力塑造可信、可爱、可敬的中国形象，增强对中国的认同感，为实现中华民族伟大复兴的中国梦、为构建人类命运共同体提供良好的国际舆论环境。无论是面向国内还是面向世界，讲好中国故事的基本目标都是达到对中国的认同，核心机制都是“说服”。但故事说服不同于说理说服的独特之处，就在于“以不影响的态度去影响”，即主要是通过故事的“意象”产生传输，从而实现故事的说服效果。本章在前几章的基础上，以叙事传输理论为主体，借鉴说服、叙事学、社会认同等相关理论，结合党中央对讲好中国故事的战略要求以及媒体讲好中国故事的实践，构建讲好中国故事的说服模式。

第一节　讲好中国故事的基础模式与扩展模式

有关叙事说服的“传输意象理论”（Green，Brock，2000，2002），是构建“讲好中国故事说服模式”的主要参照。这一理论认为，“传输”是故事说服效果的主要机制。“传输”是人在阅读、听或观看故事时将其所有心理系统和能力都集中于故事世界的一种心理状态，具体表现为注意力专注以致对周围环境和自身失去意识、对叙事的智力模拟与想象、移情，而“被传输”的个体往往会在态度、行为上发生与故事一致的变化，即被说服。“传输”的发生以及“传输”的程度大小主要取决于故事，但“传输意象理论”以及有关叙事说服的研究“还没有提出一个公式来创造一个有影响力的故事”（Green，2008）。毕竟，世界上的故事种类繁多，一个普适的叙事说服模型可能并不存在；而“中国故事”在故事内容、讲故事的目的、受叙者等方面是相对确定的，这就为构建“讲好中国故事”的说服模式提供了必要前提。

“故事质量越高，传输度越高”是一个被公认的判断，但也是一个很难用公式来表达的判断。尽管如此，有关叙事说服的研究已经确认叙事与“传输”之间的某些明显的关联，那就是故事在使读者、听众、观众发生传输时，总是能够“唤起强烈的情感或生动的图像”，“实验研究已表明，适当的描述性信息或表征会导致更强的报告传输（Green 等人，2004）”[①]。描述性信息即对事物的描摹性信息，其语义结构是“某人或某物以某种状态存在于某场所”[②]。也可以将“描述性信息”理解为能够“唤起图像”的信息；而“强烈的情感反应”也与“描述性信息”的刺激有关，鉴于情感反应的认知基础（对人、事物的意义与价值判断），可以认为，“强烈的情感反应”应是对“描述性信息”所唤醒的“图像”和其所携带的“意”的双重反应。因此，可将故事文本的核心要素定义为“意象”，而此概念也包含着“无意说服”的思想。但考虑到“意象”为经典叙事学中主要用于虚构叙事，特别是小说文本的概念，而本书所研究的叙事主要指非虚构文本，特别是允许评论与叙事相混杂，所以将“意象”调整为“厚象＋强意”（“+”意为有机融

① GREGG P B. Text to speech：transportation-imagery theory and outcomes of narrative delivery format［J］. Journal of radio & audio media，2022，29（2）：304-321.

② 蔡莉．基于状态义场景描述的存现句原型特征再探［J］. 新疆大学学报（哲学・人文社会科学版），2022，50（1）：132-137.

合）。有关叙事说服研究表明，观看者越是传输到叙事中，他们参与潜文本（意）处理就越多，而故事中的强论证较弱论证更利于故事的说服。因此，可以适当加强潜文本的阐述，即“强意”；将“象”调整为“厚象”是跟随“强意”的调整，毕竟“象”在叙事中居于核心地位，“厚象＋强意”的前后顺序安排，也在于强调“象”地位更为重要。“故事”与“话语”是构成叙事的两个基本要素，也是形成“意象”的材料与手段。热奈特将叙事分为三个层面，即故事、话语与叙事行为。故事，即被叙述的事件，“它指的是真实或虚构的、作为话语对象的事件，以及事件之间连贯、反衬、重复等等不同的关系”[①]。话语，即叙述故事的话语，呈现为由语言与非语言构成的文本。话语意味着使“故事”成为叙事文本的所有话语手段，如情节安排、人物塑造等。叙事行为，“指的仍然是一个事件，但不是人们讲述的事件，而是某人讲述某事（从叙述行为本身考虑）的事件”[②]。叙事行为发生在文本后面，即后台行为，一般是不被看见的，而文本又是“叙事行为”的产品，因此，在构建“讲好中国故事的基础模式”时，便舍弃了“叙事行为”，将“故事”与“话语”视为构建“厚象＋强意”的两个基本要素。这样，“厚象＋强意”“故事”“话语”连同“叙事者”“传输管道”“传输”“受叙者”和“态度认同”等一起构建了讲好中国故事说服的基础模式（图 5-1）。在基础模式的基础上，通过借鉴叙事说服研究的成果并结合讲好中国故事的内容体系、目的要求，将“厚象＋强意”“故事”和“话语”进一步靶定为“中国意象”，并扩展引入了“因果关系”“叙事框架”“真实”“情感表达”“叙事修辞”等五个要素，并在“讲好中国故事”的范畴内给予定义，从而构建了“讲好中国故事的扩展说服模式”（见后文中图 5-2）。五个扩展要素是对基础模式中“话语”的扩展，而基础模式中的“故事”包含在扩展模式中的“中国意象”中，即“故事”扩展为“中国故事”。

① 热奈特．叙事话语 新叙事话语［M］. 王文融，译．北京：中国社会科学出版社，1990：6.
② 热奈特．叙事话语 新叙事话语［M］. 王文融，译．北京：中国社会科学出版社，1990：6.

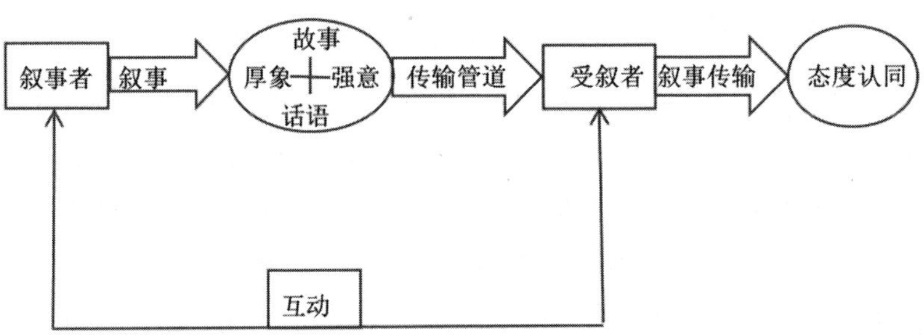

图 5-1　讲好中国故事的基础说服模式

一、叙事者

叙事者，即讲故事的人。在讲好中国故事的战略层面上，“叙事者”是每一个中国人，上至国家领导人，下至普通老百姓，无一例外。习近平总书记善于讲故事，“讲好中国故事”已成为习近平总书记施政的一大特色。仅2017年6月由人民出版社出版的《习近平讲故事》一书，就收录了109则故事，“对内篇包括廉政、品格、励志、治理等；对外篇侧重于人民友好、国家交往、文化融通、历史情感等。这些故事内容涵盖古今中外，讲故事的场所则遍布世界各地”①。傅莹在《努力塑造可信可爱可敬的中国形象》一文中讲了一则真实的故事：有位外国政要在中国参观一所医院时，注意到站在门口的一位年轻女护士戴着一枚徽章，就走过去问，“这个徽章是什么标志？为什么佩戴？”女护士微笑着回答：“我是一名中国共产党员，佩戴党员徽章可以让人们在遇到困难时更容易找到我。”这个简短的对话，有力证明了共产党员是什么样的人。这位外国政要后来感慨，“现在我明白为什么说中国共产党是由千千万万先锋模范组成的了”。②伟大的国家需要丰富的故事，中国拥有丰富的故事和故事素材，但世界能够听到的中国故事却很少，无怪乎未来学家、《亚洲大趋势》一书的作者约翰·奈斯比特说：“中国很大，但故事很少。”③“人人都来讲好中国故事”其实是对中国共产党“为了人民群众，

① 李冰．中国故事 世界表达：《习近平讲故事》海外传播［J］. 出版参考，2019（12）：6–8.
② 傅莹．努力塑造可信可爱可敬的中国形象［J］. 理论导报，2021（10）：39–40.
③ 赵启正．舆论斗争拼的就是讲故事［J］. 国际传播，2020（5）：1–6.

发动人民群众，依靠人民群众”宣传思想的遵循与践行。

在一般的说服研究中，我们将“叙事者”视为“信源”或“传播者”，认为传播者的可信性（权威性、客观性）、被喜欢的程度、对话能力、自信的表现等因素都对传播者的说服力有显著影响。关于这些传播者影响说服力的因素，在第一章第一节中有较为详细的阐述，在此不再赘述。需要强调的是，可信性是这些因素中最为重要的因素，这也是那些有较高社会声望的人（专业人士、名人、社会地位高的人）容易达成说服的原因。因此社会声望低的人（缺乏或没有权威性）要提高说服力，能够证明自己无利可图，甚至会伤及个人利益，可能是最有效的途径。有研究发现，外表好看或具有身体吸引力也有明显的作用。当然，良好的对话能力、亲和力以及自信的表现，也能在一定程度上弥补权威性的不足。实际上，高声誉者与低声誉者的说服力大小不是绝对的，这中间不仅有赖于客观性、被喜欢的程度、对话能力、自信的表现等因素的调节，也有赖于说服对象偏好的调节。例如，我们所做的问卷调查发现，在喜欢听谁讲故事上，外国留学生第一位的选择是“普通人”（低声望者），而国内大学生的第一位选择是“专家学者、知名人士”。这个结果说明，在除了“权威性”以外的其他因素差别不大的情况下，外国留学生容易被普通人说服，而国内大学生更容易被权威人士说服。

在叙事学中，叙事者作为故事的讲述者，在两个层面上被给予重视与阐述，一是视角，二是人称。视角，即叙事者观察、叙事时所处的位置，它决定着叙事者能够看到什么、不能看到什么，如全知视角，即上帝视角，意味着叙事者能够看到事物的全部——事物的现在与过去、事物的内部与外部；内视角即故事中人物的视角，可以看到事物的内部状况、人的内心；而外视角即故事的旁观者的视角，只能看到事物的外部。视角往往存在于文本之外，而人称直观地行走在文本中。人称是视角投在文本中的影子，但更为重要的是不同人称的使用影响着受叙者对故事的感受。当叙事者使用第一人称时，代表着内视角叙事的展开，同时容易让受叙者对叙事者和故事产生双重亲近感。而当使用第三人称时，代表着外视角叙事的展开，同时受叙者也易产生置身故事之外、冷眼旁观之感，当然这并不意味着第三人称叙事不能使受叙者产生传输。第二人称在叙事中很少出现。有关叙事说服的研究，主要关注的是人称与角色认同（对故事中人物的认同）的关系问题，多数研究结论是第一人称较第三人称容易产生角色认同。但鉴于这些研究多针对书写文本，研究结论对于多模态（包含音频、视频、图片、文字等）的叙事文本不一定适用。观察网络视频平台一些播放量超过10万的视频作品，第一人称视角、多元视角是较为常见的操作。

二、中国意象

“中国意象”是讲好中国故事的核心，遵循“厚象+强意”的结构，由中国故事及其叙事话语构建而成。叙事学认为，叙事者总是要将自己的思想感情介入故事中，体现为叙事过程中的种种意图、价值以及各种权力和意识形态因素，这便是叙事声音，相当于我们通常所说的主题，也就是“意象”中的“意”。就讲好中国故事而言，“意”可以浓缩为“中国共产党能，中国特色社会主义好，马克思主义行”。“象”即由描述性信息构建起的事物的形象，或由描述性信息在受叙者头脑中唤起的事物的形象。就讲好中国故事而言，便是建构起“可信、可爱、可敬”的中国形象。“可信”，是交往的、诚信的中国，她信守承诺、合作共赢，她互助、友爱、包容、亲和；“可爱”，是文化的、审美的中国，她美丽富饶、多姿多彩、底蕴深厚；“可敬”，是道义的中国，她勤劳勇敢、扶弱济贫、独立自主、爱好和平。

（一）因果关系

叙事，意味着将事件秩序化，时间顺序与因果关系便是叙事秩序的两条基本准则。这符合人类追求秩序、寻根问底的本能需求。当然，世界本来就是网状结构，网状结构中的任何事物都以直接或间接的方式互为因果。不过，人类在叙事时所进行的因果安排属于认知范畴，与真实的因果关系可能相符，也可能不相符。关键是，因果安排让叙事得以完成，叙事也让因果关系得以成立，由此叙事完成了对世界的建构。讲好中国故事，必须建立或遵循一个核心的因果逻辑：当今的中国奇迹（果）⟵ 艰苦奋斗、悠久的历史、优秀的文化、制度的优势、中国共产党的领导（因），也就是说，中国共产党带领中国人民经过百年的不懈奋斗，使一个积贫积弱的旧中国完成了从站起来到富起来，再到强起来的飞跃，这样的飞跃在人类历史上是极为罕见的，堪称奇迹。当中国共产党迎来百年华诞、中华人民共和国也接近百年华诞的时候，人们不禁要问：中国的奇迹从哪儿来的？我们的回答是：中国今天的成就是中国共产党带领中国人民艰苦奋斗的结果，是借鉴悠久的历史经验与教训的结果，是优秀的中华文化宝库滋养的结果，是社会主义制度和中国特色社会主义道路优越性的结果。这个因果关系是符合实际、无可辩驳的，但要世界认识、接受这个因果关系并非易事；要让每一个中国人都能够理解并坚信这个因果关系，也需要一个过程。这就是讲好中国故事的重任所在，这样的因果关系支撑起中国故事，而中国故事也肩负将这样的因果关系向世界讲清楚的使命。

在叙事学中，尤为重视叙事的结构，认为“叙事的力量不在于被叙述的事件，而在于对事件的编排”（见第一章第二节），而叙事说服研究表明，与非悬念结构相比，悬念结构引发了更多的情绪反应，导致了更多的整体运输，并使人们持有与故事更一致的信念。结构情感理论认为，为了产生情感反应，一个故事应该包含一个起始事件，这个起始事件应该对故事中的人物有重要影响（如成功或失败），并对受叙者产生较大的唤醒（产生注意、想知道原因与结果）。所谓“起始事件”，是产生悬念的开始之意。讲好中国故事因果关系中作为果的“中国奇迹”在具体的叙事文本中也可以以“起始事件”的面目出现。大到国家成就，小到个体命运的变迁都可成为起始事件。

（二）叙事框架

框架的基本意思是边界和架构。作为由人操作的框架，表现为人通过确定边界和架构对世界进行选择与组织。人通过框架的设定对一定的对象施行操控，并将自己的主观意志传达于一定对象。就叙事框架而言，叙述者根据叙事目标、针对受叙者特征，以优化叙事效果为目的，设定叙事框架。面向世界、面向中国十四亿人讲好中国故事，针对不同国家和地区、不同种族、不同文化群，甚至不同性别、年龄群，都应该设定多层面、多种类的叙事框架，但总有一些框架具备较高的普适性。本书认为，生活叙事框架、正能量与负能量博弈框架可以作为讲好中国故事的基本框架。

生活叙事框架是本书将声音叙事、反叙事概念进行综合改造而来的。理查森（Richardson L.，1995）提出并区分两种类型的叙事，即文化叙事和声音叙事。文化叙事被界定为权威性文本，或从“统治利益和规范秩序”的角度讲述的故事，这些文本主要嵌入特定文化的现有思维模式和理性中；而声音叙事与文化叙事相对，是从人们个体角度讲述的关于社会实践的经验性文本，不仅嵌入文本和话语中，也嵌入社会行动中。[①]文化叙事代表着一种稳定而传统的集体思维规划，而声音叙事虽然也反映着文化叙事，但在个体的行为或生活中常常反映着文化的差异部分、文化的流动或变化。理查森（1995）也赋予了文化叙事“强调等级制度、秩序和服从的重要性”之意，而“声音叙事”也有“边缘人”反抗结构性叙事的意思。“反叙事”通常被定义为与另一种叙事对立或抵触的叙事[②]，如主流叙事与底层叙事，宏大叙事与微小叙事。再如，“对流浪者叙事刻板印象的抵制是一种反叙事，在这种反叙事中，人们能够以不被主流文化特征所定义的方式，自豪地表现出“存在”的东西，进而编排关于自我的反叙事，呈现许多不同类型的流浪者的生存状态——既不浪漫，也不极端”[③]。在跨文化传播领域，作为“我们—他们”文化叙事的反叙事，则可理解为在两种对立的跨文化传播中，来自两种文化的人都只讲过去的故事和文化碎片，这些故事和文化碎片交织在一起，两种文化和身份便发生聚合与定型。将讲好中国故事的叙事框架设定为“生活叙事框架”，其内涵包含两种指向：一是指向叙事的丰富多样、个性活泼与变化创新，以克服概念化、一般化以及刻板的文化叙事；二是指向叙事的交际性实践，使两种不同的文化在文化的底层或下沉层面发生交流、聚合而定型，以克服抵触性、抗拒性的“我们—他们”文化叙事。

生活叙事框架既诉诸文化的实践层面，聚焦于鲜活、流动的中国当代故

① JABRI M M. Crossing the bridge from sameness to narrative understanding: a proposed model for interpreting cross-cultural comparisons [J]. European journal of cross-cultural competence and management, 2010, 1 (2) .

② BOJE D M, SVANE M, GERGERICH E. Counternarrative and antenarrative inquiry in two cross-cultural contexts [J]. European journal of cross-cultural competence and management, 2016, 4 (1) .

③ BOJE D M, SVANE M, GERGERICH E. Counternarrative and antenarrative inquiry in two cross-cultural contexts [J]. European journal of cross-cultural competence and management, 2016, 4 (1) .

事，也能够为构建中国“意象”提供充足的像素。生活叙事在第二章、第三章对跨文化叙事、网络叙事的分析中都有所体现。在对跨文化传播理论和跨文化传播实践分析的基础上，作者在第三章提出的迁移者叙事、民间叙事都指向生活叙事；在对网络叙事特点和实践分析的基础上，作者在第四章提出的微叙事、短视频叙事也都有生活叙事的特点。

正能量与负能量博弈框架，其原理在于唯物辩证法的矛盾律。正能量，可理解为推动人类、人类社会进步的力量，负能量则是阻碍、破坏人类及人类社会进步的力量。人类、人类社会正是在这两种力量的对立统一中不断运动、变化和进步。正能量与负能量此消彼长，当正能量占上风时，社会便呈稳定、进步态势，而当负能量占上风时，社会则出现失序、停滞甚至倒退的态势。自然、物质、精神作为构成世界的三元素都包含着正能量与负能量两个方面。自然，人类与自然界关系和谐，则为正能量，反之，则为负能量；物质，包括创造财富的能力与工具，如果能够满足人们对物质生活的需求，即为正能量，反之，则为负能量；精神，指人类创造的观念与价值体系、道德准则与内涵、审美水准与品位等，如果能够使人们感到精神愉悦、充实则为正能量，反之则为负能量。一切促进正能量生长的人和事，便属正能量；一切助长负能量的人和事，便属于负能量。中国共产党领导中国革命和建设的 100 年，就是正能量不断增长、负能量逐渐被削弱的 100 年，而中国共产党及其领导下的中国人民也是不断壮大、强大的正能量。当然，负能量是永远不会被消灭的，旧的负能量被消除了，新的负能量又生长出来，正能量与负能量的博弈是永无休止的。中华人民共和国从站起来到富起来并正在强起来，然而各种斗争不会停止。“发展中国特色社会主义是一项长期的艰巨的历史任务，必须准备进行具有许多新的历史特点的伟大斗争。”这是党的十八大全面审视国内国际两个大局发展大势得出的重要判断。党的十八大以来，习近平总书记在很多场合强调这一重要判断。在世界舞台上，历史已经证明并继续证明，中国共产党领导下的中国，是负责任的大国，是一切被压迫民族争取独立、自由、解放的中坚力量，是维护世界和平与人类公理道义的重要力量，是当之无愧的正能量。

正能量与负能量博弈框架，其叙事学的来源是有关叙事结构的“标准情节结构”（见第一章第二节）。叙事的标准情节结构实质上是一个冲突框架，其中“B”被标识为“冲突的引入”，情节围绕“冲突”展开，表现为“冲突”不断加剧的、复杂化的发展，直至冲突白热化的高潮，在高潮中出现破解冲突的方法或力量，冲突结束，叙事由紧张转为和缓。这样一个通过叙事手法而突出“冲突”的叙事框架，是为了营造叙事的跌宕起伏，从而造成受叙者的叙事传输。冲突可能发生在个体与个体、群体与群体、地区与地区、国家与国家之间。冲突可以定义为：人们在社会交往（人际交往、群际交往、区域交往、国际交往等）中，一方感知另一方由于某种原因对自己的利益和偏好产生了消极影响或者将要产生消极影响而导致的对立的心理状态或行为过程。[①] 叙事冲突的双方实质上就是正能量与负能量，冲突的结果总是正能量化解或战胜负能量。那么，冲突的原因何在？塞缪尔·亨廷顿（Samuel Huntington）在《文明的冲突与世界秩序的重建》中说：“冲突是差异的产物。”[②] 给人感受最直接的差异就是行为差异，所谓“行为差异”，指行为在行为逻辑、行为价值标准上的异质性。行为差异的根源还在于文化的差异，霍夫斯泰德（1984）提出衡量文化差异的五个维度，即权力距离、个人主义 / 集体主义、长期主义 / 短期主义、避免不确定性和男性 / 女性特质。以美国与中国为例，在这五个维度上两个国家都显示出不同的特征和较大的差距，因此而引发的冲突是必然的，而在世界范围内两国的利益相撞，使行为、文化差异的冲突性更为凸显。文化差异不仅存在于不同文化圈之间，也存在于同一文化圈中不同族群、不同区域、不同个体之间。总之，冲突是世界的常态，区别在于冲突主体、冲突强弱的不同。

总之，正能量与负能量博弈框架，既反映了为了中华民族伟大复兴、为了建立人类命运共同体而敢于斗争、敢于胜利的主题，又满足了故事情节由冲突而起伏跌宕的结构要求。

（三）真实

一个故事不论是虚构的还是非虚构的，都必须让人感觉真实，这是叙事

① 李兴，姚威．认同－行为理论框架下族群冲突模型及冲突治理：以俄罗斯车臣问题为例［J］．民族学刊，2021，12（2）：76–84，101.

② 李兴，姚威．认同－行为理论框架下族群冲突模型及冲突治理：以俄罗斯车臣问题为例［J］．民族学刊，2021，12（2）：76–84，101.

说服的前提。本书对外国留学生、中国大学生“对中国故事的认知”的问卷调查结果显示，影响中国大学生喜爱中国故事的因素，排在第一位的是“真实性”（72.9%）；在所喜欢的故事类型中，占第一位的是非虚构叙事（88%），第二位是视频故事（86%），第三位是客观真实型（77%）。影响外国留学生喜爱中国故事的第一位因素是“知识性”（76%），“真实性”排在第四位（37%）；在所喜欢的故事类型中，占第一位的是视频故事（83%），第二位是客观真实型（60%），第三位是知识智慧型（59%）。总体上看，故事的“真实”是中外大学生比较看重的因素。按照感知现实主义的观点，受叙者根据故事发生的可能性和叙事质量感知故事的真实与否。所谓“故事发生的可能性”，即故事在生活中发生的概率大小，概率大，则真实性强，概率小，则真实性小。一些奇闻逸事，可能是真实发生了，但发生的概率很小，也会让人怀疑其真实性；如果受叙者不怀疑小概率事件的真实性，则很有可能形成不真实的判断。叙事质量则涉及叙事的清晰、完整、前后一致，使受叙者能够流畅地处理、理解叙事信息，并在头脑中形成与故事有关的形象记忆。如果叙事结构有残缺、无序混乱、前后矛盾，受叙者便不能流畅地处理叙事，也无法形成故事形象。这样一来，首先令人质疑的并不是讲述者的讲述能力，而是叙事的真实性。当然，有时虚假的故事可能讲得让人信以为真，但是绝大多数的虚假故事总会在叙事质量上露出马脚，这也是人们通常通过叙事质量判断真伪的原因所在。

判断叙事真假还有一个很重要的标准，那就是叙事视角。第一人称视角让人感到亲近，第三人称视角让人感到比较客观，但在以新媒体为载体的多模态叙事中，多元视角则成为客观、真实的一般考量。多元视角最为重要的特质在于视角的异质性，即通过多元视角能够看到事物不同的侧面，特别是相反的侧面，而叙事者不仅来自不同的视角，还应发出不同的声音。就讲好中国故事而言，讲述视角应包含国内与国际两个视角，国内视角除了官方、媒体视角，更要重视民间、网络自媒体、普通人视角；国际视角既要有友好国家的视角，也要有不友好国家的视角，既要有官方、媒体、社会机构的视角，也要有个人个体的视角。只有这样，才能呈现一个“全面、客观、真实”的中国。这样的多元视角作为判断叙事真实的标准，线索依据是说服理论中“两面理”说服技巧。所谓“两面理”说服技巧，是针对说理说服而言，既说好的一面也说不好的一面，相对只说好的一面或只说坏的一面，说服的效果更好。“两面理”说服效果的发生机制在于“两面理”所显示出的客观真实性。叙事说服与说理说服在这一点上是相通的。因此，在讲述中国的成功、成就的同时，也不应回避还存在的问题、困难，如腐败问题、失业就业问题、贫富差距大的问题、老龄化问题等。

（四）情感表达

情绪、情感都是个体对外部环境与自身关系的体验性反应，但含义有所不同。情绪侧重这种体验的过程，即个体需要与情境相互作用的过程，是脑神经机制活动的过程，具有较大的情境性、激动性和暂时性。情感，则指主体对情绪过程的主观体验，常用来描述那些具有稳定的、深刻的社会意义的感情，如对祖国的热爱、对敌人的憎恨、对美的欣赏等，具有较强的稳定性、深刻性和持久性。情绪是在特定情境下的情感反应，情感又是情绪体验的累积与沉淀的结果。所谓“情感表达”，即讲述者将自己的情绪、情感体验以语言（具有情感基调的词语）、非语言的方式（面部表情、动作、姿势）加以表征。说服研究表明，情绪表达可以对说服产生影响，“表达者的情感表达会影响接受者在各种社会环境中的行为，包括人际关系、亲子互动以及冲突、谈判和领导领域（Van Kleef, 2009）”[①]。强烈的情感体验也是叙事传输的重要因素，叙事影响的独特性就在于叙事能够对受叙者产生情感影响，而不是产生纯粹的理性影响。

情绪评价理论认为，人们对同一情境的情绪反应不同，取决于他们对情境的解释或评价方式的不同。[②]也就是说，决定情绪反应的质量和强度的是对外部环境的评估，而不是外部环境本身。情绪的“思想理论”认为，情绪可能基于未经证实的思想，或者部分由这种思想构成。这两种有关情绪的理论似乎有种内在关联，两者都以情绪的认知性为前提，而作为情绪基础的

① WANG Y, LUCAS G, KHOOSHABEH P, et al. Effects of emotional expressions on persuasion.［J］Social influence，2015，10（4）：236-249.

② CHRISTINE L. Exploring narratives' powers of emotional persuasion through character involvement：a working heuristic［J］. Journal of literary theory，2016，10（2）：247-270.

思想，是人们用来对情境进行解释或评价的依据。情感的“思维理论”则认为，只有当情感能够为说话者结论的被采纳提供认知上的理由时，在说服中情感的使用才是合法的。[①] 也就是说，情感表达应与论证的结论相一致。在有关“同情”（包括对文本的同情，也包括对文本中人物的同情）的研究中发现，当读者的视野或一组价值观，与文本的价值视野相匹配时，读者会感到同情。在面向世界讲好中国故事的跨文化传播中，这一点显得尤为重要。在国际汉语教学中，曾经出现过这样一个跨文化冲突案例：中国女教师向新西兰小学生讲解中国传统节日端午节，为了让学生了解端午节的来历，中国女教师不仅将屈原作为切入点进行讲述，还将屈原的故事以动画片的形式加以展示。当看到屈原投江的画面时，有的小朋友表示“That’s sad”（真让人难过），但也有小朋友会说“That’s silly”（真是个傻瓜），“他不会游泳吗？”“他为什么不移民去别的国家？”在中国文化中，死有重于泰山，有轻于鸿毛，儒家文化中有舍生取义、杀身成仁之说，屈原忠君爱国，投江是以身殉国，因而受到中国人的崇敬。但在西方文化中，个体生命、个人价值具有至高无上的地位，在基督文化中，自杀是被禁止的，自杀者的罪过等同于谋杀。首先，新西兰属于个体主义文化，45% 以上的人信仰基督教；其次，新西兰是一个岛国，四面环海，几乎人人会游泳；最后，新西兰又是一个移民国家，人口流动频繁。这个跨文化冲突显然是因讲述者所表现出的情感与受叙者价值观的不同而致。霍华德·斯卡拉（Howard Sklar，2013）将同情理解为对处境艰难、不幸或不愉快的人感到抱歉或怜悯，并建议，为了产生同情，A 必须意识到 B 的痛苦是不应得的或不公平的。[②] 可见，受叙者同情情感的产生也是基于价值观对文本、文本中的人物的评价。有关叙事的情感一致性研究表明，叙事者的情感表达如果与事件不一致也可能会导致受叙者的不理解和排斥。

情绪情感具有认知性，作为叙述者的情绪表达，只有在价值观上与受叙

---

① DOW J The persuasive use of emotions.［J］. Royal institute of philosophy supplement，2019，85（7）：211–236.

② CHRISTINE L. Exploring narratives′ powers of emotional persuasion through character involvement：a working heuristic［J］. Journal of literary theory，2016，10（2）：247–270.

者相匹配、情感属性与事件属性一致的条件下，才能发挥说服的效能。由悬念设置、情节变化等叙事结构因素引发受叙者的兴趣、担心、期望以及情绪流动等情感体验，同样接受价值观匹配、情感属性与事件属性一致的调节。在对外讲述中国故事中，价值观的考量应放在优先位置。

（五）叙事修辞

修辞的本质是说服，修辞术是“一种能在任何问题上找出可能的说服方式的功能”[①]。叙事修辞，即借助叙事进行说服的功能。叙事修辞与叙事说服似同义，但叙事说服的研究以心理学为范式，视“叙事传输”为果，多用控制实验的方法，探寻包括文本内容、文本模态、叙事者、受叙者等多种影响叙事传输的因，其研究结论多为一般性的模型，揭示的是诸因素与叙事传输、说服效果的因果关系或相关关系。而叙事修辞研究是以说服（态度改变或态度认同）为目的，以修辞学为范式，着眼于修辞双方的互动关系、修辞情境和文本（语言与非语言），研究成果多为方法论与技巧，更具实践性。

叙事修辞也不同于叙事学中的“话语”。话语是用来讲故事的文本，表现为视角、主题（潜文本）、情节、人物等。叙事学关心的是如何操作话语使故事成为好故事，成为吸引人、感动人的好故事；而叙事修辞是在话语的基础上，研究如何通过话语修辞达到叙事说服的目标。比如，费伦使用了热奈特“叙事层次”的概念，分析了《魔法》的三层叙事，即女佣叙事（内部层叙事）、外叙者叙事（中间层叙事）和波特（隐含作者）叙事（外部层），将三层之间的关系视为“修辞关系”。这种修辞关系可概括为“出于一个特定的目的在一个特定的场合给一个特定的听（读）者讲一个特定的故事”。

三、传输管道

传输管道，指将故事或“中国意象”输送给受叙者的媒介。传统的传输管道主要由文字承担（经典叙事学），但在广播电视中，传输管道增加了声音与视频，而在网络新媒体中，传输管道则是集文字、声音、图片、视频、

① 亚理斯多德．修辞学［M］．罗念生，译．上海：上海人民出版社，2006：23.

动画等为一体的融媒体或多模态管道。

根据已有的研究成果，尽管有研究显示，文字叙事的认知参与好于视频叙事，但总体来说，通过音频或视频的叙事传输比通过文本的叙事传输更为有效，更能引发态度、意图和行为上的变化。

一项以社交媒体为背景的检测“多模态与说服力”的研究，单模态设计为“仅声学描述”“仅口头描述”“仅准口头描述”和“仅视频描述”，多模态设计为四个单模态的混合模态，检验结果表明，多模态模型的说服力性能优于仅声学描述符模型、仅口头描述符模型和仅视觉描述符模型（具有统计学意义）。[①] 另一项“多模态融合与说服力”的研究，提出了一种深度多模式融合架构，该框架能够有效地组合来自视觉、听觉和文本模式的信号。该项目使用公开的说服性意见多媒体（POM）数据集进行研究，检测视觉描述符、声学描述符、文本描述符和多模态融合方式的说服力，最终结果表明，视觉、听觉和文本这三种方式在预测说服力方面可以相辅相成。[②] 这两项研究针对的是说服性内容，证明了集文字、声音、视频于一体的多模态内容在说服力上占有优势。

本书对中国大学生和外国留学生的问卷调查显示，在“你喜欢的新闻体裁”一项，中国大学生选择率高的前三位依次是“新闻短视频”（61%）、“纪录片”（53%）、“新闻故事”（46%），外国留学生选择率高的前三位依次是“新闻短视频”（61%）、“纪录片”（54%）、“多媒体新闻”（51%）；在“你喜欢中国故事的体裁”一项，中国大学生选择率高的前三位选项依次是“视频故事”（86%）、“文字故事”（53%）、“图画故事”（41%）。

总之，有关叙事说服的研究，倾向于音频、视频的传输或说服效果好于文字的效果，而以网络社交媒体为背景的多模态与说服的研究，不仅证明多模态的说服效果好于单一模态的说服效果，而且表明文字、声音、视频在

① PARK S, SHIM H S, CHATTERJEE M, et al. Multimodal analysis and prediction of persuasiveness in online social multimedia [J]. ACM transactions on interactive intelligent systems，2016，6（3）：1–25.

② NOJAVANASGHARI B, GOPINATH D, KOUSHIK J, et al. Deep multimodal fusion for persuasiveness prediction [J]. Proceedings of the 18th ACM international conference on multimodal interaction，2016（10）：284–288.

说服力上是相辅相成的。本书在问卷调查中，设计的“新闻短视频”“视频故事”选项是至少包含“文字、口头表达、音乐、视频”等的多模态作品。因此，可将“传输管道”定位为以文字、声音、视频为主体的融合多模态管道。

四、受叙者

受叙者，即故事的读者、听者、观众。受叙者主要以“可传输性”特征影响故事的传输或说服效果。可传输性越高，越容易被故事传输、被说服；反之，越不容易被故事传输、被说服。由于在传输过程中起主要作用的为情感反应，因此“影响可传输性”的主要变量被认为是受叙者的“情感需求”，并已经被证明，高情感需求者与低情感需求者在同样故事刺激下说服效果具有显著差异，在性别、年龄、受教育程度上也被认为存在传输上的差异。

讲好中国故事有两个面向，一是国内，二是国外。本书试图了解国内外不同受叙者群体对“中国故事”的认知与诉求情况，为确定讲好中国故事“讲什么”提供参考。遂以中国大学生和在华留学生为对象，以线上大学微信群为渠道分发问卷，发放问卷 451 份，有效问卷共 433 份。回收中国大学生问卷 313 份，其中有效问卷 306 份；回收留学生问卷 138 份，其中有效问卷 127 份。外国留学生来自 42 个国家，覆盖五大洲，但来自欧洲、大洋洲国家的偏少（法国 1 名，新西兰 1 名）。

在喜欢中国故事的类型上，问卷设计了 4 组共 17 个选项，可多选。中国大学生除了在“人情味浓型”“情节曲折型”“虚构故事”“长篇故事”“辛辣讽刺型”等 5 项选择比例低于 40%，在“非虚构故事”（88%）、“视频故事”（86%）、“真实客观型”（77%）等 12 项选择率都在 40% 以上；外国留学生则除了“视频故事”（83%）、“真实客观型”（60%）、“知识智慧型”（59%）、“虚构的故事”（57%）、“非虚构故事”（50%）、“短篇故事”（46%）、“中篇故事”（43%）等 7 项外，其余 10 项的选择率都在 40% 以下。中国大学生 17 个选项的平均选择率为 51%，外国留学生 17 个选项的平均选择率为 41%，说明中国大学生对中国故事的喜爱程度明显高于外国留学生，这也在情理之中。中国大学生与外国留学生表现出共同喜爱的中国故事类型：视频故事、非虚构故事、真实客观型、短篇故事、中篇故事、知识智慧型、幽默搞笑型等。

在“什么因素影响对中国故事的喜爱”上，问卷设计了10个选项，要求“限选5项”。中国大学生选择比例排前5位的依次是：真实性（73%）、知识性（51%）、趣味性（44%）、主题的重要性（42%）、信息量（37%）；外国留学生选择比例排前5位的依次是：知识性（76%）、趣味性（46%）、主题的重要性（39%）、真实性（37%）、信息量（28%）。5个选项构成一样，只是在排序上略有不同，中国大学生更看重中国故事的“真实性”，外国留学生更看重中国故事的知识性。

在“喜欢哪类题材的中国故事”上，问卷设计了5组共37个选项，覆盖中国历史与当代，中国政治、军事、科技与文化，中国城市与乡村，中国地理、物产、人物、美食等。中国大学生对37个项目都有选择，排在第一位的是“中国历史故事”（73%），排在最末位的是“中国娱乐明星、网红的故事”（25%），有20项被选率为50%以上；外国留学生对37个项目也都有选择，排在第一位的是“中华文化故事”（65%），排在最末位的是“中国军人的故事”（9%），被选率50%以上的仅有5项。从选择率排前10位的项目看，中国大学生和外国留学生对“中国故事题材”类型的喜爱差别并不大，“中国历史故事”“中国名山大川的故事”“中国文化”“中国饮食的故事”“中国科学家、学者的故事”等5项是中国大学生和外国留学生选择率排前10位的共选项（选择率与排位不同）。中国大学生选择率排前10位的其余5个选项是：“中国外交的故事”（63%）、“中国历代名人的故事”（61%）、“中国老百姓的故事”（59%）、“中国珍奇动植物的故事”（58%）、“中国当代故事”（55%）；外国留学生选择率排前10位的其余5个选项是：“中国科技发展故事”（50%）、“中国人的故事”（49%）、“中国防治新冠病毒的故事”（48%）、“中国汉字的故事”（46%）、“中国城市的故事”。从这10个差异项也可以看出中国大学生与外国留学生的不同取向：中国大学生表现出对政治、名人和奇趣的关怀倾向，而外国留学生表现出对知识的实用性关怀倾向。可解释的原因有两个：一个是中外文化的差异，另一个可能与样本差异有关。中国大学生样本中文科生与艺术生占了58%，工科生与理科生占35%；而外国留学生样本中的理科生与工科生占56%，文科生与艺术生仅占27%。

在“喜欢听谁讲中国故事”上，问卷设计了9个选项。中国大学生对这9个选项都有选择，选择率最高的是“知名人士”（53%），然后依次是“社会地位较高的人”（48%）、“主流媒体”（45%）、“普通人”（39%）、“自媒体”（32%）、“明星、网红”（17%）、“政府官员、公务员”（17%）、“无所谓”（6%）、“其他”（1%）；外国留学生对9个选项都有选择，选择率最高的是“普通人”（43%），然后依次是“社会地位较高的人”（39%）、“主流媒体”（38%）、“知名人士”（35%）、“明星、网红”（24%）、“自媒体”（21%）、“无所谓”（20%）、“政府官员、公务员”（17%）、“其他”（4%）。可以看出，中国大学生和外国留学生都喜欢“社会地位高的人”“主流媒体”和“普通人”讲中国故事，但中国大学生将“普通人”排在第三位，而外国留学生将“普通人”排在第一位。还有一点较为突出的差异，中国留学生对“无所谓”的选择率为6%，而外国留学生对“无所谓”的选择率为20%，说明中国大学生较外国留学生更在意故事是由“谁”讲的。这两点差异带有较明显的文化差异痕迹。

五、叙事传输

叙事传输，指受叙者将所有心理系统和能力都集中于叙事中的事件，是注意力、想象、情感共同激活的状态。注意力，指受叙者的注意力离开周围环境而集中于叙事，甚至对自己和周围失去知觉；想象，即心智模拟与沉浸，将故事发生的过程、形象、细节通过想象、联想在大脑中排演并沉浸在想象中；情感，即移情或共情，指受叙者产生与叙事相一致的情感反应，即“与故事中的人物同悲、同喜、同欢乐”。叙事传输区别于精细加工可能性模式的独特之处在于强烈的情感体验。

六、态度认同

态度认同，即被说服者认同了说服者的态度。在叙事传输理论中，态度认同指受叙者经过叙事传输，会产生和故事相一致的观点，也会对故事中的人物（被肯定的人物）产生认同。在叙事传输的研究中，态度认同往往作为叙事传输的结果被反复检测，并被多数研究证实，当故事结束时“被传输者会带着与故事一致的态度”走出故事。态度认同与态度变化有关，即由开始的不认同变为后来的认同，或由开始的较低认同度变为后来的较高认同度。本书将态度认同作为“讲好中国故事说服模式的基础模式”的目标要素单列出来。就讲好中国故事而言，所谓态度认同，即对中国产生认同，感受到中国的可信、可爱、可敬。

综上所述，可形成“讲好中国故事的扩展说服模式”，见图 5–2。

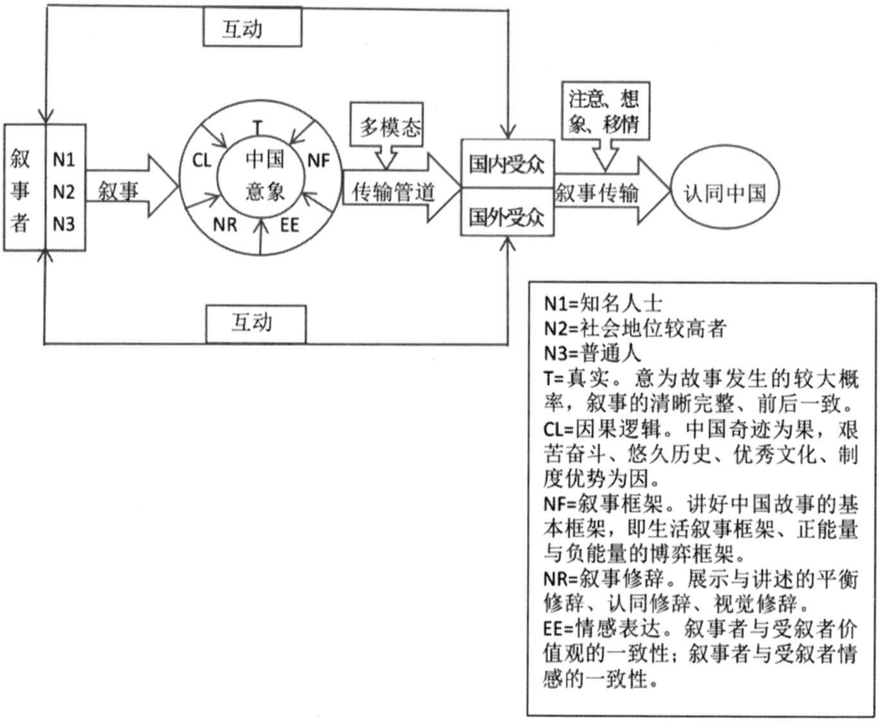

图 5–2　讲好中国故事的扩展说服模式

第二节　讲好中国故事的内聚力说服模式

对内讲好中国故事的目的，是使全体中国人“认同中国”，而从群体理论角度讲，就是增强群内凝聚力，即使全体中国人团结一心为实现中华民族伟大复兴的中国梦而努力奋斗。群内凝聚力，也称为内聚力，即维持群体团结的所有因素，或“作用于群体成员，使他们留在群体中的力量所构成的总体场域（Festinger，Schachter & Brock，1950）”[①]。包括对群体的归属感、对群体的自豪感、为成为群体成员付出的努力（付出努力越多凝聚力越高）、群体面临的外界威胁与竞争（威胁和竞争会提高群体成员对群体的亲和力与责任感）、对群体成员的欣赏与依赖感等。[②]将中国视为一个群体，以增强凝聚力和团结为动机，在“中国故事讲什么”以及“中国故事怎么讲”的层面上寻找着力点，本书在“讲好中国故事的扩展说服模式”基础上，形成“讲好中国故事的内聚力说服模式”，见图 5–3。

① 豪格，阿布拉姆斯．社会认同过程［M］．高明华，译．北京：中国人民大学出版社，2011：118.

② 巴伦，伯恩．社会心理学：第十版（下册）［M］．黄敏儿，王飞雪，等译．上海：华东师范大学出版社，2004：614–615.

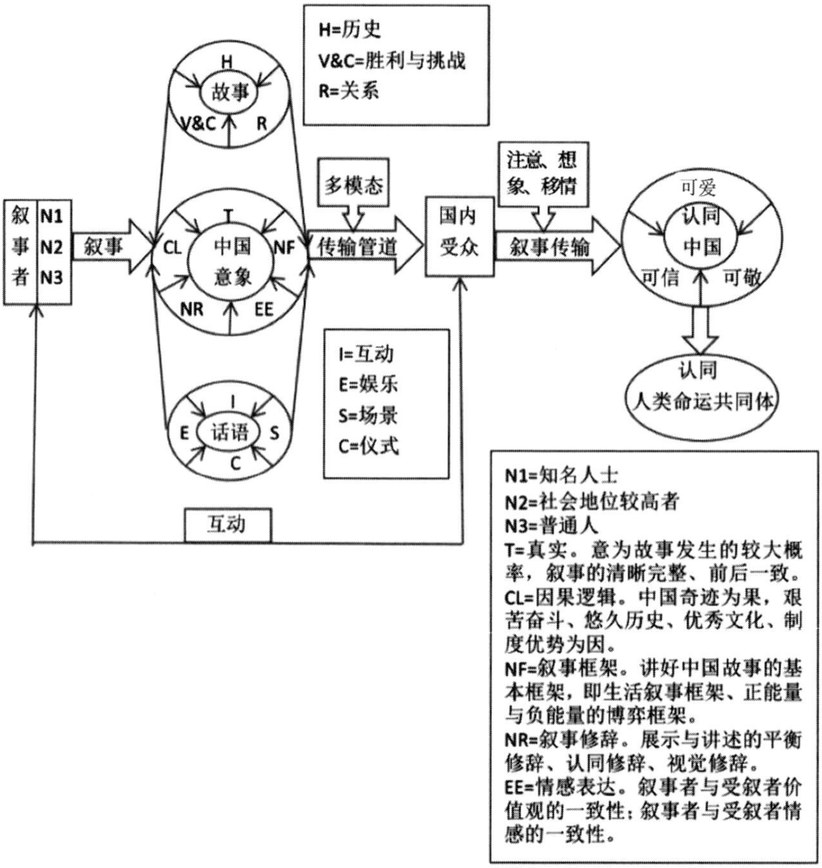

图 5-3　讲好中国故事的内聚力说服模式

一、增强中国内聚力的三种叙事

内聚力说服模式着眼于“故事”与“话语”，以“网络”和中国国情为主要情境，以中国人为目标受叙者，以认同中国的可信、可爱、可敬为目标，将“中国故事”聚焦为“历史叙事”“胜利或成就叙事与挑战或威胁叙事”和“关系叙事”；“话语”则在扩展说服模式的基础上延伸，突出了具有网络特征的“互动”“娱乐”“场景”“仪式”等四个话语要素。

（一）历史叙事

历史是一部百科全书，也是最好的教科书。学史可明理，学史可明智，学史可明志。中国共产党的成功，最根本的一条就是将马克思主义普遍原理同中国实际相结合，找到了适合中国的新民主主义革命和社会主义革命与建设的发展道路，而这个“中国实际”就包括中国历史。1941 年 5 月毛泽东在延安高级干部会议上作《改造我们的学习》的报告，强调改造学习、加强学习，要“有的放矢”。“的”就是中国革命，“矢”就是马列主义。有的放矢，就是要“以研究中国革命实际问题为中心”“为着解决中国革命的理论问题和策略问题”学习马克思列宁主义。为此，他要求必须首先深化对中国共产党历史的认识，并批评那种“对于自己的历史一点不懂，或懂得甚少，不以为耻，反以为荣”的态度和作风。毛泽东强调研究历史“特别重要的是中国共产党的历史和鸦片战争以来的中国近百年史”，他还主张要研究世界共产主义运动史，学习和借鉴苏联（苏俄）把马克思主义普遍真理与本国革命及建设的具体实践相结合的经验。毛泽东嗜书如命，以史书为最。一部 300 万字的《资治通鉴》，他读了 17 遍之多，一部 4000 万字的《二十四史》，他反复阅读了一辈子。毛泽东不仅自己重史、读史，还号召和带领全党学习历史。社会主义建设时期，他号召全党“都要读历史”，并多次强调，“我们是历史主义者”，“只有讲历史才能说服人”。[①]“历史造诣很深”的以毛泽东为核心的中共第一代中央领导集体，为中国共产党开创了读史、鉴史的优良传统，历史教育也逐渐成为中国共产党党建、治国理政的必修课。1987 年 5 月，邓小平在会见荷兰首相吕贝尔斯时的谈话中，专门介绍了中国共产党的历史，他指出：“我为什么讲这个历史？因为我们现在的路线、方针、政策是在总结了成功时期的经验、失败时期的经验和遭受挫折时期的经验后制定的。”[②]1996 年 6 月，江泽民在纪念中国共产党成立 75 周年座谈会上专门谈到学习中国共产党历史的问题，他指出：“以史为鉴，可以知兴替”“一个民族如果忘记了自己的历史，就不可能深刻地了解现在和正确地走向未

① 王香平．毛泽东等领袖的读史人生：生命不息，读史不止［N］．光明日报，2016-05-23.

② 中共中央党史和文献研究院．毛泽东邓小平江泽民胡锦涛关于中国共产党历史论述摘编［M］．北京：中央文献出版社，2021：103.

来”。[①]2003年11月，胡锦涛在主持十六届中央政治局第九次集体学习时也指出：“我们不仅要学习中国历史、还要学习世界历史，不仅要有深远的历史眼光、而且要有宽广的世界眼光，善于从中外历史上的成功失败、经验教训中进一步认识和把握历史发展和社会进步的规律，认识和把握时代发展大势，增强历史主动性，提高治国理政的才干，更好地团结带领人民开创中国特色社会主义事业的新局面。”[②]党的十八大以来，以习近平同志为核心的党中央高度重视对党史、新中国史的学习教育工作，“截止到2021年2月28日，习近平总书记在不同场合近50次提到，要认真学习党史、新中国史，做到知史爱党，知史爱国”[③]。2021年年初，党中央决定在全党开展党史学习教育，要求全党做到“学史明理、学史增信、学史崇德、学史力行，学党史、悟思想、办实事、开新局”[④]。从知识、能力、思想、道德、信念、行为诸方面较为全面地概括了学历史、学党史的意义和作用。就历史教育而言，其终极目的还是习近平总书记所要求的“知史爱党，知史爱国”，从群体理论角度可解读为，通过学史增强党的凝聚力和国家的凝聚力。

为什么学史可以增强凝聚力？历史中有知识、道理、思想、精神，更有一个民族的根脉。历史告诉我们祖先是谁、我们是谁。当我们共叙我们的历史、与我们共同的祖先对话时，我们深深地感到：我们同根同源，强烈的“我们”感油然而生；当我们共同聆听历史老人的谆谆教诲时，我们各自的思想也在此交汇、融通和统一。中华文明上下五千年绵延不断、传承至今，是人类历史上独一无二的奇迹，且不论那些灿若星河的创造发明，仅凭这一点就值得我们骄傲。但中华民族为此所付出的艰辛与牺牲也是巨大的。中华民族在人类历史的大部分时间里都领跑世界，然而当历史的车轮进入19世纪时，中国经历了“百年未有之大变局”，那就是西方完成工业革命，开拓世界市场，用坚船利炮打开中国的大门，中国沦为半封建半殖民地国家，中

① 中共中央党史和文献研究院．毛泽东邓小平江泽民胡锦涛关于中国共产党历史论述摘编［M］．北京：中央文献出版社，2021：125–126.

② 中共中央党史和文献研究院．毛泽东邓小平江泽民胡锦涛关于中国共产党历史论述摘编［M］．北京：中央文献出版社，2021：14.

③ 高宇航．习近平关于学习党史新中国史重要论述研究［D］．武汉：湖北大学，2021.

④ 习近平．在党史学习教育动员大会上的讲话［J］．求是，2021（7）．

华民族面临亡国灭种的危险。从19世纪中叶起，中国多少仁人志士，前赴后继，救亡图存，但都以失败而告终。1921年，中国共产党登上历史舞台，团结和带领中国人民经过28年的浴血奋战，推翻压在中国人民头上的三座大山（封建主义、帝国主义、官僚资本主义），建立了中华人民共和国，中国人民从此站起来，摆脱了受剥削、受压迫、受奴役的命运，成为国家的主人。在28年的革命斗争中，绝大多数时期党所面对的敌人要比自己强大很多倍，中国共产党人所经历的艰难困苦、流血牺牲是难以想象的。1945年在党的七大预备会议上，毛泽东对中国共产党成立以后24年的光辉历程作了全面总结，系统论述了在十月革命的影响下，中国共产党是如何一步步从小发展壮大的，他强调这24年我们党尝尽了艰难困苦，轰轰烈烈，英勇奋斗。自古以来，中国没有一个集团，像共产党一样，不惜牺牲一切，牺牲多少人，干这样的大事。①1951年6月，邓小平在中共中央西南局召开的七一纪念活动报告大会上的报告中高度评价了我们党30年的奋斗历史，强调中国共产党30年来的历史“是中国革命最精华的历史，是中国人民从苦难中站起来斗争并取得胜利的历史”② 据民政部门和组织部门统计，从1921年7月1日成立中国共产党，到1949年10月1日建立中华人民共和国之前，可以查到姓名的牺牲的党员是370多万。据中华人民共和国成立之初的普查，从中国共产党成立的时候算起，全国为革命牺牲的共产党员和革命仁人志士共有2100万人。③ 中华人民共和国成立之初，复杂的国际国内形势使中国的社会主义建设步履艰难。国际上，以美国为首的西方国家对中华人民共和国持敌视态度，实行政治上孤立、军事上包围和经济上封锁的政策。苏联在中华人民共和国成立头几年里给予了援助，但在我国最需要帮助的时候，单方面撕毁合同，撤走全部在华工作的专家，企图使我国刚刚起步的核工业和核技术夭折在摇篮里。国内则是“一穷二白”“百废待兴”，再加上20世纪50年

① 中共中央党史和文献研究院．毛泽东邓小平江泽民胡锦涛关于中国共产党历史论述摘编［M］．北京：中央文献出版社，2021：43-44.

② 中共中央党史和文献研究院．毛泽东邓小平江泽民胡锦涛关于中国共产党历史论述摘编［M］．北京：中央文献出版社，2021：66.

③ 新中国的诞生，到底牺牲了多少革命先烈？［EB/OL］.（2018-06-15）［2022-05-09］https://m. sohu. com/a/234003321_166075/.

代末遭遇的自然灾害和苏联逼债等状况，使国民经济陷入极端困难的境地。[①]起步于20世纪70年代末的改革开放，被称为“中国的第二次革命”，所面临的风险挑战、艰难困苦也是惊心动魄的。在很多人看来，中国的改革最不可思议之处在于，它始终要在“世界级”体量的层面，处理“世界级”的难题。美国学者傅高义曾说，一个拥有十几亿人口的大国，坚定地搞改革开放，没有前路可循，“中国面对的是一项苛刻的、史无前例的任务”[②]。当我们为中国改革开放所取得的伟大成就而欢欣鼓舞，在享受着改革开放的红利、过上小康生活的时候，要看到中国在中国共产党领导下几代人的艰苦奋斗。总之，在历史的学习中，特别是在中国共产党党史、新中国史的学习教育中，要让今天的人们特别是年轻人认识到新中国来之不易、新中国社会主义建设和改革开放取得伟大成就来之不易。按照群体理论，群体成员成为群体一员越困难，就越有凝聚力。这样的中国共产党党史、新中国史就是告诉每一个中国人，中国这个大“群”得以生生不息、屹立于世界民族之林何其艰难，没有理由不倍加珍惜。未来的路并不平坦，正像网上流行的一句话，“我们不是生活在和平的世界，只是生活在一个没有战争的国家”，要保证中国有一个和平、有利的发展环境，完成第二个百年奋斗目标，依然面临许多“娄山关”“腊子口”，我们只有更加紧密地团结在以习近平同志为核心的党中央周围，万众一心，才能闯过激流险滩，为中国、为华夏子孙争取更加美好的未来。

（二）胜利或成就叙事与挑战或威胁叙事

影响群体凝聚力的因素是多维而动态的。凝聚力来自群体成员对群体的向心力，而凝聚力的决定因素是群体。产生凝聚力的群体因素包括群体领导者的影响力、群体规模、激励、群体资源、共同目标、组织的情境等。群体领导者是群体的标识，他的影响力指数越高，群体的凝聚力越大，反之，群

---

① 王兵.从毛泽东到习近平：中国共产党革命精神整体生成发展的历史逻辑研究［J］.毛泽东思想研究，2020，37（4）：42-49.

② 人民日报任仲平文章：创造历史的伟大变革：纪念改革开放40周年（上）［EB/OL］.（2018-12-14）［2022-05-09］http://www. xinhuanet. com/politics/2018-12/14/c_1123850422. htm.

体凝聚力越小；群体规模，群体规模与凝聚力成反比，群体规模越大，凝聚力越小，反之，群体凝聚力则越大；激励，“主要指能够强化归属感的各种情感因素”[①]，如奖励、表扬、批评、惩罚等；群体资源指群体所拥有的个体所没有的、可供群体成员享用的各种资源，包括群体的声誉和社会地位、群体历史或光荣传统、群体能够向其成员提供的特殊发展机会、群体成员之间相互支持等；共同目标，指群体拥有受到群体成员拥护的行动目标，而群体目标的实现能够使群体成员产生成就感；组织的情境，指来自群体外部或外群体的外部威胁，会刺激成员增强自己的凝聚力。

根据群体凝聚力理论，将“胜利或成就叙事与挑战或威胁叙事”作为讲好中国故事的重要着力点。2019 年，在迎来中华人民共和国成立 70 周年的时刻，有媒体发文列出九项中华人民共和国 70 年取得的伟大成就（据庆祝中华人民共和国成立 70 周年活动新闻中心召开的第一场新闻发布会）：①人均 GDP 从 1952 年的 119 元提高到 2018 年的 6.46 万元，标志着中华民族从站起来到富起来的飞跃；②成为世界经济第二大国；③ 2018 年居民人均可支配收入较 1949 年增长 59.2 倍；④ 2018 年年末，中国高铁 3 万公里位居世界第一；⑤居民享受新“四大发明”：在网上购物、用手机支付、骑共享单车、坐高速列车成为常态；⑥成为世界制造业第一大国，拥有联合国产业分类中全部工业门类；⑦发明专利申请数连续 8 年世界第一；⑧人均预期寿命上升为 77 岁；⑨对世界经济增长贡献率居世界首位。[②]这种罗列不免挂一漏万，有些媒体还列出另外的十大成就，如“两弹一星”“恢复联合国席位”“载人航天”“港澳回归”“青藏铁路”“加入世贸组织”“2008 年北京奥运会”“成为第二大经济体”“国产航空母舰”“北斗卫星导航系统”等。无论如何，这种简单的罗列足以让中国人“心潮澎湃”“无比自豪”，如果把这些成就转变为叙事又将如何？叙事不仅有数字（结果），还有人物、场景、过程和实实在在的结果。人物中有领袖、英模、普通老百姓。领袖是我们的

① 刘敬孝，杨晓莹，连铃丽．国外群体凝聚力研究评介［J］．外国经济与管理，2006（3）：45-51.

② 新中国 70 年，这些成就令人心潮澎湃！［EB/OL］.（2019-09-24）［2022-05-09］https://www. chinanews. com. cn/gn/2019/09-24/8964167. shtml.

领路人、主心骨，他们始终践行“为人民服务”的宗旨、传承中国共产党的优良传统和作风、开拓创新，受到人民群众的热爱与拥戴。英模人物层出不穷，他们德才兼备、勇于奉献、贡献突出，我们以他们为荣、以他们为榜样；普通老百姓，也许我们很难记住他们的名字，也无法统计他们的人数，他们就像建筑长城的每一块砖，默默无闻又缺一不可，新中国的所有成就都出自他们之手、都凝聚着他们的汗水。叙事中的场景是连接着世界的中国大地，有城市的万家灯火、车水马龙、你追我赶，也有乡村的袅袅炊烟、青山绿水、春耕秋获，有北国的“千里冰封、万里雪飘”，也有南国的小桥流水、碧波荡漾；有白日繁忙、拼搏、紧张的景象，也有夜晚舒缓、温馨、浪漫的氛围；有教室里的书声琅琅、安静思索，也有课堂外的不畏风雨、知行合一的探索。实实在在的结果，是人们吃穿住行发生巨变的切实体会，是发自内心的笑脸和幸福，是危难时争先恐后的赴险与奉献。这样的叙事包含领导者的魅力与影响力、榜样的示范与激励，显示着令人向往、多姿多彩、充满无限可能的人生舞台，昭示着中国超强能力、无限潜力和光明的未来。这就是凝聚力的来源。

一个伟大的国家、民族，要成就一番伟业，需要足够强大的对手。一个群体，每当受到外群攻击、威胁时，往往能迸发出超常的凝聚力。今天，当中国已经成为世界第二大经济体、全面建成小康社会、向着第二个百年奋斗目标再出发时，面临的风险挑战、压力威胁会越来越大。习近平总书记在中共十八届四中全会第二次全体会议上指出：“各种敌对势力绝不会让我们顺顺利利实现中华民族伟大复兴，这就是为什么我们要郑重提醒全党必须准备进行具有许多新的历史特点的伟大斗争的一个原因。”①美国为了维护自身的霸权和国家长远利益，联合它的盟友疯狂打压、遏制中国崛起。在经济领域，打着各种幌子打压、制裁中国高新企业；以粗暴手段干预市场行为，对华实施科技禁售；歧视中国投资者，升级审核制度以阻碍两国科技合作；渲染“中国科技威胁论”，西方国家联合对华进行科技遏制。②在政治领域，借助价值观外交孤立中国。美国的价值观外交得到了一些亚洲和欧洲盟友的积极

① 习近平．论党的宣传思想工作［M］．北京：中央文献出版社，2020：120.
② 陈定定．西方国家遏制中国的常见手段及根本原因［J］．人民论坛，2019（16）：31-33.

响应，他们结成一个奉行自由、民主、人权、法制的价值同盟，以造成孤立中俄局面。美国及其盟友还常常以人权为由向中国发难。[①] 在军事上，在亚洲建立盟友体系，对中国施行军事上的包围、制衡。特朗普上台后，美国联合日本、澳大利亚、韩国、英国等国家，多次在西太平洋、南海地区进行军演，对中国进行军事挑衅与威胁。在意识形态领域，挑起信息与舆论战，炮制各种抹黑、妖魔化中国的言论。

国际形势如此，国内形势也并非风平浪静、一马平川。2018 年 12 月 18 日，习近平总书记在庆祝改革开放 40 周年大会上的讲话中指出："我们现在所处的，是一个船到中流浪更急、人到半山路更陡的时候，是一个愈进愈难、愈进愈险而又不进则退、非进不可的时候。改革开放已走过千山万水，但仍需跋山涉水，摆在全党全国各族人民面前的使命更光荣、任务更艰巨、挑战更严峻、工作更伟大。"[②] 经济增速放缓，转变发展模式、调整经济结构的任务还十分艰巨；贫富差距悬殊、就业困难、人口老龄化等棘手问题迫切需要解决；教育、医疗卫生、养老等公共资源不足问题及合理分配问题都需要花大气力去解决。以上问题盘根错节，需统筹推进。中国经济已经过了粗放发展期，若要保持经济活力，必须向高质量发展要效率，必须转变发展模式、调整经济结构。但中国是一个庞大的经济体，以粗放、外向型的模式发展了几十年，要转变为高科技、高质量、内循环为主的发展模式，谈何容易。这种转变是要付出代价的，可能需要很多企业关门，许多的人暂时失去工作——这是我们能够想到的，还有很多代价是我们想不到的。当然，付出这些代价是值得的。经济发展是解决其他很多问题的基础，而以上提到的除了经济以外的那些问题，涉及民生、人心，如果不能得到及时、妥善的解决或缓解，势必会激化社会矛盾，不仅会影响政治稳定、社会和谐，也会影响经济发展。

总之，尽管我们已经取得伟大的成就，但距离实现中华民族伟大复兴的目标还有很长的距离。虽然前途是光明的，但道路一定是曲折、艰难的。讲

① 唐庆，冯颜利 . 美国遏制中国的三把软刀子［J］. 世界社会主义研究，2016，1（2）：101–108，128.

② 习近平 . 在庆祝改革开放 40 周年大会上的讲话［EB/OL］.（2018–12–18）［2022–05–09］https://www.gov.cn/xinwen/2018–12/18/content_5350078.htm.

好中国故事，一方面，要把成就讲好、讲充分，增强我们的自豪感和自信心；另一方面，要把困难、风险说明白，以激发每一个中国人的责任感、勇气和担当。这就是从正反两方面激发人们的凝聚力。

（三）关系叙事

按照群体凝聚力理论，群体成员的凝聚力，一方面来源于群体结构，另一方面来源于群体成员间的人际关系。群体成员间越是相互支持、相互欣赏，群体就越具有凝聚力。因此，要将“关系叙事”作为讲好中国故事的着力点之一。

处理或调适社会、组织、集团、个人之间的冲突一直是中国传统文化的“常态”，中国传统文化中具有丰富的人际和谐思想，讲仁爱、求大同、守诚信、忠恕、尚和合、尚德修身、礼、中庸思想等都蕴含着处理人际关系的重要思想。[①]“国家的向心力和民族的凝聚力”被认为是中国传统文化的重要特点，中国文化体系成为人类历史上唯一长期延续发展而从未中断的文化，也正有赖于此。当然，中国传统文化长期存在重视群体而忽略个人性格的倾向，也已受到历史的批判。中国传统文化赋予包括人际关系在内的社会关系的道德精神和道德准则是中华民族的宝贵财富，是今天我们建设和谐社会、处理好各种社会关系、增强凝聚力的思想源泉。所谓道德，就是关于善与恶、正义与非正义、公正与偏私等观念、原则和规范的总和。道德是以善恶为标准，调节人们之间和个人与社会之间关系的行为规范，“也就是关于有利或有害社会与他人以及自己的行为之应该如何的规范”[②]。中国传统文化的道德精神与道德标准归结为一个字，就是“善”。“善”在儒家思想里集中体现为“仁、义、礼、智、信”及尊老重孝的道德规范，在道家思想里表现为“身重于物”和“少私寡欲”的人生价值取向，而在佛教中表现为所倡导的普度众生，众生平等、修行为善的人生态度。[③]中国文化是崇尚道德的文化，

① 宋爱君，张玲，黄敏．传统文化视域下大学生和谐人际关系的路径探索［J］．才智，2020（21）：194-196.

② 王海明．伦理学原理［M］．北京：北京大学出版社，2001：82.

③ 陈雪平．论当代公民道德素质建设对优秀传统文化的理性继承［J］．晋中学院学报，2016，33（2）：1-5.

中国共产党创造性地继承、发扬了中国传统文化中的道德思想，极为重视对党、社会、公民的道德建设。中国共产党创立初期，由于革命宣传的需要，一部分共产党人对传统道德文化持彻底否定的态度，认为马克思主义思想和传统道德文化两者势不并立。随着革命实践的深入和中国共产党不断成熟，以毛泽东为代表的中国共产党人逐步认识到不断推动马克思主义与中国传统道德文化结合的重要性。对于一切道德文化遗产，毛泽东认为要“如同我们对于食物一样，必须经过自己的口腔咀嚼和胃肠运动，送进唾液胃液肠液，把它分解为精华和糟粕两部分，然后排泄其糟粕，吸收其精华，才能对我们的身体有益，决不能生吞活剥地毫无批判地吸收”①。改革开放以后，在逐步推行对外开放、实行社会主义市场经济的同时，精神文明建设显得尤为重要。党中央强调，社会主义现代化建设，需要继承和发扬中华民族的优秀文化传统，突出传统道德文化在中国特色社会主义文化中的地位。2001 年 9 月 20 日中共中央向全国印发了《公民道德建设实施纲要》（以下简称《纲要》），《纲要》指出“从我国历史和现实的国情出发，社会主义道德建设要坚持以为人民服务为核心，以集体主义为原则，以爱祖国、爱人民、爱劳动、爱科学、爱社会主义为基本要求，以社会公德、职业道德、家庭美德为着力点”。强调了对传统的继承和现实的考量，将传统道德文化中的“善”升华为对“人民”“劳动”“科学”“社会主义”的爱，并对社会公德、职业道德、家庭美德、个人品德提出具体的道德规范要求。党的十八大以来，以习近平同志为核心的党中央高度重视优秀传统道德文化的继承与发展，习近平指出：“中华优秀传统文化中很多思想理念和道德规范，不论过去还是现在，都有其永不褪色的价值。我们要结合新的时代条件传承和弘扬中华优秀传统文化，传承和弘扬中华美学精神。”②党的十八大提出了培育和践行社会主义核心价值观的战略任务，倡导 24 字社会主义核心价值观，即“富强、民主、文明、和谐，自由、平等、公正、法治，爱国、敬业、诚信、友善”。“富强、民主、文明、和谐”是国家层面的价值标准，“自由、平等、公正、法治”是

① 毛泽东．毛泽东选集：第二卷［M］．北京：人民出版社，1991：707.

② 中共中央文献研究室．十八大以来重要文献选编（中）［M］．北京：中央文献出版社，2016：136.

社会层面的价值观，“爱国、敬业、诚信、友善”是公民个人层面的价值观，显示出国家、社会尊重个体，个体热爱国家、融入社会以及个体间平等、友爱的价值取向与道德要求。

再回到群体中的人际关系，那种使群体产生凝聚力的成员之间的相互支持、欣赏的关系，实际上是基于善或利他主义的道德精神、道德准则，而这种善或利他主义的道德精神与道德准则的产生主要基于人际互动，而非道德灌输（道德灌输也是需要的）。罗伯特·特里佛斯的互利主义理论认为，如果在一个物种中，个体能够记得他们先前与其他个体的互动行为，然后将当前的善意给予那些知恩图报的个体，那么进化就可以在此物种中培养出利他主义，而人类就是这样一种物种。[①] 这个理论就像我们所说：“只要人人都献出一点爱，这个世界就变得更美好。”爱需要传递，善是相互的。产生于16世纪末17世纪初的道德情感论，主张道德源自人的情感。休谟、亚当·斯密、穆勒等都是道德情感论的支持者。休谟在《人性论》一书中指出，“情感”（直觉）是我们道德生活的驱动力，而推理带有偏见且软弱无力，其主要功能是服务于激情。休谟认为道德基于多种情感——这些情感在我们与美德相遇时给我们带来愉悦，而在我们面对恶行时让我们感到不快。[②] 在人类的许多情感中，同情、共情、正义感等被认为是与道德关系较为紧密的情感。

关系叙事从根本上来说就是将基于善和利他主义的道德理念通过具体人物和具体行为生动地展现出来。在故事情节的展开过程中，人物之间的矛盾、争斗是不可避免的，不良行为或伤害他人、伤害社会的行为作为负能量，时常与正能量发生冲突，但故事总会以好人战胜坏人、善行征服恶行，或好人善行得到好的回报、坏人恶行受到惩罚而结束。“以人民为中心”“为人民服务”就是中国共产党的善，“爱国、爱党”“爱岗敬业”“互助、友爱”“尊老爱幼”就是中国人的善。这些“善”在故事中不是概念、口号，而是实实在在的行动；这些“善”在故事中，也不仅仅是行为的动态呈现，

① 海特.正义之心：为什么人们总是坚持“我对你错”[M].舒明月，胡晓旭，译.杭州：浙江人民出版社，2014：45.

② 海特.正义之心：为什么人们总是坚持“我对你错”[M].舒明月，胡晓旭，译.杭州：浙江人民出版社，2014：122.

而是党与人民群众之间荣辱与共、血肉相连的鱼水深情，是人与人之间守望相助、同呼吸共命运的同胞情谊。

二、增强中国内聚力的四种话语形态

互动、娱乐、场景、仪式这四种话语形态具有突出的网络特征。应该说传统的大众传播媒体也具有这四种话语形态，但网络媒体使这四种话语形态更为突出和常态化，并具有了新的特点。

（一）互动

互动是任何人类传播的应有之义，没有互动就没有传播，传播会因互动的缺席而死亡。在“讲好中国故事的基础说服模式”中就表明了传播的这一特质。在“讲好中国故事的内聚力模式”中，“互动”作为话语形态再次出现，意在突出其网络新媒体特征。

传播双方通过信息交流而相互制约、相互影响，这是传播学赋予“互动”的基本内涵。在大众传播中，“互动”是延缓、间接的，受众的“互动”仅限于“反馈”（将对接收到的信息的反应传给传播者），而这种反馈也往往是被动的（传播者通过各种渠道主动收集反馈）。网络空间不仅消弭了“传播者”与“受传者”之间的身份壁垒，还使用户之间“一对一”“一对多”“多对多”等多样交流与沟通通畅便捷。网民们不仅可以即时反馈，以“点赞”“收藏”“转发”“评论”等影响传播者，还可以参与内容的生产，甚至进行自主的内容生产。在互动的链条中，内容生产者会依据用户的反馈，策划、调整、改变生产的内容和内容生产方式，使产品更为契合用户的需求与期待。在互动的链条中，也催生了无数的垂直内容生产者。

讲好中国故事的互动话语，意味着主流媒体在深入实际、深入群众中讲好中国故事，同时充分调动、引导网民的智慧，成为讲好中国故事的不竭源泉和动力。讲好中国故事的互动话语还意味着，借助网络自媒体，每一个中国人在不断地讲述自己的故事、身边人的故事的时候，就成为中国故事的叙述者。

（二）娱乐

娱乐，即放松、愉悦，与紧张、苦闷相对。娱乐是以娱悦身心为主要或唯一目的的生命活动，是人性要求的反映，是人类生活的重要组成部分。娱乐是在劳作之后与劳作形成相对平衡的活动。讲故事正是人们用来娱乐的一种方式，而讲故事的本质也在于娱乐。故事固然具有说服的能力，但“故事不具有论证能力，它们仅仅是去取悦和迷住听故事的人”①。故事不是用理性的、逻辑的论证达成说服，而是用悬念、冲突、曲折的情节、可爱的人物去“迷住”受叙者而实现说服。从娱乐的观念看，这些“迷住”的手段都是娱乐性的。

人类早就学会了娱乐，闲聊、无实用的肢体活动、发泄情绪的呐喊、随意的涂抹等可能是最原始的、无意识的娱乐，而后来的讲故事（小说）、舞蹈、音乐、绘画等艺术文化活动，无论如何也无法割弃与这种原始无意识娱乐的联系。大众媒体作为人们业余时间的消费品，娱乐功能自是不言而喻。电视媒体以其声画优势更便于娱乐，而被称为“娱乐媒体”。互联网则给娱乐带来革命性变化，大众从娱乐的客体变为娱乐主体，即大众从电视时代的被娱乐变为“我来娱乐”，娱乐由填充业余时间的活动、由娱乐产业变为现代人的一种生活方式。在网络空间，娱乐常常表现为“集体狂欢”。

网络已成为现代人的生存方式，要讲好中国故事，就要适应网络环境的特点。以娱乐的方式讲好中国故事，一是尽量突出故事的悬念、情节的曲折，避免平淡、呆板；二是尽量挖掘故事中的喜剧成分，赋予故事幽默、机智的叙述；三是善于利用、引导人们的狂欢心态，让中国故事在“集体狂欢”中传得更远、影响更深。

（三）场景

场景，就是场地中发生的情景，也就是一定时间、空间内发生的人的行为和故事。② 我们都生活在场景中，但一旦插入媒介，场景就部分甚至全部被遮蔽。语言是抽象的，很难表现事物的细微部分，更难表现空间，尽管语言总在不懈地追求形象，但在仅由语言构建的叙事中，场景总是残缺的、模糊的，需要仰仗读者的想象来构建故事中的场景。电视虽以动态、连续的画面将场景无遮蔽地清晰展示出来，但也只是实现了内容的有限场景化，所提供的依然是“拟态环境”。互联网的到来，特别是随着大数据、移动设备、社交媒体、传感

① 贾敏．弹幕文化解读：庶众的狂欢［J］．现代交际，2016（21）：111-112.

② 沈贻炜，俞春放，高华，等．影视剧创作［M］．杭州：浙江大学出版社，2012：162.

器、定位系统、虚拟仿真、人工智能等技术的不断进步，人类传播将进入“场景时代”，人类也将置身、生活于“元宇宙”之中。场景时代，意味着内容、互动、媒体服务的深度场景化，“无论是对于内容媒体、关系媒体还是服务媒体，‘场景’都将成为一个新的核心要素”[①]。而元宇宙，则意味着以人工智能为核心的信息技术可以构建与宇宙相平行的超真实的宇宙（环境）。

置身于场景中，人的感官和心灵与场景中的人及物亲密接触，与场景连通交融，甚至沉浸其中。沉浸于场景中，往往更容易发生认知的认同、情感的共鸣，这也正是叙事传输的效果。场景，是叙事的应有之义，强化场景无疑有利于产生叙事传输。场景时代，要讲好中国故事，不仅要呈现人眼可及的场景，更需利用技术设备呈现人眼不能及、人力不易到达的场景，如宇宙、太空、雪山、海底，人迹罕至的密林、沙漠、岛屿，物质、生命的微观世界，自然灾害、人为灾害、战争等现场；场景时代，要讲好中国故事，不仅要将叙事者置于所呈现的场景中，还要将故事的场景与受叙者的场景打通，使叙事者、故事、受叙者场景相连，共情共鸣。

（四）仪式

仪式作为一种话语形态，具有众人聚集在同一空间、集体互动、聚焦、情感连带等特点。生活中的仪式传播，具有显著的空间设置和明确的焦点，集体互动、情感连带也都容易产生。大众传播也被认为具有仪式性，但由于其空间的模糊性、互动的缺乏，尽管焦点明确、集中，但情感连带却大为减弱。尽管网络空间是虚拟的，但平台化、博主标签、关注设限、议题统称、线上线下联动、频繁互动、算法推送等技术，不仅使用户很容易在特定的网络空间产生聚集，还使聚集者具有较强的空间归属感和情感连带感。

社会生活需要仪式。个体通过仪式与他人产生链接，确认自己的社会身份、道德、信仰，通过仪式与他人共情。仪式的主持者或构建者，通过仪式传达某种观念，规范社会文化，影响人们的思想与行为。讲好中国故事，应充分利用好网络各类空间，特别是抖音、快手等短视频社交平台。要发挥好仪式的作用，关键是要围绕讲好中国故事的目标，设计、创新仪式话语。实

① 彭兰．场景：移动时代媒体的新要素［J］. 新闻记者，2015（3）：20-27.

现空间聚集后（拥有一定量的粉丝），要维持聚集的延续与扩展，不断进行差异制造、凝聚焦点与口号，以牵动多量互动，以多量互动催发个体的情感能量。所谓差异制造，既指丰富、多样的中国故事，也指各色故事的叙述者、多样的叙述风格、新颖的叙述角度等；凝聚焦点与口号，意在能够超越具体故事并以故事为基础提炼出具有鼓动性的亮点与简短的语录。

需要说明的是，内聚力说服模式的说服目标是“认同中国”，而“认同人类命运共同体”也包含在“认同中国”中。

第三节　讲好中国故事的人类命运共同体说服模式

面向世界讲好中国故事，在当前的国际局势下，最迫切的目标是让世界了解、认识一个客观、真实、全面的中国，而树立中国“可信、可爱、可敬”的世界形象；同时，“建立人类命运共同体”是更高层面或更长远的战略目标。应该说，在以“树立可信、可爱、可敬的中国形象”为目标向世界讲述中国故事中，要以“建立人类命运共同体”为理念，将中国与世界置于命运相关的“我们叙事”中，为世界各国超越隔阂、偏见，形成共识与合作提供更大的可能性和更多的机会。如果世界上的人们越来越多地接受“人类命运共同体”理念，就会有越来越多的人接受、认同中国。依据群体理论，面向世界讲好中国故事、谋求建立人类命运共同体，属于群际行为。群际行为，即群体之间的行为，包括群际交流、群际合作、群际竞争或群际冲突。由于种种社会、心理原因及竞争关系，群际中间容易产生偏见、集体相对剥夺感、相互敌视等，而这些因素的不断积累，就形成群际交流、合作的障碍。群际偏见，指将本应指向内群成员的侵犯错置到外群成员；相对剥夺感，指当人们将他们的现实状态（结果）与他们想象和渴望但没有实际得到的状态（“参照认知”）相比较时，相对剥夺感就会出现。[①] 集体相对剥夺感

① 豪格，阿布拉姆斯．社会认同过程［M］．高明华，译．北京：中国人民大学出版社，2011：46–55.

是通过群际比较产生的。相互敌视，往往是发生现实的利益冲突、偏见和相对集体剥夺感的综合表现。讲好中国故事、建立人类命运共同体，就是寻求交流、认同，进而寻求合作的群际行为。

有关“最简群体”（minimal groups）研究得出的一个结论是，社会范畴化（social categorization）足以导致群际竞争，而社会范畴化是指将个体的集合划分成两个截然不同的群体。如果对这一研究结果进行反向思考，那就是当改变范畴的区分或定义时，便可以改变竞争态势或降低竞争。20 世纪 70 年代初，毛主席提出“三个世界划分”的理论，震动了世界，也动摇了第二次世界大战后形成的以苏美两大阵营对立、争霸的世界格局。“中国在‘三个世界划分’理论指导下，立足于广大的第三世界国家、争取第二世界国家，建立起广泛的国际反帝反霸统一战线，美国阻止中国重返联合国的努力最终失败。”[①] 中国“从 1960 年代相对孤立的国际地位中一跃摆脱出来，为改革开放事业奠定了坚实的国际安全环境基础”[②]。“三个世界划分”的理论不仅使中国拥有了广大第三世界国家众多的朋友，也有效地遏制、缓解了苏联对中国的威胁，最终促成了中美关系正常化。从社会认同的角度看，“三个世界划分”的理论是运用重新“范畴化”策略的典范，即打破了原来从意识形态上对世界进行“二分法”的模式，变为从经济利益和经济集团出发对世界进行“三分法”区分，最大限度地孤立了苏、美两霸，极大地扩大了中国的“朋友圈”。今天，中国比历史上任何时候都要接近“实现中华民族伟大复兴的中国梦”，中国也面临来自以美国为核心的西方资本主义势力越来越严重的打压与遏制，以习近平同志为核心的党中央向世界宣告“建立人类命运共同体”的理念，显示出中国作为负责任大国的气度和共产党人胸怀世界的伟大情怀，又一次彰显了创造性运用重新“范畴化”策略的中国智慧。本节在“讲好中国故事的扩展说服模式”的基础上，针对国外受众，依据“建立人类命运共同体”的理念，以及有关社会认同的群体策略，在故事层面，确立

① 洪源．“三个世界划分”理论是毛泽东对外交理论创新的杰出贡献［J］．人民论坛，2019（34）：83-85.

② 洪源．“三个世界划分”理论是毛泽东对外交理论创新的杰出贡献［J］．人民论坛，2019（34）：83-85.

了“相似叙事、共同叙事、流动叙事”等三个“讲什么”上的着力点，在话语层面确立三种重要话语，即迁移者话语、间性话语和民间话语，从而构建了“讲好中国故事的人类命运共同体说服模式”，见图 5–4。讲述者 N1、N2、N3 的顺序有所变化，普通人 N3 排在第一位，知名人士 N1 排在了第三位，这符合对“国外留学生”的调查结果（见本章第一节）；SI、TO、FL 分别代表“相似叙事”“共同叙事”“流动叙事”，确定这三种叙事的依据为“人类命运共同体”的理念与社会认同的相关理论。对外讲好中国故事的目标调整为双目标，即“认同中国”与“认同人类命运共同体”，“认同中国”是近期目标，“认同人类命运共同体”是长远目标，二者的关系是相辅相成的。MI、IN、FO 分别代表迁移者话语、间性话语、民间话语。

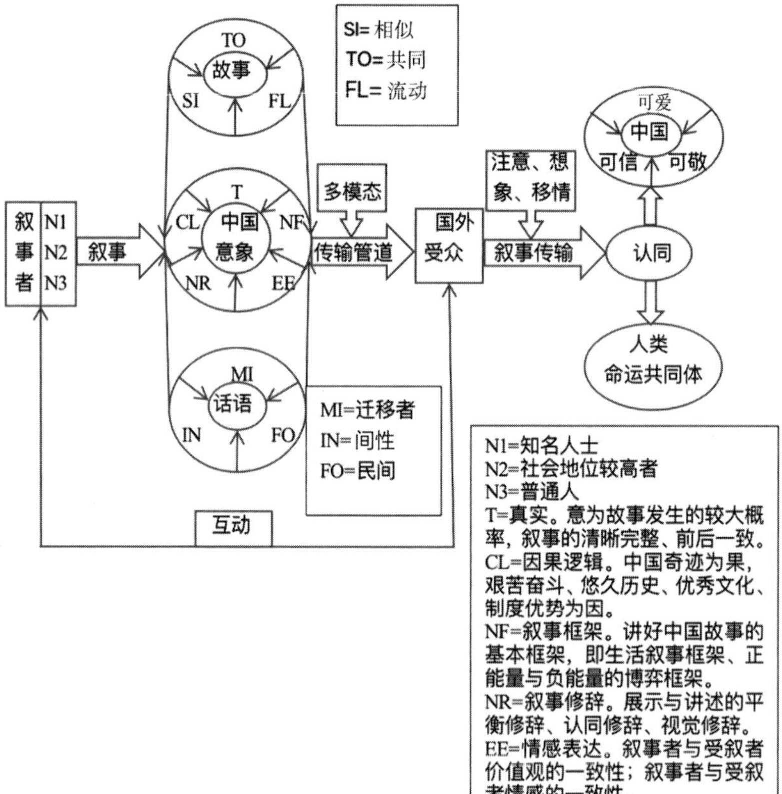

图 5–4　讲好中国故事的人类命运共同体说服模式

一、对外讲好中国故事的三类叙事

相似叙事、共同（共为）叙事和流动叙事都是将中国与世界各国编织到一起的积极叙事，既利于世界各国对中国产生认同，也利于世界各国对人类命运共同体的理解与认同。

（一）相似叙事

社会认同理论认为，社会是由社会范畴构成的，这些范畴的权力与社会地位密切相关。社会中的一些范畴较另一些范畴拥有更高的权力、声望和地位。民族、国家、种族、阶级、职业、性别、宗教等是用来划分范畴的基本维度。社会范畴以及各种社会范畴之间的权力、地位关系让一个社会拥有独特的社会结构。个体总是诞生于特定的社会范畴中，因而与个体相比，社会范畴在很大程度上是现在的。但是，由于受社会中不断的矛盾运动的影响，社会总是流动、不断变化的；而社会范畴也会随之发生变化，一些范畴形成了，另一些范畴消失了。① 范畴的实质是分类，分类的发生是对相似性的发现与理解。自我分类理论（Tajfel，1982，Turner，1985）表明，人们倾向于将与自己相似的人归类为群体成员，而将在某些特征上与自己不同的人归类为外群体。这些归类有具体的效果：人们更愿意与内群合作，而不是与外群合作。基于这种理念，共同的群体间身份模型（Common Ingroup Identity Model，CIIM，Gaethner，Dovidio，Nier，Banker，Ward，Houlette，Loux，2000）表明，将来自不同群体的成员重新分类为上级群体的成员，即表明前者的群体内成员和群体外成员具有一些共同点，从而最大限度地减少了群体外偏见。② 由此可见，不同群体的群体成员对外群成员如果感知到某种相似，即使不范畴化为同一群体，也会减少偏见或排斥。

相似叙事，即在群际交往中着眼于群际之间的相似点，并以叙事的方式

① 豪格，阿布拉姆斯．社会认同过程［M］. 高明华，译．北京：中国人民大学出版社，2011：14–15.

② IGARTUA J J, WOJCIESZAK M, KIM N. Improving attitudes toward stigmatized immigrants with first–person narratives.［J］. Moderating and mediating variables，2017：（5）.

加以表达，以促进社会认同。人类生存的基础在于共性，这是社会心理学的基本观点。尽管利益竞争、冲突使不同族群的差异尤为突出，使人们更加关注、建构了外群与内群的差异，而实际上相似点或共同点总是多于差异，关键是要把关注点投向相似点或共同点。

例如，“母题叙事”往往具有强大的跨文化传播力，原因就在于“母题虽具有民族性、文化差异性，但某些母题超越国家、民族和文化，是人类共有的主题，如母爱、亲情、友情、爱情、乡情、爱国情、生与死、正义与邪恶等”[①]，彰显这些主题的叙事往往能够引起广泛的共鸣。近些年来，中国文化走出去的成功案例很多，一些电视剧、纪录片，如反映现代都市生活的家庭伦理剧《媳妇的美好时代》、历史宫廷宫斗剧《甄嬛传》以及文化纪录片《舌尖上的中国》等，不仅在国内被公认为好片子、收视率屡创新高，在国外也收视火爆，好评如潮。而这些片子往往并非针对国外市场有意而为之作，在国外市场的不俗斩获，实属意外。究其原委，“母题”的作用是重要原因之一。

（二）共同叙事

共同叙事即合作叙事。群内成员共同完成任务，会增进群体成员的凝聚力。群际之间的共同行动或合作会有什么效果呢？Johnson 与 Johnson 研究了学校中的学生对待残疾同学的态度，结果表明，持续几周的实际的群际合作确实改善了学生在学校的表现，即对残疾人的态度发生了变化，增强了群体之间的社会互动（Johnson 与 Johnson，1982），在内群和外群内部提高了对少数成员（残疾人）的接纳和包容（Johnson 与 Johnson，1984；Johnson 等，1981）。[②] 这些研究表明群际合作会带来群际好感及相互的接纳与包容。在人际交往中，也有熟人效应，人们往往会倾向于对“脸熟”的人较“脸生”的人作出较好的评价。

世界已成为地球村，各个国家和地区早已是你中有我，我中有你，难分彼此。人类面临越来越多的共同问题与挑战，如贫困、战乱、恐怖主义、能

---

① 曹茹，郭小旭．从接受美学看媒体如何讲好中国故事：隐喻、母题与适度陌生化［J］. 出版发行研究，2018（10）：27–31.

② 豪格，阿布拉姆斯．社会认同过程［M］. 高明华，译．北京：中国人民大学出版社，2011：59.

源危机、金融危机、气候变暖、生态破坏、环境污染等，需要各国政府与人民携起手来共同应对。2011 年中国政府首次提出“命运共同体”理念，习近平主席在以后的许多重要的国际场合倡导、阐述构建“人类命运共同体”的理念。构建“人类命运共同体”理念已分别写入联合国决议、中国共产党章程和中华人民共和国宪法。2013 年习近平主席提出共建“丝绸之路经济带”和“21 世纪海上丝绸之路”的倡议，简称“一带一路”倡议。“一带一路”是构建人类命运共同体的行之有效的实施方略。“一带一路”是世界“新全球化”的纽带与平台，开创了互联、互通、合作、共赢的典范。“一带一路”受到沿线国家的积极响应，“截至 2019 年 8 月底，中国政府已与 136 个国家和 30 个国际组织签署 195 份‘一带一路’合作文件”①。根据学者张茂荣分析，“一带一路”建设五年成果显著，具体表现在：基础设施互联互通加快推进、经贸投资合作成效显著、金融合作深入发展、国际接受度不断提升等四个方面。②“一带一路”的实践证明，只要秉承“平等、包容、互惠”的原则，国际间的合作不仅可以取得经济上的成果，还可以增进互信、增进友谊和团结。

中央电视台 2016 年制作播出的纪录片《一带一路》以叙事的方式生动展现了“一带一路”取得的进展和成就，生动诠释了“一带一路”的宗旨，即“和平合作、开放包容、互学互鉴、互利共赢”。纪录片遍访亚洲、非洲、欧洲、美洲四大洲，累计行程达到 20 万公里，沿线涉及 30 多个国家和 20 多个国内地区，嵌入 60 多位小人物的故事，以宏阔的场景、众多的细节，构建了人类历史上规模空前的文明互鉴的史诗。在纪录片中，不仅可以看到物资、技术、金融、人员在“一带一路”的推动下加快流动、融合与合作，看到“一带一路”沿线的一些欠发达国家的经济状况、生活水平显著改善，还可以看到由合作产生的文化融合、互信与友谊。纪录片的第六集也是最后一集《筑梦丝路》中讲述了“一带一路”沿线国家多彩的文化及文化交

① 2019，“一带一路”走得深走得实 .［EB/OL］.(2019-12-07)［2022-05-20］https://baijiahao.baidu.com/s?id=1652208558604434503&wfr=spider&for=pc.

② 张茂荣 .“一带一路”五年成就辉煌［EB/OL］.（2018-08-17）［2022-05-19］http://www.xinhuanet. com/politics/2018-08/17/c_1123287186. htm.

流的故事。这种文化交流大多是在共同的事业和工作中进行的，有时各自的文化差异不免给一个团队的工作造成困扰，他们会各持己见甚至争吵。2011年，总部在中国烟台的中国万华集团收购匈牙利宝思德公司后面临的就是这种情况，由于宝思德的高管和员工对万华的企业文化极为陌生，双方的工作始终难以协调。于是，万华开始与宝思德进行全面融合，其中最重要的就是“文化整合”。他们的办法之一，就是组织公司双方主管、各级管理层人员共同讨论，万华集团总裁丁建生在片中说：“要结合他们自己的体会、结合他们的认识，写出自己的体会。这样总结出来以后，就不是万华的文化，而是万华与宝思德融合以后新的、适合 BC（宝思德）的、能够带着 BC 走出困境的良好文化。”“文化整合”的另外一个方法就是借助孔子学院让宝思德的高管、各级管理人员学习汉语，了解中国文化。如今，在匈牙利，万华已经成为一个众口皆碑的中国品牌，万华宝思德公司所在的卡辛茨巴茨卡市，中国元素更是比比皆是。这个中匈两国间投资合作的最大项目，被看作“一带一路”倡议的一个标杆。

随着“一带一路”建设的不断推展，跨国、跨地区的各种合作会越来越多、越来越频繁，由于文化差异、利益分配等原因造成的冲突不会消失，如何化解矛盾冲突显得尤为重要。解决冲突的根本就在于“文化整合”。国内有关“一带一路”的纪录片数量不少，但能够有意识地关注这个问题的却很少。面向世界讲述中国，应站在建立“人类命运共同体”的高度，讲好中国与各国合作的故事，传播中国“和平共赢、相互包容、文明互鉴”的合作理念，推动国际秩序和国际治理的良性发展，推动世界和平发展。

（三）流动叙事

德国社会学家齐美尔（Georg Simmel，1858—1918）于 1908 年提出了“陌生人”（stranger）理论，陌生人是指那些今天来、明天走的漫游者，或者不完全被社会系统的其他成员接受的人。“与这种陌生人交往其实可以开阔眼界，让人们习惯于以包容的心态看待与自己不同的种族。”[①] 罗伯特·帕克在齐美尔“陌生人”理论的基础上提出“迁移者”（migrant）和“边缘人”

① 陈力丹．传播学纲要［M］．2 版．北京．中国人民大学出版社，2014：205.

（migranal man）两个概念，指生活在两个不同世界、对两个世界都陌生的人，他们都是“文化混血儿”，是在未完全相融的文化边缘生活的个体。社会流动理论认为，“人们可能会拥有一种关于社会流动的信念系统，即群际边界是可渗透的，人们可以在两个群体之间流动”①。这种信念系统为个体离开他们的群体、寻找能给他们提供更加满意的认同的群体提供了支持。这种社会流动意味着对原初群体的去认同化，但如果不能被新群体接受，他们就会被边缘化。社会流动的方向一般被认为是从低地位群体向高地位群体流动。马克思则从人的全面发展的角度看待“世界交往”（超越地方性），认为只有实现世界交往，人才能得到全面发展，一个人的“特性怎样发展为多方面的或是地方性的，它们是超越地方的局限性还是仍然受地方局限性的拘束，……决定于世界交往的发展，决定于他和他所生活的地区在这种交往中所处的地位”。“他被隔绝在整个的世界交往系统之外，因而得不到任何教育，结果就成了目光短浅、孤陋寡闻的动物。”② 事实上，现代社会不仅以社会流动为特征，也为一个人身兼数个群体成员提供了可能，“社会成员的群体属性越多，承担的社会角色越多，拥有的社会资源越丰富，改变原属群体实现上行流动的可能性也越大；反之，社会成员群体属性越是趋向唯一，群体成员的社会角色越少，拥有的社会资源越少，改变原属群体实现上行流动的可能性也越小”③。我国学者秉持了马克思关于“世界交往”和“人的全面发展”的基本观点，主张“消除制度歧视对群际流动造成的障碍，实现社会成员自由的群际流动，为各社会群体提供机会均等的公共服务和平等的发展机会，是促进群际和谐和社会和谐的关键措施，更是社会主义社会的本质要求”④。西方社会流动理论也承认社会流动的必然性，肯定社会流动对社会稳定和发展的意义，⑤ 社会认同理论也将社会流动看作“改善社会认同的策略”之一。⑥

① 豪格，阿布拉姆斯．社会认同过程［M］．高明华，译北京：中国人民大学出版社，2019：54.

② 陈力丹．精神交往论：马克思恩格斯的传播观［M］．北京：开明出版社，1993：36.

③ 孙朝阳．社会认同、社会距离与群际和谐［J］．安阳师范学院学报，2014（3）：22-26.

④ 孙朝阳．社会认同、社会距离与群际和谐［J］．安阳师范学院学报，2014（3）：22-26.

⑤ 黄颂，陈友华．略论当代西方社会分层中关于社会流动的思想［J］．思茅师范高等专科学校学报，2002（2）：1-4.

⑥ 豪格，阿布拉姆斯．社会认同过程［M］．高明华，译．北京：中国人民大学出版社，2011：55.

中国改革开放，始终伴随着大规模的人口迁移、社会流动。在国内，主要是农村人口向城市流动、欠发达地区人口向较发达地区流动，由此优化了劳动力结构，提升了劳动力的知识、技能水平，提高了劳动生产力，成为中国经济腾飞的内在动力之一。同时，大量农村人口转移到城镇，加快了中国城市化进程。中国内地（大陆）31 个省、自治区、直辖市的人口中，居住地与户口登记地所在的乡镇街道不一致且离开户口登记地半年以上的人口为 261 386 075 人，其中市辖区内人户分离的人口为 39 959 423 人，不包括市辖区内人户分离的人口为 221 426 652 人。同 2000 年第五次全国人口普查相比，居住地与户口登记地所在的乡镇街道不一致且离开户口登记地半年以上的人口增加 116 995 327 人，增长 81.03%。① 据我国第七次人口普查，全国人口中，人户分离人口为 492 762 506 人，其中，市辖区内人户分离人口为 116 945 747 人，流动人口为 375 816 759 人。流动人口中，跨省流动人口为 124 837 153 人，省内流动人口为 250 979 606 人。② 可见中国流动人口到目前为止一直呈上升趋势。自 20 世纪 80 年代，一大批中国人走出国门，到世界各国学习、经商、旅游，他们开阔了眼界，学到了新知识新思想，积累了财富；同时，世界上也有无数人通过他们了解了中国。他们中的一些人也将国外的信息、知识、技术甚至资金引向国内。世界各国也有越来越多的人来到中国学习、经商、旅游等。国际移民组织发布的《2020 年世界移民报告》显示，2019 年全球国际移民人数累计约为 2.72 亿，占世界总人口的 3.5%。国际移民来源国的前十位依次是：印度、墨西哥、中国、俄罗斯、叙利亚、孟加拉国、巴基斯坦、乌克兰、菲律宾、阿富汗。其中，中国海外移民人数累计为 1070 万。我国第六次人口普查公布的数据显示，居住在我国内地（大陆）并接受普查登记的香港特别行政区居民 234 829 人、澳门特别行政区居民 21 201 人、台湾地区居民 170 283 人，外籍人员 593 832 人，合计

① 国家统计局 .2010 年第六次全国人口普查主要数据公报（第 1 号）［EB/OL］.(2011-04-28)［2023-03-01］https://www.stats.gov.cn/sj/zxfb/202303/t20230301_1919254.html.

② 国家统计局 . 第七次全国人口普查公报（第七号）.［EB/OL］.(2021-05-11)［2023-03-09］https://www.stats.gov.cn/sj/tjgb/rkpcgb/qgrkpcgb/202302/t20230206_1902007.html.

1 020 145 人。[①]第七次全国人口普查数据显示，居住在内地（大陆）31 个省（市、区）并接受普查登记的香港特别行政区居民 371 380 人、澳门特别行政区居民 55 732 人、台湾地区居民 157 886 人，外籍人员 845 697 人，合计 1 430 695 人。[②]总体上看，来中国内地（大陆）居住的港澳台及外籍人员有所上升。

人口流动不仅有利于社会稳定、经济发展以及人的全面发展，也有益于消除社会偏见、歧视，加强社会认同。流动叙事，即以流动者为视角的叙事以及聚焦于流动者的叙事，这两种叙事除了叙述者有所不同，在叙事内容上也各有侧重。以流动者为视角的叙事侧重于流动者的所见所闻，而聚焦于流动者的叙事更侧重于流动者身份下的种种境遇或经历。这两种叙事都很有意义。以流动者为视角的叙事能够展现多面、立体、多彩的世界，对生存于单面世界的人起到开阔眼界、增长见闻并扩展进行社会比较的多维视野，提升社会生存智慧；还能使单面生存的人意识到自身的局限、狭隘，动摇甚至修改以往对外群的一些偏见；还能对单面生存的人形成召唤，促使他们从单面的或狭隘的生存状态中走出来，形成更为广泛的社会认同。美国记者埃德加·斯诺于 1937 年出版的《西行漫记》第一次向世人全面介绍了中国共产党领导下的陕北苏区的真实情况，客观地向世界陈述了中国革命的目的、中国共产党的形象和政策，打破了国民政府对中国共产党及其领导下的红军长期的新闻封锁和丑化宣传，开启了世界对真实的中国、中国革命、中国共产党的了解。无数优秀青年学生正是在这本书的感召下，纷纷投奔延安，投身革命。很多国际人士也是通过这本书开始认识中国、来到中国，有的甚至投身中国革命。例如，白求恩曾在致友人的信中这样解释来华的原因："请读埃德加·斯诺的《红星照耀中国》(《西行漫记》) 和史沫特莱的《红军在前

① 国家统计局.2010 年第六次全国人口普查接受普查登记的港澳台居民和外籍人员主要数据.［EB/OL］.(2011-04-29)［2023-05-20］https://www.stats.gov.cn/sj/zxfb/202303/t20230301_1919257.html.

② 第七次全国人口普查公报：接受普查登记的港澳台居民和外籍人员情况［EB/OL］.(2021-05-11)［2023-06-01］https://finance. sina. com. cn/china/gncj/2021-05-11/doc-ikmyaawc4600866. shtml.

进》，读后你们必将与我同感。"[①] 聚焦于流动者的叙事，会更多地反映流动者流动的过程、流动对流动者的影响以及流动者内心世界的变化，特别是可以反映流动者的社会认同过程。从社会认同角度看，这类叙事较以叙事者为视角的叙事具有更直接的价值。但这类叙事相对来说较少。当然，以流动者为视角的积极叙事，实际是以社会认同为前提的，并通过促成更多的人的流动，以间接的方式推动社会认同。

今天，在各种媒体上特别是在社交媒体、自媒体上，可以看到许多"以流动者为视角"的叙事，叙述者都是对中国比较熟悉的外国人，叙事内容以中国为主，也涉及其他国家。他们讲他们在中国的所见所闻，讲他们自己在中国的生活、工作、创业、交友、恋爱、婚姻等，从一个全新的视角讲述中国、评论中国，吸引了无数中国人。一些优质的外国博主被喜爱他们的中国网友称为"洋网红"。"洋网红"的影响也通过 Youtube、Twitter（现已改名为"X"）等平台传至国外。一些"洋网红"还针对外国人对中国、中国人的一些刻板印象、误解、偏见，用自己的切身体验予以纠正，势必产生一定的影响。近年来，在中国传统媒体上也出现了一些有关外国人在中国的叙事节目，中央电视台中文国际频道播出的大型纪实系列节目《外国人在中国》是其中影响较大的节目，属于偏重"聚焦于流动者的叙事"。这档节目对"文化适应"予以关注与突出，"节目所反映的文化适应问题主要是外来文化身份被中国社会群体接受的问题，即如何适应文化差异、融入群体和环境的问题，而较少涉及保有原文化身份和特质的问题"[②]。"文化适应"，即当某一群体成员接触到其他民族—文化社群成员时，通过切身体验而发生的态度及行为改变，[③] 从社会认同角度看，"文化适应"是流动者脱离原来群体对新加入群体发生群体认同的过程。另外，《外国人在中国》还关注了民族国家的"叙事想象"，着重表现了他们对中国经济社会发展状况的评价，以及他们对中国文化的欣赏与好奇。这两点关注与叙事，不仅有助于世界了解、认识中

① 王丽苗，霍云龙.《西行漫记》的历史价值解析［J］. 党史文苑，2016（22）：79–81.

② 龚新琼.《外国人在中国》构建的跨文化传播图景［J］. 当代电视，2017（10）：54–55.

③ 单波，林莉 . 2014 年西方跨文化传播研究综述（上）［J］. 文化与传播，2015，4（1）:4–10.

国，对如何促进文化交流、不同族群的相融共存也具有示范作用。

二、对外讲好中国故事的话语

迁移者话语、间性话语和民间话语是基于文化传播理论及国际传播、跨文化传播实践，在本书第二章研究的基础上的归纳所得。迁移者话语重在迁移者身份对中国故事的亲历性和客观性，间性话语重在叙事者的包容性和开放性，民间话语重在叙事者身份的非权威性和非功利性。

（一）迁移者话语

迁移者指那些从一个文化圈迁移到另一个文化圈生活，或长期游走于两个、多个文化圈之间的人们。对于两个或多个文化圈来说，他们可能很长时间处于社会的边缘，但由于他们对两个或多个文化圈都比较熟悉，在世界一体化、人类走向命运共同体的进程中，他们扮演着文化使者、跨文化交流媒介的重要角色。中国实行改革开放以后，来华的外国“迁移者”越来越多，经过一段时间的亲身体验，他们中的很多人被中国悠久的历史、灿烂的文化和善良热情的中国人以及多姿多彩的现代生活所吸引，有些人不由自主地喜欢上中国，在中国长期工作、定居，有的还在中国结婚生子。他们中的一些人利用网络自媒体平台自发地讲述在中国的所见所闻，意想不到地收获了大量粉丝，成为知名博主。

这些迁移者话语（The discourse of the migrator）表现出四个突出的特点，即旁观话语、见证话语、体验话语和对比话语。旁观话语，即为不带立场、置身事外的叙事视角，似乎代表着受叙者的疑问去探个究竟，给受叙者以信任感；见证话语，即这些迁移叙事者会像记者、侦探那样亲临现场，以“眼见为实”为叙事焦点；体验话语，即迁移者作为叙事者与故事处于交往、互动中，并将自己的感受、感悟，即评价表达出来而成为叙事的一部分；对比话语，则尽显迁移叙事者兼跨两种或多种文化圈的优势，将中国文化与其他文化的相似点、不同作对比，使中国文化变得易于理解、生动有趣。

（二）间性话语

间性，指主体间性，即多元异质主体之间的一种关联性特征。间性话语（Intersexual discourse），指多元异质性主体不带成见与偏见，以平等的姿态、在相互尊重的前提下，不受强制地进行交流而达成共识。“9·11”事件以后，美西方出现“后美国世界”思潮，“后美国世界”被认为是“其余崛起”（中国、印度、俄罗斯等）的世界，在可预见的将来，它将是多极的，“合作与协商”将成为后秩序的主题。这也必将导致国际传播范式向主体间性的国际传播转化。

间性话语的高层话语应围绕“人类命运共同体”展开。中国共产党“人类命运共同体”思想，根植于中华优秀传统文化中“协和万邦”的天下观与“和而不同”的文明理念，是对马克思“真正共同体”思想的继承与发展，同时借鉴了现代西方共同体理念和全球治理理念，是应对当代美西方掀起逆全球化浪潮、旨在推动人类进步的战略抉择。但美西方为了维护其霸权地位、遏制中国的崛起，实行“西方中心主义”，误读、歪曲、污名化中国的构建“人类命运共同体”理念及其实践。由此可见，讲好“人类命运共同体”的故事尤为重要。“人类命运共同体”话语可分为理论话语和实践话语两种。理论话语包括“人类命运共同体”的科学内涵、“人类命运共同体”的主要意识、中国的“和”文化等；“人类命运共同体”的实践话语，包括历史上中国与世界各国的友好交往、中国的勤劳致富、中国实行“一带一路”造福世界、中国发展军力只限于“守土保国”等。

间性话语的底层话语可归纳为文化转译和文本互文两种。文化转译，即将“我”文化翻译为“他”文化易于理解的形式与内容，常用修辞手法为对比、比拟、比喻等。最利于“我”文化传播的转译话语便是“他的文化表层+我的文化内核”，这种话语不免显得粗糙、浅薄，但在快餐式文化消费生态下不无效果。互文，是文本的属性，意为“任何文本的构成都仿佛是一些引文的拼接，任何文本都是对另一个文本的吸收和转换”[①]。作为间性话语的互

① 秦海鹰：互文性理论的缘起与流变［J］. 外国文学评论，2004（3）：19–30.

文，首先，应表现出对所引“他文”的尊重，尊其原意，不可断章取义、曲解原意；其次，间性互文的目的在于差异的交流，而非为我所用，因此，应表现出对差异文本的理解与包容；最后，互文的结果是升华，即通过不同文本或来自不同文化圈的文本交流，达成相互理解，并上升到更高层面的相互认同。

（三）民间话语

在世界一体化的进程中，国际交往必然经历从国家外交到民间外交、从民间外交到民间交流、从民间交流到全方位对外交流之路，这条国际交往之路意味着国际间民众的广泛交往，以及民众与他国政府或精英层也能够进行无障碍的交流。互联网的崛起与普及正在使这种国际交往之道变成现实。民间社团、个体足不出户便可通过互联网，特别是社交媒体了解世界，了解国际社会争端，发出自己的声音，并让世界听到自己的声音。

无论是民间外交还是民间对外交流都应以民间话语（Folk discourse）作为表达基调。与民间话语相对的是官方话语。在中国，这两种话语在本质上是统一的，但是，由于话语主体站位、看问题的角度、话语风格不同，两种话语会表现出一定的差别，有时甚至表现为一定的矛盾和冲撞。在传统社会（包括大众传播时代），在有限的公共空间里，民间的声音偏弱，官方的声音偏强；而当互联网普及以后，由于互联网的空间足够大及其技术上的赋权，网络空间成为民意表达的空间，民间话语得以充分展现。具有网络基因的民间话语具有个体化、日常生活镜像与随性等特点。个体化，指叙事的视角、故事中的人物是具体的、行动着、感受着的某个人，且往往是小人物；日常生活镜像，即故事呈现的情节皆由日常的生活场景构成，特别是以普通人的日常生活场景为主；随性，即原生态的、少雕琢、去粉饰、存真情、直抒胸臆的话语风格。

本章小结

本章是在前四章和绪论内容的基础上，对讲好中国故事说服模式的抽象与概括，也是本书最为重要的创新成果。本章归纳并阐述了讲好中国故事的四个说服模式，即基础模式与扩展模式、讲好中国故事的内聚力模式与讲好中国故事的人类命运共同体模式。基础模式，即叙事说服的基本模式，确立了以“厚象＋强意”为核心元素、以“态度认同”为说服目标，包括“故事和话语、叙述者、叙述、传输管道、受叙者、叙事传输”等基本元素。“意象”，是从“传输意象理论”借鉴而来的，考虑到本书研究对象为真实叙事或非虚构叙事，为了区别虚构叙事中的“意象”概念，将“意象”调整为“带意的象”，又吸收叙事说服研究中有关“潜文本”的研究成果，将“带意的象”调整为“厚象＋强意”。基础模式的扩展模式，主要根据“讲好中国故事”的要求和实际，将“厚象＋强意”明确为“中国意象”，将叙事说服的目标“态度认同”进一步明确为“认同中国”的“可信、可爱、可敬”。根据有关叙事说服的研究成果，将支持“中国意象”的元素确定为“因果逻辑、叙事框架、真实、情感表达和修辞”。“讲好中国故事的内聚力模式”是针对国内讲好中国故事的说服模式，引入了网络这一语境，在扩展模式的基础上，将“故事”锁定为“历史叙事、胜利或成就与挑战或威胁叙事、关系叙事”等三种叙事，将话语锁定为“互动、娱乐、场景、仪式”等四种话语。“讲好中国故事的人类命运共同体模式”是对外讲好中国故事的叙事说服模式，在扩展模式的基础上，引入跨文化传播的语境，将“故事”锁定为“相似叙事、共同叙事与流动叙事”，将话语锁定为“迁移者、间性、民间”等三种话语，并将叙事说服目标调整为双目标，即认同“可信、可爱、可敬”的中国形象和认同“人类命运共同体”理念，而这两个目标是互动的。

参考文献

一、著作

[1] 中共中央文献室，中央档案馆．建党以来重要文献选编（一九二一—一九四九）[M]. 北京：中央文献出版社，2011.

[2] 中共中央文献室．十二大以来重要文献选编（下）[M]. 北京：人民出版社，1988.

[3] 中共中央文献室．十五大以来重要文献选编（上）[M]. 北京：人民出版社，2000.

[4] 中共中央文献室．十八大以来重要文献选编（上）[M]. 北京：中央文献出版社，2014.

[5] 中国社会科学院新闻研究所．马克思主义新闻思想研究论文集 [M]. 北京：人民日报出版社，1983.

[6] 麦库姆斯．议程设置：大众媒介与舆论 [M]. 郭镇之，徐培喜，译．北京：北京大学出版社，2008.

[7] 张春兴．现代心理学 [M]. 上海：上海人民出版社，2003.

[8] 孟昭兰．普通心理学 [M]. 北京：北京大学出版社，2003.

[9] 斯帕克斯．媒介效果研究概论 [M]. 何朝阳，王希华，译．北京：北京大学出版社，2008.

[10] 邓小平．邓小平文选 [M]. 北京：人民出版社，1994.

[11] 习近平．论党的宣传思想工作 [M]. 北京：中央文献出版社，2020.

[12] 刘建明，纪忠慧，王莉丽．舆论学概论 [M.] 北京：中国传媒大学出版社，2009.

[13] TAYLOR S E, PEPLAU L A, SEARS D O. 社会心理学：第十版 [M]. 谢

晓非，谢冬梅，张怡玲，等译．北京：北京大学出版社，2004.

［14］张桂珍，等．中国对外传播［M］. 北京：中国传媒大学出版社，2006.

［15］姚遥．新中国对外宣传史：建构现代中国的国际话语权［M］. 北京：清华大学出版社，2014.

［16］陈日浓．中国对外传播史略［M］. 北京：外文出版社，2010.

［17］赵玉明．中国广播电视通史［M］. 北京：北京广播学院出版社，2004.

［18］甘险峰．中国对外新闻传播史［M］. 福州：福建人民出版社，2004.

［19］习少颖．1949—1946 中国对外宣传史研究［M］. 武汉：华中科技大学出版社，2010.

［20］裴坚章．毛泽东外交思想研究［M］. 北京：世界知识出版社，1994.

［21］何国平．中国对外报道思想研究［M］. 北京：中国传媒大学出版社，2009.

［22］霍夫兰，贾尼斯，凯利．传播与劝服［M］. 张建中，李雪晴，曾苑，等译．北京：中国人民大学出版社，2017.

［23］陈力丹．精神交往论：马克思恩格斯的传播观［M］. 北京：开明出版社，1993.

［24］曹茹，王秋菊．心理学视野中的网络舆论引导研究［M］. 北京：人民出版社，2013.

［25］林语堂．中国新闻舆论史（1968 年版）［M］. 王海，译．广州：暨南大学出版社，2011.

［26］赛佛林，坦卡德．传播理论：起源、方法与应用［M］. 郭镇之，等译．北京：华夏出版社，2002.

［27］中共中央党史和文献研究院．习近平关于总体国家安全观论述摘编［M］. 北京：中央文献出版社，2018.

［28］侯玉波．社会心理学［M］. 北京：北京大学出版社，2003.

［29］申丹，王丽亚．西方叙事学：经典与后经典［M］. 北京：北京大学出版社，2010.

［30］托多罗夫．《十日谈》语法［M］. 荷兰：海牙穆通出版社，1969.

［31］谭君强．叙事学导论［M］. 北京：高等教育出版社，2018.

［32］赫尔曼．新叙事学［M］. 马海良，译．北京：北京大学出版社，2002.

［33］萨宾．叙事心理学［M］. 何吴明，舒跃育，李继波，译．北京：北京师范大学出版社，2020.

［34］普林斯．叙事学：叙事的形式与功能［M］. 徐强，译．北京：中国人民大学出版社，2020.

[35] 曾庆香 . 新闻叙事学 [M]. 北京：中国广播电视出版社，2005.

[36] 亚理斯多德 . 诗学 [M]. 罗念生，译 . 北京：人民文学出版社，2002.

[37] 毛泽东 . 毛泽东文集 [M]. 北京：人民出版社，2009.

[38] 张艺兵 . 毛泽东的宣传思想研究 [M]. 北京：中国社会科学出版社，2019.

[39] 杨义 . 中国叙事学 [M]. 北京：商务印书馆，2019.

[40] 马丁 . 当代叙事学 [M]. 伍晓明，译 . 北京：中国人民大学出版社，2018.

[41] 亚理斯多德 . 修辞学 [M]. 罗念生，译 . 上海：上海人民出版社，2006.

[42] 杨春华，星华 . 列宁论报刊与新闻写作 [M]. 北京：新华出版社，1983.

[43] 西蒙斯 . 故事思维 [M]. 俞沈彧，译 . 南昌：江西人民出版社，2017.

[44] 萨默瓦，波特，麦克丹尼尔 . 跨文化传播：第六版 [M]. 闵惠泉，贺文发，徐培喜，等译 . 北京：中国人民大学出版社，2013.

[45] 中共中央文献研究室 . 习近平关于社会主义文化建设论述摘编 [M]. 北京：中央文献出版社，2017.

[46] 周鑫宇 . 中国故事怎么讲 [M]. 北京：五洲传播出版社，2017.

[47] 黄会林，罗军 . 话语体系与文化形象 [M]. 北京：北京师范大学出版社，2015.

[48] 霍尔 . 无声的语言 [M]. 何道宽，译 . 北京：北京大学出版社，2010.

[49] 孙英春 . 跨文化传播学导论 [M]. 北京：北京大学出版社，2008.

[50] 潘一禾 . 超越文化差异：跨文化交流的案例与探讨 [M]. 杭州：浙江大学出版社，2020.

[51] 汤因比 . 历史研究 [M]. 刘北成，郭小凌，译 . 上海：上海人民出版社，2005.

[52] 梁漱溟 . 中国文化要义 [M]. 上海：上海人民出版社，2011.

[53] 霍尔 . 超越文化 [M]. 何道宽，译 . 北京：北京大学出版社，2010.

[54] 朱勇 . 跨文化交际案例 [M]. 北京：高等教育出版社，2018.

[55] 乐国安 . 社会心理学 [M]. 2 版 . 北京：中国人民大学出版社，2013.

[56] 李智 . 国际传播 [M]. 北京：中国人民大学出版社，2013.

[57] 霍尔 . 表征：文化表征与意指实践 [M]. 徐亮，陆兴华，译 . 北京：商务印书馆，2013.

[58] 陈汝东 . 修辞学教程 [M]. 北京：北京大学出版社，2014.

[59] 陈望道. 修辞学发凡 [M]. 上海：上海教育出版社，1976.

[60] 沈贻炜，俞春放，高华，等. 影视剧创作 [M]. 杭州：浙江大学出版社，2012.

[61] 海特. 正义之心：为什么人们总是坚持“我对你错”[M]. 舒明月，胡晓旭，译. 杭州：浙江人民出版社，2014.

[62] 中共中央文献研究室. 十八大以来重要文献选编（中）[M]. 北京：中央文献出版社，2016.

[63] 列斐伏尔. 空间的生产 [M]. 刘怀玉，等译. 北京：商务印书馆，2022.

[64] 吴卫华. 好莱坞电影的中国想象 [M]. 北京：中国社会科学出版社，2017.

[65] 哈贝马斯. 交往行为理论：行为合理性与社会合理性 [M]. 曹卫东，译. 上海：上海人民出版社，2004.

[66] 安德森. 想象的共同体：民族主义起源与散布 [M]. 吴叡人，译. 上海：上海人民出版社，2011.

[67] 程曼丽. 国际传播学教程 [M]. 北京：北京大学出版社，2006.

[68] 楚图南. 从事人民外交工作的回忆 [M] // 中共中央党史研究室. 中共党史资料：第四十七辑，北京：中共党史出版社，1993.

[69] 伊尼斯. 传播的偏向 [M]. 何道宽，译. 北京：中国人民大学出版社，2003.

[70] 乔伊森. 网络行为心理学：虚拟世界与真实生活 [M]. 任衍具，魏玲，译. 北京：商务印书馆，2010.

[71] 瑞安. 故事的变身 [M]. 张新军，译. 南京：译林出版社，2014.

[72] 马尔丹. 电影语言 [M]. 何振淦，译. 北京：中国电影出版社，1980.

[73] 王希杰. 汉语修辞学 [M]. 北京：商务印书馆，2004.

[74] 凯瑞. 作为文化的传播 [M]. 丁未，译. 北京：华夏出版社，2005.

[75] 祁林. 电视文化的观念 [M]. 上海：复旦大学出版社，2006.

[76] 伊格尔顿. 文化的观念 [M]. 方杰，译. 南京：南京大学出版社，2003.

[77] 孟建，丁嵩昕. 国家形象：历史、建构与比较 [M]. 南京：江苏人民出版社，2019.

[78] 刘涛. 视觉修辞学 [M]. 北京：北京大学出版社，2021.

[79] 毛泽东. 毛泽东选集 [M]. 北京：人民出版社，1991.

[80] 韩炳哲. 娱乐何为 [M]. 关玉红，译. 北京：中信出版社，2019.

[81] 人民日报评论部 . 习近平讲故事 [M]. 北京：人民出版社，2017.

[82] 鞠玉梅 . 肯尼斯·伯克修辞学思想研究 [M]. 北京：中国社会科学出版社，2017.

[83] 巴赫金 . 巴赫金全集：第二卷 [M]. 李辉凡，张捷，张杰，等译 . 石家庄：河北教育出版社，1998.

[84] 麦基 . 故事：材质、结构、风格和银幕剧作的原理 [M]. 周铁东，译 . 天津：天津人民出版社，2014.

[85] 朱礼庆 . 娱乐的本性：电视娱乐节目的娱乐性研究 [M]. 北京：光明日报出版社，2013.

[86] 王静 . 自媒体微叙事 [M]. 北京：中国传媒大学出版社，2020.

[87] 波兹曼 . 娱乐至死 童年的消逝 [M]. 章艳，等译 . 桂林：广西师范大学出版社，2009.

[88] 中共中央党史和文献研究院 . 毛泽东邓小平江泽民胡锦涛关于中国共产党历史论述摘编 [M] 北京：中央文献出版社，2021.

[89] 斯考伯，伊斯雷尔 . 即将到来的场景时代：大数据、移动设备、社交媒体、传感器、定位系统如何改变商业和生活 [M]. 赵乾坤，周宝曜，译 . 北京：北京联合出版公司，2014.

[90] 柯林斯 . 互动仪式链 [M]. 林聚任，王鹏，宋丽君，译 . 北京：商务印书馆，2009.

[91] 鞠玉梅 . 社会认知修辞学：理论与实践 [M]. 北京：外语教学与研究出版社，2011.

[92] 李建军 . 小说修辞研究 [M]. 北京：中国人民大学出版社，2003.

[93] 查特曼 . 术语评论：小说与电影的叙事修辞学 [M]. 徐强，译 . 北京：中国人民大学出版社，2016.

[94] 布斯 . 小说修辞学 [M]. 华明，胡苏晓，周宪，译，北京：北京联合出版公司，2017.

[95] 费伦 . 作为修辞的叙事：技巧、读者、伦理、意识形态 [M]. 陈永国，译 . 北京：北京大学出版社，2002.

[96] 热奈特 . 叙事话语　新叙事话语 [M]. 王文融，译 . 北京：中国社会科学出版社，1990.

[97] HALL E T. Beyond culture [M]. New York：Anchor books，1989.

[98] HOFSTEDE G. Culture’s consequences：international differences in work-related values [M]. California：Beverly Hills，1984.

[99] HOFSTEDE G. Culture’s consequences：comparing values，behaviors，

institutions and organizations across nations［M］. London：Sage publications，2001.
［100］HERMAN D，JAHN M，RYAN ML. Routledge encyclopedia of narrative theory.［M］. London，New York：Routledge，2005.

二、论文

［1］许健．解放战争时期新式整军运动的背景和实施过程［J］. 学理论，2013（23）：238–239.
［2］张永．解放战争中以诉苦会为中心的新式整军运动［J］. 中共党史研究，2010（6）：72–80.
［3］任敏．中国共产党宣传思想工作的百年探索：发展演进、内在逻辑及战略方向［J］. 中国广播电视学刊，2021（10）：92–98.
［4］常家玮．1947—1948 年解放区反“客里空”运动研究：以《人民日报》报道为中心［J］. 广东党史与文献研究，2020（1）：90–98.
［5］丁淦林．一九四七年的反对“客里空”运动［J］. 新闻大学，1982（4）：70–73.
［6］田丽．中国共产党对外宣传战略研究［D］. 北京：中共中央党校，2017.
［7］何国平．改革开放 30 年来中国外宣思想的演进［J］. 当代传播，2008（6）：94–97.
［8］卢俞成，林春逸．习近平新时代观的文明向度［J］. 学习论坛,2021(5)：30–37.
［9］陈曙光．世界大变局与人类的未来［J］. 求索，2021（6）：13–20.
［10］解超，李成．世界百年未有之大变局与中国特色知识体系的建构［J］. 思想理论教育，2021（9）：38–42.
［11］龙小农．金砖国家重构全球传播秩序：历史依据与现实路径［J］. 现代传播（中国传媒大学学报），2019，41（6）：73–79，85.
［12］冼致远．当代国际一流媒体的传播发展特点及其借鉴［J］. 郑州大学学报（哲学社会科学版），2013，46（3）：163–167.
［13］顾潜．对世界新闻传播秩序的审视［J］. 复旦学报（社会科学版），2004（5）：88–94.
［14］田赞．社交媒体格局变迁下的国际传播秩序研究［D］. 西安：西北大学，2021.
［15］朱继东．把抵制外来意识形态渗透和抓好内部意识形态斗争统一起来：

中国共产党百年意识形态建设的一个重要视角［J］. 思想理论教育导刊，2021（10）：66–73.

［16］韩强 . 论新时代意识形态工作面临的风险与应对［J］. 新视野，2020（3）：5–12.

［17］李忠军，杨科 . 马克思恩格斯灌输思想及其启示［J］. 思想教育研究，2021（10）：53–59.

［18］周贞平 . 三重维度视角下的列宁灌输论［J］. 社科纵横，2021，36（4）：76–82.

［19］李冰 . 中国故事 世界表达:《习近平讲故事》海外传播［J］. 出版参考，2019（12）：6–8.

［20］刘春燕 . 外国人短视频塑造的中国形象研究：以抖音短视频为例［D］. 兰州：兰州大学，2021.

［21］彭修彬 . 对外讲好新时代中国共产党治国理政的故事［J］. 对外传播，2018（7）：4–6.

［22］王晓辉 . 娓娓道来讲述中国故事 端庄大气传播中国观点：中国网《中国 3 分钟》节目的探索与实践［J］. 对外传播，2017（10）：58–60.

［23］曹茹 . 新媒介环境中议程设置的变化及其实质［J］. 河北大学学报（哲学社会科学版），2008（4）：119–122.

［24］曹茹，白树亮 . 试论现阶段我国网络舆论的特点［J］. 河北大学学报（哲学社会科学版），2011，36（2）：70–75.

［25］李娜，曹茹 . 突发公共卫生事件中短视频的情感动员机理研究［J］. 新闻与传播评论，2021，74（6）：81–91.

［26］王鑫 . 从自我陈述到他者叙事：中国题材纪录片国际传播的困境与契机［J］. 现代传播（中国传媒大学学报），2018，40（8）：119–123.

［27］王庆福，张红玲 . 纪录片国际传播中“他者叙事”的跨学科思考［J］. 现代传播（中国传媒大学学报），2019，41（9）：125–129.

［28］邓梅花 . 讲故事作为说服的手段：叙事的修辞维度［D］. 福州：福建师范大学，2018.

［29］罗兴发 .《战国策》的说服艺术探析［J］. 北方文学，2020（33）：104–105.

［30］王春枝 . 智媒时代移动视频的场景化叙事研究［J］. 编辑之友，2020（8）：42–46，84.

［31］汪萍 . 叙事传输：基于体验的说服机制［D］. 杭州：浙江大学，2013.

［32］任媛 . 叙事代入感影响同性恋群际态度的实验研究［D］. 成都：电子

科技大学，2018.

［33］严进，杨珊珊．叙事传输的说服机制［J］．心理科学进展，2013，21（6）：1125–1132.

［34］党明辉．公共舆论中负面情绪化表达的框架效应：基于在线新闻跟帖评论的计算机辅助内容分析［J］．新闻与传播研究，2017，24（4）：41–63，127.

［35］黎勇．智能化 场景化 个性化 可视化：媒介融合背景下的新闻叙事创新［J］．中国记者，2020（2）：54–57.

［36］王运歌．新派纪录片《冬日》的选题和个性化叙事［J］．青年记者，2011（32）：56–57.

［37］严兵，陈成．必要的重返：彼得斯与跨文化传播的新视界［J］．浙江社会科学，2021（3）：146–151，161.

［38］吕松涛．超越文化一元论和文化多元论：关于文化全球化辩证内涵的思考［J］．江淮论坛，2006（2）：181–184.

［39］江林昌．中国早期文明的起源模式与演进轨迹［J］．学术研究，2003（7）：86–93.

［40］张祥建，海洋文明和大陆文明的融合："一带一路"下的中国大战略［J］．社会科学家．2016（11）：14–19.

［41］张延．汤因比中国传统文化观研究［D］．洛阳：河南科技大学，2015.

［42］程晋宽．20世纪中国文化变迁和教育变革的历史分析［J］．河北师范大学学报（教育科学版），2001（1）：34–43.

［43］赵志业．西方文化变迁与思想政治教育的演进发展［J］．高教论坛，2018（6）：17–21，36.

［44］欧阳剑波．中国传统文化、马克思主义、西方文化碰撞的当代审视［J］．青海社会科学，2011（6）：17–21.

［45］刘敏中．文化模式论［J］．学习与探索，1989（Z1）：11–20.

［46］董广安．跨文化传播的障碍及突破［J］．新闻爱好者，2005（12）：21–24.

［47］苏博．论美国来华留学生对中国文化的刻板印象及其影响［J］．智库时代，2018（29）：239，241.

［48］刘杨．刻板印象［J］．跨文化研究论丛，2019，1（1）：128–133，142.

［49］高慧，赵岚．跨文化交际视野下对刻板印象的再认识［J］．对外传播，2016（7）：52–54.

［50］叶俊．跨文化传播中的"文化中心主义"障碍及其超越［J］．中国新闻传播研究，2016（2）：127–136.

[51] 杜鑫．试析孔子学院跨文化传播中的障碍 [J]. 新闻世界，2011（8）：310–311.

[52] 高峰，赵建国．中国纪录片跨文化传播的障碍与超越 [J]. 现代传播（中国传媒大学学报），2009（3）：81–84.

[53] 刘嫦，任东升．对传媒“自塑”和“他塑”国家形象的价值学思考 [J]. 天府新论，2014（4）：130–133.

[54] 单波，张腾方．跨文化传播视野中的他者化难题 [J]. 学术研究，2016（6）：39–45，73，2.

[55] 王素君．他者视阈下的中国形象：以 20 世纪五六十年代西方来华旅行者为中心的考察 [J]. 云南大学学报（社会科学版），2022，21（2）：79–90.

[56] 李军．现象与政治：西方世界对中国的“他者”想象：兼驳郑国恩（Adrian Zenz）等对中国新疆的荒谬想象 [J]. 新疆大学学报（哲学·人文社会科学版），2022，50（2）：115–120.

[57] 郭小平．西方媒体对中国的环境形象建构：以《纽约时报》“气候变化”风险报道（2000—2009）为例 [J]. 新闻与传播研究，2010，18（4）：18–30，109.

[58] 安利利，王晶莹．中国形象的“他者”镜像:《华盛顿邮报》涉华报道分析（2015—2019）[J]. 国际传播，2020（4）：67–79.

[59] 相德宝，曹婷．超越“自我”与“他者”：在华外国人短视频讲述中国故事独特叙事范式研究 [J]. 广西师范大学学报（哲学社会科学版），2022，58（6）：94–105.

[60] 王金寿．好奇心理的释放与满足：中国古典小说创作、传播心理动因探微 [J]. 兰州大学学报（社会科学版），2007（2）：66–71.

[61] 丹姆．跨文化比较与艺术 [J]. 刘翔宇，译．内蒙古大学艺术学院学报，2014，11（3）：38–43.

[62] 金柄珉，崔一．东亚跨文化研究的历史及其展望 [J]. 东疆学刊，2013，30（4）：1–11，111.

[63] 刘毅青．跨文化比较的困境及其重建：以朱利安间距论为中心 [J]. 中州学刊，2022（1）：151–158.

[64] 聂励．人类共同体思想的探索与实践：中西方比较的视角 [J]. 学术探索，2020（5）：36–42.

[65] 李文娟．论共同体中的个体：基于历史唯物主义的考察 [J]. 浙江社会科学，2022（6）：112–118，159.

[66] 王义桅，江洋．西方误解人类命运共同体的三维分析：利益、体系与

思维：兼论人类命运共同体的构建之道［J］. 东南学术，2022（3）：44–52.

［67］张福贵 . 人类命运共同体意识与“新全球化”理念［J］. 学习与探索，2020（12）：1–7.

［68］丁汉青，揭其涛 . 同一世界，不同话语：“人类命运共同体”的中国话语表达分析［J］. 中国新闻传播研究，2022（1）：95–112.

［69］朱莉 .“人类命运共同体”理念在印度的传播：基于 2020 年 1—8 月部分印度主流媒体的分析［J］. 青年记者，2021（16）：120–121.

［70］常姗姗 .“多面中国”：中国国家形象的“他塑”研究：以《纽约时报》2015 年“中美关系”议题为例［J］. 新闻大学，2017（3）：138–145，153.

［71］孙祥飞 . 中国形象的跨文化传播路径研究［D］. 上海：复旦大学，2014.

［72］秦海鹰 . 互文性理论的缘起与流变［J］. 外国文学评论，2004（3）：19–30 .

［73］方佳媛 . 对外传播的互文性叙事策略：以《穿越海上丝绸之路》为例［J］. 青年记者，2018（29）：7–8.

［74］孟华 . 真实关联度、证据间性与意指定律：谈证据符号学的三个基本概念［J］. 符号与传媒，2011（1）：41–51.

［75］杨荣国 .“一带一路”公共外交战略研究［D］. 兰州：兰州大学，2017.

［76］赵可金 . 民相亲，心相通：习近平民间外交思想及其指导意义［J］. 美国研究，2021，35（5）：9–31，5.

［77］周鑫宇 . 全球治理视角下中国民间外交的新动向［J］. 当代世界，2018（5）：32–35.

［78］俞新天 . 新时代中国民间外交理论初探［J］. 国际展望，2023，15（5）：1–20，160–161.

［79］王缉思 . 中美两国公众相互认知调查报告综述［J］. 中国国际战略评论，2020（1）：10–19.

［80］庄礼伟 . 中国式“人文交流”能否有效实现“民心相通”？［J］. 东南亚研究，2017（6）：67–84，154–155.

［81］檀有志 . 网络外交：美国公共外交的一件新式武器［J］. 国际论坛，2010，12（1）：74–78，81.

［82］杨奇光，常江 . 搭建中国国际话语平台的民间力量及其实践路径［J］. 对外传播，2017（5）：7–9.

［83］刘继林 . 20 世纪上半叶中国民间话语现代意义的生成与衍变［J］. 兰州大学学报（社会科学版），2016，44（4）：46–52.

［84］王丽茁，霍云龙.《西行漫记》的历史价值解析［J］. 党史文苑，2016（22）：79–81.

［85］晓苏.乡村书写与民间叙事［J］. 文学自由谈，2021（4）：138–143.

［86］周振华.浅谈民间对话在对外传播中的运用：以中美主播“约辩”中美经贸摩擦为例［J］. 对外传播，2019（8）：13–15..

［87］朱卿.试论行为叙事作为民间叙事研究对象的可能性［J］. 贵州师范学院学报，2015，31（5）：9–12.

［88］江帆.民间叙事的即时性与创造性：以故事家谭振山的叙事活动为对象［J］. 民间文化论坛，2004（4）：21–26.

［89］徐翔.中国文化在国际社交媒体传播的类型分析：基于共词聚类的研究［J］. 现代传播（中国传媒大学学报），2015，37（10）：38–45.

［90］彭兰.场景：移动时代媒体的新要素［J］. 新闻记者，2015（3）：20–27.

［91］唐庆，冯颜利.美国遏制中国的三把软刀子［J］. 世界社会主义研究，2016，1（2）：101–108，128.

［92］赵婧怡.基于YouTube平台自媒体短视频对外传播的叙事研究［D］. 保定：河北大学，2022.

［93］钟超.李子柒为何能走红海外［N］. 光明日报，2019–12–09（2）.

［94］王兵.从毛泽东到习近平：中国共产党革命精神整体生成发展的历史逻辑研究［J］. 毛泽东思想研究，2020，37（4）：42–49.

［95］梁家胜.民间叙事的演述逻辑与建构机制：以杨家将传说为例［J］. 青海民族大学学报（社会科学版），2020，46（4）：117–123.

［96］张诗雨.人类表演学视阈下的民俗文化视频研究：以李子柒的视频为例［J］. 民间文化论坛，2022（1）：82–92.

［97］韩高年，先秦文章文体研究的几个问题［J］. 复旦学报（社会科学版），2016，58（6）：85–93.

［98］孟林山，赵永华.英尼斯传播偏向理论的拓展：基于对媒介哲学本质的思考［J］. 国际新闻界，2021，43（7）：125–138.

［99］姜华.现代思潮与新闻文化［D］. 上海：复旦大学，2013.

［100］习近平.在党史学习教育动员大会上的讲话［J］. 求是，2021（7）.

［101］冯务中，李艳艳.“网络社会”概念辨析［J］. 广西社会科学，2008（9）：175–178.

［102］彭兰.碎片化社会背景下的碎片化传播及其价值实现［J］. 今传媒，2011（10）.

[103] 刘剑敏，李润权. 论网络的碎片化特征 [J]. 新闻爱好者，2011 (18)：42–43.

[104] 龚新琼.《外国人在中国》构建的跨文化传播图景 [J]. 当代电视，2017 (10)：54–55.

[105] 陈慧东，韩隽. 碎片化时代的网络媒体奇观：浅析网络直播热潮 [J]. 新闻知识，2018 (2)：18–20.

[106] 单波，林莉. 2014 年西方跨文化传播研究综述 (上) [J]. 文化与传播，2015，4 (1)：4–10.

[107] 信险峰. 对"碎片化"一词的误用与误读：新媒体内容的另类完整分析 [J]. 青年记者，2022 (3)：49–50.

[108] 高慧敏. VR 纪录片的互动叙事模式探究 [J]. 电视研究，2019 (9)：45–48.

[109] 邱章红. 超越叙事：论网络互动剧的新模式叙事 [J]. 现代传播 (中国传媒大学学报)，2021，43 (9)：87–90.

[110] 林子琪. AR 新闻互动叙事的表达形式与故事建构 [J]. 新闻战线，2019 (5)：70–73.

[111] 桑晔. 娱乐新世纪 [J]. 新周刊，2000 (3).

[112] 吕浩，肖群忠. 论娱乐的价值意蕴和伦理内涵 [J]. 伦理学研究，2016 (6)：111–114.

[113] 韩少卿. "戏精"：短视频狂欢的新身体叙事 [J]. 新闻爱好者，2018 (10)：29–32.

[114] 秦海鹰. 互文性理论的缘起与流变 [J]. 外国文学评论，2004 (3).

[115] 赵启正. 舆论斗争拼的就是讲故事 [J]. 国际传播，2020 (5).

[116] 王青. 论融媒体时代数字审美的娱乐化趋向：以网络小说影视改编为例 [J]. 三峡大学学报 (人文社会科学版)，2020，42 (3)：73–79.

[117] 李飞雪，范朝慧. 视听意象：中华优秀传统文化的短视频传播 [J]. 中国电视，2021 (8)：63–68.

[118] 潘天波. 微叙事的时间本质与意义建构 [J]. 现代传播 (中国传媒大学学报)，2017，39 (12)：90–96.

[119] 傅莹. 努力塑造可信可爱可敬的中国形象 [J]. 理论导报，2021 (10)：39–40.

[120] 李冰. 中国故事 世界表达:《习近平讲故事》海外传播 [J]. 出版参考，2019 (12)：6–8.

[121] 彭兰. 场景：移动时代媒体的新要素 [J]. 新闻记者，2015 (3)：

20–27.

［122］肖峰 . 论人的信息化在场［J］. 中国人民大学学报，2005（4）：98–104.

［123］杨雅，喻国明 . 试论技术现象学视域下媒介技术的“在场效应”［J］. 当代传播，2018（1）：54–59，74.

［124］彭兰 . 移动互联网时代的“现场”与“在场”［J］. 湖南师范大学社会科学学报，2017，46（3）：142–149.

［125］王素云，代建军 . 真实认知：内涵、特征与实践路径［J］. 当代教育科学，2022（5）：10–16.

［126］叶浩生，曾红，杨文登 . 生成认知：理论基础与实践走向［J］. 心理学报，2019，51（11）：1270–1280. .

［127］蔡之国 . 电视纪录片的故事性［J］. 广西社会科学，2005（9）：189–190，193.

［128］蒋柠泽 . 何以沉浸：对抖音短视频沉浸体验的研究［D］. 北京：中国政法大学，2020.

［129］李沁 . 沉浸媒介：重新定义媒介概念的内涵和外延［J］. 国际新闻界，2017，39（8）：115–139.

［130］修永富 . 政论纪录片的美学表达［J］. 电影文学，2020（22）：33–35.

［131］唐伟胜 . 前度“修辞”今又来:《小说修辞学》与《作为修辞的叙事》比较研究［J］. 英语研究，2005，3（1）：37–41.

［132］吴继凤 . 布斯叙事修辞学研究［D］. 济南：山东师范大学，2012.

［133］袁影 . 解析“修辞推论”：亚里斯多德《修辞学》核心概念［J］. 修辞学习，2006（5）：23–26，30.

［134］倪祥保 . 纪录片的影像论证［J］. 现代传播（中国传媒大学学报），2014，36（2）：92–94.

［135］韩庆祥 . 为解决人类发展问题贡献“中国理论”：习近平“人类命运共同体”思想［J］. 东岳论丛，2017，38（11）：5–10.

［136］曹茹，郭小旭 . 论史诗纪录片的观念与史诗性表达［J］. 现代传播（中国传媒大学学报），2019，41（2）：109–113.

［137］林梅 . 俄罗斯现代修辞学视野中论题体系的论辩功能［J］. 解放军外国语学院学报，2021，44（3）：68–76.

［138］袁影，蒋严 . 论叙事的“认同”修辞功能：香港新任特首梁振英参选演说分析［J］. 当代修辞学，2013（2）：76–82.

［139］张伟 . 视觉修辞现代发生的知识学谱系及其话语生产［J］. 内蒙古社

会科学，2022，43（4）：138–145，213.

［140］薛婷婷，毛浩然．国外视觉修辞研究二十年：焦点与展望［J］．西安外国语大学学报，2017，25（3）：29–34.

［141］葛岩．基于图式理论的国家形象测量［J］．上海交通大学学报（哲学社会科学版），2022，30（3）：22–40.

［142］牛宏宝．图像隐喻及其运作［J］．文艺研究，2022（6）：5–22.

［143］ALAM N，SO J. Contributions of emotional flow in narrative persuasion：an empirical test of the emotional flow framework［J］. Communication quarterly，2020，68（2）：161–182.

［144］HOEKEN H，FIKKERS K M. Issue–relevant thinking and identification as mechanisms of narrative persuasion［J］. Poetics，2014（44）：84–99.

［145］GREEN M C，BROCK T C The role of transportation in the persuasiveness of public narratives［J］. Journal of personality and social psychology，2000，79（5）：701–721.

［146］COHEN E L. Exploring subtext processing in narrative persuasion：the role of eudaimonic entertainment–use motivation and a supplemental conclusion scene［J］. Communication quarterly，2016，64（3）：273–297.

［147］SCHREINER C，APPEL M，ISBERNER M B，et al. Argument strength and the persuasiveness of stories［J］. Discourse processes，2018，55（4）：371–386.

［148］MA Z，NAN X. Friends don’t let friends smoke：how storytelling and social distance influence nonsmokers’ responses to antismoking messages.［J］. Health communication. 2018，33（7）：887–895.

［149］CHO H，SHEN L，WILSON K. Perceived realism：dimensions and roles in narrative persuasion.［J］. Communication research. 2014，41（6）：828–851.

［150］BILANDZIC H，BUSSELLE R W. Enjoyment of films as a function of narrative experience，perceived realism and transportability［J］. Communications，2011，36（1）：29–50.

［151］ZHOU S，NIEDERDEPPE J. The promises and pitfalls of personalization in narratives to promote social change［J］. Communication monographs，2017，84（3）：319–342.

［152］DOW J. The persuasive use of emotions.［J］. Royal institute of philosophy supplements，2019（85）：211–236.

［153］APPEL M，RICHTER T. Transportation and need for affect in narrative persuasion: a mediated moderation model [J]. Media psychology, 2010, 13 (2): 101–135.

[154] GRAAF A D, HUSTINX L. The effect of story structure on emotion, transportation, and persuasion [J]. Information design journal, 2011, 19 (2): 142–154.

[155] APPEL M, LUGRIN B, KÜHLE M, et al. The emotional robotic storyteller: on the influence of affect congruency on narrative transportation, robot perception, and persuasion [J]. Computers in human behavior, 2021, 120.

[156] GRAAF A D, HOEKEN H, SANDERS J, et al. Identification as a mechanism of narrative persuasion [J]. Communication research, 2012, 39 (6): 802–823.

[157] OOMS J, HOEKS J, JANSEN C. "Hey, that could be me": the role of similarity in narrative persuasion [J]. Plos one, 2019, 14 (4) .

[158] CHRISTY K R. I, you, or he: examining the impact of point of view on narrative persuasion. [J]. Media psychology, 2018, 21 (4): 700–718.

[159] RICKARD L N, YANG J Z, LIU S, et al. Fish tales: how narrative modality, emotion, and transportation influence support for sustainable aquaculture [J]. Science communication, 2021, 43 (2): 252–275.

[160] COSTABILE K A, TERMAN A W. Effects of film music on psychological transportation and narrative persuasion [J]. Basic and applied social psychology, 2013, 35 (3): 316–324.

[161] MAIO G R, ESSES V M. The need for affect: individual differences in the motivation to approach or avoid emotions [J]. Journal of personality, 2001, 69 (4): 583–614.

[162] HALL E T. Unstated features of the cultural context of learning [J]. The educational forum, 1989, 54 (1): 21–34.

[163] GREGG P B. Text to speech: transportation–imagery theory and outcomes of narrative delivery format [J]. Journal of radio & audio media, 2022, 29 (2): 304–321.

[164] JABRI M M. Crossing the bridge from sameness to narrative understanding: a proposed model for interpreting cross–cultural comparisons [J]. European journal of cross–cultural competence and management, 2010, 1 (2) .

[165] BOJE D M, SVANE M, GERGERICH E. Counternarrative and antenarrative inquiry in two cross–cultural contexts [J]. European journal of cross–

cultural competence and management，2016，4（1）.

［166］WANG Y，LUCAS G，KHOOSHABEH P，et al. Effects of emotional expressions on persuasion.［J］Social influence，2015，10（4）：236–249.

［167］CHRISTINE L. Exploring narratives' powers of emotional persuasion through character involvement：a working heuristic［J］. Journal of literary theory，2016，10（2）：247–270.

［168］PARK S，SHIM H S，CHATTERJEE M，et al. Multimodal analysis and prediction of persuasiveness in online social multimedia［J］. ACM transactions on interactive intelligent systems，2016，6（3）：1–25.

［169］NOJAVANASGHARI B，GOPINATH D，KOUSHIK J，et al. Deep multimodal fusion for persuasiveness prediction［J］. Proceedings of the 18th ACM international conference on multimodal interaction. 2016（10）：284–288.

［170］GREEN M C. Research challenges in narrative persuasion［J］. Information design journal，2008，16（1）：47–52.

［171］BANERJEE S C，GREENE K. Role of transportation in the persuasion process：cognitive and affective responses to antidrug narratives［J］. Journal of health communication，2012，17（5）：564–581.

三、网络资料

［1］习近平在中央党校（国家行政学院）中青年干部培训班开班式上发表重要讲话［EB/OL］.（2022–03–01）［2023–05–25］. http://www. gov. cn/xinwen/2022–03/01/content_5676282. htm.

［2］戚义明. 从青年毛泽东的一封信认识“学有本源”［EB/OL］.（2016–05–01）［2023–05–01］. http://dangshi. people. com. cn/n1/2016/0511/c85037-28340308. html?sntpara=1000.

［3］新华社. 国家主席习近平在莫斯科国际关系学院的演讲［EB/OL］.（2013–03–23）［2023–05–11］. http://www. gov. cn/ldhd/2013–03/24/content_2360829. htm.

［4］习近平主持中共中央政治局第三十一次集体学习［EB/OL］.（2016–04–30）［2023–05–11］. http: / /www. xinhuanet. com/politics/2016–04 /30 /c_1118778656.htm.

［5］新华社. 习近平在“一带一路”国际合作高峰论坛开幕式上的演讲［EB/OL］.（2017–05–14）［2023–05–12］. http: //www. yidaiyilu.gov.cn/p/13208.

html.

［6］习近平在亚洲文明对话大会开幕式上的主旨演讲［EB/OL］.（2019-05-15）［2023-04-12］. http://news. cnr. cn/native/gd/20190515/t20190515_524613486. shtml.

［7］柯玲. 民间叙事界定［EB/OL］.（2013-04-11）［2023-04-12］. https://www. chinesefolklore. org. cn/ web/ index. php?NewsID=11296.

［8］克劳锐. 2016 中国自媒体行业白皮书［EB/OL］.（2016-04-11）［2023-04-12］. http://www. topklout. com/assets/uploads/wemedia.

［9］中国互联网络信息中心. 第 48 次《中国互联网络发展状况统计报告》［EB/OL］.（2021-09-15）［2023-04-25］. https://cnnic.cn/NMediaFile/old_attach/P020210915523670981527.pdf.

［10］艾瑞咨询.2020 年中国社交娱乐视频研究报告［EB/OL］.（2020-06-29）［2023-04-25］. https://mp. weixin. qq. com/s/NWBj1KRxTy1sk4GzOiuCZQ.

［11］金一南. 中国军人用鲜血和实力赢得了美军尊重［EB/OL］.（2006-01-20）［2022-05-09］. http://news. hebei. com. cn/system/ 2006/01/20/005942906. shtml?from=singlemessage.

［12］联合国安全决议："构建人类命运共同体"［EB/OL］.（2017-11-03）［2022-03-05］. http://military. people. com. cn/n1/2017/1103/c1011-29624993. html.

［13］已同中国签订共建"一带一路"合作文件的国家一览［EB/OL］.（2017-11-03）［2022-05-09］. https://www. yidaiyilu. gov. cn/info/iList. jsp?tm_id=126&cat_id=10122&info_id=77298.

［14］（中国这十年）中国与"一带一路"沿线国家货物贸易额累计约 11.8 万亿美元［EB/OL］.（2017-11-03）［2022-05-09］. https://baijiahao. baidu. com/s?id=1736862844974036717&wfr.

［15］习近平. 在纪念红军长征胜利 80 周年大会上的讲话［EB/OL］.（2016-10-21）［2022-05-09］. http://politics. people. com. cn/n1/2016/1021/c1024-28798453. html.

［16］陈定定. 西方国家遏制中国的常见手段及根本原因［EB/OL］.（2019-06-13）［2022-05-09］. http://www. rmlt. com. cn/2019/0613/549434. shtml.

［17］习近平. 在庆祝改革开放 40 周年大会上的讲话［EB/OL］.（2018-12-22）［2022-05-09］. https://www.gov.cn/xinwen/2018-12/18/content_5350078.htm.

［18］人民日报任仲平文章. 创造历史的伟大变革：纪念改革开放 40 周年（上）［EB/OL］.（2018-12-14）［2022-05-09］. http://www. xinhuanet. com/politics/2018-12/14/c_1123850422. htm.

［19］洪源．“三个世界划分”理论是毛泽东对外交理论创新的杰出贡献［EB/OL］.（2019–12–24）［2022–05–09］. http://www. rmlt. com. cn/2019/1224/564821. shtml?tdsourcetag=s_pctim_aiomsg.

［20］2019，“一带一路”走得深走得实［EB/OL］.（2019–12–07）［2022–05–20］.https://baijiahao.baidu.com/s?id=1652208558604434503&wfr=spider&for=pc.

［21］张茂荣．“一带一路”五年成就辉煌［EB/OL］.（2018–08–17）［2022–05–19］. http://www. xinhuanet. com/politics/ 2018–08/17/ c_1123287186. htm.

［22］国家统计局．2010 年第六次全国人口普查主要数据公报（第 1 号）［EB/OL］.（2011–04–28）［2023–03–01］. https://www.stats.gov.cn/sj/zxfb/202303/t20230301_1919254.html.

［23］国家统计局．第七次全国人口普查公报（第七号）［EB/OL］.（2021–05–11）［2023–03–09］. https://www. stats. gov. cn/sj/tjgb/rkpcgb/qgrkpcgb/202302/t20230206_1902007. html.

［24］国家统计局．2010 年第六次全国人口普查接受普查登记的港澳台居民和外籍人员主要数据［EB/OL］.（2011–04–29）［2023–05–20］. https://www.stats.gov.cn/sj/tjgb/rkpcgb/qgrkpcgb/202302/t20230206_1902007.html.

［25］第七次全国人口普查公报：接受普查登记的港澳台居民和外籍人员情况［EB/OL］.（2011–05–11）［2023–06–01］. https://finance. sina. com.cn/china/gncj/2021–05–11/doc–ikmyaawc4600866. shtml.

后 记

屈指算来，如果把2017年6月国家正式立项（项目名称：新闻媒体“讲好中国故事”的无意说服模式研究）作为起始点，该书已历时七年有余，今天终得付梓，如释重负，倍感欣慰！其间文献调查、社会调查和成思近四年，初稿写作近一年，又经一年多断断续续的修改，成就现在之面容，交予新闻传播学界同行、媒体界朋友以及社会各界关心“讲好中国故事”的人们斧正审视！

“讲故事”是个老话题，早在20世纪90年代“新闻故事化”就曾成为新闻学界和新闻业界的热门话题，并获得了其合法地位。但是，将讲故事视为说服且为“无意说服”，的确是一个崭新的课题。以习近平同志为核心的党中央将“讲好中国故事”作为新时期意识形态工作的总体方略，正在于讲故事的“无意说服”本质与功能。要证明讲故事具有“无意说服”的效果，需要设计一系列的实验，涉及多种故事文本的设计、测量故事效果的量表、购置实验器材等。有幸的是，经过一段时间的文献查找，发现国外早在20世纪八九十年代就开始了“叙事说服”研究，经过反复实验证实了叙事说服效果（改变受叙者的态度，或使受叙者的观点与故事一致）的存在，并发现了“叙事传输”是叙事说服的机制。通过对“叙事传输”内涵以及有关影响“叙事传输”因素研究结果的分析，可以确认“叙事说服是一种无意说服”，即“以不影响的态度去影响，在不知不觉中被影响”。也就是说，我们可以不去验证“叙事说服”是否存在，而是将研究重点放在运用“叙事传输”理论如何讲好中国故事上。研究最终形成了讲好中国故事的四种说服模式，即讲好中国故事的基础说服模式、讲好中国故事的扩展说服模式、讲好中国故事的内聚力说服模式和讲好中国故事的人类命运共同体说服模式，希望这四种模式对讲好中国故事的理论建构与实践探索有所助益。当然，如果时间允许，以中国故事文本去检验“叙事说服”效果、叙事传输机制也是必要的，也许会有新的或不同的发现，但鉴于时间、实验条件的限制，本书只有舍弃这部分研究，留待以后再续研究。

本书能够顺利成书出版，幸得多位朋友、弟子的鼎力相助。国际交流与教育学院的梁卫格书记、我院的马婷老师、陈娟老师予以我宝贵的支持与帮助；张伟玲、郭卜源两位同学也为问卷调查付出了许多的时间、心血。在书稿写作过程中，刘莹、张红光、张萌、陈宇欣、王志国、刘志琳几位博士生在文献查找、框架构思、书稿校对等方面都付出了不少时间、精力和智慧。在此书稿即将面世之际，谨向以上各位老师、同学表示深深的谢意！

曹茹

2024 年 6 月于紫园